中国法律丛书

# 中国
# 公司法案例精读

虞政平　著

商务印书馆
创于1897　The Commercial Press

2018年·北京

**图书在版编目(CIP)数据**

中国公司法案例精读 / 虞政平著 . —北京:商务
印书馆. 2016(2018. 11 重印)
(中国法律丛书)
ISBN 978 - 7 - 100 - 12027 - 2

Ⅰ.①中⋯ Ⅱ.①虞⋯ Ⅲ.①公司法－案例－中国
Ⅳ.①D922.291.915

中国版本图书馆 CIP 数据核字(2016)第 040733 号

中国法律丛书

**中国公司法案例精读**

虞政平 著

商 务 印 书 馆 出 版
(北京王府井大街 36 号 邮政编码 100710)
商 务 印 书 馆 发 行
北 京 冠 中 印 刷 厂 印 刷
ISBN 978 - 7 - 100 - 12027 - 2

2016 年 3 月第 1 版　　　　开本 787×960 1/16
2018 年 11 月北京第 3 次印刷　　印张 30¾
定价:65.00 元

# 鸣 谢

*（以英文首字母为序）*[*]

韩君玲　罗伯特·P.默吉斯[①]　罗东川

宋海燕　宋海宁　汪　泽

---

[*] 特此鸣谢《中国法律丛书》专家委员会成员。
[①] Robert P. Merges

# 序　言

这次受商务印书馆之邀，编写关于中国公司法案例的读本，并就中国公司法的发展与现行制度内容作简要介绍，我感到十分地荣幸。这些年来，出于专业的爱好与工作的兴趣，我在公司法理论研究与实务相结合方面投入了一定的精力，取得了一定的成绩，得到了社会一定的认可，为此，我感到欣慰。

公司法始终是一门运用性极强的学科，公司法的理论研究始终离不开公司实践的探索。中国公司法的发展历程并不久远，当代公司法律制度多是向国外借鉴而来，人们对公司法多有陌生之感。其实，公司法与现代市场经济密切相关，是投资者进入市场必须选择的主体地位与市场载体。当今公司法不断修改，进入公司的门槛越来越低，人们有了更多的机会选择公司这一主体形式投入到市场经济的博弈之中。公司与人们的生产与生活十分地紧密，与人们的财富创造十分地紧密，与社会的创新发展十分地紧密，公司无疑成为近现代以来推动社会进步与繁荣发展最为重要的法律工具。

目前编写的这本公司法精选案例读物，尽管受篇幅所限，但仍基本涵盖了当前中国围绕公司法实践发生争议的主要纠纷类型，介绍了司法处理这些纠纷的基本观点，可以作为了解中国公司法基本内容以及研习中国司法裁判公司纠纷的参考教材。希望对国内外广大读者有所帮助。

虞 政平

2015 年 4 月 23 日

# 目　　录

## 中国公司法概述

———

# 公司设立与人格权能纠纷

# 股东出资责任纠纷

# 股东权益纠纷

# 股权转让纠纷

# 公司决议与高管责任纠纷

# 公司解散与清算纠纷

# 中国公司法概述

## 一、中国公司法之历史进程

纵观世界公司模式的商业实践乃至公司立法的发展历史，可以很清楚地看到，中国公司制度不仅晚了很长的时间，而且更多是借鉴西方公司制度文明的成果。对于中国而言，"公司"的确是个"舶来品"。但是，这也并非意味着，中国这块土地缺少商业运营模式的早期实践与探索。事实上，任何社会经济发展至一定程度，均必然伴随有商业的运营乃至其相应的组织模式。了解中国公司制度的历史发展，有必要对中国早期商业运营模式有个基本的了解。

### （一）中国早期商业组织与运营模式

中国传统经济模式下，与小农经济以及家族财产所有权相对应的，是以皇权为中心的国家财产所有权，所谓"普天之下莫非王土"，就连小农经济基础上有限发展起来的手工业经济，亦一直主要地被官营官办控制着。在小农经济以及官营手工业的夹缝中生存下来的城市手工业，为封建社会有限的商品经济发展提供了渠道。至明清之时，中国的商品经济已空前活跃，并曾一度得到繁荣之发展。正如有学者所指出的："明中叶以后商业都市的发达，商路的密布，因而促进了广大商人阶层的存在，所以明清时代如山西、陕西、山东、江苏、浙江、安徽、福建、广东等省都出现有相当巨大的原始的商业资本家。"① 正是由于原始的商业资本家的崛起，使得原始的商业组织或者说企业形态得更为成熟地发展起来。以下所论及的中国明清时代的主要商业组织模式，与欧洲中世纪的商业组织相比较并不逊色。

### 1. 商业行会

有关中国商业行会的起源，"在春秋战国就已有商人行会组织存

---

① 陈明光：《钱庄史》，上海文艺出版社1997年版，第24页。

在,而到唐宋时期,已有明确的关于商人行会的记载,自此以后,历元、明、清三代,行会制度不断臻于完善。"① 而从以下文字表述中,我们亦可就中国商业行会的起源略见一斑:"中国的商业行会,起源于民间的结社习俗,'社'是一种民间的自治组织,按民意自行形成的以敬神为中心的自治机构,随着商业发展,汉唐时代政府实行坊市制,工商业户在固定的坊市内按商品类别排成行列,称之为'行'。唐有二百三十行,宋有三百六十行,盛唐时,在坊巷乡间出现了一种以亲睦、教养、经济上相互帮助的机构——'社邑'或'社',唐天宝七年(748)已流行全国。同行商人组织起来的自治社就是商业行会。"② 从以上两段文字中,人们足可看出中国商业行会的历史久远。但事实上,只是到了14世纪中叶以后的明清时代,随着原始商业资本一定规模地形成,商业行会方真正兴起,并在社会经济生活中发挥着其重要的影响力。

明清时代为世人所称道的商人,莫过于"晋商"与"徽商",即山西与安徽的商人,他们以精明的商业之道以及雄厚的财富实力名冠天下。以晋商为例,山西商业行会大约在16世纪中叶的明万历年间即已完善起来。关于商业行会的具体名称,随年代之变迁以及地域之不同,可以有"行帮"、"社"、"公馆"、"公所"、"公会"等不同的叫法。至于商业行会之种类则大致可分为两大类:"一类以籍贯形成,并以籍贯命名。因为他们经商在外,远离家乡和亲人,必须相互关心,团结一致,以防御外来欺侮,并顺利从事商业活动。另一类是以职业为纽带形成的行会,这类行会命名有以神名命名的,如马王社、鲁班社、金龙社等;有以职业命名的,如净发社、成衣

---

① 萧国亮:《皇权与中国社会经济》,新华出版社1991年版,第38页。
② 李希曾主编:《晋商史料与研究》,山西人民出版社1996年版,第352页。

社、生皮社等；有以吉祥的词语命名的，如宝丰社、德胜社等；有以团结义气命名的，如义和社、公信社、集义社等。"① 商业行会之职能主要有两方面：一为业务处理功能，即同业或同邦之间商量业务、修订行规、组织交易、处理纠纷等；二为情感交流功能，即同业或同邦之间祭祀行业之神，团结交往、维护共同利益等。至于商业行会之经费，则主要通过收取会员入会费、年费以及会员所获利润中之某一比例之余利来维持，若遇行会经费入不敷出时，还可通过会员决议等方式向会员筹集。

明清时代的商业行会，与欧洲自 12 世纪即已普遍兴起的城市行业组织——基尔特（guild）比较而言，大约晚了近两个世纪。但是，中国之商业行会与欧洲的基尔特之间，在组织的形成、组织的种类与功能、组织费用等多方面，并无实质差别，尤其是两者之内部成员，皆为各自独立经营并自负盈亏，而且几乎都是一致鼓励对外进行竞争与垄断。还可值得一提的是，欧洲基尔特与中国之商业行会，都曾在行业管理中发挥着政府行政的功能，它们对于所管理之行业皆有着绝对的控制权威，并由此成为封建时代替代皇权对商业经济与生活进行统治的工具。但是，欧洲的基尔特行会组织，经四个世纪左右的发展，于公元 16 世纪已普遍向特许基尔特组织演化，特许管理公司便是这一演化之结果。演化后的特许基尔特组织或者说特许管理公司，其组织的成立，已明显凭借着皇家或议会的特许令状，因而普遍被赋予独立的法人资格。至于其组织的责任形态，则仍是保留着传统基尔特之方式，即会员之间各自为政并各负其责，身为法人之特许管理公司只是更为紧密地、更为法律化地拥有了某一地区、某一贸易或商业的垄断权，其责任仍是无限连带方式，会员不

---

① 李希曾主编：《晋商史料与研究》，山西人民出版社 1996 年版，第 354 页。

仅应交纳维持特许管理公司正常运转所需之费用，而且还应摊派特许管理公司运转不足的费用。特许管理公司之发展，为后来进一步在其基础上演化形成特许合股公司创造了条件，而特许合股公司与股东有限责任的结合又直接为现代股份公司的形成提供了渊源。中国明清时代兴旺发达起来的商业行会组织，却未能进一步如欧洲基尔特组织那样，演化为具有法人资格的商业组织形态。虽然商业行会的形成，也有可能仰仗封建政权的默认与许可，但就实质而言，其始终都是以行业自理、民间自发的方式形成、发展并延续。因而，明清时代的商业行会，虽经五个多世纪的孕育发展，却始终未能为中国现代意义的公司形成作出贡献。这一点，也许是中国的商业行会与欧洲的基尔特组织最为主要的区别所在吧。

2. 朋合营利与伙计制

这是山西商人自明朝开始先后所采用的两种经商形式，由于晋商在当时中国商业界的地位，因而亦颇能代表当时中国较为盛行的商业经营模式。

所谓朋合营利，出自明人庞尚鹏《清理延绥屯田疏》之有关记载："间有山西运商前来镇城，将巨资交与土商朋合营利，各私立契券，捐资本者，计利若干，躬输纳者，分息若干，有无相资，劳逸共济。"① 很显然，朋合营利是指山西商人与异地土商以契约形式所结成的劳资联合的经商方式。有资者与无资者，有力者与无力者互相合作，劳逸共济，当然要胜过单独经营，山西商人之竞争力亦正因此得到增强。

所谓伙计制，则出自于明人沈思孝之说："（山西商人）其合伙

---

① 张正明：《晋商兴衰史》，山西古籍出版社 1995 年版，第 45 页，转引自《明经世文编》卷 359 庞尚鹏《清理延绥屯田疏》。

而商者曰伙计。一人出本，众伙共而商之，虽不誓而无私藏。祖父或以子母息丐贷于人而道之，贷者业拾之数十年矣，子孙生而有知，更焦劳强作以还其贷，则他有大居积者，争欲得斯人为伙计，谓其不忘死，焉肯生也？则斯人输少息于前而获大利于后。故有本无本者，咸得以为生。且富者蓄藏不於家，而尽散之于伙计，估人产者，但数其大小伙计若干，则数十百万产，可屈指矣。盖是富者不能遽贫，贫者可以立富。"① 由此可知，伙计制，是指由东家（即出资人）选择品行端正之人做伙计，付予资本，由他们去经商。伙计对东家应忠实地履行职责，如果祖父辈做伙计未能把资本和应得利润还给出资者，其子孙也要焦劳强作归还。

就朋合营利与伙计制比较而言，它们都是劳资结合的联合经营方式，但是，伙计制乃以同族或同一籍贯之人为其伙计遴选之基础，不像朋合营利那样乃是与异地商人结合；而且伙计制以信义为本，不以契约为结合形式，这也正是伙计制仅适用于同族或同一籍贯人之原因所在。在地缘文化还相当发达的时代，同族及同籍贯人之间的信义是人所共知的，信义的标准自然成为当地人处世为人之本，唯有信义之人才有成为伙计之资格。由于伙计制是由东家以信义的方式不断地结合本地伙计而组成的可以世代延续的联合经营方式，因而伙计制之规模可以无限地扩大，而衡量东家财富之多少，从其结合伙计人数之多少便可得知。朋合营利之规模，显然达不到伙计制之境界。就朋合营利以及伙计制的法律性质而言，形式上它们都可归于合伙经营之方式，很多学者也都基本上这样认为；但就实质而言，至少伙计制只能属于信用理念维持下的各方有着共同利

---

① 张正明：《晋商兴衰史》，山西古籍出版社 1995 年版，第 46 页，转引自沈思孝《晋录》。

益的长期借贷关系。因为伙计及其后人始终都得履行偿还本金及相应利润之义务，而东家则可永世拥有从伙计及其后人获得受偿之权利，因此，所谓的伙计制，按照现代的法律理念，只能属于名为合伙而实为借贷之法律关系，故有人又将其称为"贷金制"。至于朋合营利，由于缺乏更为具体的资料佐证，因而对其法律性质之进一步把握，难以定论。

### 3. 股俸制

山西商人在明朝朋合营利尤其是伙计制的经营模式基础上，创立了一种很有特色的新的劳资组织形式，无论是普通的商业行号，还是 19 世纪 20 年代后广为兴起的名震海内外的山西票号，[①]都无不采用股俸制的经营模式。

股俸制，因采用股份方式以及以身顶股、以股顶俸而得名，也常有人干脆称之为股份制，这也可能是有据可查的最早关于"股份"的表述。股俸制之股份，首先分为银股与身股两大类。所谓银股，即东家所投资本，有如现代意义的货币资本；所谓身股，即凭资历、能力而受聘折抵之股份，或者说以人力顶一定数量的股俸，有如现代意义的劳务股或人力股。进一步细分，银股又可分为正本与副本。正本即股东以合约方式正式认可并缴付的出资或资本，每股所投股资几千两到数万两不等，可按股分红，但不按股计息。一般一家商号或票号有十几股乃至几十股正本不等。副本又称护本，是财东除正本以外另行存放于商号或票号的资本，常由红利中之提留而转入，有如现代意义

---

① 所谓山西票号，乃是金融业的一种特殊形式，类似于现代之钱庄以及银行等。山西票号曾一度执中国金融界之牛耳，并影响中国金融业近一个世纪。中国第一家票号——"日升昌"记便于道光三年（1823）左右诞生于山西省平遥县。之后，山西票号以平遥县、祁县、太谷县为中心，形成山西票号之邦，对 19 世纪 20 年代以后我国市场经济的发展起到了积极的促进作用。——作者注

的公积金之类，不分红，只得利息，同样不得随意抽取，常又被称为"统事"。副本是商号或票号资本中最为重要的部分，其实际价额往往大大超过正本之股额，因而事实代表着商号尤其是票号的实力与实际资本。如中国第一家"日升昌"票号之"统事"便曾有200多万两。[1] 股俸制之银股，除了正本与副本之划分外，还可分为独资与合资之形态。所谓独资，是指由单一家族成员认股入资；所谓合资，则显然是指两个以上家族的共同认股与出资。从这种独资与合资的划分中，我们仍可看到中国传统家族财产所有权的痕迹与烙印。

关于身股的确立与分配，各商号、票号均有具体规定，并且常由大掌柜和东家以及东家们议定。通常而言，总号大掌柜的身股要在票号开办时写入合约，其余人员的顶身股，不写入合约，而是记入"万金帐"中。伙友在入号三次账期[2]以上，并工作勤恳，未有过失，可由大掌柜向东家推荐，经各东家认可后，即可将其姓名以及其所顶股数记录于"万金帐"中，俗称"顶生意"，至此才算正式顶上身股。一般而言，大掌柜可顶一股（每股为一分，或称一俸，即十厘），二掌柜、三掌柜七八厘不等，一般人员可顶一二厘或三四厘左右；每逢账期一次，可增加一二厘，增至一股之时，称为"全份"，一般以全份为限不再增加。各商号、票号银股与身股之比例各不相同，以"百川通"票号为例，银股为10股，总号、分号掌柜及其伙友的顶身股为20股，故分红时按30股平均分配；而"日升昌"票号则为银股30股，身股40股，共计70股。[3]

---

① 张正明、邓泉：《平遥票号商》，山西教育出版社1997年版，第54页。

② 账期，是商号与票号结账分红的期限，亦可称为红期，随年代及各商号与票号之不同而不同，但一般而言，光绪以前一般皆是五年为一账期，以后是四年，也有三年为一个账期。

③ 张正明、邓泉：《平遥票号商》，山西教育出版社1997年版，第54—55页。

顶身股后，倘有越轨行为，除重大案情开除出号和赔偿损失外，如属小节情有可原者，则酌情处分，减少其身股数额。顶身股者，每年可按其所顶股数领取一定数量的"支使银"，又称"应使银"，应支额每股多者四五百两，少则一二百两，分四季支用，到账期分红时，无论应支多少，概由各人应得红利内扣除，上至掌柜，下至伙友，一视同仁。倘若营业不好，无红利可分，则顶身股者除每年"应支银"由号内出账外，毫无所得。没有顶身股的伙友，则按年支给薪俸，大致最初年薪一二十银两，以后按成绩优劣逐年增加，有十余年历史者可达 80—100 银两，这时就有资格参加身股了。顶身股者死后，各商号、票号一般仍给一定优惠，即在一定时间内照旧参加分红，称为"故身股"。一般大掌柜故身后享受八年的红利，享有一股而未任掌柜者可享受七年的红利，顶身股八九厘不足一股的享受六年红利，顶身股六七厘者享受五年的红利，顶身股四五厘者享受四年的红利，顶身股三四厘者享受三年的红利，顶身股一二厘者享受二年的红利。对本号经营有特大功绩者，还可再增一两个账期的分红。[1]

上述关于身股按工作年限、业绩以及所任职务递增的做法，以及"故身股"按所获身股股数之大小相应递减之做法，再加"应使银"与"薪俸"之相关制度，皆充分表明了股俸制下以股顶俸的显明特征。"此办法与近代西洋工业所推行的分润制度（profit sharing）相似。"[2]因而，以股俸制冠其名，的确甚为妥当。股俸制下，"银股所有者，在商号或票号享有永久利益，可以父死子继，夫死妻继，但对商号或票号的盈亏负无限责任，银股可以在一定的时间内抛出、补进或

---

① 张正明：《晋商兴衰史》，山西古籍出版社 1995 年版，第 142—143 页。
② 张正明、邓泉：《平遥票号商》，山西教育出版社 1997 年版，第 54 页，转引自陈其田著《山西票庄考略》第 85 页。

增添新的股东。身股只参加分红，不承担商号或票号的亏赔责任。"①
这一表述，充分阐明了股俸制企业的法律特征。按照通常的公司法
理论，由于股俸制较为清晰地采用了股份的方法，因而将股俸制企
业归为股份制企业之中，或者如欧洲近代兴起的合股公司，应无任
何不当；同时，考虑股俸制企业中，既有承担无限责任的银股股东，
亦有承担有限责任的身股股东，因而将股俸制归为股份两合公司之
列，似乎也能成立；但是，股俸制企业，其法律人格之特性很不鲜
明，而且由于身股之实质意义更在于以股顶俸以及身股者与商号或
票号之盈亏毫不相关，当商号与票号亏损面临责任追究时，银股股
东应当直接面对相应责任，诸多商号与票号破产之记载资料皆证实
了这一点，所以股俸制商号与票号应属不具法律人格的股份两合公
司。当然，将其硬行划为有限合伙之列，亦并无实质之不当。不管
怎样，股俸制是中国商品经济中原始资本下，自发形成的既有股份
形式又具部分有限责任特征的企业形态，因而，其的确可以作为中
国现代企业的雏形所在。并且，它还的确透视着深厚的中华文化之
底蕴，如此完善的身股制度，即便在现代西方发达的企业之中，亦
很难找到。

　　股俸制经营方式，由于很好地把握了劳方与资方的关系，很好
地融合了中华文化之勤劳、团结、仁义以及信用之类的精髓，因而
得以很快地壮大发展，许多股俸制下的商号与票号多是总号之下分
号遍布，形成有特色的联号经营体系。以至于清末俄国驻中国领事
馆官员尼·维·鲍戈亚夫斯基在《长城外的中国西部地区》一书中说：
"汉族人则特别喜欢联合行事，特别喜欢各种形式的合股。……有些
商行掌握了整省整省的贸易，其办法就是把某一地区的所有商人都

---

① 张正明：《晋商兴衰史》，山西古籍出版社 1995 年版，第 142 页。

招来入股。因此，在中国早已有了现代美国托拉斯式的企业的成熟样板。当时在中国西部地区的主要是山西和天津的商行。"①

4. 合伙制

合伙制，即人们通常理解的两个以上商人各自以资金、实物等出资联合、共同经营、共同劳动、共负盈亏的协议方式。在任何有着一定商品经济发展的社会中，这种形式都是无法回避的。正如小农经济离不开家族成员的共同劳作来实现增产增效一样，发展至一定程度的商品经济下，更大规模的商品交易以及更远距离的商业贸易与贩运等，皆有可能远非一人或一家之经济实力所能承受。于是人与人之间、家与家之间，以结成伙伴的方式而联合经营，便是再自然不过的选择。中国的合伙制，究竟起源于何时，目前还未曾见确切的资料记载，但可以肯定，自有商品交易之始，自有商号设立之始，自有行会形成之始，合伙制的经营模式便必然伴随着生存与发展。合伙制的方式可以是多种多样的，前述朋合营利、伙计制以及股俸制等，在中国人的传统观念中，亦无不以合伙来对待。当然，其中最为普遍的，或者说中国传统社会经济生活中最为常见的合伙方式，还是共同联合、共同劳动并共负盈亏之方式。至于联合的方式，既可以是口头的，亦可以是书面的；既可以是本地人或同邦人之间，亦可以是异地人或异邦人之间；往往期限较短、规模较小而又属同邦人之间的商业合伙，多以信用为基础，无需书面之契据；而期限较长、规模较大或者异邦人之间的商业合伙，则常以书面契据之方式成立。在此还必须指出的是，在中国的小农经济以及家族财产所有权长期占统治地位时，家族内成员的合伙与共同经营，由于处于

---

① 葛贤慧：《商路漫漫之五百年——晋商与传统文化》，华中理工大学出版社1996年版，第154页。

一个家族财产权的支配之下，因而常被独资的理念所掩盖，前述股俸制下对于独资的理解便是如此。所以，在中国两千余年以小农家族及其财产所有权为基础的社会中，人们对于合伙的理解，更多的不是以个人主体而是以家族为单位来认同。所谓的合伙，实质上只是家族之间的联合经营，无论是资方与资方，还是资方与劳方之联合，无不以家族单位为其区分之依据所在。

在前南京国民政府编制的《民事习惯调查报告录》中，关于民间合伙的记载屡见不鲜，但其中有关民间合伙惯例的责任方式，却极为值得关注："（湖北）襄樊地方，凡合伙经营业务者，各合伙人中，或系共同出资，或资本由某某担任，劳力由某某担任，其劳力亦作为一种资本计算；所获红利，各合伙人按股均分，亏折时，亦各对于债务按股分担无限责任，债权人不得向合伙之一人或数人为全部偿还之请求，即各合伙人中有逃亡或财产不足供办济者，其他之合伙人亦不代为负责。"①在同一书中之另一处还有记载："合伙人共有之合伙财产不足偿还债务，如有合伙人中有一毫无资力者，其无资力人应分担之债务，（湖北）竹溪、汉阳、兴山、麻城等县之习惯，均系应由其他有资力之合伙人平均代为分担；郧县亦有各合伙员代为分担之事实，但不成为定规；五峰县则有资力之合伙人只能邦同借贷，从旁维持，绝无分担代还之事实。"②

从上述两处记载中，我们显然可以注意到，中国民间关于普通合伙有着两种不同的责任处理模式：一为各合伙人之间无限连带责任模式，如竹溪、汉阳、兴山、麻城等县之惯例，这与现代普通合伙债务处理之原则并无不同；二为各合伙人之间按份无限或者说显

---

① （前）南京国民政府司法行政部编：《民事习惯调查报告录》，中国政法大学出版社 2000 年版，第 677 页。

② 同上书，第 655 页。

然无限却并不连带的责任模式，如襄樊地方之惯例，这与现代普通合伙债务处理之法理并不吻合。关于第二种普通合伙的责任处理模式，在陈明光先生《钱庄史》有关近现代股份制钱庄的论述中，亦见到相同的表述："……（钱庄各股东）遇到钱庄倒账或倒闭需要清偿债务时，各个股东也只负责所认股本应承担的比例数为止，不必替别的股东还债。"[①] 合伙制下，合伙人可以不连带负责的惯例，足以表明中国的合伙制已达到了很高的水准。当代美国所谓的新型有限责任合伙形态，亦无非在于努力回避合伙人之间不必要的部分连带责任，而且还没有完全抛弃连带责任之实质理念。因而，中国传统合伙制下所形成的合伙人之间虽然按份无限却不连带的责任模式，的确值得后人深思与借鉴。

### （二）中国近代公司制度的法律形成

尽管在前述中国传统商业运营模式中，我们可以隐约见到并不逊色的商业组织理念与责任模式，但它始终未能自发形成中国土生土长的公司制度。从清朝洋务运动时的特许合股有限公司，到清朝光绪年间第一部中国《公司律》的诞生，以及中华民国时期修正的《公司法》，无不体现照搬、照抄西方公司法律的踪影。

### 1. 洋务运动下的特许合股有限公司

在小农经济一直主导着中国的经济命脉，以及明清资本主义与商品经济开始兴起之机，外来资本主义势力自17世纪开始即已实际介入中国的社会与经济生活之中，而这正是欧洲各国特许海外殖民公司扩张的结果。荷兰、英国、法国、葡萄牙等国，纷纷成立所谓的东印度公司，彼此之间不惜以战争为代价，抢夺以印度为中心的南亚以及东南亚乃至东亚与西亚的市场份额。这些殖民公司所到之处，纷纷凭

---

① 陈明光：《钱庄史》，上海文艺出版社1997年版，第47页。

借其本国皇家或者议会颁发给它的、有关在东印度地区从事商贸的特许垄断权力，与所到国之政府进行谈判与交往。中国明清时代沿海所受到的洋人侵扰，便是这些欧洲特许殖民公司肆意妄为的结果。

受洋人公司经营理念之影响，加之国内太平天国运动带来的冲击，在民族资本有了一定实力与积累的基础之上，19 世纪中期开始，由镇压太平天国运动而发迹的将领曾国藩、左宗棠和李鸿章等倡议，中国清朝政府开始了所谓的"洋务运动"，企图凭借洋务运动推进中国工业化的进程，实现中国现代化之目标。因此，洋务运动最主要的标志，便是中国近代工业的大规模创办与设立，而军事工业则始终是洋务运动关注之焦点。如 1865—1867 年，由李鸿章和曾国藩在上海创建的兵工厂和船坞，即江南制造局；1866 年，由左宗棠在福州设立的马尾造船厂；以及李鸿章于 1872 年创办的中国轮船局、1878 年开平矿务局、1879 年开平煤矿铁路、1880 年天津电报局、1882 年上海织布局等，它们都是洋务运动的直接产物。每一个企业的设立与创办，都直接对中国工业的现代化进程产生着极为深远的影响。

对于洋务运动下开设与创办的被称为"局"之类的企业，有教授就其法律性质与特征作了如下基本的归纳：其一，"局"具有法人之特性，它以自己的名义承受法律上的利益和责任；其二，"局"独立承担自身债务而与股东个人无涉；其三，"局"又是一个资本集合体，发行股票是"局"筹集启动资本的主要途径，而股票的公开转让又显示出资本的流动性；其四，"局"设有董事（局董）经理（总办、会办、帮办）；其五，"局"都有一项或者数项、全国性或区域性的垄断权，谓之"专利"。① 就以上所总结出的这五方面特征来看，

---

① 方流芳："公司义考：解读语词的制度信息——'公司'一词在中英早期交往中的用法和所指"，载《中外法学》2000 年第 5 期，第 291 页。

可否将洋务运动下所创办之"局"定位于特许合股有限公司？法人特性，以及垄断权力或者说特许创办与经营某一地区某一行业之权力，使"局"明显可以归为特许公司之列；而资本分为若干，甚至发行股票并可转让之特性，使之归为合股公司亦无不妥；至于"局"独立承担自身债务并与股东个人无涉，则充分表明"局"之法人已成为独立责任之主体，而其股东则显然享受有限责任的保护，因而将其归为有限公司之列，更是能够成立；特许、合股以及有限之特性，使得洋务运动下之"局"足可归为特许合股有限公司之企业形态。

洋务运动所创办的可以归之为特许合股有限公司的"局"，显然是受到西方公司法律理念的影响，特许或者被称之为"专利"之做法，与英国早期特许公司便如出一辙。因为英国的特许公司便常常是以与获得"专利"相同的方式获得国内外特许垄断的经营权力。当中国人凭借这些具有特许垄断权力之"局"与外国公司相抗衡时，正是"师夷之技以制夷"。只是非常遗憾的是，在中国人凭借洋务运动纷纷建立特许公司之时，欧洲以及新大陆之美国皆已跨出发展了几百年的特许公司时代，并已进入自由注册企业的新时代。中国洋务运动下的企业制度，至少在这一方面一开始便是落后了，至于法人性质、股份方式以及有限责任，皆是西方公司法律中先后发展起来的制度。而充分代表现代企业制度建立特色的股东有限责任制度，欧洲各国以及美国亦只是19世纪初叶至中叶，随着公司法之成文化才先后形成的全新公司法理念，中国洋务运动下的企业制度，几乎是同步地予以了吸收与借鉴，就这一点而言，中国洋务运动下的企业制度又并不完全落后。但是，在此还必须指出一点，洋务运动下所开办的这些"局"，虽然在资本与股份的构成上，可以说充分代表着民间资本之组合，但在实际的控制与运营中，如同企业生存的命脉来自皇家特许的权力一样，官方权力的介入是最为重要的特色。

这也正如两千余年间，中国手工业的发展一直仰仗官营官办一样，即便全新发起的意在改变中国过去命运的现代工业化之洋务运动，也同样走不出官营思维的老套路。再多再大的民营资本介入洋务运动所创办的企业，最终还只能交由官府控制与经营，并且还美其名曰"官督商办"、"官商合办"！

2. 清光绪《公司律》

光绪二十九年（1903）十二月初五，由久历外洋于律学最为娴熟的伍廷芳为主要起草人，会同袁世凯、戴振等，共同草拟并由钦定颁行我国第一部公司法律，即光绪《公司律》。该部《公司律》的颁行，充分表明了晚清政府"慎重商政，力图振兴"之决策。而且，为使商业尽早有所起色，为使商人权利有所遵循，《公司律》作为原本筹备起草的整部商律之一门，"极应先为妥订"，以使政府"遇事维持，设立保护，亦可按定章核办"。①

清光绪《公司律》共规定四种公司形态，它们分别是：①合资公司，系二人或二人以上集资营业公取一名号者（第四条），即后来所谓的无限公司。②合资有限公司，系二人或二人以上集资营业并声明以所集资本为限者（第六条）；合资有限公司如有亏蚀、倒闭、欠账等情，查无隐匿银两诈骗诸弊，只可将其合资银两之尽数并该公司产业，变售还偿，不得另向合资人追补（第九条）；合资有限公司有如现代所谓的有限责任公司形态。③股份公司，系七人或七人以上创办集资营业者（第十条）；股份公司与合资公司之主要不同，在于公司资本被分成若干股份，而与合资有限公司之区别，则在于公司创办人不享受有限责任的保护，因此，股份公司又可谓合股无限公司。④股份有限公司，系七人或七人以上创办，集资营业，并声明资本

①《大清法规大全》（实业部第一册），光绪辛丑迄宣统己酉。

17

若干以此为限者（第十二条）。股份有限公司如有亏蚀、倒闭、欠账等情，查无隐匿银两诈骗诸弊，只可将其股份银两缴足，并该公司产业变售还偿，不得另向股东追补（第二十九条）。清光绪《公司律》在规定以上四种公司形态之时，于第三十一条还专门规定："凡合资公司、股份公司，于呈报商部注册时，未经声明有限字样，应作无限公司论；如遇亏蚀，除将公司产业变售偿还外，倘有不足，应向合资人、附股人另行追补。"与清光绪《公司律》一并颁行的还有《公司注册试办章程》，在该章程第五条中规定："凡各省各埠之公司、厂、行、号、铺店等，一经遵照此次奏定章程，赴部注册合照后，无论华洋商一律保护；其未经注册者，虽自称'有限'字样，不得沾公司律第九条、第二十九条之利益。"①

清光绪《公司律》所设定的以上四种公司形态，基本上是参照了当时大陆法系所通行的划分标准。尤其是合资有限公司的设立，更是受到德国 1892 年单行制定的《有限责任公司法》的影响。日本单行制定的《有限公司法》直到昭和十三年（1938）才首次单行公布；英国在受到德国《有限责任公司法》的影响后，于 1907 年方首次将其股份有限公司的最低股东人数降为两人；至于美国《统一有限责任公司法》则直到 1996 年方予公布。从这些比较来看，清光绪《公司律》并不落后。然而，如果比照欧洲以及美国各州公司法普遍于 19 世纪初叶至中叶，已经成文化、法典化的现象而言，几乎晚了近一个世纪。而且，清光绪《公司律》共计 131 条之条文之中，并未涉及公司法人特性之明文规定，也许公司事实上被以法人对待，但缺乏法律明文之规定，毕竟是一遗憾。

---

① 以上摘录条文，皆出自《大清法规大全》（实业部第一册）所编清光绪《公司律》之中。

### 3. 民国公司法

清光绪《公司律》先行颁布实施后，清政府修订法律馆委托日本人志田钾太郎继续起草《大清商律》以及《公司法草案》，并于宣统二年，在结合各地商会访查本国商场习惯，并参照各国最新立法例之基础上，编成《商律草案》，共分为《商法总则》以及《公司律》二编，然未经决议颁行，清政府已随辛亥革命而垮台。新成立的中华民国政府，于民国三年一月十三日，由袁大总统以教令第52号，将上述宣统时期编订的《公司律》改称《公司条例》，予以公布，定于民国三年九月一日施行，同时正式废止前清光绪《公司律》以及《商人通例》。① 民国初年所颁行的《公司条例》，贯彻以干涉限制为主的指导思想，在当时看来与中国国情甚为相合。该条例所设定的公司形态为新的四种类型，即：无限公司、两合公司、股份有限公司以及股份两合公司。与清光绪《公司律》对照而言，新的《公司条例》删去了合资有限公司以及股份公司两种形态，同时增设了两合公司以及股份两合公司，从而在形式上更为接近大陆法系公司法的形态划分。但是，合资有限公司被删除，而股份有限公司的最低股东人数仍保持在七人以上，这一点与当时的潮流不符。

由于民国初年颁行的《公司条例》系由前清《商律草案》中的《公司律》删修而成，且未经正式立法程序，后虽经民国三年九月二十一日以及十二年三月八日加以更正，仍未能臻于完善。民国十七年七月，工商部以商法为处理商事之重要法规，亟应着手修订，以为实施之资，特组织工商法规讨论委员会，责令编纂全部工商法规。该会成立后，以我国公司林立，需用公司法甚殷，乃准乎党纲，

① 谢振民编著：《中华民国立法史》，中国政法大学出版社2002年版，第804页。以下有关民国公司法立法过程的介绍以及相关引文，皆参考或出自同一书籍，第804—814页。

酌诸国情，本历年事实上之经验，拟具《公司法草案》8 章，256 条。该草案设公司形态为五种，在原《公司条例》之基础上，新设"分担无限公司"一种，即外国公司在我国设立的分支机构或分公司形态。中华民国立法院成立后，即于民国十八年一月，指定委员马寅初、戴修骏、卫挺生、楼桐孙、罗鼎组织商法起草委员会，编定商法。立法院议定商法体例，不采法典形式，对于工商部所曾拟定之《公司法草案》以及《商法总则》未予采用，仅留备参考。后立法院起草委员会另行议定《公司法原则草案》，共计 64 条，后又分别并为 32 条。该《公司法原则草案》成为随后中华民国首部以正式法律程序公布实施的《公司法》的基础与框架。

立法院所拟定的《公司法原则草案》中，原本删除了正在施行的《公司条例》中的股份两合公司，后经孔祥熙等审查，又在草案中恢复。此草案在公司形态上最为主要的变化是，新增设了"保证有限公司"之形态。之所以新设保证有限公司，是因为欧美近数十年来，最盛行者为一种小团体之保证有限公司，"小其团体，俾易于设立，保证责任，定股本 3 倍以上，并禁止招募股份与转让股份，免受外人操纵，庶有利无弊，而与吾国国情尤为相合。"但是，当该《公司法原则草案》由立法院交由商法起草委员会查照之时，认为保证有限公司系新创之制，应暂行保留，当经由院长胡汉民向中央政治会议提请核定，原提案要略谓："查《公司法》原则案第 29 条全第 33 条关于保证有限公司之规定，本为取法于欧洲各国之小组有限公司办法，在中国公司组织中尚属创举。值兹党国一切行政司法组织均尚未臻完备，商场中之信用调查亦未举办，各股东之保证责任是否确实，若专恃行政之取缔，与司法之监督，恐一般民众利益之保障，过于粗疏，可否将《公司法》中保证有限公司一章，暂行保留？如将来仍视其设立为必要，则依照德法两国先例，另以单行法行之。"中央政治会议于第 206 次会议提出讨论，当决议："《公司法原则》中关于保证有限公司一章暂行保留，由立法院另订单行法。"看来，当时对保证有限公司的定性与渊源，还认识不准，反正自此以后，保证有限公司之立法亦从未再被提起。

在立法院拟定《公司法原则草案》以及暂予保留保证有限公司的立法提议基础上，《公司法》初步起草委员卫挺生即遵照中央决定原则，斟酌国内商情，旁考各国制度进一步草拟《公司法初稿》，提请起草委员会开会详加讨论，并邀集民法起草委员傅秉常、焦易堂、史尚宽、林杉及院外专家数人列席参加意见，自十一月下旬至十二月四日，继续开会十有余次，将初稿逐条讨论通过，正式形成《公司法草案》6 章，共 234 条。这一草案终于提交立法院三读通过，除一条删去外，《公司法》经国民政府于民国十八年（1929）十二月二十六日全案通过，并明令定于民国二十年七月一日起施行，与《公司法》一起得到施行的，还有随后颁布的《公司法施行法》。

正式经立法程序颁布的《公司法》明文规定公司皆为法人，但在公司形态的最终设定上，仍是保留民国初年《公司条例》之四种，其中股份有限公司的最低股东人数或者说最低发起人数，仍为七人以上（第 87 条），而迎合中小企业需要的、具有封闭特点的、所有股东皆受有限责任保护的有限责任公司，仍未被列入。但不管怎样，毕竟从民国初年的《公司条例》到民国十八年的《公司法》，四种公司形态中除了无限公司外的剩余三种，即两合公司、股份有限公司以及股份两合公司，无不以股东有限责任为其主要的法律特征。相对于清光绪《公司律》而言，民国之股东有限责任制度，显然得到了更为广泛的提倡与运用。而民国三十五年（1946）四月十二日，经国民政府修正公布的新《公司法》，正式删除了股份两合公司，并终于新增设有限公司形态，其最低股东人数定为五人。这是 1949 年

21

以前在中国大陆上最后一次由国民政府修正颁行的《公司法》，该部法律经后来数次修正，至今仍通行于我国台湾地区。

**（三）新中国公司企业制度的废弃与重建**

1949 年 10 月 1 日，中华人民共和国宣告成立，从此开启了新民主主义向社会主义转变的新篇章。通过对官僚资本的没收以及私营民族资本的社会主义改造，至 1956 年，"在国民收入中，全民所有制经济的比重由 19.1％上升到 32.2％，集体所有制经济由 1.5％上升到 53.4％，公私合营经济由 0.7％上升到 7.3％，私营经济则由 6.9％下降到 0.1％以下，个体经济由 71.8％下降到 7.1％，前三种社会主义公有制已达到 92.9％。"[①] 在此后二十余年的历史中，公有制经济更是得到了全面发展。随着公私合营经济于上个世纪 60 年代中期的基本结束，随着文化大革命时期轻视与削弱集体所有制经济以及对个体经济的排斥，全民所有制经济被作为公有制经济的主流形态得到片面发展。"据统计，1978 年我国社会总产值为 6846 亿元，而推算当年社会总产值公有制经济达到 92％，从数量上看，公有制经济的发展可谓达到登峰造极的地步"，[②] 其中全民所有制性质的公有经济显然占了举足轻重的分量。

在这几乎纯一色的公有制经济背后，国有企业始终是主宰力量，以国有企业为基础，以社会主义政权为依托，中国走上了全面计划经济的发展轨道，而计划经济最为主要的特征，便是强行的指令性计划。在"一五"计划期间，"国家对企业下达的指令性生产指标即有 12 项：总产值、主要产品产量、新种类产品试制、重要的技术经济定额、成本降低率、成本降低额、职工总数、年底工人到达数、

---

① 董辅礽主编：《中华人民共和国经济史》（上卷），经济科学出版社 1999 年版，第 199 页。

② 同上书，第 523 页。

工资总额、平均工资、劳动生产率和利润。"① 可想而知，在如此事无巨细的指令性计划管理下，在企业金融投资、流通、物资供应等无不依靠计划来维持的情形下，企业只是名存实亡的法律主体而已，或者说，企业只不过是政府机关的附属物。"政府俨然是一个大工厂，而企业不过是这个大工厂下的一个细琐车间、班组的生产单位，而不存在本来意义的企业。"② 适用企业的法律规范几乎是不存在的，行政性指令成为维系企业生存与发展的唯一保障，在如此大规模的公有制经济基础上，在如此强烈的计划经济控制下，在企业本身已名存实亡的环境下，现代意义上的公司企业制度根本没有立足之地，例如法人人格、有限责任、股份制等从西方引进的、曾一度代表革新理念的现代公司法律制度，均事实上被废弃，被人们遗忘了。

1978 年 12 月 18 日至 22 日召开的中共十一届三中全会，把全党的工作重点转移到社会主义现代化建设上来，这为中国企业制度的法律发展创造了前提。随后，《中华人民共和国中外合资经营企业法》于 1979 年 7 月 1 日由五届人大二次会议获得通过，这一法律既是我国对外开放的第一个正式法律文件，也是我国企业制度走上法制化的新起点，更是我国现代公司制度被废弃二十余年后重建的开端。该法律规定：合营企业的形式为有限责任公司。此后，在农村家庭承包责任制有效推动农村改革的成功经验基础上，经济改革的中心转移到城市经济的改革上，而城市经济改革的焦点又落在了企业制度尤其是国有企业的改革上。从利润留成到利改税，从承包制到股份制，国有企业于 20 世纪 80 年代的改革，完成了从简单放权

---

① 董辅礽主编：《中华人民共和国经济史》（上卷），经济科学出版社 1999 年版，第 248 页。

② 王文杰：《国有企业公司化改制之法律分析》，中国政法大学出版社 1999 年版，第 13 页，转录（一）。

让利到基本独立经营、自负盈亏的法人性质的过渡。而1988年4月13日由七届人大一次会议通过的《中华人民共和国全民所有制工业企业法》更是标志着国企改革的法律成果。1992年7月23日，国务院根据《全民所有制工业企业法》又进一步颁布了《全民所有制工业企业转换经营机制条例》。在此基础上，为进一步推行股份制的国企改革，1992年5月15日，国家体改委联合国家计委、财政部、中国人民银行、国务院生产办公室共同发布了《股份制企业试点办法》，并单独发布了《股份有限公司规范意见》以及《有限责任公司规范意见》。1993年11月14日，中共中央十四届三中全会通过了《关于建立社会主义市场经济体制若干问题的决定》。自此，社会主义市场经济的目标得以明确树立，而"建立现代化企业制度，是发展社会化大生产和市场经济的必然要求，是我国国有企业改革的方向"。①一个月后，1993年12月29日，在前述规范意见基础上合并修正与拟定的《中华人民共和国公司法》（以下简称《公司法》），由八届人大五次会议通过并于同日公布，1994年7月1日起施行。

在以国企改革为主线的企业制度改革中，随着对外开放步伐的加快，1986年4月12日以及1988年4月13日，由六届人大四次会议以及七届人大一次会议分别公布了《中华人民共和国外资企业法》以及《中华人民共和国中外合作经营企业法》。而1988年6月25日，国务院还以第四号令发布《中华人民共和国私营企业暂行条例》。围绕以上国企改革、对外开放、发展私企的法律法规，各相关部门还制定了一系列部门规章及地方法规。可以说，自20世纪80年代改革开放以来，中国的企业法律制度得到了前所未有的发展，

---

① 摘自中共中央十四届三中全会《关于建立社会主义市场经济体制若干问题的决定》。

其热闹场面可谓此起彼伏。在这一系列的法规以及法律文件之中，有限责任公司作为外企以及私企皆可采用的企业形态被得到确认，而《公司法》更是明确创设了股份有限公司及有限责任公司两种形态，除了主要适用于国企改革之目标外，这两种形态原则上也适用于全社会的广泛投资者。而且，有限责任公司形态中，还明确创设了仅适用于国有企业的国有独资有限公司，使得我国《公司法》中算是设立了一人有限责任公司的特殊形态。这些改革开放下所取得的法律成果，足可作为中国现代公司制度重建与复兴的标志，而《公司法》的正式颁行，更为中国现代公司制度的重建与完善打下了坚实的基础。

**（四）中国现行公司法之修订与相关司法解释**

中国改革开放三十余年，社会生活的方方面面皆发生了翻天覆地的变化，社会主义市场经济日益深入发展，公司企业法律制度也不断全面地步入法制化轨道。由于改革与开放本身是一个循序渐进的过程，而社会主义市场经济的建设亦是在摸索中向前发展，因而，在这循序渐进以及摸索发展的过程中，不断出台新的改革举措，不断制定新的相关法律与法规，便显然需要根据时代发展步伐，进行协调与完善。代表中国改革开放核心进程的公司法律制度，面对社会主义市场经济的不断繁荣与发展，面对加入 WTO 而与国际接轨的强大压力，面对转变政府职能、实现市场在资源配置中起决定性作用，对公司法不断进行修订与完善成为必然之态势。

1994 年 7 月 1 日《公司法》公布实施后，至今已先后进行了四次修订。这四次修订分别是：第一次修订，1999 年 12 月 25 日第九届全国人民代表大会常务委员会第十三次会议《关于修改〈中华人民共和国公司法〉的决定》；第二次修订，2004 年 8 月 28 日第十届全国人民代表大会常务委员会第十一次会议《关于修改〈中华人民

共和国公司法〉的决定》；第三次修订，2005 年 10 月 27 日第十届
全国人民代表大会常务委员会第十八次会议《关于修改〈中华人民
共和国公司法〉的决定》；第四次修订，2013 年 12 月 28 日第十二
届全国人民代表大会常务委员会第六次会议《关于修改〈中华人民
共和国公司法〉的决定》。目前，中国现行《公司法》为历经四次修
订后于 2014 年 3 月 1 日起重新颁布实施的《公司法》。

比较以上中国现行《公司法》的四次修订，1999 年、2004 年的
两次修订并不具有实质影响力，2005 年的修订则相对全面、相对彻
底、相对具有决定性、相对影响深远，至于 2013 年的修订影响则同
样巨大。1999 年的修订，主要是就国有独资公司设立监事会以及高
新技术股份有限公司上市这两个问题作了两条修订；2004 年的修订，
则仅仅是删除了原公司法第 131 条第 2 款关于"以超过票面金额为
股票发行价格的，须经国务院证券管理部门批准"的规定；因此这
两次公司法的修订，仅仅属于个别条文的变更，所以说并不具有实
质意义。之所以说 2005 年的修订相对具有决定性，不仅是因为这一
次修订涉及的公司法条文广泛，原《公司法》230 余个条文有近 210
个条文被修改、删除，或调整至《证券法》中；而且更为主要的是，
2005 年的修订较为充分地贯彻了降低公司设立门槛、尊重股东与公
司意思自治、正确适用股东有限责任、完善相关公司诉讼等多重现
代公司法的价值与理念，因而使得这次修改后的中国公司法，与各
国现代公司法比较而言，并不逊色。2005 年的公司法修订，事实
上也获得了国内外公司法专家学者的广泛关注，引起了世界各国对
于中国公司法制度研究的兴趣与热潮。随着转变政府职能的改革需
要，2013 年中国公司法再次进行了修订，虽然仅仅修改了 12 个条
款，但这次修订将公司注册资本实缴登记制改为认缴登记制、取消
公司注册资本最低限额、取消注册资本验资制度、将公司年检制度

改为备案制度、简化登记事项和登记文件等，均对中国公司法制度构成实质而重大的影响；对激发全社会投资热情、促进社会广泛投资乃至公司数量猛增等，均有重大、积极而深远的意义。当然，对于 2013 年的公司法修订，国内不少公司法学者也表示了深切的忧虑与担心，主要是公司法彻底降低公司设立门槛后，即所谓一个自然人、凭一元注册资本，即可设立具有法人人格的公司，这是否会造成大量毫无意义与价值，甚至带有欺骗性质的空壳公司泛滥，以至于公司欺诈横行、冲击市场乃至社会诚信体系。应当说，这样的担忧不无道理，尤其在相关公司诚信制度建设尚未到位的情形下，在公司各相关信息公开尚缺乏制度化保障的前提下，在信用约束与惩戒机制尚不健全的情形下，彻底降低公司设立门槛所引发的任何担忧，均值得人们关注与警醒。

伴随着现行公司法的实施与修订，现实之中公司的数量也不断攀升，再加上市场经济的日益深入与活跃，市场交易的频繁进行，大量纠纷诉至法院，其中需要适用公司法处理的纠纷案件数量更是不断上升，审判办案实践中对于如何正确适用公司法律制度提出了迫切需求。为此，中国最高人民法院在广泛调研基础上，先后出台了三部关于《公司法》的司法解释，且第四部关于适用《公司法》的解释亦正在研究制定过程中。这三部关于《公司法》的司法解释分别是：第一部，2006 年 3 月 27 日，最高人民法院审判委员会第1382 次会议通过的法释〔2006〕3 号"关于适用《中华人民共和国公司法》若干问题的规定（一）"（简称《公司法解释一》），该部司法解释主要是规范 2005 年公司法修订后，相关案件适用修订前或修订后公司法处理的前后衔接问题；第二部，2008 年 5 月 5 日最高人民法院审判委员会第 1447 次会议通过的法释〔2008〕6 号"关于适用《中华人民共和国公司法》若干问题的规定（二）"（简称《公司法解释二》），该部司法解释主要是规范公司解散与清算如何处理的问题；第三部，2010 年 12 月 6 日最高人民法院审判委员会第 1504 次会议通过的法释〔2011〕3 号"关于适用《中华人民共和国公司法》若干问题的规定（三）"（简称《公司法解释三》），该部司法解释主要是规范公司设立过程中的问题、股东出资责任问题、股东资格确认问题等。除以上三部目前已经出台的有关公司法的司法解释外，正在研究制定的《公司法解释四》的内容，从已经公布征求意见的草案来看，显然要更加广泛，其中主要将对涉及公司决议效力、股权转让、股东知情权、股东利润分配权、公司增发资本、股东派生诉讼等纠纷案件的处理提供具有法律效力的规范依据。人们有理由相信，随着公司法的不断完善，随着关于公司法司法解释的不断制定，中国有关公司法律的规则将日渐成熟，中国公司法律将在不断与世界公司法律制度接轨的同时，形成独具中国特色的、符合中国国情的、确保有效实施的完善制度体系。

## 二、中国现行公司法制度概述

中国现行公司法，是指以前述历经四次修订的《公司法》为主体，以相关司法解释乃至三资企业法等相关企业法律制度为补充所形成的公司法律制度体系。就其制度内容而言，相对完备而复杂，考虑本书特点，以下仅就其主要制度内容作简要概述，并就相关完善措施提出适当建议。

### （一）公司形态

公司形态，是任何一国公司法律制度的基本框架所在，合理的公司形态设定，是保障一国公司法取得成功的基础所在。现行中国公司法制度框架下，主要的公司形态分为两大类，即有限责任公司与股份有限公司。进一步细分，有限责任公司中又可分为一般有限责任公司、一人有限责任公司、国有独资公司等，而股份有限公司又可分为上市的股份有限公司与非上市股份有限公司两种。

以上公司形态只是简单而初步的划分，要进一步仔细区分的话，若将包括各类企业之种类一并纳入，则中国公司企业形态可谓十分复杂而繁琐。最起码可以归纳出以下十种定位与划分之标准：①依据经济性质或者说公有制与否所进行的划分，这是新中国成立后一直所贯彻执行的企业划分标准，如国有企业、集体企业、私营企业以及混合经济形态的联营企业；再如国有独资有限责任公司与其他有限责任公司；②依据投资主体或者说资本的来源地与资本比例所进行的划分，这是由于贯彻开放政策而自然形成的标准，如内资企业，港、澳、台商投资企业以及外商投资企业；③依据是否受《公司法》规范与调整所进行的划分，即《公司法》规范之公司与非《公司法》规范之企业，前者被分为有限责任公司与股份有限公司，后者则包括受《全民所有制工业企业法》、《合伙企业法》、《独资企业法》以及所有外商投资企业法所规范之企业，这些企业在设立、资本制度、治理模式、清算与终止等多方面，皆与《公司法》规范之公司有着很多的不同，皆受其相应法律法规的另行规范与调整，因而皆可归为非《公司法》规范之企业之中；④依据企业经营的方式所作的划分，如港、澳、台商以及外商投资企业中，依合资、合作以及独资与否所进行的企业划分；⑤依据政治考虑所作的公司企业划分，如港、澳、台商与外商所作之区分，这便主要是基于国家主权适用与否所作的划分，若将港、澳、台商与外商混为一谈，显然有辱中国主权；再如前述公有制与否所进行的划分，更是直接基于我国社会主义政治制度的考虑，在社会主义制度下，以国有与集体所有制企业所体现的公有制，始终应是社会发展关注之主流方向；⑥依据人们设想中的现代企业制度体系所作的划分，如公司企业、合伙企业、独资企业以及股份合作制企业；⑦依据公司法原理，或者说按照大陆法系最为主要的公司形态所作的划分，这主要体现为《公司法》所设定的股份有限公司和有限责任公司两种形态；⑧依据公司股票上市交易与否所进行的划分，主要为《公司法》中所划分的上市公司与非上市公司，其实它们都属于《公司法》所调整的股份有限公司形态；⑨依据公司企业之国别所进行的划分，主要体现为《公司法》中对外国公司的分支机构与本国公司所进行的划分；⑩依据概括性或任意性标准所进行的划分，如其他企业的归类，如个体工商户、农村承包户甚至农村集体组织的企业与乡镇企业，这些是否可归为集体与私营，以及是否可确切称之为企业的社会经济组织，似乎皆可归为其他企业之列，或者说一切难以明确归为上述相关法律、法规调整的所谓企业，皆可概括归入其他企业之中。

正是由于有着以上十分复杂的、似乎全面然而并不科学的公司企业形态之划分标准，所以也就难免出现如此繁多的公司企业形态，更不用说"公司"与"企业"本身便是至今仍难以区分的市场主体形态。在当今中国，可称之为"公司"的企业，并不一定都受到《公司法》的调整，如国家烟草总公司等，它们虽然都叫"公司"，但都是典型的国有企业，显然应当受《全民所有制工业企业法》之规范与调整。与此相似的还有，在一系列外商投资企业法的管束下，遍地都是称之为"公司"的外商投资"企业"，而不是外商投资"公司"。至于各类"厂"、"矿"、"商店"、"旅馆"之类的国有与集体企业，它们既不叫"公司"，亦不叫"企业"。因此，在中国今后的企业法律制度体系中，或者说公司法律制度体系中，或者干脆说市场经济主体的法律制度体系中，究竟应以"企业"还是应以"公司"来冠名其立法，这本身就是让人十分头痛的问题，更不用说进一步的企业形态或者说公司形态的划分了。当然，国有、集体、私营以及港、澳、台、外商等企业，实际一直皆在朝着公司化的方向与目标迈进，事实上现在已经普遍都属于"公司"了，且多是按照公司法的要求进行了所谓的规范，"公司"事实上已经成为当今中国市场经济环境下的主要交易主体。

纵观现代各国所普遍形成的公司企业形态，充分反映与代表了投资者选择投资方式愿望的历史发展进程。最为古老的企业，肯定是独资企业。无论独资是以家族、家庭还是以个人主体的身份而出现，独资始终是代表着投资者以独立自主方式追求与创造财富之努力，从古到今，它是所有社会财富创造与实现的基石。当家族与家庭走向分裂，当个人主体直接成为社会组成的单个细胞，当某一财富之追求，显然远非单个家族与家庭或者个人主体所能完全实现时，家族与家族之间的合资、家庭与家庭之间的合资、原本家庭内各单个成员之间的合资，以及毫无血缘与地缘关系的个人之间的合资等，便是不可避免的投资方式。而所谓的合资亦不过是财物与人力等创造财富力量的结合而已。在商品经济与商品交易达到一定规模之时，这种合资下的被现代人称之为"合伙"的方式，在世界各地以不同的名称以及具体方式被投资者广泛地实践着，无论是以有限与无限的两合方式所进行的结合，还是以按份连带以及非连带的全体无限方式所进行的联合，它们都只不过是人们为了适应发展了的社会所进行的投资联合方式而已。随着更大规模的工业化发展，较小规模的合资为更大规模的投资联合需求所排挤，于是足以满足人们更快、更大投资以便更快、更大创造与实现社会财富的新的企业方式，即现代意义的既具备法人人格特征又具备股东有限责任特征，既具备资本与股份特征又具备两权分离而集中管理特征的股份有限公司，被自然而然地创造了出来。受股份有限公司的影响与启发，投资者完全可能希望更小规模的投资合作甚至是单个独立的投资，亦同样能够获得与其自身人格相分离而责任与风险又可被限定的公司待遇。

至此，公司完全可以不是什么社团的组合，公司只是人们用来投资而实现财富创造的一种渠道与方式。社会与法律无论是对于个人，还是对于人格等同于个人之法人，皆应保障他们独立或联合起来以公司方式进行投资的愿望，这也许正是当代各国一人公司的形态为法律所普遍承认的道理所在吧。

当代中国公司形态，从一开始就借鉴了世界各国公司形态制度的文明成果，以有限责任公司与股份有限公司两种形态为其规范之主要形态，这与各国现行公司形态的主要类型相吻合。当然，在英美法系下，可能更多被称之为封闭公司与开放公司的形态。随着当前社会主义市场经济的深入发展，制定统一的公司法典成为社会普遍的愿望，而这其中就包括能否将三资企业法统一纳入公司法典加以规范的问题，进一步丰富现行公司形态制度成为公司法今后修改必须予以关注的问题。这其中还包括，能否按封闭与开放，或公众与私募区分标准对现行有限责任公司及股份有限公司两类形态进一步加以改造；能否将现实中的股份合作制公司明确纳入公司法之中；一人股份公司、集团公司形态及其独特治理机制应否也一并纳入予以关注，甚至有无增设无限公司之必要等。总之，公司形态制度是今后中国修改公司法亦必须予以关注的问题之一，尤其在现行公司法制度中，对于各公司形态相互转换后的主体同一性原则，以及权利义务概括承受原则等尚缺乏明确规定的情形下，更有必要对于公司形态制度尽早完善。

### （二）公司设立

在中国，新设一家公司变得越来越简便起来。原本新设一家公司，通常要经历起草公司章程、公司名称预先申请核准、各股东向预设账号汇入资本、验资、颁发营业执照等基本环节，所需时间一般在各相关材料齐全后十五天内由国家各级工商行政部门颁发执照。原本在新设公司的各个环节之中，最为关键的是注资与验资环节，这是 2013 年《公司法》修订前，每一公司设立均不可以绕开的环节。但在 2013 年《公司法》修订之后，公司资本制度彻底放开，新设公司并不需要在设立时即缴付资本，更无须较为繁琐的验资程序，由此不仅使得新设公司的费用直接减低，而且让新设公司成为十分方便而快捷之事。有些地方，为方便公司的设立，集中在一处行政中心办理，不仅新设公司的营业执照可以在一天内办完，而且新设公司的法人代码证书、税务登记证书等也可同步办理，甚至合而为一。有初步统计表明，当前中国，几乎每一秒中即会产生一家新公司，各类公司设立的速度极大地提升。

的确，公司设立制度的关键在于公司设立门槛高低的把握。较高的公司设立门槛，使得广大投资者新设公司的愿望必然受到阻碍；而较低的公司设立门槛，虽然可以激发广大投资者的热情，但空壳公司可能带来的"欺骗幽灵"又令社会普遍担心。中国现行公司法二十余年的发展历程，有关公司设立的门槛的确在不断地降低，甚至已经降到不能再降的程度。就设立一家公司的股东人数要求而言，原本 1994 年《公司法》公布实施时，普遍要求是不得低于二人，即一人公司除国有与外商投资外原则上并不允许设立。2005 年修订《公司法》后，一人公司的设立变得普遍起来，由此实现了设立公司股东人数门槛的降低。就设立一家公司的资本要求而言，原本对有限责任公司以及股份有限公司的最低注册资本额均作了设定。如 1994 年《公司法》颁布时，规定有限公司根据生产性或服务性的不同，要求 10—50 万不等的最低资本额，而股份公司则要求 1000 万元的最低资本额；2005 年时，最低资本额的要求被降低，一般有限公司 3 万元资本即可设立，但一人公司被要求至少 10 万元最低资本额，至于股份公司则仍要求不低于 500 万元的资本；2013 年时，对任何形态公司的最低资本额要求均被废除，以至于"一元公司"即所谓凭一元资本而设立的公司在现实之中也不断地出现，甚至人们还在进一步探讨，既然公司法上并不要求最低资本额，那么是否"零元公司"也可以设立呢？如此无需资本的公司还是公司吗？失去资本支撑的公司其财产的特征又如何体现呢？况且，"一元公司"与"零元公司"又有什么实质之区别呢？就公司资本缴纳的期限而言，原本1994年《公司法》时，任何公司资本均必须于公司设立时全部缴纳到位，否则即被视为未履行出资义务，由此引发股东的出资责任；2005年《公司法》修改后，股东资本的缴纳被允许在两年或五年内分期到位，但前提是公司设立时至少应当缴纳20%的出资额；2013年《公司法》修订后，股东缴纳出资的期限由股东们在公司章程中自行约定，由此公司设立时可以不缴纳分文的资本，现实之中，一些巨额出资数十年后缴纳到位的章程条款也已经出现，这就意味着公司设立甚至已经死亡后，股东无须缴纳资本的情形亦并非不符合法律，只要所设立的公司并不负有债务即可。就设立公司所需场所而言，原本1994年《公司法》明确规定设立一家公司必须要有"固定的生产经营场所和必要的生产经营条件"，到2005年《公司法》时，仅要求公司有住所即可。就公司可以注册营业的范围而言，原本1994年《公司法》规定"公司应当在登记的经营范围内从事经营活动"，而2005年《公司法》修订后，该项规定被明确删除，同时根据合同法司法解释的相关规定，公司超越经营范围所从事的交易行为效力并不被否定，由此新设公司营业范围问题虽然仍被关注，但相对而言更为灵活，公司可以较为自由地设定其营业范围，如此使得设立的行业自由获得极大地拓展。总之，很显然，在现行中国公司法制度下，公司设立的门槛已经降到最低限度，新设一家公司已经十分之便利，新设一家公司之成本也极其地低廉，新设公司变得更加自由、更加快捷。

　　设立公司门槛的降低，的确激发了投资者的广泛热情，这对于市场经济刚刚兴起的中国而言，无疑是十分必要的。尤其在当前倡导市场经济起决定作用的深化改革背景下，公司数量的兴起是市场交易活跃必不可少的环节，是市场创新的源泉所在。让一切有投资热情的人相对自由而便捷地选择公司形式参与到市场经济中来，无疑是公司法应当努力的方向所在。由此，当代各国公司法均普遍降低其公司设立的制度门槛，方便其国民乃至外国资本进入其市场浪潮之中，由此激发市场的活力与创新能力，这已是各国公司法均普遍认同的价值追求所在。中国公司法，历经二十余年的发展历程，即已基本实现了设立公司的自由与便捷，这无疑是其相对成功的标志所在。至于人们所担心的，几乎无需资本等条件而设立的公司，是否会引发欺骗的横行与蔓延，这是与公司设立制度并行需要同步考虑的问题。目前，中国公司法律制度正在致力于健全与完善公司信息备案登记与查询制度，完善公司信用制度的评定与监管等，如此将使得任何试图利用公司空壳而欺骗之行为等得以避免，使得任何新设的公司皆致力于社会财富的积极创造，不仅满足人们的就业需求，而且也实现社会财富的梦想，这也是公司设立制度的意义与价值所在。

　　当前中国公司法制度下，尚未建立公司设立无效的制度，只是在最高法院制定《公司法解释三》草案过程中，曾出现过有关公司设立无效的草案条款。目前，有关公司设立所引发的纠纷，多为公司设立筹备过程所引发的纠纷，即公司设立不能所导致的相关费用与损失赔偿以及相关债权债务的处理等，即所谓设立中公司纠纷之处理。尽管当前中国公司法关于公司设立的门槛已经很低，但这并不意味着任何公司的设立皆是一帆风顺，由于公司设立而引发的纠纷并不少见。目前依照《公司法解释三》处理此类纠纷的一般原则是，设立中公司比照普通合伙关系进行处理，由此因公司设立而引发的纠纷，当公司不能再行设立时，相关责任由各参与设立公司的投资主体共同承担；而如果公司设立成功的话，则设立中公司的相关权利与义务一般由设立后的公司概括承受。

### （三）公司章程

在新设公司过程中，关于公司章程的起草问题始终是参与组建公司的各方主体较为关心的问题，而这也是设立公司必不可少的环节。通常情形下，起草公司章程可以按照国家工商总局制定的章程范本进行，分为有限公司章程格式与股份有限公司章程格式两类，即多数情形下公司章程的起草实际并不复杂，多为填空拟定而已。但是，对于较为复杂而相对谨慎的投资组合而言，公司章程的起草工作则可能是个十分复杂的过程，体现了各方对未来公司治理与利益分配的充分博弈，是各方艰苦谈判的结果。尤其是在公司设立之后，因为股东变更、增加或减少资本、公司合并与分立等各种原因，需要修改公司章程的情形亦较为普遍，公司章程制度成为公司法中相对独特的制度内容。

在起草或修改公司章程的过程中，人们始终较难把握的是公司章程与公司法之间的关系与界限问题，即究竟什么是公司章程应当规定的，什么是可以规定的，什么又是公司章程不可以规定的，公司章程自行拟定的法律空间究竟何在？对于这样的问题，中国现行公司法的确没有集中作出明确规定，而是分散在各有关条文之中，甚至很多确无法条明确依据。总体而言，公司章程与公司法之间的基本关系主要有以下四种：

1. 不得排除之关系。所谓不得排除之关系，是指任何公司章程条款的拟定均不得随意加以排除的公司法内容，否则，将被依法宣告无效。很显然，不得排除之关系，原本应当以公司法之成文规定为前提，且该类规定必须属于明文强制性规定，数量极其之少，只有这样人们才能在拟草有关公司章程时加以比对把握。但是，我国公司法对于哪些属于公司章程不得排除的内容缺乏明文规定，由此在司法实践中引发不少争议，甚至导致司法权的滥用。参考美国有关公司法规，一般可有以下几种：（1）不合理地限制和排除股东知情权；（2）撤销管理层忠诚义务；（3）不合理地降低注意义务；（4）变更开除股东资格的法定情形；（5）变更公司强制清算的相关规定。就此不难看出，这些事项多为公司股东及高管最为基本的权利或义务，公司法应当设定基本底线，代表国家实施干预，人们在拟草公司章程时不应对不得排除的内容随意变更或删除，而当公司章程任何条款与不得排除之规定存在矛盾或冲突时，司法将宣告该类公司章程条款为无效。

2. 选择设定之关系。所谓选择设定之关系，是指公司法已经给了投资者拟草公司章程所可选择的法律空间，这个法律空间允许投资者可以这样做也可以那样做，但是你不能超越这个选择幅度，凡在可选择幅度范围内所拟定的公司章程条款均受法律保护。如依照《公司法》第16条之规定，公司向其他企业投资或者为他人提供担保，可依照公司章程的规定，由董事会或者股东会决议。这里所谓"依照公司章程的规定"（公司法中大量条文中有这类表述），显然代表着公司法在这一问题上给投资者所预留的法律空间。公司章程可就是否允许对外投资或担保，或者哪些由股东会同意才可进行对外投资或担保，哪些由董事会批准即可进行对外投资或担保，或者更具体地规定本公司对外投资1000万元以下的决定权在董事会，而1000万元以上对外投资的决定权在股东会等，类似之规定均可由股东们在公司设立之初拟定公司章程时予以明确，皆为公司法所许可，此即为典型意义的选择设定之关系。

3. 优先适用之关系。所谓优先适用之关系，是指尽管公司法对相关问题已有规定，但公司章程的条款对此可予以排除，即公司章程可以不按公司法的既定模式办，股东们可以充分按照一致意愿下所形成的章程条款，去处理公司经营过程中遇到的具体问题，股东们一致意愿所代表的公司意思自治"优先"为公司法所尊重。如依照《公司法》第75条的规定，自然人死亡后，其合法继承人可以继承股东资格；但是，公司章程另有规定的除外。该条涉及的是自然人股权可不可以继承的问题。该第75条的规定即允许公司章程作出"除外"规定，允许在公司章程中明文规定股东资格可不准继承，且该类规定优先为法律所尊重。显然，这意味着公司法赋予了公司意思自治更加优先的权利、更加优先的空间。

4. 任意设定之关系。所谓任意设定之关系，是指在法律未作禁止的任何范围内，投资者可自由拟草有关公司章程条款，即股东们想怎么组织公司，怎么治理公司，如何具体设定投票与表决规则，如何具体解散公司等，多在其意思自治权限范围内。这一点，看似股东们权限很大，但实际又确实难以把握。比如公司章程设定股东会与董事会的权限规则，设定管理层更大或者更小的权利，设定不同的会议规则，设定不同股东或董事的表决权限等。再如公司章程设定各种反并购条款问题，这在国外公司并购浪潮中也十分常见。总之，公司法留了足够的法律空间给投资者在很多方面去自由地设定公司章程条款的内容，投资者、股东们可以尽情地如己所愿地拟草公司章程，充分地获得自由经营公司的法律权利，充分地实现自由经营公司的法律愿望。

必须特别指出的两个问题：一是关于公司章程的可诉性问题。答案当然是肯定的，公司章程显然具有可诉性。尽管我们还未建立公司章程效力之诉，但仅就公司章程某一条款甚至整体公司章程之效力要求法院进行审查，并非不可，事实上这样的诉讼已经多次发生过。有人抗辩认为，公司章程是经过工商局注册备案的，因而应当是有效的。事实上，对司法而言，显然不是凡行政上决定了的即为有效；同样，公司章程即便已经工商局注册亦并非绝对完全有效，对经过工商局注册登记备案的公司章程条款，只要认为与法律相冲突，即可提起公司章程条款效力之诉。任何以公司章程已经注册即排斥对其效力质疑的诉讼观点显然是不能成立的。当然，处理公司章程条款效力诉讼问题，关键是正确认识私权自治的范围与保障问题。公司法之所以规定对一些问题章程可以作出灵活的变通，其法理之根本在于，这些问题所涉及的权利多为私权，而私权之重要特征之一就是可以处分，只有在对私权处分权予以尊重的同时，公司自治、股东自由等方面才能得到较好的实现。对公司章程条款效力诉讼之处理，关键是把握好公司意思自治的法律空间。二是公司章程与股东协议之法律关系。这个问题之所以单独提出来，亦与公司意思自治有关。从司法角度来看，一方面公司章程已经拟定并注册了，可公司章程里的内容，与股东之间的协议却可能存有矛盾。股东之间的协议，既有可能是早于公司章程而拟定，如股东之间关于组建公司的协议，也有可能是在公司章程登记之后拟定的，如各股东之间关于公司托管经营的协议。股东之间，一方面有协议的约束，另一方面又有公司章程的规定，两者内容一致而没有矛盾，当然好办，可统一适用。问题是，两者不一致甚至相互矛盾时怎么办？我国公司法对此未作明确规定，现实中处理类似案件也缺乏统一标准。通常而言，要看发生争议者之间的法律关系如何？即是内部关系还是外部关系。所谓内部关系，主要是指股东之间甚至包括股东之受让人以及身兼管理职责之股东等之间发生的争议关系，对于这些人，股东之间的协议应当更优先适用，而不能仅限于章程；但对于外部关系，主要是那些因合理信赖公司章程与公司进行交易而受到损失者，应优先适用公司章程，不能以股东之间的约定而对抗外部法律之关系。

总之，在公司章程制度的设定与相关纠纷的处理原则上，要进一步充分尊重股东意思自治与公司意思自治的基本原则，确立国家干预仅为必要及补充的指导思想。而这也是投资者经济自由与经济人权的重要体现，要摆在与政治人权与自由的高度加以提倡与维护，由此充分尊重股东拟定公司章程的法律自由，尽最大可能地维护公司章程条款的有效性。

### （四）公司资本

正如公司设立制度门槛逐步降低一样，中国公司的资本制度，也经历了一个从严到宽的过程。1994年《公司法》颁布实施时，采取的是实收资本制，其核心在于公司设立之时公司全部注册资本均必须缴纳到位，且应进行严格的验资程序，并要求最低注册资本额。2005年《公司法》修订时，采取的是所谓折中资本制，其核心是资本缴付环节的折中，即不低于20%的注册资本应于公司设立时缴付到位，其余可根据公司是否为投资的性质分别在两年或五年内缴付到位，且每一缴付资本也要进行验资，并同样要求最低资本额，只是最低资本额度降低了。2013年《公司法》修订后，采取的则是所谓的认缴资本制，其核心是注册资本何时缴纳、是否于公司设立时缴纳或公司设立后多长时间缴纳，均由股东们在公司章程中自行决定，即缴付资本时间与比例自愿认缴，且无须验资，不再设定最低资本额。以上公司资本制度模式的变更历程，基本展现了中国公司资本制度的发展历程，也正是公司资本制度的不断修订，为中国公司设立门槛的不断降低创造了条件。

公司资本制度除上述基本模式外，还涉及出资种类、出资责任及出资合法性等具体问题。就出资种类或所谓出资方式而言，1994年《公司法》颁布时，将出资种类仅限定为货币、实物、工业产权、非专利技术、土地使用权五种，没有其他可以灵活的出资空间，以至于现实之中多样化的出资方式是否合法常常成为争议之焦点。2005年《公司法》修订时，出资方式除列明货币、实物、知识产权、土地使用权外，其他但凡可以用货币估价并可依法转让的非货币财产，均被允许作为公司出资的方式，如此便使得现实之中的债权出资、股权出资甚至劳务出资均成为可能，使得中国公司资本的形式丰富而多样。在这些出资方式之中值得关注的是，货币资本应占注册资本一定比例的要求不断被修改，以至于现在设立一家公司可以无需任何的货币资本。1994年《公司法》颁布时，规定工业产权及非专利技术出资额不得超过注册资本的20%，这实际意味着公司出资绝大多数要以货币与实物进行，实际是更加看重货币出资作为最古老、最原始、最多见出资方式的资本价值。2005年《公司法》修订时，货币出资比例被明确要求不得低于注册资本的30%，这实际是在相对降低货币资本的法律价值，但货币出资价值依然被看重。至2013年《公司法》修订时，货币资本占注册资本最低比例的要求被完全废止，公司任何出资方式所占公司注册资本的比例交由股东们自行商定。货币资本的法律价值不再获得强调，这与现代市场经济条件下无形资产、信息技术等非货币资本所可能带来的财富创造价值更加为人们所青睐密切相关。

对于其他非货币出资所涉及的价值评估问题，始终是公司出资环节需要解决的问题。原本公司法明确规定有验资制度，非货币资本的价值可以通过验资评估来衡量。但如今验资制度被废除，原本依靠验资把关的非货币资本价值似乎一夜之间失去了衡量的标准。但现实情形是，但凡非货币出资价值的衡量，各方投资者依然希望并需要相关的评估来把关,完全交由股东们自行商定出资价值的做法,事实上也难以为司法最终认可。当出现非货币出资价值争议之时,通过司法决定下的价值评估与鉴定,依然成为断案的依据所在。任何非货币出资价值低于其实际评估价值时,相关出资股东不得不履行进一步补足其出资的法律责任。当然,若因市场变化或其他客观原因导致财产贬值的,则并不被视为出资价值的瑕疵,相关股东无须进一步予以补足。

目前,关于怎样的债权出资可为有效出资方式的争论依然在继续。通常情形下,对公司已经享有的债权可以转化为对公司的出资,即一般意义上的债转股,更为人们所接收且广泛采用,至于对他人所享有的债权能否作为对公司的出资,则始终存在争议。但现实之中,不少资产管理公司设立或增资过程中,接受投资者以对他人享有的债权作为出资,这已经是可以允许的操作方式。这也就意味着,无论是对公司已有的债权转为对该公司的出资,还是对他人享有的债权用于新公司的出资方式,实际均无不可,因为任何形式的债权均具备可用货币估价并可依法转让的特征,由此均应理解为符合现行公司法关于出资方式的规定。同样,以任何形式的公司股权出资,亦应理解为当然符合目前公司法所规定的出资方式。目前还有争议但又在尝试的,还包括劳务作为出资的合法性问题。由于劳务附着的特殊主体为自然人,因此即便劳务可以估价,但劳务是否可以转让成为争议不休的话题。事实上,劳务可以分为已经履行及将要履行的劳务两种,无论哪一类,劳务有其特定价值,因而为公司所需,可以为公司资本的特征十分明显。至于劳务出资不能,如未到期离职等所引发的出资责任追究问题,则显然可以通过补足价值的补偿来进行。人们担心劳务出资无法衡量其真正价值显然是对劳务出资的误解,人们担心劳务出资无法强制履行更是对出资方式与出资责任的呆板把握。最为关键的是，在当代货币出资价值越来越不被看重的情形下，劳务，即一切创新的劳务作为创造财富的资本价值却越来越被看重，即所谓人才才是公司价值的关键所在。普遍承认劳务作为出资的方式，必然是大势所趋。

在中国公司法资本制度下，还必须把握的一个突出问题是出资合法性的问题。中国公司法一直强调，凡法律、行政法规规定不得作为出资的财产，均不得用于公司之出资。如此，实践之中人们经常会问，究竟什么是法律与行政法规规定不得用于出资的财产呢？对于公司的出资区分合法与不合法有何实质的意义？尤其是，不合法的出资对于公司设立的合法性究竟有无影响，对于公司人格的存续性有无影响，对于公司以不合法出资所形成的公司资产有无影响？目前《公司法解释三》对此作出解释是：出资人以不享有处分权的财产出资，当事人之间对于出资行为效力产生争议的，人民法院可以参照物权法关于善意取得的规定进行处理；而以贪污、受贿、侵占、挪用等违法犯罪所得的货币出资后取得股权的，在对违法犯罪行为予以追究、处罚时，应当采取拍卖或者变卖的方式处置其股权。正是根据这一解释精神，可以基本得出，不合法的出资并不会影响所出资公司人格之合法性，更不应影响所出资公司取得财产的合法性，其中的界限是，基于不合法出资所形成的股权可以被处置，以便弥补不合法出资给相关受害人所造成的损失。

有关股东出资与否对股东资格的影响，也经常成为争议的问题。早些年间，在实收资本制度下，曾有不少人主张，如果股东未实际出资将影响其股东资格的获得。随着资本制度越来越宽松，在目前认缴资本制度下，人们已经普遍认识到将实际的出资与股东资格的取得相挂钩的做法实际并不可行。但是，《公司法解释三》依然有条文规定，如果一个股东未履行出资义务或者抽逃全部出资，经公司催告缴纳或者返还，其在合理期间内仍未缴纳或者返还出资，公司以股东会决议解除该股东的股东资格，该股东请求确认该解除行为无效的，人民法院将不予支持。这实际就是将股东是否履行出资责任的事实与其股东资格关联起来，全部未履行出资责任或全部抽逃出资，公司将可以做出开除股东资格的除名决议。这样的做法，很具有中国特点，也很能为中国的广大投资者所接收。

### （五）公司治理

公司治理结构问题，是公司法中的一个重要问题。就当前中国公司法下的治理结构而言，基本是仿照国家三权分立学说而构造。此说认为，现代公司乃现代国家之缩影，公司内设的意思决策机关——股东会、代表执行机关——董事会、监督机关——监事会等，乃仿照国家立法、行政、司法三权分立之学说而构造。百年以来，公司治理引入"三权力机关"分立的观念在大陆法系风靡盛行，时至今日依然发挥着巨大的作用。在我国，《公司法》自1994年生效以来，虽经数次修订，但有关股份有限公司与有限责任公司原则上均应当设立股东会、董事会、监事会之规定，以及即便股东人数较少和规模较小的有限责任公司亦应当设立一名执行董事和1—2名监事的条文，始终未作任何改变。其中不难看出，仿照国家三权分立学说构造公司治理结构的影响在我国依然根深蒂固。事实上，自中华民国至新中国成立以来的公司法律教科书中，关于公司治理结构系仿照国家三权分立学说构建的观点，始终处于主流的教学地位。这也难怪，时至今日，两岸公司立法中有关公司治理结构的制度设计，均难以摆脱此说的实质影响。

然而，人们不禁要问的是，现代公司果为现代国家之缩影吗？诚如人们所共知，国家乃公权之体现，而公司却为私权之产物，对国家公权之制衡与对公司私权之制衡应当有着本质上的区别。国内外的各类公司形态，尤其是数量众多的小型公司，他们的股东常常质问：为何自己开办的公司却要请人来加以制衡与监督呢？的确，无论是大型公司的控股股东还是小型公司的小股东们，他们请求自我分权与制衡的动力与法律需求何在呢？如果没有，或者仅是很少，而法律却要人为的、不加区分地予以强行，其结果只能是形成法律与现实的巨大脱节。我们常常可以看到，那些原本仅由股东经营的公司，股东们不得不身兼董事或者监事数职，尤其是在那些夫妻开办、兄弟开办、家庭开办、朋友开办的公司之中，他们之间的关系原本是这样的密切，彼此的知信程度如此之高，然而却依然由于法律僵硬的设定与要求，不得不各自披上股东、董事、监事三权分立制衡的法律外衣。他们要么觉得很不习惯，要么把这仅仅当成是法律的游戏，要么便不得不虚伪起来。他们很难如法律所期待的那样相互制衡地去经营公司，他们更习惯于彼此信赖、相互一致地去迎接市场的竞争与挑战。也许，仿照国家三权分立学说构造公司的治理结构，或者试图将公司与国家相比对的主张，确实存在理论上的误区，至少对数量占据绝对优势的关系密切型公司而言，它们根本上并不能与公共性质的国家相比拟。

比较各国公司法律制度，影响公司治理结构设计的因素有多个方面。例如不同法系因素的影响，就较为早期的划分而言，人们常将两大法系下的公司治理结构模式分别归纳为单层与双层模式。所谓单层治理模式，仅指由股东（会）与董事（会）两者之间的单层关系而架构的公司治理结构模式，此以英美法系为代表。所谓双层治理模式，系指由股东（会）、董事（会）、监事（会）三者之间的双层关系而架构的另一公司治理结构模式，此以大陆法系为代表。当然也有人将单层与双层治理模式，又称为一元制和二元制公司治理模式。其实，就更为细致的公司治理结构模式的划分而言，大陆法系内部还可分为以德国、日本、法国为代表的垂直双层式、并列双层式以及单双层选择式三种。德国的垂直双层模式，其最大特点莫过于公司的董事会乃由监事会而产生，而非源自股东会；至于监事会除主要源自股东会外，在一定条件下还应有职工代表组成，在这种公司治理结构模式中，公司机关之间的架构方向是垂直的。日本的并列双层模式，系指董事会与监事会分别由股东会选任产生，董事会与监事会并列向股东会负责，在这种公司治理结构模式中，公司机关之间的架构方向处于并列的状态，中国即属于这一类。法国的单双层选择模式，又可称为混合型治理模式，其实际是允许公司在单层和双层两种治理模式之间作出选择，若是选择了双层模式，则依德国的垂直双层模式而运行。除以上法系因素影响外，各国公司治理结构的设计实际还受到公司形态因素、公司规模因素、公司性质因素、公司运营状况因素等多方面的影响。

纵观世界公司治理结构法律制度的发展方向，较为清晰地反映出以下特点：第一，小型公司治理结构日趋宽松。所谓小型公司，是指以有限责任公司、封闭公司等为代表的股东人数较少、资产规模不大的公司。这类公司的数量在各国公司数量比例中均占据绝对的多数，对这类公司治理结构上的宽松化，将大大有利于减少这类公司不必要的治理成本，并最大限度地满足股东自我治理公司的切实愿望。小型公司治理结构的宽松化，从各国普遍赋予这类公司股东可以自我经营公司而免设董事会、监事会等制度中即可得到有力佐证。第二，大型公司治理结构日趋严格。所谓大型公司，系指以上市公司、股份有限公司等为代表的股东人数众多、资产规模较大的开放性公司。由于这类公司股东人数众多且较为分散，再加上公司规模较大，其公司所有权与经营权的确朝着分离的方向发展，进一步加强对管理层的制约与监控，的确成为公司治理重点关注的对象。与此同时，少数控股股东利用这种两权分离的局面，通过控制公司管理与经营而损害众多小股东利益的现象，也引发了人们普遍的关切。总之，众多小股东、小股民利益保护的问题，正日益成为大型公司治理重中之重的法律问题。传统以来，两大法系单层或双层公司治理结构模式，实际上即是主要针对这些大型公司而适用。近些年来，尤其是随着美国安然公司等一系列公司丑闻事件的发生，引发了对这类公司从证券市场监管到公司治理全方位的加强。例如，以强化独立董事为载体的审计、薪酬、提名等委员会监督机制所可能发挥的正面监督效果，似乎赢得了世界广泛的认可。第三，公司治理结构更具灵活性。这种灵活特性主要表现为以下三方面：一是公司治理结构模式更加多样化；二是公司治理结构更具可选择性；三是公司治理结构更具可转换性。也就是说，以往特定公司形态所对应单一的、不可选择亦不可转换的公司治理模式，正逐渐为多样化的、可供选择亦可转换的公司治理模式所替代，而多样化是公司治理结构灵活性的前提。第四，利益相关者因素日益受到关注。利益相关者学说正日益受到方方面面学者的追捧，以德国职工参与制为代表的公司治理模式，大有推广发展的态势。在欧盟公司法一体化进程中，尽管以德国为代表的职工参与制遇到了挑战，但最终还是被写进了欧盟公司法指令之中。另外，世界范围内职工持股计划的推广与适用，又从另一侧面向人们提示着，职工无论是以股东身份还是以雇员的身份，他们总应当被赋予治理公司的一定权力，甚至是相当的权力。

妥善构建中国的公司治理结构模式，多元化的公司治理结构模式，应为可以考虑的选择模式。所谓多元化，是与中国现行公司法下一元化的公司治理结构模式相对应而提出的。正如大家所熟知，中国现行的公司治理模式，无论是股份有限公司还是有限责任公司，基本上都是股东会——董事会——监事会三会一体的模式，即便股东人数较少或公司规模较小的有限责任公司，亦须设置执行董事与监事，依然体现决策权——执行权——监督权三位一体而又相互制衡的治理格局。可以说，当前中国的公司治理模式，基本上就是以上这样一种版本，我们可以称其为一元化公司治理模式。而多元化的公司治理结构模式，意在依照不同的公司形态，甚至是公司规模的大小，设定多样化的公司治理模式，且在一定范围内赋予公司或其股东对公司治理模式的选择权，从而实现多样化的、可选择的、可转换的公司治理模式新格局。具体而言，可作如下设计：

一是股东自由经营模式。在该类治理模式下，不设董事（会），亦不设监事（会），仅由股东直接经营，至于股东是否选择以董事或经理的身份经营，或者仅由部分股东经营而其他股东不参与经营等，均可在公司章程中注明，并向公司注册部门予以备案。此类公司治理模式的适用对象，可为普通有限责任公司，包括一个自然人为股东的一人有限责任公司，也可为股东人数不多或公司规模不大的公司。所谓股东人数不多，可以限制在 3—10 人；所谓公司规模不大，要么是公司注册资本或资产规模在 100 万元人民币以下，要么是年营业额不超 200 万元人民币，要么公司用人总数不超过 50 人，等等。至于究竟多少股东人数或多大公司规模才可适用该种模式，可以结合我国多类公司数量分布情况，以及我国公司资产规模等总体情况具体酌定。这类公司治理模式设定的主要目的，是让较大多数的中小公司更为高效便捷地投入运营，减少不必要的机构设置，以降低公司运营的制度成本。因为，目前情形下，这一类公司虽然也设置董事（会）、监事（会）等，但多为重复摆设而已，其实际亦未见发挥治理之实效。

二是可选择的双层公司治理模式。该类治理模式下，公司股东会之下应当设立董事会，但是否设立监事会则由股东或公司进行选择，一旦选定设立监事会的话，则监事会与董事会之间的法律关系，应按德国的垂直双层模式来构建，以实现监事会对董事会的有效制约。至于监事会中是否可有职工代表，亦由公司章程拟定。此类公司治理模式的适用对象，可为股东人数较多、公司规模较大的有限责任公司，包括一个法人为股东的一人有限责任公司，以及未上市的股份有限公司。这一类公司占全部公司数量的比例总体不大，他们可以根据自身公司的实际情况，自由选定是否构建完全的双层治理模式。在这种公司治理模式下，即便不选定设立监事会而仅在股东会之下设置董事会的做法，亦不应与英美法系下的单层治理模式相混同，至少这一类公司的董事会，对是否要一定比例的独立董事可不作出必然的要求。

三是不可选择的双层公司治理模式。该类治理模式，基本依照德国的垂直双层模式，设立由股东会至监事会尔后董事会的双层治理结构，监事会对董事会成员享有任命与撤换的权力，且监事与董事之间不允许相互兼职。此类公司治理模式主要可适用于以下公司类型：一是上市公司；二是用工人数达到200—500人的公司（考虑社会主义制度的特性，对职工人数的要求不应太高）；三是国有独资以及国家参股达一定比例的公司。针对以上三种不同的公司适用对象，公司监事会成员的组成类别与比例以及来源等，可以有所不同。上市公司的监事会成员，应由股东代表、职工代表以及与管理层无利害关系而又熟悉公司管理的社会推荐代表（相当于独立董事之角色）各占1/3组成。至于社会推荐代表，可由律师协会、会计师协会、监事协会、各行业协会等社会中介团体负责推荐，其报酬与其他监事一样，均由股东会作出决定。对于因用工人数达到一定规模而必须设置监事会的有限责任公司和非上市股份有限公司，其监事会可以仅由股东代表与职工代表各占 1/2 组成。至于有着国家成分背景的国有独资公司以及国家参股达一定比例（可以设定为 25％以上）的股份有限公司的监事会，其成员由国家任命的代表与职工代表共同组成。以上监事会的不同组成人员，其任命与撤换均由其产生机构或组织负责进行。在这里最值得指出的是，对于上市公司的治理，修改后的我国新公司法中，采用了监事会与独立董事并行的结构模式，从而使得我国上市公司的治理结构，既有大陆法系的阴影，又有英美法系的阳光，属最为典型的混血儿治理模式。考察日本、意大利等国在引进美国单层模式下的独立董事制度时，并不将其与本国已有的治理模式相混同，而是允许股东或公司进行选择，以避免因制度理念根基上的差异而徒添适用上的混乱。还应进一步强调的是，针对采用不可选择双层治理模式的这些公司，必须建立更为有效的外部独立审计制度，并仿照美国萨班－奥西利法案（Sarbanes-Oxley Act）加大虚假财务报表、虚假文件资料等犯罪行为的惩罚力度，以实现此类公司诚信有序的治理与运营。

### （六）股东权利

股东权利，是指投资者设立公司后凭股东身份所可享有的参与公司管理及其利益分配等各种权利，通常分为自益权与共益权两方面，这是最基本的分类。所谓自益权，是指股东以自己的利益为目的而行使的权利，如请求分红的权利、请求分配剩余财产的权利，这类权利无需其他股东的配合即可以行使。所谓共益权，是指股东参与公司经营管理的权利，但客观上是有利于公司和其他股东的，故称为共益权。如表决权，这类权利即一般需要结合其他股东一同行使。自益权主要体现的是财产性利益，表明了股东的财产性请求权，而共益权主要体现的是管理公司事务的参与权，直接表明股东权的身份性和支配性，他们共同构成完整的股东权。除上述基本分类外，股东权利还可分为固有权与非固有权、单独股东权与少数股东权、比例性权利和非比例性权利等。

股东，是一切投资的源头所在，是选择与运用公司方式的真正投资主体所在。公司作为实现投资需求的方式之一，正是由于有了股东的选择与运用，才具有无比的生命力；公司之所以形成与发展的原动力，亦在于满足股东投资的愿望，进而实现股东投资之期盼。因而，贯彻实现股东权益的原则，从公司设立、经营乃至终止的整个过程之中，都应保护好股东应当享有的权利，满足股东对于公司的控制权力，将股东之意愿体现在公司的每一个生命细胞之中。股东正当的利益请求与分配之权利等必须为法律所尊重，公司法不应以任何过高的门槛限制股东权益之实现，而任何不正当的限制股东获得投资回报的法律规定，都与实现股东权益之原则格格不入。

在中国现行公司法中，较为受到关注的股东权利分别有股东知情权、优先受让权、优先认购权、利润分配权、表决权等。就股东知情权而言，一般认为这属于股东固有的权利内容，不能以任何理由加以剥夺。现实之中，对于股东基于其知情权所可享有获得公司章程、股东会或董事会决议与记录、公司规章制度等，一般都会予以满足，但对于股东提出的查阅公司账簿等特殊知情权请求则常常可能引发争执，因而围绕股东账簿查阅所引发的纠纷并不少见，投资者普遍期待进一步细化股东知情权保护的规则。就股东优先受让权而言，通常情形下股东对外转让其所持有的股权，公司其他股东多会给予尊重，但转让股东与其他股东之间围绕是否同意对外转让的问题、是否曾征得其他股东事先同意的问题、是否可按同等条件优先受让的问题等也经常发生争议，以至于股东优先受让权常常成为公司股东以外的投资主体进入公司的巨大法律障碍，对市场资本的流动性造成极大阻碍。基于股东优先受让权而形成的公司过于紧密的人合特性，淡化了公司资合的特性，使公司更多处于相对封闭的法律状态，这是否符合当今时代公司更为开放的需求，引发了人们的深思。就股东优先认购权而言，是指股东对于公司新增资本有权按照其所持股比例优先认购的权利。这种权利的设定，对于保护股东在公司所享有的比例性权益固然十分重要，但是，过于强调与保护这种权利，也同样会使得现有公司股东以外的投资主体难以进入到公司之中，同样不利于资本市场的流动性，同样会过于强化公司的封闭性。就股东利润分配权而言，它无疑受到股东的极大关注，更是股东获得投资回报必不可少的权利保障。目前，中国各类公司对于利润分配权的实际保障并不理想，尤其是上市公司等大型公司的利润分配问题常常难以令人满意，司法加大股东利润分配权的保障力度势在必行。任何连利润分配都无法保障的公司法律制度，显然难以获得投资者的青睐。就股东表决权而言，多数公司均按股东持股比例对应行使其表决权利，但不按持股比例对应表决权的做法也不断地普遍起来，一些公司的章程甚至还有更为特殊的表决办法与规则，无论是股东会议还是董事会议均可能根据特殊投资组合时的谈判结果而设定特殊的表决规则。对于与现行公司法所规定的表决票数及表决方式并不相同的各类做法的效力，均面临着合法与否的衡量问题，司法正尽可能地朝着尊重公司自治、股东自治的目标迈进。

在现行中国公司法律制度下，关于股东权利保护还有不少亟待完善与探讨的问题。例如，关于投资者可否隐名投资的权利问题，公司法就缺乏明确的规定，而在《公司法解释三》之中对隐名投资者的权利保护又并不充分。投资者时常会纠结的是，难道任何对公司的投资均必须以自己的姓名或名称进行登记与记载吗？由他人代为持股的做法或信托投资的权利难道不应予以保障吗？在当前中国公司法律制度下，任何隐名投资而由他人代为持股的做法，均可能面临较大的法律风险，隐名投资者诉请享有股东的权利时常难以获得司法的承认。再如，股东退股的权利，在始终坚持"资本三原则"，即所谓资本法定、资本维持、资本不变原则的理念下，常常得不到尊重，股东退股经常成为艰难之事。人们经常认为，股东退股，即意味着公司减资，而减资则有可能损害公司债权人之利益，即便公司可能并不对外实际欠债，股东退股亦经常不被认同。其实，股东完全可以自愿与非自愿退股，特定情形发生时，股东更有权利请求公司回购其股份，股东退股有约定退股与法定退股、自愿协商退股与司法判令退股等多种方式；至于股东退股的理由，更可以是多样的，以此充分保障股东相对自由退出公司的权利。当前，对股东退股权利的保障不到位，还表现在对股东退股价格的标准以及公司退股资金的来源等也缺乏明确的规定，以至于公司即便同意退股，也很难具体落实到位，股东时常有进入公司容易而脱离公司很难的感觉。一个投资自由的公司法律环境下，不仅要尽可能地降低门槛，让投资者可以较为自由地选择以股东的身份进入公司，也要让投资者享有较为便捷地选择退股而退出公司的权利，如此才是平衡的、宽松的、自由的投资环境。

　　与股东权利保护相对应的是，股东也时时刻刻会面临着相关责任的追究。例如，出资责任的追究，任何认购公司资本而承诺出资的股东，一旦到期不履行其出资义务或抽逃其出资的，均可能面临公司、其他股东，尤其是公司债权人关于出资责任的诉讼追究。当前认缴资本制度下，不少股东将其出资缴纳期限设定在公司成立后较长的时间之内，以至于公司欠下债务却无力偿还；让这些资本缴纳尚未到期的股东提前缴纳资本，以此作为偿还公司债务的资产保障，已经是司法不可回避的问题。再如，不当利润分配的责任，股东固然有分配利润的权利，但股东们也常常会通过股东会议或其他方式不当地分配公司利益，以此侵害公司财产，如此公司债权人的利益也可能同时受到损害。为此，赋予公司债权人对获得不当分配利益的股东提起不当分配返还之诉，可以有效地打击不当分配或侵占公司利益的任何行为，让股东利润分配权始终回到正确的轨道上来。还如，滥用股东有限责任保护所引发的揭穿公司面纱的责任。对于有限责任形态的公司而言，其股东当然享受有限责任的保护，即股东原则上仅以其出资为限对公司债务承担责任。由此，一些股东便可能滥用这一权利，利用与公司人格及财产混同等做法转移公司资产，而将债务或责任却留给公司承担，以有限责任为由逃避股东个人责任之追究。为此，在各国揭穿公司面纱案例法研究的基础上，中国现行公司法明文规定了揭穿公司面纱制度，当股东滥用股东有限责任制度时，将面临对公司债务承担连带责任的法律追究，其原本享受的有限责任保护被排除。此外，股东还可能因为没有正常履行清算公司的义务而受到清算责任的追究等。总之，股东在享受各项权利保障的同时，亦难免相关责任的追究，这是股东权利与义务相结合的基本特征所在。

公司法在关注股东权利的同时，无疑也要关注职工权利乃至公司债权人的利益保护问题。当今世界，各国公司职工持股逐渐成为普遍的态势，职工利益保护尤其职工股东权益保护问题成为共同关心的问题。在中国社会主义制度下，职工利益的保护更应受到关注。在现行公司法制度下，尽管国有独资企业中，职工董事与职工监事被明文加以要求，但他们的实际权力却大有虚化的态势，甚至成为一种摆设，这与职工董事与职工监事的产生模式及权力边界设定密切相关。应当进一步，当涉及职工自身利益之时，如涉及一定幅度与范围的用工人数的调整、涉及职工薪酬的普遍调整、涉及职工利益保障机制的调整等，必须强制赋予职工董事与监事参与决策的机制，必须交由职工类别股东进行表决。而且还要建立健全职工薪酬的绝对保障机制，哪怕为此揭穿公司面纱，强令一定范围的股东甚至全体要为此买单；对职工薪酬必须有相关主体负起责任，必要时甚至由国家承担相应责任。同样，对于公司债权人的权益也要加强保护。公司法律制度应十分明确地规定，公司债权人有诉请股东补足出资责任的权利，目前这在《公司法解释三》中有相关规定；要进一步明确公司债权人有诉请股东与公司回填不当减资的权利；明确公司债权人有诉请相关主体返还不当分配利益的权利；明确公司债权人有诉请合并与分立后的各公司相互连带负责的权利；甚至明确公司债权人与公司协商情形下可享有参与公司治理决策的权利，公司债权人对于公司的管理与决策可有相当程度的参与权；还要明确公司债权人有诉请公司解散与清算的权利，目前中国公司法仅规定公司股东可申请公司解散与清算，其实公司的债权人也应当有同样的法律权利。

### （七）股权转让

股权自由转让制度，是现代公司制度最为成功的表现之一，中国现行公司法对于股权转让自由原则上也给予相当程度地保护。正是凭着充分而有效的股权自由转让制度，新老投资者不断更替，资本市场不断拓展，公司运营所需资本源源不断地得到补充与供应，以资本为基础追求商业财富增长的现代市场经济才充满着活力。在现代市场经济运行中，股权转让最为经常地发生着，全球范围内股市的兴起与繁荣便是最有力的见证。在股市推动着股权频繁交易的同时，协议转让股权的交易也在大量地进行，由此引发的纠纷成为公司诉讼中最为常见的种类之一。

股权转让是因意思表示一致而发生的股权持有变动，它与仅依某一法律事实（如股东死亡、破产）而发生的股权转移正相对应。因股权转让必须基于转让方与受让方的意思表示一致才能发生，故股权转让实质为契约行为，须以协议的形式加以表现。中国现行公司法实践中，依照不同的标准，对股权转让协议可作如下种类划分：

1. 持份转让与股份转让。这是依据股权表现形式的不同所作的划分。所谓持份转让，即持有份额的转让，在我国即是指有限责任公司的出资份额转让。所谓股份转让，随股份载体的不同，又可分为一般股份转让以及股票转让。所谓一般股份转让，即非以股票为表现形式的股份转让，它既包括已缴纳资本然而却并未出具股票的股份转让，也包括那些虽经认购但仍未缴付股款因而还不能出具股票的股份转让。所谓股票转让，则是指以股票为载体的股份转让。股票原则上只能给已经缴付股款的股份持有者出具，股票是股份的证券式凭证，故股票的转让更多适用于有价证券的转让规则。随股票表现方式的不同，股票转让还可进一步细分为记名股票的转让与非记名股票的转让、有纸化股票的转让与无纸化股票的转让等。

2. 书面股权转让与非书面股权转让。这是以股权转让是否以书面为载体所作的划分。一般而言，股权转让多是以书面协议的方式来进行。有些国家的法律还明文规定，股权转让必须以书面甚至是特别书面的方式（如公证）来进行。与书面转让股权相对应，非书面的股权转让亦经常地发生着，尤其是以股票为表现形式的股权转让，通过非书面的方式更能快速有效地进行。如记名股票一般采用背书签名方式进行转让，而无记名股票则可凭简单的交付即可改变股权的占有，尽管背书签名或交付皆非股权转让的协议，但它们却足以证明股权转让协议的存在。

3. 即时股权转让与预约股权转让。这是以股权是否即时转让所作的划分。凡随股权转让协议生效或者受让款支付着即进行的股权转让，为即时股权转让；而那些附有特定期限或特定条件的股权转让，为预约股权转让。现实之中，股权即时转让的情形显然更为普遍，而股权预约转让的情形则多是出于规避法律或者章程的需要。

4.公司参与的股权转让与公司非参与的股权转让。这是以公司是否参与股权转让所作的划分。股权乃股东享有的权利，股权的转让也应当只是股东行使其股权处分权的法律体现，故公司原则上无须参与股权转让事宜，无义务作为股权转让协议的法律主体。现实之中，公司非参与的股权转让，亦占据着股权转让的主要形态。但公司并非不得参与股权转让事宜。现实之中，受股权转让各方当事人的邀请或者基于代理股东转让股权的需要，公司参与的股权转让亦大量地存在。

5.有偿股权转让与无偿股权转让。股权转让实质上是资本的交易，因而等价交换是其基本要求所在。有偿股权转让无疑属于股权转让的主流形态，但无偿的股权转让同样是股东行使股权处分权的一种方式。股东完全可以通过赠予的方式转让其股权。

股权转让以自由为原则，以限制为例外，这是世界范围内公司法律有关股权转让的总体规则。但具体而言，随着公司开放程度以及股权表现方式的不同，股权自由转让的程度可能存在较大的差别。一般而言，开放性公司（如股份有限公司）的股权转让比起相对封闭公司（如有限责任公司）的股权转让更为自由，而相对封闭公司的股权转让比起完全封闭特性的无限公司的股权转让又显宽松；股票的转让比起股份的转让更显灵活，其中无记名股票的转让比起记名股票的转让又更为便捷。总之，无论股权转让何等自由，对其例外的限制皆不同程度地存在，正是这些限制的存在，使得人们对股权转让协议的效力审查很难把握。具体而言，对股权转让的限制可以分为以下三种主要类型。

1. 依法律的股权转让限制。这是股权转让限制中最为主要、最为复杂的一类，也是对股权转让协议效力冲击最为明显的一类。所谓依法律的股权转让限制，即各国法律对股权转让明文设置的条件限制。根据中国公司法律制度，依法律的股权转让限制主要表现为以下方面：（1）封闭性限制。这是对有限责任公司股权转让的特殊限制，实际就是指因股东所享有的优先受让权而使得外部投资者难以轻易进入公司所形成的公司封闭状态。有限责任公司正是凭着对股权转让的这一限制措施，来满足那些追求封闭经营的投资者的需求，家庭型公司、中小型紧密投资者组合的公司，往往对此十分看重。这是有限责任公司形态具有广阔适用空间的主要原因所在。因此，凡有违封闭性限制的股权转让，不仅公司可以拒绝名义更换，而且此类股权转让协议的效力时常难以获得法律的支持。（2）发起人持股时间的限制。中国《公司法》规定：发起人持有的本公司股份，自公司成立之日起一年内不得转让。纵观其他各国公司法律，几乎皆无对发起人持股时间的限制规定，类似限制并无实际的意义。正因此类限制并不具有可取性，故在处理此类股权转让纠纷时，可以相对宽松地允许此类股权的预约转让，只要发起人股权于限制期内并不进行实际的股权处分与转让，即应维护此类转让协议的法律效力。（3）董事、监事、经理任职条件的限制。中国《公司法》规定："公司董事、监事、高级管理人员应当向公司申报所持有的本公司的股份及其变动情况，在任职期间每年转让的股份不得超过其所持有本公司股份总数的百分之二十五；所持本公司股份自公司股票上市交易之日起一年内不得转让。上述人员离职后半年内，不得转让其所持有的本公司股份。公司章程可以对公司董事、监事、高级管理人员转让其所持有的本公司股份作出其他限制性规定。"在此类限制规定情形下，一些董事等高管人员，为了转让其所持有的本公司股票，不得不把握好股票交易的时机，并提前做出辞职的安排。（4）取得自己股份的限制。即公司不得为受让自己公司股份的法律主体。中国《公司法》规定：公司原则上不得收购本公司的股份。类似限制为世界各国公司法律普遍采用，其根本价值在于维护公司资本的真实性。与此同类的限制，还包括公司不得接受本公司的股票作为抵押权的标的、限制子公司获取母公司股份、限制关联公司相互持股等。究其法理，皆与维护公司资本的真实性密切相关。凡有违此类禁止性限制规定的股权转让协议，其效力皆会受到一定的影响。（5）特殊股份转让的限制。这主要是指对国家股、外资股转让所作的限制。中国公司法律制度规定：国家股虽可转让，但需经相应的审批程序。《关于外商投资企业投资者股权变更若干规定》也明确：外商投资性公司的股权转让协议，不经审批的不能获得法律效力。司法实践中，对未经审批的国家股以及外资企业股权的转让协议，多不承认其法律效力。（6）股权转让场所的限制。中国《公司法》甚至规定：股东转让其股份，应当在依法设立的证券交易场所进行。此类转让场所的限制规定，在世界范围内极为少见。实践证明，此类限制条款亦极其缺乏可操作性。公司诉讼实践中，普遍不以此类限制作为股权转让协议效力的审查要件。

2. 依章程的股权转让限制。与依法律的强制性股权转让限制不同，它属于自治性质的股权转让限制。它是指通过公司章程对股权转让所设置的条件限制。依章程的股权转让限制，多是依照法律的许可来进行。如中国《公司法》规定："公司章程对股权转让另有规定的，从其规定。"类似的规定，在多数国家的公司法中也皆能找到。依章程的股权转让限制，更能体现法律的灵活，即法律并不直接对股权转让予以限制，而是赋予投资者们凭章程去自主地选择是否对股权转让进行限制，故依章程的股权转让限制，更加符合私法自治的精神。依章程的股权转让限制,几乎普遍都是以公司同意转让与否、董事会承认与否来作为限制的主要方式,这意在尽可能为公司经营者维持股东的人合构成提供便利,以此迎合各类公司(包括股份有限公司)封闭性经营的社会需求。依章程的股权转让限制对股权转让协议的效力影响,多数采信相对无效说。即违反章程限制的股权转让,或者说未按章程要求获得公司同意与承认的股权转让,相对于公司而言不具有对抗效力,但相对于协议双方而言,不能仅以违反章程限制为由主张无效。

3. 依合同的股权转让限制。这更是一种自治性质的股权转让限制。它是指依合同约定对股权转让所作的条件限制。这类合同主要有股东之间的合同、股东与公司之间的合同以及股东与第三人之间的合同等。如部分股东之间就股权优先受让权所作的相互约定、公司与部分股东之间所作的特定条件下回购股权的约定,以及股东与第三人之间以股权为抵押标的物的约定,皆是依合同的股权转让限制的具体表现。在我国市场经济运行中,还出现了大量的股份合作制公司,此类公司的股权以内部职工持股为主要组成部分,对于内部职工股权的转让,由于缺乏法律的直接规定,多是通过公司章程,尤其是公司与股东以及股东之间的合同来规范。在此类合同中,常常以职工退职为退股的解约条件,常常包含有公司在职工退职时,拥有以面额价回购股权之类的相关约定。依合同的股权转让限制的法律效力,可以区分为对内与对外两个层面。就对内而言,只要限制举措不与法律精神相违背,原则上应为有效,合同双方应遵守此类约束,并可按此类约束进行股权转让。就对外而言,即受合同限制的股东向合同以外的第三人转让股权时,基于合同相对性原理,依合同的股权转让限制应无法律约束力,对外转让显然不会仅仅因为合同限制的存在而当然无效。此时,股权转让受到合同限制的股东,将可能受到前后两份有效协议的约束，将可能陷入必然违背其中一约的两难境地。

### （八）公司高管

关于公司高管人员的资格与义务，中国《公司法》有着专章规定。有下列情形的，不得担任公司的董事、监事、高级管理人员：无民事行为能力或者限制民事行为能力；犯贪污、贿赂、侵占或挪用财产等被判处刑罚执行期满未逾五年，或者因犯罪被剥夺政治权利执行期满未逾五年的；担任破产清算的公司、企业的董事或者厂长、经理，对该公司、企业的破产负有个人责任的，自该公司破产清算完毕之日起未逾三年；担任因违法被吊销营业执照、责令关闭的公司、企业的法定代表人，并负有个人责任的，自该公司、企业被吊销营业执照之日起未逾三年；个人所负数额较大的债务到期未清偿。公司违反以上规定选举、委派董事、监事或者聘任高级管理人员的，该选举、委派或者聘任无效。尽管公司法对于高管人员的选任资格有着以上的规定，但现实之中由于相关信息难以准确获得或审查，再加上有些条件规定的模糊，如负有较大数额的债务到期未清偿等，致使不符合法定条件却被选任为公司高管的现象并不少见。

有关公司高管人员的基本义务，中国《公司法》明确要求董事、监事、高级管理人员对公司必须负有忠实义务和勤勉义务。且公司高管不得利用职权收受贿赂或者其他非法收入，不得侵占公司财产；不得挪用公司资金；不得将公司资金以其个人名义或者以其他个人名义开立账户存储；不得违反公司章程的规定，未经股东会、股东大会或者董事会同意，将公司资金借贷给他人或以公司财产为他人提供担保；不得违反公司章程的规定或者未经股东会、股东大会同意，与本公司订立合同或者进行交易；不得未经股东会或者股东大会同意，利用职务便利为自己或者他人谋取属于公司的商业机会，自营或者为他人经营与所任职公司同类的业务；不得接受他人与公司交易的佣金归为己有；不得擅自披露公司秘密；不得违反对公司忠实义务的其他行为；等等。尽管公司法对于公司高管人员职责义务有着以上多项具体而明确的规定，但现实之中高管人员违反职责与义务的情形仍并不少见，由于违反职责与义务而真正受到责任追究的很少，以至于加强对高管人员的监管始终成为社会普遍关心的话题。为此，2005年《公司法》修订时，专门新设了股东派生诉讼制度，允许连续180日以上单独或合计持有公司1%以上股份的股东针对公司高管人员违反法律或公司章程造成公司损失的行为，有权以股东自己的名义提起诉讼。这类诉讼的提起权利被赋予股东，所针对的对象主要是公司高管人员及其相关人员，所打压的行为当然是一切损害公司利益的行为，最终胜诉利益归属公司，如诉讼失败，提起诉讼的股东则要承担诉讼费用等损失。正是因为股东派生诉讼的这些基本特征，尽管人们普遍期望借此诉权让股东更多地尽起监督公司高管人员的责任，但由于普遍存在的搭便车心理现象，真正凭借公司法赋予的该项诉权而起诉公司高管及相关人员的情形尚不普遍，股东们多是相互观望，少有敢于自冒败诉风险而尽心尽职维护公司利益的诉讼提起，以至于公司法新建立的这一项股东派生诉讼制度至今尚未发挥人们所期待的约束高管人员守法履职的满意效果。

高管人员是受选举或委派而负责公司经常性管理的主体，他们管理公司的决策多通过董事会议或推动股东会议决策而实现。2005年《公司法》修订时，新设立了公司决议撤销或宣告无效之诉，允许股东对于违反法律或章程作出的股东会或董事会决议提起撤销或无效之诉。这种决议效力之诉，当然可以很大程度上对公司高管人员或者大股东等损害公司利益的决策产生制约，迫使高管人员正当地履行其职责与义务，由此成为高管人员尽职履责的重要诉讼制度。

公司决议效力之诉，目前越来越多地被提起，以至于公司高管人员对于任何重大的决策不得不越来越谨慎起来，中国公司治理决策的规范性、合法性、合理性正不断地提高。很显然，公司决议效力之诉功不可没。当然，公司决议效力之诉，还有诸多需要明确与规范之处。例如，究竟怎样的决议程序是公司会议必须遵守的，而怎样的程序瑕疵又是决议程序可以忽视的，司法不能因为公司决议很小的瑕疵即一味地宣告撤销公司的决议，甚至宣告公司决议为无效；司法还必须把握好公司决议内容违法的具体表现，尤其对于关联交易下的表决回避制度当前公司法尚无明确规定，而这在诸多公司决议之中均或多或少的存在，必须建立更加规范的表决回避制度；当然，更需要进一步明确，公司内部决议效力与公司据此决议对外行为之间的法律关系，如公司内部有关对外担保的决议若为无效，是否公司据此决议对外已经做出的担保行为也一并无效呢？或是公司内外行为必须予以区分，公司内部任何决议的效力并不当然影响到据此做出的外部行为的法律效力？还有，关于股东多数决滥用问题等，是否一切公司多数同意的决议即当然是为公司之意志与决策呢？多数决滥用的法律界限何在？凡此种种，均需要《公司法》或相关司法解释进一步明确。

关于公司高管人员的任免与辞职问题，中国公司法尚无明确而具体的规定，特别是高管人员的任免与辞职自何时正式生效经常发生争议，尤其当该高管人员担任公司法定代表人职务时，对于这一职务的任免因存在一个对内与对外的时间差别，更是由此引发不少纠纷。通常，高管人员的任免与辞职无疑应当自相关任命决议或辞职获得批准之日即应对内对外同步生效，除非被任命的新高管人员尚未到任，至于公司法定代表人的任免无疑亦应当如此对待。但由于中国公司法现行制度下，法定代表人的任免对外有一个需要登记备案与公示的程序，由此经常造成内部任命新的法定代表人到外部登记公示之间的时间差，这个时间之差有可能几日、几周、几月甚至更长的时间，在对外没有正式备案登记的情形下，新被任命的法定代表人是否有权对外代表公司呢？虽被内部免除法定代表人职务但外部尚未变更登记的情形下，该被免除职务的法定代表人是否还有权继续代表该公司呢？要知道，所谓的代表行为有可能涉及公司巨大的内外利益，如代表公司处置重大资产或对外提供重大保证等，对这一问题不加以明确，有可能影响到公司巨大的权益。对于高管人员免职生效日期缺乏明确可操作性的规定，以至于司法断案常常为此陷入两难境地，这是目前中国公司法造成司法尴尬的制度原因所在。

对于高管人员的薪酬问题，也是长期以来中国社会普遍关心的话题。尤其是央企高管、上市公司高管的薪酬问题，由于涉及社会公平或是广大中小股民的利益，更是受到极大关注。高管人员的薪酬问题，显然不仅仅是高管人员与公司之间聘用合约的问题，也不仅仅是对高管人员奖励与激励机制的问题。投资者关心自己投资的回报，有权获得合理的分红，而高管人员有权获得合理的报酬，也有权获得合理的奖励，在两者之间如何实现好利益的平衡，是公司法需要认真把握的问题，更是每一公司治理机制必须加以考量的问题。总不能，身为投资者的股东经常不能获得任何的分红，而公司的高管却依然获得高额的报酬，甚至可以高标准消费而不受到任何的财务制约。股东们常常抱怨，高管们飞来飞去，住高档酒店，吃高档餐，喝高档酒，美其名曰公司社交或寻找公司利润增长的机会，但股东们却总是苦苦盼不到任何的利益分配，甚至连公司的大门也难以迈进。股东们与高管们的冲突由来已久，而现在越来越有激烈的态势，在此情形下，任何关于高管薪酬的问题，都有可能是相当敏感的话题，都会造成投资者与管理者之间潜在的冲突。中国公司法为此必须作出积极的努力，必须设计更加规范的程序与标准，而不是像现在一样，几乎无所作为，以至于公司高管们的薪酬问题乱象丛生。

## （九）公司并购

当今世界，公司并购的浪潮一浪高过一浪，在中国市场经济不断成熟的情形下，公司并购浪潮亦不断呈现，大鱼吃小鱼、小鱼吃虾米的公司并购现象时刻都在发生着。中国现行公司法对于公司合并作了明确规定，且划分为两种类型：一为吸收合并，即一个公司吸收其他公司，被吸收公司解散的合并；二为新设合并，即两个以上公司合并设立为一个新的公司的情形。这两类合并，当为世界范围内公司合并的主要类型。

进一步划分公司并购的类型，实际还可有多种：1. 私有与公有公司之并购。这是依据合并主体的产权性质，亦即财产权、股权、经营权之性质所作的划分。在当代社会主义制度与资本主义制度仍然对立的格局中，在世界各国国有与私有企业依然并存的情形下，该种类的划分当然有其现实的价值。不过，我们应当注意到，私有与公有的划分在现今世界所面临的挑战。在现代公司制度下，尤其是股份制公司中，私有与公有的划分变得如此的不清，以至于人们很难说清怎样的股权结构才是公有或是私有。另外，随着全球国有企业私有化浪潮对公有的冲击，人们对国有企业的信心亦普遍地有所下降。尽管如此，这种公司合并类型的划分在当前中国仍有其典型意义。2. 国内与跨国之公司并购。这是依据合并主体是否具有涉外性质所作的划分。细分而言，国内公司并购还可以有不同区域之公司并购，也可能有不同法域的公司并购，当然更多的表现为相同法域企业之间的合并；而跨国企业之合并则多为不同法域之公司并购，还可分为发达国家与发展中国家、资本主义国家与社会主义国家等企业之间的不同合并。3.横向、纵向及混向之公司并购。这是依据合并企业所处行业之相互关系所作的划分。横向合并（Horizontal merger），即商业上竞争对手之间的公司并购；纵向合并（Vertical merger），则为从事同一产品却处于不同生产与销售阶段之间的公司并购；而混向合并（Conglomerate merger）则指既非竞争对手又非现实中或潜在的客户或供应商之间的公司并购。纵观公司并购发展的历史潮流，公司并购经历了由横向进入纵向乃至混向的多渠道发展道路。4.其他类型之合并。一是善意与恶意合并。在股权收购合并中，常称为善意收购与恶意收购，它是以公司并购之初衷是否出自双方自愿的角度所作的划分。如一方所提之合并条件，为另一方所自愿接收，即为善意收购；若对方抗拒此条件，拒不合作，买方强行而为收购，即为恶意收购。二是杠杆合并与非杠杆合并。在股权合并中又被称为杠杆收购与非杠杆收购。杠杆收购（Leveraged Buy-out，缩写为 LBO），是指收购公司利用目标公司资产的经营收入，来支付收购价金或作为此种支付的担保，其实质在于借债买下企业的行为；而非杠杆收购则指相反情形的收购，该标准与种类其实是以收购资金的来源所作的划分。三是有偿与无偿合并。这是以公司并购是否支付相应的对价所作的划分，很多人只注重有偿公司并购的研究，而忽视无偿公司并购的存在，这将必然给公司并购的立法与实践带来疏漏。四是行政性与市场性公司并购。这是以公司并购是否通过行政力量的介入而完成作为划分的标准。很多人不加分析地指责行政性公司并购的不规范、不公正等，似乎毫无道理可言，然而人们应注意到，在世界各国均对其本国经济有权实施程度不一干预的情形下，行政性撮合的公司并购或明或暗地必然存在与发生着，人们应从更为科学的研究角度来认真地对待它。五是强制合并与非强制合并。这是以公司并购是否因法律义务或政府命令进行所作的划分。在很多国家的公司法或证券法中，均规定当收购公司持有目标公司一定比例股权后所负有的强制收购义务，这意在避免收购公司对目标公司的董事会所可能实施的不正常操纵，或者出于保护未被收购股权的目标公司股东们的正常及公平的利益。

就公司合并的一般程序而言，主要有以下方面：1. 合并协议。它是公司合并的首要环节，合并协议由公司各方共同签署。就其形式而言，一般均应采取书面的形式，就其主要条款而言，可大体归纳如下：合并当事人条款、合并陈述与保证条款、合并章程条款、合并支付条款（承担债务支付方式、股票支付方式、现金支付方式）、合并权利义务转受条款、合并人员安置条款、债权人合并异议条款、合并协议生效条款等。2. 合并决议。它是由合并公司权力决策机构就批准合并协议所作出的具有法律效力的决议。当一项合并协议已经各方代表正式签署后，那么得到各方公司决策意志的合法认可，便成为合并协议生效的重要条件。因而合并决议，不仅成为公司合并的必经程序，同时亦成为公司合并的重要文件之一。3. 编造表册与合并报告。一项公司合并，经双方签署协议，并经各方权力决策机构决议批准之后，正式编造资产负债及财产目录的详细表册，便成为合并进行下去的必要程序。该程序的意义在于，一则最终明确合并财产的全部内容甚至是价值，并以此作为财产转受的依据；二则以此作为合并协议的正式附件，成为衡量陈述与保证人最终责任的依据；三则为合并后企业今后之注册提供参照依据。一般而言，该表册的编造人应为企业的代表负责人以及财务负责人等，所有表册的编造均应按客观真实的原则完成，所有义务编造人对所编造表册的真实性负有最终的法律责任，这种责任不仅为民事的，亦可能是刑事的。4. 履行保护债权人程序。公司的合并，使得原有各公司的财产成为一体，这对于原有公司债权人权利，显然有着重大之影响，该程序的设置，即在于提醒一切对合并企业有着权益利害关系的人对合并予以注意，以保护债权人等合法权益。当债权人依照通知或公告提出异议后，各合并企业应相应地采取清算给付、有效担保或债权变更等可行而妥当的处置，债权人对于合并企业就其债权采取的处理结果若不能满意的话，将相应地对该企业合并可以行使阻挠的权利。5.政府审批。它并非每一公司合并皆会面临的程序，但诸如是否涉及反垄断问题，是否涉及特殊行业的保护问题，是否涉及外国人所有权的限制，是否损害了不应损害的利益主体，是否总体上违反国家的公共利益等，凡法律规定须经政府审批认可的合并，均应取得政府的审批认可，否则，政府亦将以法律的理由对公司合并实施最终的阻挠。6.合并登记。合并登记是公司合并最终完成的标志。一般而言，公司在履行前述各程序之后，在一定期限内，即应向登记部门申请变更、设立或解散之登记。在此必须强调的是，无论是变更登记还是新设登记，均应按拟设立公司形态的具体法律要求申请办理。关于合并登记仍须指出的是，它并非绝对地表明公司合并获得了法律上终极的不可动摇的效力，在有些国家的法律规定中，便赋予拥有抗辩权的债权人、拥有决议异议权的异议人以及基于反垄断法而享有必要干预权的政府甚至私人等多种主体，可用发起诉讼、提请审查等方式对已经登记的公司合并主张合并无效。

公司并购并非总是一帆风顺的，围绕着公司并购展开的阻扰可以是多种多样的，仅就目标公司及其股东对公司合并的阻挠措施而言，便有着十分丰富的表现形式，当前中国公司并购浪潮中，亦从国外纷纷借鉴，大胆尝试，值得研究。按照阻挠公司合并措施运用时间的不同，可有事前、事发及事后的各阶段的阻挠。

事前阻挠措施。1.设定章程反合并条款。它属于比较典型的防御性阻挠措施。一般而言，该类章程条款主要有以下几类：（1）绝对多数条款（supermajority voting）。该条款要求包括控制权在内的所有重大交易活动，必须取得80%甚至90%的股东同意，如此，增加了形成合并决议的难度。（2）董事会轮选制条款。又称分期分级董事会（staggered board）条款，该条款要求股东会对公司管理层的董事人员的更换，只能按一定年限及固定比例甚至相应的董事资格要求来进行。在这种轮选制下，大股东的投票数也需要等待，即使等够了年头，也不可能有很多人进入董事会。与该条款相类似的，人们还可在章程中设置辞退必须合理（Removal with cause）条款，这对那些企图通过控投从而很快实现控制经营的施并公司，同样不失为有力的阻挠。（3）多级权益结构条款。即多级不同权益的股票条款。目标公司原股东们在其章程中议定，公司的股票由高投票权、一般投票权、限制投票权及无投票权等种类组成。高投票权股票往往伴随着低收益允许公司的高层管理者持有，且流通性差；而一般股票由普通股东所持有，享有正常的股票收益及流通权利；至于限制投票权及无投票权股票则多因融资必要而发行，它们的持有者往往享有更高的收益优先权，但其投票权却受到限制甚至没有。如此多级权益的股票条款，便形成了以高层管理者股东为核心的结构。这对于那些企图回避目标公司高层管理者而妄想控股目标公司的收购，无疑是一种极力的阻挠。

2. 持股措施。该措施主要由大股东们在其公司组建或增资运营过程中，以自身控股或相互持股、员工持股等办法，避免今后可能发生的股权被收购风险。具体做法如下：（1）保持控股。指大股东们自身始终保持对目标公司的控股优势。这种控股优势一旦在目标公司设立之初取得之后，如遇为了筹资而需发行股票，则可只发行有条件的普通股或者是优先股，从而限制投票权的外流，或者自行增持股票，继续维护控股优势。控股优势不自我动摇，如此使施并公司对目标公司的股权收购难以得逞。（2）相互持股。它可通过两种渠道来完成。一种是母子公司间上下相互持股，即通过子公司暗中买入母公司的股份，从而达到自我控投；另一种是友好主体间相互交叉持股，如此相互忠诚，建立较为友善的稳定的交易关系。通过相互持股，目标公司避免其股权落入不友好或无法左右的旁人之手。（3）员工持投。是指将公司的股票由自身员工持有一定比例的做法。尽管员工受到利益的驱动，可能在面临高价收购时会改变其持股愿望，但相对于公司以外的人员而言，员工与目标公司的利益毕竟更为密切，当目标公司面临被股权合并的风险时，他们可以决定不予抛售或转让。

3. 降落伞措施。它是指因目标公司被合并，公司高中层管理人员甚至员工被革职或辞退时，应予补偿巨额遣散费的做法。这里的"降落伞"（parachute）实际上即为"遣散费"（severance pay）的漂亮代名词，具体而言，根据目标公司与高级管理人员、中层管理人员及员工之不同，分为金降落伞措施（golden parachute）、银降落伞措施（silver parachute）、锡降落伞措施（tin parachute）三类，均是当目标公司被合并后一段时间内该三类人员被解雇时获得巨额补偿的协议。降落伞阻挠措施实为服务协议的性质，有时这些协议仅由目标公司董事会决议认可，因而事后往往受到被推翻的威胁，但如果说曾经事前经目标公司股东大会的认可，那么便很难被否决。

4. 毒丸措施（poison pail）。该措施之核心在于目标公司向第三人事先设置以其公司被并为生效条件的各类特别权证，一旦发生被并的突发事件（triggering event），如施并方购得30％的股份或某一股东累积20％的股票，则相应权利人即可行使其权利，而这些权利的行使将使施并公司不得不付出更为惨重的代价，如此就像吞食了毒丸一样深受其害。比如说，目标公司在其借贷合同中加入附条件的条款，一旦目标公司被人合并，施并方将要面临立即偿债的难题；再比如说，最为典型的毒丸证券，目标公司可以发行有股权的债券，在被并之特定情形发生时，债券持有人有权购进目标公司一定数目的股权，从而扩大公司的股本，同时也改变公司股权结构，以此将稀释掉施并公司手中握有的股权。

事发阻挠措施。一旦施并公司向目标公司发起合并的进攻时，那么目标公司该如何予以阻挠呢？很显然，他们最为有力的阻挠措施便是不接受合并，目标公司可以股东决议等有效的否决方式排斥被并的危险，而股东们自身亦可紧握手中的股票，坚决不予承诺、出售或转让，那么，施并公司的任一方法之合并愿望便只能是无法实现的甜蜜单相思。除了不接受合并的主要阻挠措施外，目标公司根据股东们事先及事后的决策，亦可以辅助性地采取以下一些阻挠措施。但是，人们将必然会注意到，以下的某些阻挠措施对目标公司而言，如同壁虎断尾以去敌，实为不得已而为之。1. 发起诉讼。针对施并公司的收购要约，目标公司可以发起诉讼。目标公司发起诉讼的措施，并非定要获取结果的成功，事实上也并非都能成功，但至少对施并公司是一种极大的骚扰，至少可以延缓收购的进度，从而阻碍合并的进行。2. 回购股份。目标公司购回自己股票，将出现公司自我持股的情形，各国法律对此均有较为严格的规范。一般而言，目标公司经其股东会作出减资的决议，从而购回其股票，并予以注销，以此减少流通在外的股票总量，致使施并公司难以购到足够的控股比数，以此阻挠合并的继续完成。3. 资产焦化重组。即目标公司将自身有利的资产组出，将不利于自身的资产组进。比如说卖掉摇钱部门，尤其是对施并公司最有吸引力的资产和部门，即人们所谓的皇冠上的珠宝（crown jewels），买进问题部门，甚至是无利可图的赔钱部门；或者说，尽可能地使用目标公司的负债能力发行债券，并用债券获得的资金再行购回目标公司的自身股票，如此减低目标公司的长期偿债能力。资产焦化重组的根本目的，在于使施并公司失去对自己的兴趣，以此使施并公司最终放弃正在进行的收购计划。4. 争取友好收购。即目标公司寻找一个善意的收购者以更高的价钱提出收购，即使气不走原来的施并者，也可让其付出高额的代价。这一善意的收购者常被称为白衣骑士（white knight）。目标公司常常愿意给予白衣骑士较其他现实或潜在的施并者更为优惠的条件，如财产锁定。锁定有两种不同类型：①股份锁定，即同意白衣骑士购买目标公司库存股或已经授权但尚未发行的股份，或给予上述购买的选择权；②财产锁定，即授予白衣骑士购买目标公司主要财产的选择权，或签订一份当敌意收购发生时即由目标公司将主要资产售予白衣骑士的合同。显然，争取友好收购的阻挠措施，不在于使自己不被收购，而在于寻找更妥当的收购。

事后阻扰措施。就目标公司及其股东的事后阻挠措施而言，事实上只表现为由股东所提起的合并无效之诉。所谓股东合并无效之诉，是指目标公司的原有股东以合并决议无效等为由，针对合并后存续或新设之公司，向法院提起的诉讼。日本公司法即对此有具体规定。目标公司的原有股东发起的合并无效之诉，与众多其他发起者发起的合并无效诉讼一样，将实质上影响已经完成的合并的法律效力，因而构成合并事后阻挠的有力措施。

### （十）公司解散与清算

所谓公司解散，是指公司因章程或法定事由的出现而停止公司的经营活动，并开始公司的清算，最终使公司法人资格消灭的状态和过程。一个健全的市场经济社会，不仅要有一套保障企业良性运转的法律制度，也要有一套保障企业正常退出的机制。公司解散清算制度即是关于公司退出市场并消灭主体资格的法律制度。至于公司破产，它仅是公司退出的方式之一，实质也是公司解散的特殊方式之一，同时也是公司清算的特殊方式之一，因其有一套更为独特的规则且专门由破产法调整，故如无特别说明，所称公司解散并不涉及破产之内容。

公司解散制度，实际上意在解决公司退出市场经营机制的法律问题，正如公司设立应当规范一样，公司的解散更需加以规范。公司解散过程所涉及的内部与外部利益关系更加复杂，矛盾亦更加突出，有序而可行的公司解散制度，既应为公司及其投资者退出市场经营提供自由的空间，同时也要切实维护因为公司解散而可能受到损害的第三人的利益。公司解散制度，既应成为满足市场自由的法律机制，亦应成为维护市场信用的法律武器。

近年来，由于法律制度尚不健全，公司在退出市场方面存在许多问题。债务人利用公司解散制度漏洞而逃避债务的现象屡见不鲜，很多公司出现解散事由后，不及时清算，甚至故意借解散之机逃废债务，严重损害了债权人利益；同时，很多公司由于股东或管理层关系的僵局等多种原因，公司经营管理陷入十分困难的境地，让这样的公司维持下去还不如解散之；而一些大股东更是压制小股东，不少小股东特别盼望能够通过解散并清算公司的方式来最终维护并实现自己的投资权益。凡此种种，建立一套完善的公司解散制度具有十分重要的现实意义。2005年《公司法》修订时，即进一步明确规定了公司解散与清算的条件和程序，尤其还特别建立了公司解散之诉。为正确适用公司法，最高人民法院又专门针对公司解散清算问题制定了《公司法解释（二）》，为审理公司解散清算案件直接提供了法律依据。

就公司解散方式而言，主要分为自愿解散、行政解散、司法解散三种。所谓自愿解散，是指基于公司或股东的意愿而自行以决议的方式解散公司。所谓行政解散，是指国家相关行政部门（一般是负责公司登记与注册的机构，如我国的工商行政部门）基于法定事由宣告解散公司的行为。如我国实践中经常采用的吊销营业执照，实际就是一种典型的行政解散公司方式；再如公司因违法经营而被相关行政部门责令关闭，实际也同样引发行政解散的后果。所谓司法解散，则显然是专属于司法审判部门的权力，是司法以裁判方式宣告解散公司的方式，其属于典型的强制解散公司的方式。

与公司解散方式相衔接，公司清算也有三种方式。一为自愿清算，即由公司及其股东自愿、自行组织的清算。二为行政清算，即由行政部门组织的清算，实践中人们看到的由政府相关机构对某证券公司进行的清算即为例证。所谓司法清算，是由相关利益主体向司法机关提起的关于强制清算某公司的诉讼，如中国《公司法》第183条之规定。这三种清算方式与前三种解散方式并非完全对应，即并非自愿解散后即应自愿清算，很可能达成自愿解散公司决议但自愿清算却难以如愿进行，因而自愿解散的公司也可能诉请司法清算。同样，行政解散的公司，如被吊销执照的公司，实际已经处于被行政解散的状态，但多数并不自愿组织公司清算，债权人则可以诉请司法清算公司。至于司法宣告解散公司时，实际也并不必然要司法清算公司，甚至解散公司之诉与清算公司之诉往往并不允许被同时提起，我国现行规定即如此。

通常而言，公司解散与公司清算是联系紧密而又相互区别的两个法律制度。公司解散是公司清算开始的原因。理论上讲，公司解散一定要经过清算程序才能了结债权债务关系，使得公司的法人资格消灭。当然，也有例外，如因合并和分立引起的公司解散，在这种情形下，由于原被合并公司的全部权利、义务均由合并后公司或分立后公司概括性地承受，因此并不需要进行复杂的清算程序，只需依法办理注销登记即可终止被合并公司或被分立公司之人格。

就公司解散的一般原因而言，公司解散意味着公司将走向解体和终结，必须以法律规定的原因的出现作为前提。依中国《公司法》第180条所列举的公司解散原因主要有如下方面：

1.公司章程规定的营业期限届满或者公司章程规定的其他解散事由出现。章程是公司自治的重要依据，法律允许公司在制定章程时对解散事由进行自由规定，只要章程并不违反法律的强制性规定均为有效。一旦章程规定的解散事由出现，则公司将随之步入解散清算程序。章程规定的解散原因，最为典型的是公司的营业期限届满。如果营业期限届满，股东希望公司继续存续，就需要经过股东会特别决议，修改公司章程来延长公司的存续期限。中国《公司法》第181条规定："公司有本法第180条第（一）项情形的，可以通过修改公司章程而存续。依照前款规定修改公司章程，有限责任公司须经持有三分之二以上表决权的股东通过，股份有限公司须经出席股东大会会议的股东所持表决权的三分之二以上通过。"除了规定公司的存续期限届满为公司解散事由外，公司章程中还可以规定其他解散事由，如规定公司经营目的实现或者无法实现、公司亏损达一定状态、经营条件发生重大变化、发生难以维持公司经营的不可抗力等，公司均可按章程规定事由予以解散。

2.股东会或股东大会决议解散。股东会或股东大会决议解散同章程规定解散事由一样，也属于公司自愿解散范畴，体现了公司或股东的意思自治。由于公司解散关系到公司的生死存亡进而影响到各个股东乃至公司外部债权人的切身利益，许多立法例将解散公司的股东会决议明确为绝对多数决的特别决议，而非简单多数决的普通决议。中国新旧公司法均规定，对于有限责任公司，其解散决议必须经代表三分之二以上表决权的股东通过，而股份有限公司的解散决议亦应由出席会议的股东所持表决权的三分之二以上通过。

3. 因公司合并或者分立需要解散。公司因合并和分立需要解散，是在吸收合并、新设合并和新设分立的情形下才会发生，派生分立则不需要公司解散。如前所述，这种情形的特殊之处在于不需要经过清算程序就可以注销公司。

4. 依法被吊销营业执照、责令关闭或者被撤销。此种解散并非依公司或股东的意思，而是由于公司违反了法律与行政法规的强制性规定，由行政机关命令公司解散，属于行政解散公司范畴，这实际上是对公司的一种惩罚。其中，吊销营业执照是行政处罚的一种，主要由工商行政管理机关作出。例如，《公司登记管理条例》规定："公司成立后无正当理由超过 6 个月未开业的，或者开业后自行停业连续 6 个月以上的，可以由公司登记机关吊销营业执照。"

5. 司法解散。司法解散是公司解散的重要方式，各国普遍规定了这一公司解散事由。根据所保护法益之不同，司法解散又可分为法院命令解散和法院判决解散两种情况。其中，法院命令解散主要是针对公司损害社会公共利益之情形；法院判决解散主要是针对公司出现经营困境或公司僵局，可能使中小股东利益受到损害之情形。

2005 年修订前的中国《公司法》并未规定司法解散制度，导致公司出现僵局时无法寻求司法救济，中小股东的利益得不到保护。2005 年新修订的《公司法》明确规定了司法解散的方式："公司经营管理发生严重困难，继续存续会使股东利益受到重大损失，通过其他途径不能解决的，持有公司全部股东表决权百分之十以上的股东，可以请求人民法院解散公司。"可见，中国的司法解散属于国外的法院判决解散，其立法目的在于保护公司及其股东的利益。尤其是，现实之中，中小股东因受压制而诉请解散公司的权利救济问题较为突出。所谓中小股东，一般是指公司的非控制股东，或不能制约公司决策的股权持有人，即在公司的人事、业务及决策等方面不具有支配能力的股东，并不单纯以持有的股份数额为标准。现实之中，小股东受到压制的情形包括但不限于：小股东被排除在管理层之外；不向其支付红利；其股东权利行使受限；控制股东盗用或转移公司资产；通过关联交易输送公司利益；通过不当发行股份稀释小股东的股权等。公司法所建立的解散公司之诉，即是为了保护中小股东免受大股东的欺压。当大股东欺压中小股东而公司原本盈利的情形下，一旦中小股东发起司法解散公司的诉讼，则会对大股东形成巨大法律压力，甚至迫使大股东不得不回到规范的公司运营轨道上来。

当公司被解散并依法进行清算之后，公司则进入通常所谓的注销状态。公司注销是工商部门办理公司终止的登记程序，正如公司的成立必须要进行设立登记一样，公司的终止也必须经过法定的注销程序。与此同时，在实体上，注销登记又必须具备公司法人的终止要件，而唯一的终止要件就是清算。从理论上讲，清算是终止公司人格必经的法律程序，只有清算完成、了结各项债权债务之后，才能办理公司注销登记。但在实务中，经常出现由其出资者出具债权债务处理完毕的承诺即可办理注销登记的现象。这主要来源于《企业法人登记管理条例》等有关规定。这种注销承诺的表现形式一般有四种：①清理之承诺。即承诺对企业注销后遗留或者未清理债务，负责处理。②债务承担之承诺。即承诺人明确承诺由其代为偿还企业遗留或者未清理之债务。③债务担保之承诺。即承诺对企业遗留或者未清理之债务予以担保。④虚假清理之承诺。即承诺注销企业的债权债务已清理完毕（包括有关文件内容中注有"股东会确认清算报告"字样），未表明对企业遗留或者未清理债务承担责任，但事实上企业债务并未清理或未完全清理。对于注销承诺的民事责任，《公司法解释（二）》规定："公司未经依法清算即办理注销登记，股东或者第三人在公司登记机关办理注销登记时承诺对公司债务承担责任，债权人主张其对公司债务承担相应民事责任的，人民法院应依法予以支持。"

按照理想的制度设计，公司注销即意味着法人资格消灭，与公司有关的各项法律关系终结。但是，实务中公司注销后依然会有遗留债权债务的现象发生。尽管公司一般应当经清算而注销，但即便进行此类清算亦不等于全部债权债务实际清算完毕。清算结束只是一个事实状态，即公司的债权债务已经清偿完毕，剩余财产已经分配给股东的一种事实状态。但是在现实中，清偿公司的债权债务是一个极其复杂的过程，有些债权可能在短时间内无法实现，仍然存在着实现的可能，还有一部分债权在清算时因为种种原因被遗漏，公司又不可能无期限地清算下去，这样一来，到公司清算结束，可能还会有未实现的债权。对于公司清算注销后遗留的债权，通常是未经过清算程序的，且原公司在注销前并未表示放弃债权，则该遗留债权并不能凭空消失，而仍然应为原公司之剩余财产。原公司债务人不能因为公司注销而取得本应清偿给公司的财产，这将构成法律上的不当得利，否则，显然不公平、不合理。如果对这种行为不予以追究，则同样也不利于社会诚信体系的建立。但是，公司终止后即告消灭，其权利义务失去了载体。公司失去其法人资格，也就失去其民事主体资格，失去以公司名义行使债权人权利的资格。因此，如果还存在原公司尚未实现之债权，因原公司已不存在，自然不能仍由注销后的公司主张遗留之债权。那么，应由谁来主张呢？按照"谁出资，谁受益"的理念，股东作为公司的出资者，在公司注销后，拥有对公司财产的最终处置和所有权。股东出资设立公司之目的亦是追求利益，公司终结后的剩余财产无疑应属于原股东所有，即使这部分利益未实现，它仍然属于股东所有，而不能属于公司原债务人所有。因此，股东应是注销公司当然的、法定的权利义务承继主体。可见，公司人格曾由股东以其资本与人格而设立，从而使公司人格具有资合与人合的特性；注销终止后，消亡的公司人格又将在股东身上继续延续。但是，这种延续是有条件、有范围、有限定的，否则将会背离公司清算制度和股东有限责任。如必须在股东不当分配剩余财产范围内承继责任；必须在公司有效权利范围内主张，且主张回来的债权利益视为公司财产，如果公司在清算时仍有债务未能还清，则由股东主张获得的公司遗留债权仍应属于公司剩余财产的一部分，统一按公司财产性质进行再分配。如果是再分配，对内依然是按出资比例等原则进行，除非另有约定。也就是说，公司注销后，股东之间的出资比例关系等依然按公司存在时的状况进行处理，股东之间的关系将延续至公司注销之后。

# 公司设立与人格权能纠纷

# 1. 早期挂靠企业产权归属的司法考量

——邓德宏与中国共产主义青年团周口市委员会侵权纠纷案

案件索引：最高人民法院（2003）民二提字第 26 号，2005 年 4 月 1 日判决；河南省高级人民法院（2000）豫法审监经字第 377 号，2000 年 12 月 22 日判决；河南省高级人民法院（1998）豫经二终字第 452 号，1998 年 10 月 5 日判决；河南省周口地区中级人民法院（1995）周经初字第 405 号，1995 年 10 月 17 日判决。

## 基本案情

1994 年 9 月，河南省周口市团委以原告身份并以侵权纠纷为由起诉邓德宏，请求责令邓德宏归还周口市华龙娱乐中心的土地使用权及财产所有权，并赔偿因邓德宏侵权所造成的经济损失等。

经审理查明：1993 年 3 月 19 日，周口市团委在未获得任何批准文件亦未经申请企业登记注册的情形下，向周口市地区公安处申请刻制"周口市游泳馆娱乐中心"（简称游泳馆中心）、"周口市华龙娱乐中心"（简称华龙中心）、"周口市华龙娱乐中心财务专用章"共计三枚印章。同年 3 月 23 日，周口市园林管理处向周口市计划委员会申报设立游泳馆中心。次日，周口市计划委员会批复同意设立集体所有制性质的"周口市娱乐中心",实行独立核算、自负盈亏,隶属周口市园林管理处。同年3月26日,周口市团委向张瑞云颁发聘书,聘张瑞云为华龙中心(又名"周口市地区青少年宫")筹备组主持全面工作的负责人。同年3月30日,周口市园林管理处为甲方、邓德宏为乙方,共同签署《关于联合建设周口市游泳馆及娱乐中心的合同书》。该合同约定:甲方提供市人民公园内3744余平方米的土地给乙方建游泳馆娱乐中心一座;乙方每年向甲方交纳管理费2.1万元,双方合作期限为40年等。同年4月,周口市园林管理处作为甲方,又与作为乙方的张瑞云共同签署了一份《关于联合建设周口市华龙娱乐中心的合同书》,该合同与前述合同主要内容基本一致,且打印的合同签署日期亦与前述合同相同。1994年6月、1995年3月,张瑞云先后以个人名义向周口市园林管理处交纳每年度管理费各2.1万元,并于1994年7月交纳赔偿树木损失费3000元人民币。

1993年4月,游泳馆中心于以上合同所约定的人民公园场地内举行了奠基仪式。邓德宏以该中心总经理身份出席奠基仪式并作了发言,奠基仪式过程中当地有关市领导的发言,均充分肯定了邓德宏自筹资金创办游泳馆中心的精神及其社会意义。此后,邓德宏一直以游泳馆中心、华龙中心法定代表人身份并以该两中心名义主持筹建相关事宜。

1993年4月、5月、7月,由周口市团委副书记张秋生(系张瑞云丈夫)出面联系,邓德宏以游泳馆中心法定代表人身份并以该中心名义向中国人民建设银行周口市支行分别贷款30万元、60万元、30万元人民币;此后,邓德宏又以华龙中心法定代表人身份并以该中心名义先后向有关金融机构进行贷款;以两中心名义共计贷得款项180万元,仅归还10万元。另,邓德宏代表华龙中心并以该中心名义对外签订《建筑工程施工合同》,对外签订歌舞厅装饰合同,对外购买建筑钢材、招收工作人员、在周口市电视台及教育电视台发布宣传广告，等等。

1993年12月，邓德宏（原系中共周口市地委直属机关委员会司机）向周口市地直机关党委提出申请，要求将游泳馆中心隶属于周口市地直机关党委名下。1994年1月，周口市地直机关党委下发文件，决定成立周口市地区彩虹娱乐中心。1994年4月，周口市地区工商行政管理局正式颁发周口市地区彩虹娱乐中心（简称彩虹中心）企业法人营业执照。注册登记材料记载：彩虹中心住所位于七一路西段（人民公园内），法定代表人为邓德宏，企业经济性质为集体所有制，注册资金68万元中，由周口市地直机关党委投资40万元，职工集资28万元。此后，彩虹中心将之前以游泳馆中心以及华龙中心名义筹建施工的位于周口市人民公园内的主、附楼以及游泳池，申领了周口市城乡建设委员会颁发的建设工程规划许可证，取得了周口市房地产管理局颁发的房屋所有权证，并为彩虹中心办理了税务登记证、特种行业许可证、文化许可证、卫生许可证等。另自1994年5月至1995年1月，邓德宏以彩虹中心名义又先后向有关金融机构贷款七次，共计贷得款额180万元人民币。1995年6月，彩虹中心工程完工。

本案诉讼过程中，周口市园林管理处以及周口市地直机关党委均未向法院主张本案所涉游泳馆中心、华龙中心以及彩虹中心的任何权益。周口市团委亦承认并未向本案所涉中心投入资金。

另查明：经本案一审法院委托中国人民建设银行河南省分行中介业务处鉴定，以华龙中心、游泳馆中心以及彩虹中心名义筹建的主楼、附属楼、游泳池、机井以及中央空调及其设施、浴池锅炉及其设施和水电设备等，共计用款2461797.9元人民币。

还查明：1999年5月11日，本案二审判决生效后，归属于彩虹中心名下的财产由法院执行至周口市团委名下。之后，周口市团委作为甲方，张瑞云作为乙方，张秋生作为丙方，共同签署《协议书》一份，就周口市团委遗留的华龙中心脱钩有关问题达成协议。约定周口市团委同意无偿将华龙中心的产权转归张瑞云，但张瑞云应承担该中心250万元的对外债务。该协议签订后，张瑞云接管了原彩虹中心的全部经营场地，并另行注册公司经营至今。

---

## 判决与理由

河南省周口市中级人民法院一审认为：华龙中心即游泳馆中心系周口市团委创建。该中心虽未进行工商登记，但已实际获得了经营场所，有了自己独立的财产，且已以自己的名称从事民事活动。邓德宏占据华龙中心的经营场地和财产进行营利性经营活动属侵权行为。由于游泳馆中心即华龙中心尚未进行工商登记，其经营场地和财产即被邓德宏占用。因此，邓德宏应立即停止侵害，退还给周口市团委原华龙中心的经营场地及全部财产，并对此纠纷承担主要责任。周口市团委在决定设立游泳馆中心后，不及时向工商部门申报登记即刻制印章，且未经城市建设主管部门批准即开工建设，在筹建阶段，不按规定聘用人员，以致酿成纠纷，亦有一定责任。遂判决：邓德宏侵占周口市团委筹建的华龙中心即游泳馆中心的经营场地及财产（包括主楼、附属楼、游泳池、机井以及邓德宏后投建的中央空调、浴池锅炉及其设施和水电设备）返还给周口市团委；并对其他相关事项作出判决。

邓德宏不服提起上诉。河南省高级人民法院二审基本维持一审判决。邓德宏仍不服，向最高人民法院申请再审，最高人民法院转由河南省高级人民法院审查，河南省高级人民法院对本案进行了再审。

河南省高级人民法院再审认为：张秋生以当时周口市团委副书记身份联系该项目，应认定为周口市团委创办，周口市团委出具刻章报告，申请刻制了上述二中心公章，以此向银行申请贷款。同时周口市团委向张瑞云发了聘书，邓德宏于1993年3月30日以自己为一方同周口市园林管理处签订用地协议，未经主管单位签章。同年4月底张瑞云代表周口市团委以自己为一方与周口市园林管理处签订用地协议，同年4月12日开工履行的是张瑞云签订的协议，该协议已经主管单位盖章生效。投入二中心的贷款主要由周口市团委副书记张秋生联系，由于此二中心尚未经工商注册，不具有民事权利，故由此产生的法律后果应由周口市团委负责，所贷款项到期不能偿还时，银行部门应找周口市团委追偿。根据权利义务相一致的原则，由此产生的财物财产权应由周口市团委享有，周口市团委负责清偿有关债务。扣除以原二中心名义的贷款，多余部分由周口市团委给付邓德宏。所占用之地为公共用地，不应个人使用管理。邓德宏申诉理由不能成立，原判处理并无不当。经该院审判委员会研究，维持该院二审判决。邓德宏还不服，向最高人民法院申请再审。

最高人民法院再审认为：周口市团委诉请邓德宏归还华龙中心土地使用权及财产所有权，无事实与法律根据。游泳馆中心与华龙中心实属同一拟设立的企业，周口市团委在该两中心未经合法登记注册情形下，虽申请刻制了该两中心印章，且聘任了张瑞云为筹建负责人，但本案大量事实表明，以该两中心名义对外实施的筹建行为，并不代表周口市团委。本案之中，从张瑞云仍以个人名义与周口市园林管理处签订合同、仅担任两中心的财务会计、仅以个人名义向市园林管理处交纳管理费，以及本案所涉每份贷款合同上的法定代表人的署名皆为邓德宏等多方面的事实，足以证明周口市团委所称张瑞云为筹建负责人且系代表周口市团委筹建华龙中心的主张与事实不符。尤其是，由周口市地直机关党委下发批准文件并作为主管部门，正式注册登记了彩虹中心，以彩虹中心的名义承继了拟组建的游泳馆中心、华龙中心名下的权利与义务，并将所筹建的房屋产权申领至彩虹中心名下，获得了彩虹中心的企业产权，而邓德宏仅是彩虹中心的法定代表人。周口市团委没有证据表明其向本案拟组建以及已组建的企业进行过投资，本案游泳馆中心以及华龙中心作为拟组建企业，并未以其名义获得本案任何土地使用权，周口市团委凭张瑞云与周口市园林管理处所签合同，以及张瑞云于本案起诉前后在未事实接管土地使用权的前提下仍交纳的管理费用等，主张邓德宏归还华龙中心名下的土地使用权，不能成立。本案游泳馆中心及华龙中心虽有贷款及相关筹建合同发生，但该两中心的筹建实质上皆非代表周口市团委，故该两中心名下发生的贷款与相关合同项下的权利与义务，不应归属周口市团委。原审法院在未征得本案所涉各贷款债权人同意的情况下，即判令由周口市团委以承担偿还游泳馆中心以及华龙中心贷款责任的方式，承接已经合法归属彩虹中心名下的财产所有权，显属不当。而据本案查明的事实，周口市团委也不是彩虹中心的出资人，对彩虹中心的财产无权主张权利。至于周口市团委主张邓德宏注册彩虹中心以及擅自变更账号，即构成侵权的说法，于法无据。综上所述，周口市团委的诉讼请求皆难以成立。据此判决：撤销河南省高级人民法院（2000）豫法审监经字第 377 号民事判决、（1998）豫经二终字第 452 号经济判决以及河南省周口地区中级人民法院（1995）周经初字第 405 号经济判决；并驳回周口市团委的诉讼请求。

# 评　析

之所以选取本案向读者介绍，是因为类似本案的纠纷曾典型地代表着中国《公司法》公布之前一个特定时期的企业产权纷争模式，即所谓挂靠企业或"戴红帽子"企业产权的司法确认与处理。上个世纪八九十年代，中国改革开放之初，类似本案挂靠企业或所谓"戴红帽子"的企业曾甚为普遍，由此引发的产权争议与纠纷同样普遍，而这与当时特殊的时代背景密切相关。所谓"戴红帽子"企业，又称挂靠企业，是指那些原本属于民营或者说私有资本的企业，却借用国有或集体所有制企业的身份从事着生产与经营，即所谓私有制性质的企业却顶着公有制性质企业的帽子，因公有制性质意味着、代表着"红色"，故此类企业常被称为"戴红帽子"企业。在这些挂靠或所谓"戴红帽子"企业中，原始出资或者说资本来源往往呈现多样化特点。不仅出资渠道可能多样化，而且资本方式也可能多样化，甚至所挂靠的部门亦可能多元化，对于这类企业，似乎连一个真正的投资者都很难确定，更难以进一步对企业产权进行界定，本案即十分具有代表性。

本案企业的设立与筹建运营的事实，均发生于中国《公司法》颁布实施之前，它较为典型地反映了我国计划经济向市场经济发展、传统企业向现代企业发展进程中，市场机制的不规范，以及企业设立与运作的不规范等，由此进一步影响到企业投资主体或开办单位的不明确，甚至是本案企业主体本身也处在似是而非的状态之中，至少从其多个似是而非的企业名称中即可见一斑。很显然，正是由于企业设立与运作本身的极不规范，影响到本案纠纷的处理长达十余年之久（1994—2005），且先后经历了多次、多级的审理，以至于最终作出再审裁判之时，本案涉及的争议企业主体实际已均不存在，而这也是本案最终裁判没有判令企业产权归属的原因所在。为更准确地把握本案纠纷的处理，了解特定时期我国企业设立与运行的有关状况，有必要就以下方面进一步作分析与介绍。

## 一、"戴帽子"企业的基本时代背景

20世纪80年代至90年代中期，之所以会产生本案这样的企业现象，甚至这种现象在这一特定时期还相当地普遍，主要是基于以下的原因：一是当时中国经济整体上正处于传统计划经济向市场经济过渡的发展阶段，与之相配套的是，以国有与集体企业性质为表现形式的传统形态企业无论是数量还是市场份额同样占据主流。二是随着国家改革开放步伐的加快以及市场经济意识的不断兴起，民营资本也开始日益活跃起来，一些所谓公司形态的企业也开始诞生与兴起，并大有蓬勃发展之态势。三是传统国有或集体企业在国家政策上依然可以获得更多的扶持与优惠待遇，如税收与贷款上的优惠或优先考虑等，甚至有些产业领域私有或民营资本仍然难以获准进入。这样一来，不少民营资本便依托公有企业身份以图能够获得更好的发展扶持。如本案发生的多次贷款，不能说与其企业挂靠"集体"性质的身份毫无关联。而且，在长期以来的公有制经济理念熏陶下，公有身份对于多数民营资本似乎也有着天然的吸引力，而这也是不少民营资本假借公有企业身份的原因所在。四是很多计划经济主管部门、地方政府（乡镇机关等）普遍有搞活经济、发展产业、提高财政与政府收入的强烈愿望，且国家为了搞活公有企业、发展市场、繁荣经济，也不断出台政策允许将大量中、小型国有与集体企业等承包、出售与出租，这又进一步拓展了私有或民营资本与公有制企业的融合空间，但为了获得税收，尤其是银行贷款等多方面扶持发展的需要,这些被承包、出售或出租的企业在注册登记档案中,其公有之身份与企业性质并不发生变更,由此进一步演绎着"挂靠"的传奇。

## 二、认定"戴帽子"企业产权归属的基本原则

伴随着传统企业转型与现代企业兴起的历史发展进程,一段时期内戴帽子企业在各地、各行业均不少见,以至于成为一种较为普遍的企业现象。也可以说,戴帽子企业,实际是计划经济向市场经济改革过渡时期特有的一种产权不明、公私难辨、传统与现代融于一身的独特形态企业。但是,随着中国《公司法》于1994年7月1日开始施行,传统企业向现代企业依法转型、产权不明企业向产权明晰企业规范化发展,以及民营资本直接借助公司法以公司形态主体形成与发展等成为一种潮流。在公司法出台后,人们可以清晰地感觉到,传统以国有、集体、私有等企业性质为主要划分形态的企业正朝着有限公司、股份公司等现代企业形态的一元化方向发展,企业性质的多元化理念开始不断淡化,国有或集体性质正不断地失去原有的光环和吸引力,"改制"成为新时期传统企业向现代企业发展过渡的最为重要的模式,那些曾经借助于公有身份发展的戴帽子企业也开始了脱帽子、去身份伪装,以及回归原始资本特性的所谓产权明晰化的新进程。由此而来,戴帽子企业的产权争议开始多起来,由于戴帽子企业现实的复杂性,对其产权归属与划分显然也难以完全等同,如何界定戴帽子企业的产权,成为一段时期政府乃至司法的难题所在。一般来说,对于戴国有帽子的企业产权的界定,根据《国有资产产权界定和产权纠纷处理暂行办法》,其中确定了最为核心的产权界定原则,即通常所谓的"谁投资谁收益",或所谓"谁投资、谁拥有产权"的原则,由此确定原始投资的来源成为划定戴帽子企业产权归属最为基本的原则、最为核心的依据。应当说,根据原始

资本界定企业产权，这的确是企业产权把握的根本所在，也应是公司法原理自古至今的核心价值理念所在。正是根据这样的处理原则，一大批戴帽子企业的产权获得了明晰。

至于戴帽子企业产权明晰的具体处理方式，多是由相关主体协商确定产权归属与划分，如相关政府或其主管部门、有关投资主体、企业债权债务人等，通过协商将产权不断明确。通过协商明确产权，一般是各类主体的投资与权益均较为明确，有些甚至从一开始相关主体之间即有所谓戴帽子性质的协议与约定，由此原始资本区分相对容易，争议不大。还有些协商方式，实际是改制确权，即将戴帽子企业各有关方面的实际投入进行审计，尔后通过公司制改造，原有利益主体或进或出，新的投资主体进一步介入，使得原有所谓戴帽子企业不断地股份化、公司化，从而实现向所谓的现代企业过渡发展，由此产权争议也被搁置。总之，戴帽子企业的去帽子化进程，尽管争议不断，但经由协商而回归私有或公有，或两者股权并存格局的处理，实际化解了大量的争议。剩下一些原始投资不明、各方权益不清，或难以协商一致的戴帽子企业产权争议被提交至法院，成为法院纠纷处理的难点所在，本案即属此例。

### 三、本案开办单位与主管部门的复杂性

就本案开办单位或主管部门而言，实际并不十分明朗，可能涉及的有以下三个部门。一是团市委。是团市委在未经申请企业登记注册的情形下，即向公安部门申请刻制了"游泳馆中心"、"华龙中心"以及"华龙中心财务专用章"共计三枚印章；并且也是团市委颁发聘书聘张瑞云为华龙中心筹备组主持全面工作的负责人；团市委的相关负责人张秋生也曾以团市委名义帮助联系贷款。二是市园林管理处。是市园林管理处向市计划委员会申报设立游泳馆中心，并获市计委批准同意设立集体所有制性质的"周口市娱乐中心"，且明确

将该企业隶属于市园林管理处；是市园林管理处与邓德宏及张瑞云分别签署《关于联合建设周口市游泳馆及娱乐中心的合同书》及《关于联合建设周口市华龙娱乐中心的合同书》，并先后收取年度管理费等。三是市地直机关党委。将彩虹中心隶属于该机构名下，有邓德宏明确提出的申请，还有该部门正式下发的文件，更有工商行政管理局颁发的彩虹中心企业法人营业执照。

对于传统企业产权的归属与认定，无疑应当先从明确开办单位或主管部门入手，因为在计划经济时代所有的国有与集体企业均应当有其对应的开办单位或主管部门，没有开办单位或主管部门的企业，犹如没有股东的公司一样，是令人难以想象的。开办单位或主管部门一般被视为企业产权的法律所有人。但本案开办单位或主管部门呈现出多样化、复杂化特点，开办单位或主管部门实际并不明确。就以上可能算是开办单位或主管部门的三个主体而言，究竟哪个才是真正意义上的开办单位或主管部门？就团市委而言，其虽未申报注册，但是却向公安部门申请刻制了公章，团市委认为，企业公章由我刻制，企业即应视为由我产生；但是一个难以逾越的法律障碍是，原本应当是先有注册企业才可能有所谓企业的公章，团市委所主张的企业——华龙中心，实际上始终没有经过合法的注册，其主张企业产权归属的前提与基础在法律上难以成立。就市园林管理处而言，其申请了计委批准，并提供了土地，收取过管理费，但它也始终未正式申请注册本案任何企业。就市地直机关党委而言，是它下发了文件，而且根据该文件申请注册了彩虹中心，这也是本案唯一明确的在法律上可以视为存在过的企业，就法律意义而言，市地直机关党委似乎更符合开办单位或主管部门的特征。但是，本案除了团市委以开办单位或主管部门主张所谓涉案企业的产权外，市园林管理处、市地直机关党委均未主张本案任何企业的产权归属。

## 四、本案企业主体的复杂性

如果说企业产权争议首先应当明确其开办单位或主管部门，以便确立企业产权的形式所有者的话，那么确定发生争议的企业主体本身，更是基础所在。应当说，大多数传统企业或所谓挂靠企业的产权争议，就争议的企业主体本身而言，一般都是清晰明了的，但本案的特殊性却是连争议的企业主体究竟是哪个都并不十分清楚。就本案涉及的被争议企业主体而言，被认为可能存在的有以下四个：一是"周口市游泳馆娱乐中心"；二是"周口市华龙娱乐中心"。以上两个所谓企业名称，均是团市委在并未注册情形下，申请刻制公章而记录或反映出可能存在的企业。三是"周口市娱乐中心"，该企业并无"华龙"字样，这是市计划委员会正式批复同意设立并明确隶属于市园林管理处的集体所有制性质的企业，该企业名称随后被与前两企业名称混用，且一直并未刻制相关公章，即该企业之存在，除了在计委文件出现外，并无任何实际的企业活动。四是彩虹中心。该企业正式领有企业执照，彩虹中心注册地址就是"游泳馆中心"以及"华龙中心"筹建地，即市园林管理处提供的那块土地所在地，且彩虹中心将之前以"游泳馆中心"以及"华龙中心"名义筹建施工的位于市人民公园内的主、附楼以及游泳池，正式申领了建设工程规划许可证，取得了房屋所有权证，且只有彩虹中心办理了税务登记证、特种行业许可证、文化许可证、卫生许可证等。以上多个所谓企业，哪个应当是获得法律承认或可以承认的企业？也许只有彩虹中心。

## 五、本案企业投资与资产形成的复杂性

对于企业产权争议与归属，查明原始投资具体情形，即所谓企业的实质所有者，无疑是关键所在。司法实践中，处理特定时期的企业产权归属，处理大量的所谓企业挂靠纠纷，其最为基本的思路

便是在查明原始投资的基础上，主要以原始投资为依据确定或划分企业最终产权归属。也就是说，大多所谓挂靠企业或戴帽子企业最基本的特征是，形式所有者与实际投资者存在着分离或不一致的状况，这也导致了 20 世纪 90 年代后，尤其是公司法颁布实施后，大量企业以"脱钩"的方式进行所谓的企业改制，其实质是将企业产权回归企业的真正投资者，解决企业产权名、实分离的不正常状况。

那么，本案企业的投资情况又如何呢？首先，团市委对本案任何所谓企业均无任何实际投资的证明材料。其次，市地直机关党委虽在文件中注明其为彩虹中心企业投资 40 万元，但实际也无任何真正投资的证明材料，而且市地直机关党委根本也不认为彩虹中心归其所有。第三，市园林管理处提供了人民公园内 3744 余平方米的土地用以建游泳馆娱乐中心，收取的所谓管理费，更像是租赁费用，纠纷争议过程始终，无论本案哪个企业名下，真正附着于企业运营有价值的资产，即是该块位于人民公园内的、几乎是无偿提供使用权的、性质属于国家所有的土地，但市园林管理处根本不主张其原始投资关系的存在，实际上它更认同的是长期租赁关系。第四，就邓德宏而言，其本人亦几乎没有实际投入任何资金，但其以法定代表人身份为本案所涉各企业筹集资金、主持运作的事实是十分清楚的，其以本案各企业名义多次贷款共计 360 万元。第五，本案一审法院曾委托鉴定，以华龙中心、游泳馆中心以及彩虹中心名义筹建的主楼、附属楼、游泳池、机井以及中央空调及其设施、浴池锅炉及其设施和水电设备等，共计用款 2,461,797.9 元人民币。也就是说，所有本案争议企业名下投资形成的总资产与其已经查明的欠银行债务相比，明显处于资不抵债的状况，各所谓企业的原始投资均主要来自相关银行的贷款。因此，从原始投资角度而言，根本无法确定企业产权的最终归属。

### 六、本案司法最终裁判考量的主要因素

正是由于以上开办单位或主管部门确立的复杂性、企业主体本身确立的复杂性、企业原始投资把握的复杂性，最终再审裁判实际是按以下思路作出判决：一是本案性质为侵权纠纷。即原告团市委所主张的，邓德宏侵占了其所开办的华龙中心（即周口市地区青少年宫）的土地使用权及财产所有权，后又将侵权主体依法院通知变更为邓德宏个人。二是对于侵权纠纷，法院要考虑的是，原告是否享有其所主张的被侵犯的权利或利益？首先，也是最为主要或根本的是，其所主张的游泳馆中心、华龙中心，作为企业主体，实际不应被视为合法存在，团市委不应始终仅凭其申请刻制的两枚公章来主张两企业的合法存在；本案应当认可或可以认可的是，该两中心实际已被在后正式组建的彩虹中心所替代。其次，就其主张的土地使用权而言，实际应当归属于国家，事实上也只有市园林管理处可以主张受到相关侵权，或相关合同主体未能履行约定交付的管理费用；团市委不能仅凭所谓的该土地使用权合约是用其刻制的两枚公章的名义签约获得，而即主张该土地使用权应当归其所有，其更无权就该土地使用权主张受到所谓的侵害。第三，就企业财产而言，虽以游泳馆中心、华龙中心企业名义贷得款项 180 万元，但这并非团市委投资，实际的还款责任主体，以及法院在处理该两中心名义对外债权债务关系时，多是通知邓德宏代为出席，或事实上由邓德宏代为承担责任，甚至是实际进行了个人还款；团市委对于以其两枚刻制公章形成的贷款而进一步投入到企业形成的资产，同样无权主张受到侵害。第四，正如本案最终判决认定的，本案大量事实表明，以游泳馆中心、华龙中心两中心名义对外实施的筹建行为，实际并不代表团市委。第五，本案作为侵权纠纷，法院最终无须确认企业产权的真正归属。也就是说，只要回答原告有无权利或是否受到侵

权即可，对原告诉求的最终否定，当然也就意味着至少确认原告对涉及本案的任何所谓企业均无正当、合法的权益。至于本案企业产权最终归属主体，实际并未作最终判决，也无须作出判决。尤其是，至本案最终作出判决时，彩虹中心事实上停止运营多年，已经被注销登记，且在二审判决后，团市委接管本案争议企业后，已经与团市委进行了脱钩，并重新组建了新企业。面对这些新的事实，法院在判决中能承认哪一家企业可以复活，哪家企业应当继续存续，这都是较难选择与决断的问题。但不管怎样，法院依据本案侵权纠纷性质，依据原告无权就相关权益主张受到侵害的事实，判决驳回其诉讼请求，并无不当。

从类似本案的司法处理上，人们总体可以感觉到的是，司法的确有一种纠结的情怀，总是处在摇摆与两难的境地，而这恰恰也说明挂靠企业产权归属纠纷处理的不确定性。也许挂靠企业原本就说不清、道不明，原本就是一个时代的怪胎！

# 2. 公司设立发起人主体身份的认定

——吴照明与冯天成、王长海、潘黎明、王琦、孙志刚公司设立纠纷案

案件索引：北京市第一中级人民法院（2009）一中民终字第7756号，2009年6月10日裁定；北京市海淀区人民法院（2007）海民初字第5455号，2009年1月20日裁定。

## 基本案情

吴照明诉称：1997年3月28日，其与冯天成、王长海、潘黎明、王琦、孙志刚协商拟成立公司，根据公司章程的约定，冯天成、王长海、潘黎明、王琦、孙志刚是公司成立筹备组的负责人，具体负责成立公司、办理注册、收取入股投资款等公司成立的各项活动。在章程签订后，其向王长海交纳了6万元投资款，王长海将该6万元交给北京市旺海商贸有限责任公司（简称旺海公司）保管。但是，经过一段时间后，公司并未如期成立，后其多次要求冯天成、王长海、潘黎明、王琦、孙志刚退还投资款，但后者一直推托。故诉至法院，请求冯天成、王长海、潘黎明、王琦、孙志刚对公司成立前的经济活动进行清算。

经审理查明：2006年12月，吴照明曾将王长海诉至北京市崇

文区人民法院，要求王长海返还投资款6万元及利息3万元。同年12月25日，北京市崇文区人民法院作出（2007）崇民初字第1号民事裁定书，认为因王长海对吴照明陈述的事实不予认可，提出拟成立的公司是准备由12家公司联合成立，股东成员登记表及公司章程也载明是12家公司，而不是个人。旺海公司只是受11家法人单位委托，用旺海公司的账户负责代收入股投资款，吴照明的款项是旺海公司代收的，而不是王长海个人行为。且经审查，吴照明提供的证据亦不能证明双方当事人之间存在权利义务关系，故裁定驳回吴照明的起诉。该裁定书已发生法律效力。

诉讼中，吴照明提交了一份2006年11月27日王琦、冯天成出具的证明，该证明中载明1997年由北京12家食品批发企业组合成立联合体，共同代理经营一些产品，此事由王长海牵头，各家出资6万元，交王长海的旺海公司统一管理，主要经营冰饮产品，对具体经营情况不清楚，一直与王长海交涉，但至今未能解决。同时，还提交了一份王长海于2006年10月31日出具的证明，该证明载明，1997年，旺海公司受11家单位法人委托拿出一个预备账户供联合体使用，负责代收入股款每家6万元，准备成立包括旺海公司在内的12家单位组成的联合体，当时由12家单位共同推荐5人为联合体的核心成员，负责决策、开展业务及办照等事宜，还对投资款项的使用及业务开展的情况进行了介绍。同时，吴照明还提交了潘黎明及孙志刚于2006年11月20日分别出具的证明，在上述证明中，均载明1997年由12家单位组织成联合体，每家投资6万元，由王长海所在公司即旺海公司负责保管投资款。此外，吴照明还提交了一份名为《北京市十二家联合公司章程》的证据，该章程中载明，由王长海、吴照明、潘黎明、王琦、冯天成、孙志刚等12人，每人出资10万元，共同设立有限公司，章程尾部有12人签字。

诉讼中，吴照明称，王长海等五被告系当时设立公司的负责人，因公司未设立，故应以公司的组织发起人为被告。王长海、潘黎明、王琦、冯天成均认可其是公司设立筹备组的负责人。同时，吴照明、冯天成、潘黎明、王琦均认可，当时交纳出资款后都领取了收款收据。

诉讼中，潘黎明称其当时系以个人名义为设立公司出资 6 万元。冯天成称其系代表北京金威特经贸发展有限公司出资 6 万元，并否认其系筹备组成员。

## 判决与理由

北京市海淀区人民法院认为：依吴照明所称，本案纠纷性质系公司设立纠纷，在公司设立失败后，吴照明作为投资人要求公司筹备组负责人员即冯天成、王长海、潘黎明、王琦、孙志刚对公司筹备期间的经营状况进行清算。虽吴照明提交的章程中写明是由 12 个人共同出资设立公司并由 12 人签字，但拟设立的公司并未设立成功，且依据（2007）崇民初字第 1 号民事裁定书以及吴照明所提交的由各被告出具的证明及当事人庭审陈述，均体现出当时拟设立公司的投资人主体是 12 家企业而非个人，故吴照明提交的章程在无其他相关证据予以佐证的情况下，并不足以推翻已生效民事裁定书中所认定的事实，即不足以证明拟设立公司的投资人系章程中载明的 12 个个人。虽王长海、潘黎明、王琦、冯天成系当时设立公司筹备组负责人，但如上所述，上述被告并非拟设立公司的出资人，其行为是代表出资人进行公司筹备事宜，行为后果由各出资人承担；依据《公司法》的相关规定，在有限责任公司设立失败的情况下，拟设立公司的出资人是清算主体，作为筹备组负责人的王长海、潘黎明、王琦、冯天成就公司设立失败并不负有法定的清算义务。据此，吴照明在本案中提交的证据不足以证明其作为本案原告以及其所诉各被告的诉讼主体资格适格。综上，裁定驳回吴照明的起诉。吴照明不服，提起上诉。

北京市第一中级人民法院审理认为：本案的焦点是拟设立公司的出资人是 12 个自然人，还是 12 家公司。吴照明提供的公司设立章程中，章程标题虽书写为"北京市 12 家联合公司章程"，但在第五条股东名称中明确写明股东主体为 12 名自然人，股东最后签字也是自然人。综观全案，没有任何证据证明实际的股东是 12 家公司，足以证明拟成立公司的股东是公民，而不是公司。在有限责任公司设立失败的情况下，拟设立公司的出资人是清算主体；本案中，作为实际出资人的 12 名自然人股东就公司设立失败负有法定的清算义务。原审法院驳回吴照明对冯天成、王长海、潘黎明、王琦、孙志刚的起诉不当，本案应进行实体审理。综上，裁定如下：一、撤销北京市海淀区人民法院（2007）海民初字第 5455 号民事裁定；二、指令北京市海淀区人民法院对本案进行审理。

## 评　析

本案系因公司设立失败而引发的纠纷。当代各国，关于公司设立条件的规定宽严不一，但即便最为宽松的设立条件下，亦难免出现因公司设立所引发的纠纷。例如：关于公司设立协议的效力与履行纠纷、关于公司设立过程中发起人对外所签协议的责任归属纠纷、关于公司设立失败而引发的出资返还或费用清算纠纷等。在处理这些纠纷的过程中，最为基础、最为核心的是如何判定发起人之身份及其发起行为，即怎样的主体应认定为发起人以及怎样的行为可以被认定为设立公司的发起行为？本案即实际涉及发起人主体身份的判定问题。即是否所有出资人均为发起人？当口头商定与章程记载不一时，是否签署章程的人及章程载明的股东才是发起人认定的法定依据？而当本案裁定发回重审之后，下一步的实质审理显然也要依据发起行为的判定，来清算发起费用的摊销与退还；任何非发起人、非发起行为所产生的费用显然不能作为发起费用列入摊销。故此，有必要对以下方面展开分析与介绍。

## 一、发起人身份的认定

应当说，任何公司的设立均必然有其发起人，没有发起人的公司是不可想象的。但是，人们又显然不能将任何推动公司设立或参与公司设立的人均视为公司发起人，毕竟发起人应当承担其相应的法律义务，对因发起公司而可能引发的责任将难以回避。因此，设定发起人的认定标准，并以此为基础明确其权利与义务，显得十分之必要。

中国《公司法》对于发起人并未作出明确定义，仅是在关于股份有限公司的相关规定中运用了"发起人"的概念表述，以至于在中国司法实践中曾一时普遍认为只有股份有限公司才有发起人，而有限责任公司则似乎没有发起人的存在。其实，就立法而言，股份有限公司由于其设立条件相对复杂，因而普遍存在一个相对较长的设立过程；而有限责任公司尽管也确有其设立过程，但普遍较短，以至于设立中可能引发的问题并不突出，由此对于有限公司的发起人甚至未加提及。但是，这并不等于有限责任公司不存在所谓的发起人，更不等于有限责任公司设立过程不会引发任何纠纷或相关责任的承担。本案即为例证。对于发起人制度如此立法的情形，其实在其他国家的公司立法中也同样存在。不过也有人认为，之所以唯独在股份有限公司中设立发起人制度的理由是：股份公司不同于其他公司，章程中未确定成员或股东，但是有必要设置担任实际设立业务的机构，也需要承担资本充实的责任并在设立过程中承担对第三者的损害责任主体；同时，承担设立事项也可以赋予发起人报酬或特别利益，从这一角度考虑，发起人制度也有间接促进股份有限公司设立的意义与价值。①

那么，究竟怎样的主体才应被视为公司发起人呢？对此，各国立法规定尽管存在一定的差异，但总体而言大同小异。如美国《示范商业公司法》第 2.01 条规定："一个或多个向州务卿递交公司章程申报注册之人，即可作为公司一个或多个之发起人。"② 而联邦德国《股份公司法》第 28 条则规定："确定章程之股东为公司发起人。"③ 韩国商法也将发起人定义为："作为拟定章程并签章或署名者，并在该章程中作为发起人记载其姓名、居民身份证号和住所者。"④ 同样，在日本，只要在公司章程上签名或者盖章的人，也即可被认定为发起人。⑤ 很显然，是否签署公司章程，代表着是否加入公司社团的意愿，在公司设立之初这些愿意加入公司社团之人，即可被视为公司的发起人，这似乎成为各国认定发起人的普遍而基本的标准。而就发起人的资格而言，根据中国《公司法》第 92 条规定的精神，似应只有法人或自然人才可以为发起人，至于自然人为发起人是否必须得有完全行为能力则未作明确。中国台湾地区规定无行为能力或限

---

① 〔韩〕李哲松：《韩国公司法》，吴日焕译，中国政法大学出版社 2000 年版，第 157 页。

② 虞政平编译：《美国公司法规精选》，商务印书馆 2004 年版，第 23 页。

③ 卞耀武主编：《当代外国公司法》，法律出版社 1995 年版，第 120 页。

④ 〔韩〕李哲松：《韩国公司法》，吴日焕译，中国政法大学出版社 2000 年版，第 157 页。

⑤ 吴建斌：《最新日本公司法》，中国政法大学出版社 2003 年版，第 55 页。

制行为能力人不得为发起人；法国规定丧失或被禁止管理或经营公司权利与职责之人，不得为发起人；日本则认为发起人可以为数人，也可以为一人，至于发起人是本国人还是外国人、是自然人还是法人、有无民事行为能力等均在所不问。

中国现行《公司法解释（三）》第 1 条即对发起人作出明确定义。该条规定："为设立公司而签署公司章程、向公司认购出资或者股份并履行公司设立职责的人，应当认定为公司的发起人，包括有限责任公司设立时的股东。"理解该条文规定，首先是明确了发起人的认定标准与判断条件，即发起人无疑是履行公司设立职责之人，不仅要签署章程，而且要认购出资或股份，同时还要履行公司设立的职责，只有同时具备这样条件的人，才可被认定为公司的发起人。相较于其他国家关于发起人一般只要签署公司章程的条件规定，中国关于发起人的认定标准尽管更加严格，但显然也更加符合中国的实际，更能为大多数人所接受。其次，通过该条规定，不仅明确有限责任公司存在发起人，而且将有限责任公司设立时的股东全部纳入发起人范畴。这显然极其扩大了发起人的法律范畴，并对有限责任公司设立时的股东责任亦有着重大影响。如根据《公司法》，有限责任公司设立时的股东原本并不对公司设立时其他股东的非货币出资承担连带责任，但根据该司法解释精神却要承担。人们质疑，这一扩大化的解释规定，是否符合《公司法》的原有精神？

在此，亦有必要进一步就发起人与认股人、公司设立时股东、股东等相关概念进行简要的比较，以便人们对这些相关概念能够更加准确地认识与把握。尽管人们经常会在公司还未正式注册登记前将有意愿投资创办公司之人称为股东，但应当说，公司若未正式设立，则实际并没有真正意义的股东，至少并非法律意义上的合法股东，此时原则上仅有发起人。进一步区分有限责任公司与股份有限公司两种形态，有限责任公司设立时的全部股东均为发起人，因而发起人之外不再设有认股人；但股份有限公司则明显存在发起人与认股人的区分，且发起人的职责与认股人的职责还有着明显的不同，认股人实际仅是受发起人的邀请而认购公司股份之人，认股人并不担负任何公司设立的职责。而就公司设立时的股东而言，根据中国《公司法》的精神理解，所有有限责任公司及发起设立形式下的股份有限公司，其发起人均为设立时的股东。但在美国发起人并不必须得认购股份，故发起人亦并不一定即为公司设立时的股东。发起人、认股人或设立时股东，随着公司的设立，同时均正式获得了公司股东的身份，但其曾为发起人以及认股人的身份事实并不会发生改变。因此，公司设立之后的股东，既有可能是后加入公司的新股东，也有可能是同时兼具发起人或认股人身份的公司设立时股东，这种发起人、认股人身份在公司设立后的继续保留，将在一定情形下对他们的权利与义务产生不同影响。

## 二、发起人发起行为的认定

认定发起人的行为是否属于履行设立公司职责的发起行为，事关该行为责任的最终归属问题。很显然，并非所有发起人实施的行为均属于发起行为，那些显然属于发起人个人且与设立公司毫无关联的行为，当然不属于发起行为。所谓发起人的发起行为，细加区分可为以下三种基本类型：

### 1. 发起人直接以公司设立为目的之组建行为

这些行为如签署公司章程、认购出资或股份、帮助募集公司股份与资本、参与办理公司注册登记手续、筹办与公司设立手续直接相关的其他必要事务等。对于绝大多数的公司发起人而言，其发起行为基本仅限于这一类型，尤其是对绝大多数的有限责任公司发起人或者所谓公司设立时的股东而言更是如此。这类发起行为引发的法律关系，基本属于发起人之间、发起人与认股人之间，以及发起人与相关行政部门之间的关系，尽管所引发的纠纷并不常见，但也并非不可能发生。如发起人之间可能会因为此类发起行为引发的费用在公司设立不能时请求分摊与清算（本案即为此类纠纷）；也可能发生发起人与认股人之间因为公司设立不能或其他原因而请求退还认股资金的纠纷（本案原告之前就曾发起出资返还之诉）；还可能发生发起人针对工商注册登记部门提起的关于公司应否获准设立的行政纠纷等。

2. 发起人为公司开业做准备的筹建行为

即实际属于为设立后公司的营业做准备的行为。如酒店开业需要装修、加工企业需要建设厂房、销售企业需要租赁经营场所等。原本这应当属于公司设立之后以公司名义实施的行为，但基于商业发展、商业机会以及获取商业效率等考虑，也有不少公司在尚未获准注册之前，即由其发起人代表设立中公司，甚至设立后的公司对外签约，以便尽早完成公司的筹建，确保公司早日开业、早日营业、早日获利。这类发起行为则明显涉及对外交易的法律关系，需要发起人以自己的名义或以设立中公司的名义对外签订有关合同，并可能引发相关的民事责任。

3. 发起人为设立后公司所实施的提前营业行为

对于这一类行为，也有人往往将其归于前述第二类行为之中，认为这也属于筹建公司的行为范畴，或者可笼统视为公司设立过程中发起人对外签约的行为，中国《公司法解释（三）》的相关规定实际也含有类似精神。其实，发起人实施以设立公司为目的之组建行为，这无疑应属于发起人职责所在，而实施为公司开业做准备的筹建行为也可视为与发起人的职责密切相关；但为设立后公司提前实施的营业行为，是否属于发起人的职责，是否可归于发起人的发起行为一类，尤其是这一类行为的效力乃至最终责任的承担，人们的确会有不同的认识与主张。应当说，原本公司尚未设立，因此显然不得以公司名义对外营业。如美国《示范商业公司法》第2.04条关于公司成立前交易的责任即规定："所有知道公司未依照本法规定成立而仍以所谓公司的名义或代表所谓公司实施交易之人，对该交易中发生的所有债务承担连带按份责任。"① 但是，公司设立过程中，发起人为设立后公司提前实施营业行为，现实之中又难以避免。更为主要的是，在发起人自身看来，提前为公司实施营业行为，同样可能是发起人的职责所在。尤其是，从商业机会的现实把握而言，有可能商机稍纵即逝。因此，发起人提前以公司名义实施的营业行为亦未尝不可，甚至这类行为的责任最终也完全可以归属于设立后的公司，只要相对人认可并坚持，只要设立后公司认可并接受。

划分发起人发起行为的类型，是因为发起人的发起行为与发起人责任关系密切。就一般原理而言，发起人的发起行为原则上被视为设立中公司的机关行为，因为发起人普遍被视为设立中公司的机关代表，由代表人实施的与其履行发起职务有关的行为后果，原则上当然应由其所代表的主体最终承担。又因为设立中公司主体与设立后公司主体常被视为同一主体，因此发起人发起行为的后果最终将由设立后公司承担，而当公司设立不能时，发起人发起行为引发的后果则应由全体发起人共同承担。总之，凡属于发起行为引发的后果，不能仅由发起人个人承担，因为这并非纯属其个人的行为，而是带有履行发起职责的行为。但中国《公司法解释（三）》实际并未完全按照以上精神进行把握，而是根据所谓的合同相对性或合同更新等原理来处理发起人发起行为所引发的相关责任，这当然也不

---

① 虞政平编译：《美国公司法规精选》，商务印书馆2004年版，第25页。

失为一种解决纠纷的基本思路。

就发起人的发起行为与设立后公司行为之间的关系而言，或所谓是否获得合同更新的角度来判断，不外乎认可与不认可、替代与不替代两种关系。所谓获得认可或被替代，是指设立后公司以实际行为表示、接受发起人发起行为的后果，愿意承担发起行为所引发的全部责任，而这当然更包括完全以设立后公司的名义替代原发起人与相关交易人重新签订合同，承继或更新原合同关系。所谓不认可或不被替代，实际并非完全由设立后公司单独声明即可，如果发起人的行为确实属于发起行为，或相对人亦认同属于发起行为，则设立后的公司依然难以逃脱发起行为所引发的责任。当然，发起人利用发起行为谋取私利又损害其他发起人以及设立后公司的利益，而相对人并非善意时，则发起人难逃其个人责任的追究。因此，发起人发起行为的认定与把握，是处理与发起人有关纠纷的核心所在。

## 三、结合本案的进一步分析

本案原告吴照明之前曾向北京市崇文区人民法院针对发起人之一王长海提起过出资返还之诉，被该法院裁定驳回。在该另一案中，法院实质认定发起人应为 12 家法人，而非自然人，因此原告的起诉属于对象错误。同时，该法院虽然没有阐明但其实还隐含的另一个理由是，在发起设立公司失败而未对发起费用进行清算的情形下，单方主张全部出资的返还，显然也不能支持。正因如此，本案原告吴照明才以全部参与设立公司的筹建负责人为被告，选择另一法院另行提起本案诉讼，其诉讼请求不再是全部返还其出资款，而是对设立失败的公司进行清算。很显然，清算未能设立的公司不是原告的最终目的，其最终目的显然在于按其投资比例分配正当清算后的剩余款额，即其实质目的依然在于返还其投资，哪怕是在摊销正当的发起费用之后。也许，原告十分确信，被告们很难拿出像样的发起费用单据，或者说发起费用几乎可以忽略不计，否则，如果确实存在合理而巨额的发起费用时，原告本案之诉很有可能"搬起石头砸自己的脚"，不仅最终不能分得剩余投资款，甚至还要进一步摊入更多费用。但可以相信，原告对此充满信心。

本案二审撤销一审裁定，显然否定了发起人应为12家法人的认定，其采纳的主要依据是12名自然人签署而非12家法人签署的拟设立公司的章程。尽管原、被告所提供证据及各自表述难免不一，但在看似矛盾的证据面前，衡量发起人的主要依据应为章程载明的投资主体以及签署章程的主体。据此衡量，认定签署章程的12名自然人为发起人显然正确。但人们当然也可以注意到一个裁判冲突的现象，即在先的另一法院生效裁定认定本案拟设立公司的发起人为12家法人，而本案在后的裁定却认定为12个自然人，与在先的生效裁定明显冲突。尽管这不是裁判结果的冲突，但裁判理由明显冲突，这显然不是正常司法应有的现象。

当然，还需指出的是，既然认定12个自然人为拟设立公司的出资人，按之前分析可知，这12个自然人则应均属于发起人。根据对未设立公司的清算应由全体发起人负责进行的规定，本案原告仅起诉其中五名所谓设立公司的筹备组负责人，是否妥当值得推敲。也许，本案裁定发回重审后，还应存在一个追加全体发起人到案的诉讼程序问题。不然，在发起人未全部到庭应诉的情形下，很难想象法院拟将主持的本案未设立公司的清算将如何进行下去？

# 3. 公司印章与证照返还之诉的裁处

## ——上海昌城实业有限公司与严建华公司证照返还纠纷案

案件索引：上海市杨浦区人民法院（2014）杨民二（商）初字第510号，2014年6月18日判决。

---

## 基本案情

原告上海昌城实业有限公司（简称昌城公司）于2013年12月30日提起诉讼，请求判令该公司原法定代表人严建华返还其所侵占的昌城公司公章一枚。

经审理查明：原告昌城公司于1996年11月12日经上海市工商行政管理局宝山分局注册登记成立。现公司工商登记内容为：注册地为宝山区锦乐路X号，法定代表人严建华，注册及实收资本为人民币500万元，经营期限至2013年12月28日。股东包括陈留兴（持股93%）、张海成（持股1.6%）、严建华（持股1.2%）、唐佛根（持股1.2%）、王志华（持股1%）、赵国英（持股1%）、盛志虎（持股1%）。

《上海昌城实业有限公司章程》载明：第三条　本公司经上海市工商行政管理局注册登记依法取得法人资格，公司法定代表人为严建华。第十五条　公司股东会由全体股东组成。股东会是公司的权力机构，每年年初召开一次年会。本公司投资人较少，不设立董事会和监事会，本公司设执行董事一名兼公司经理，监事一名，执行董事为公司法定代表人。第十六条　股东会的职权、议事规则：……二、股东会的议事规则：……（2）股东会必须在代表三分之二以上表决权的股东出席方能召开，股东大会一般决议必须经代表二分之一以上表决权的股东通过才有效；（3）公司增加或减少注册资本、分立、合并、解散或变更公司形式作出决定，必须经代表三分之二以上表决权的股东通过；（4）公司要修改章程的决议，必须经代表三分之二以上表决权的股东通过；……第三十三条　因国家规定或公司业务的发展需要须对本章程进行修改时，应遵循下列章程修改程序：（1）股东会对章程修改内容进行充分讨论；（2）修改后的章程条款内容应符合国家的有关法律、法规和政策规定；（3）新章程须在股东会上经全体股东通过。

2013 年 11 月 15 日下午，原告昌城公司召开临时股东会议，全体股东（陈留兴委托张玲）出席会议。会上，被告严建华表示："因股东陈留兴涉嫌犯罪一案尚在公安侦查阶段，目前选举执行董事和法定代表人、监事人选不适宜，且当前昌城公司成立以来全部资产和多少收益不明，各股东的合法股份占多少？待这些问题搞清后再作决定。昌城公司的公章暂时不交，如办营业执照可一同前去。"会议选举王志华担任执行董事、盛志虎担任监事。被告严建华中途离席，未在会议记录上签字确认，并拒绝交出公司印章，引发本案纠纷。

同日，原告昌城公司形成《上海昌城实业有限公司临时股东会议决议》，内容为：一、关于上海昌城实业有限公司的经营期同意延长十年（即延长至 2023 年 12 月 28 日）；二、同意选举王志华为公司执行董事，担任昌城公司的法定代表人；同意选举盛志虎为公司监事；三、修改《章程》第一章第三条公司法定代表人为王志华，

第一章第六条公司经营期限为 19 年；四、提议由公司张海成拟有关材料，向上海市工商局宝山分局办理有关变更手续。

---

## 判决与理由

上海市杨浦区人民法院审理认为：原告昌城公司要求被告严建华返还公章的诉请能否成立，首先需要判断原告昌城公司的诉讼主体资格是否适格。根据《公司法》的相关规定，股东会是由全体股东共同组成，对公司经营管理和各种涉及公司及股东利益的事项拥有最高决策权的公司权力机构。通过法定程序形成的股东会决议如果存在法定无效或者被撤销情形的，当事人可以提起公司决议效力确认或者公司决议撤销之诉。原告昌城公司依照法定程序召开股东会议并于 2013 年 11 月 15 日形成《上海昌城实业有限公司临时股东会议决议》，决议内容包括将原告昌城公司的法定代表人由被告严建华变更为王志华等，被告严建华未对该决议的效力提起过诉讼，该决议合法有效，体现了原告昌城公司的法人意志，原告昌城公司的法定代表人依法变更为王志华。由王志华签字可以代表原告昌城公司提起本案诉讼。被告严建华确认原告昌城公司的公章现仍由其保管，原告昌城公司有权要求其返还公章。被告严建华有关因股东陈留兴涉嫌犯罪、由其保管公章有利于防止国有资产流失的抗辩，由于公章的所有权并非公司某一股东所有，而是属于公司所有，公司有权依据股东会决议自行或者指派他人保管，以开展经营活动，故被告辩称依据不足，本院不予采信。据此判决：被告严建华应于本判决生效之日起七天内返还原告昌城公司公章一枚。

# 评　析

本案涉及的仅为公司印章的返还问题，现实之中公司印章与执照同时被不当侵占而诉请归还的情形亦并不少见，考虑公司印章与证照法律性质的相通性，借助于本案一并将类似侵占的司法处理作必要的介绍。尽管实践之中对于公司证照与印章在公司治理中的地位观点不一，但公司证照与印章无疑有其特定的存在价值。它不仅是公司主体身份的象征，更重要是公司权力的象征，也是公司利益的象征。然而，翻阅有关公司法律、法规，却很难找到对公司证照、印章的明文法律定位。《公司法》也只是就公司设立时应将公司证照作为公司经营必备要件之一作了简单规定。但在实践中，营业执照、公司印章等的确代表着公司主体身份，是公司主体身份的象征。不难想象，如果一个公司失去了这些法律凭证将意味着什么？

## 一、公司印章的法律意义

印章的使用显然是人类交易活动注重要式的产物，是要式契约演化发展的结果，而公司印章则与此密不可分。在历史的某个时期，印章似乎是用少量蜡或其他黏性物质做成的，附着于写有允诺或者协议条款的羊皮纸或纸张上，它被熔化或者以其他方法软化后紧紧按压于文件表面使之牢固粘贴其上，与此同时，它被盖上某种有实意的文字或图案的印戳，该文字或图案由于蜡的硬化而具有较好的耐久性，这种做法即被称为"蜡上加戳"的习惯。习惯来来去去，不断变迁，蜡印曾经流行，可如今已成过去。而与蜡印并行或之后盛行的是图章戒指盖印的方式（事实上在圣经时代已经实行），即用金戒指或者宝石做成的印章，甚至还有所谓的国王门牙印、贵族拇指印等。盖有此类印章的文书被国家或教会用强力维护而赋予令人敬畏的光环，诚然它们是一种形式，但是这种形式曾经具有极大的重要性。后来，交易数量不断增多，而书写技能亦逐渐为大众所掌握（书写的普遍性仅是近现代之事），但是盾形纹章以及金戒指和宝石对于大众而言显然还很稀缺，于是在诸多契据末尾并未打蜡加戳，而是用笔在"盖印"或"盖章处"随意涂画以代替盖印的效力，日后则逐渐为普遍的签名所替代。同时，若干人一起制作的文件可以采用一个印章作为大家共同的印章，而这也就不断演化为后来人们广泛采用的公司印章。① 随着公司不断获得特许设立，特许授权公司可以拥有并使用统一印章（common seal），并可以此印章代表公司名义诉与被诉，这几乎出现在每一公司的特许令状之中。公司印章随之兴起，甚至成为每一公司合法设立的象征，成为公司法人身份的象征，成为公司意志与行为的象征。

在当今商业活动中，包括法人主体或非法人主体，只要是从事商业交往活动均离不开印章。可以说，在企业存续过程中，印章起着代表单位意志的作用。在法院裁判商事交易双方纠纷时，也以文件上的单位公章判断文件效力，进而确定相关权利义务归属。但在公司企业中，可以不仅仅拥有一枚印章，通常有公章、法定代表人人名章、财务专用章、合同专用章、发票专用章等。总结以上情形，就算种类不同，但公章是公司对外进行活动，并能代表公司进行意思表示的有效法律凭证，这一点毫无疑问。

根据中国《企业法人登记管理条例》的有关规定，企业法人凭据《企业法人营业执照》可以刻制公章、开立银行账户、签订合同，

---

① 以上内容参见〔美〕A.L.科宾著：《科宾论合同》（上册），中国大百科全书出版社1997年版，第430—438页"第十章盖印合同"相关内容。

进行经营活动。实际上，通常是当企业法人领取了营业执照以后，即会刻制三枚印章并在工商局备案，包括公章、合同专用章与财务专用章。一般来说，这三枚章是具有代表企业法人行为、对内对外产生法律效力的印章。根据企业业务范围不同，有的企业可能还需要刻制报关专用章，这枚章则须在海关备案才具相关效力。

除法律有特殊规定外，均可认为公章代表了法人意志，对外签订合同及其他法律文件，具有极高法律效力。凡是以公司名义发出的信函、公文、合同、介绍信、证明或其他公司材料均可使用公章。正是基于上述原因，公章必须由专人妥善保管，在使用上也应谨慎，应在使用对象经过审查并经有权人员审批后方可使用。从其特性来看，企业印章是企业身份与权力的证明。盖有企业印章的文件，是受法律保护的文件，同时意味着企业对文件内容亦须承担相应法律责任。企业印章是公司经营管理活动中行使职权的重要凭证与工具，印章的管理关系到公司正常经营管理活动的开展，甚至影响到公司的生存和发展。只要是以企业名义对外发文的，一律需要加盖公司法人公章，像是合同、协议等，一般更必须加盖法人公章方能生效。公司印章的效力除了体现公司法人意志外，根据《合同法》、《民事诉讼法》等法律规定，也能看出公司印章的效力可以脱离法定代表人而独立存在，独立在文件上发生效力。当然，就普遍观点而言，盖章虽可表面证明相关文书与材料的制作人，但仅有盖章这一个事实并不能当然证明该印章即为署名公司所加盖，一个未经授权而加盖的他人的印章并不能使该他人即受约束，正如摹仿他人笔迹签名并不能使该他人受约束一样。

各国对于公司印章的规定，基本都是作为公司成立必备条件之一而强制要求。美国一般不强制要求公司必须具备公章，一般来说正式文书上都会有公司负责人的亲笔签字，该文件也同样具备法律效力；但是，公司也可以不受限制地"拥有公司印章，且该印章可随公司意愿而改刻，并可通过加盖、粘贴或任何其他复制方式而使用该印章或其摹本"。① 英国议会在 1844 年通过的《合股公司注册与管理法案》，确立了公司注册程序，当完成所谓"完全注册"（complete registration）之后，公司即可拥有统一之印章（common seal），并应当以清晰易认字体将公司名称刻写在印章之上，而且在公司发布的通告、与公司往来的一切票据、信函上标注公司名称。日本与中国规定一样，要求每家公司在注册成立之时即须有公司公章，正式出台的公文文件要加盖公章才具备相关法律效力；并且规定正式印章，必须是在相关部门登记备案的印章，方能成为公章。像中国的公章备案部门即为各级公安机关。如此严格的规定，也对公章效力作了完全保护，要求公司在使用公章上必须谨慎小心，严密周全。

## 二、公司证照的一般类型

公司证照究竟应当包括什么？按中国《公司登记管理条例》的规定，可以将公司证照分为《企业法人营业执照》、《营业执照》两种。《营业执照》是确认公司具有能够独立以自己名义享有权利、承担义务主体资格的法律凭证；《企业法人营业执照》则是企业取得法人资格与合法经营权的凭证。两种营业执照的不同之处主要在于申办主体不同。《企业法人营业执照》主体一般是指成立并通过核准的企业法人作为申请主体，包括各类法人公司、中外合资经营企业、中外合作经营企业、外商独资经营企业等。《营业执照》一般则是指非法人为申请主体所申领的营业执照，除了个体经营之外，还包括公司分支机构、外国承包企业、外国银行之分行、参与合作开发的外国

---

① 《示范商业公司法》第 3.02 条，引自虞政平编译：《美国公司法规精选》，商务印书馆 2004 年版，第 27 页。

企业、外商投资企业的经营性分支机构等，只要不是作为一个独立企业法人所申请的执照均为《营业执照》。其中，需要特别指出的是，在《企业法人营业执照》与《营业执照》区分基础上，又进一步细分内外资公司企业的营业执照。如外资法人性质的公司企业所领执照为《中华人民共和国企业法人营业执照》，而非法人性质的外资企业所领执照则为《中华人民共和国营业执照》。与内资公司企业相比，标注有"中华人民共和国"字样是外资公司或企业执照最为显著的特点。

依中国《公司法》第 7 条规定："依法设立的公司，由公司登记机关发给公司营业执照，公司营业执照签发日期为公司成立日期。"由此，公司营业执照具有证明公司合法成立的重要法律价值与意义。该条还进一步明确了公司营业执照的记载项目："公司营业执照应当载明公司的名称、住所、注册资本、经营范围、法定代表人姓名等事项。公司营业执照记载的事项发生变更的，公司应当依法办理变更登记，由公司登记机关换发营业执照。"《企业法人营业执照》上面登记的这些事项基本都以经过核准的公司章程为准，执照有效期限按投资各方的出资期限核定，当企业注册资本缴齐后，有限期限应该与经营期限相一致。《企业法人营业执照》在公司申请注销登记时必须交回，从申请主体的限制条件与记载事项来说，《企业法人营业执照》的规格标准较《营业执照》更高，也体现了中国对于企业法人有较高标准及更严格的法定程序。

公司发展早期，特许状即为公司营业的执照。① 很多限定经营的行业，需要以申请营业执照的方式限定经营，像是电气、油，甚

---

① 关于特许状问题，具体可参见虞政平著：《股东有限责任——现代公司法律之基石》，法律出版社 2001 年版，第 66—72 页"特许状的种类、期限、费用以及主要内容"等章节。

至是糖业等。发展到现在，营业执照变为工商管理部门管理企业法人与经营户的一项依据，企业必须以执照上的记载事项为准从事经营活动，如果企业或是经营户超出营业执照范围经营，则可予以行政处罚。但营业执照制度并非所有国家都有相关规定。如日本与德国仅要求公司登记的法定程序与登记事项，当登记完成之时，由法院将登记事项予以公布，实现公示效力，没有要求必须要有公司营业执照。美国的《示范商业公司法》规定了公司设立的普遍程序，公司虽可领有成立证书，但并未规定公司经营必须要有营业执照，一般只有部分特殊行业才需在经营时申领特殊专业执照，像是餐馆、酒馆等。英国 1948 年《公司法》和 1985 年《公司法》对设立证书（certificate of incorporation）与营业执照（trading certificate）均作了规定："如果设立就是一个公众公司（public company），则必须取得营业执照才能开始营业。"并且如果条件满足，但是登记机关没有发给设立证书的，法院可以命令强制颁发。但在英国司法实践中，公司营业执照也没有发挥很大用处，实际上有许多公司为了规避这一规定，先将公司以封闭形式成立并假借转手之后再转变公司经营形式为公众公司，如此一来便不需有营业执照。是否公司经营过程中确有营业执照存在的必要，或是可以通过其他方式达到同样公示效果，是决定公司证照存在与否的重要因素。

### 三、侵占公司印章、证照行为的界定

对公司印章与证照侵害行为的认定标准，目前中国并无相关法律规范。在公司印章、证照被他人侵占情形下，只要持有公司公章或营业执照等，且无明显相反证据时，持有人以外的任何相对人完全有理由相信持有人获得了公司合法授权，构成了民法理论中典型的表见代理。这一问题在当法定代表人侵占公司印章、证照情形下则更为糟糕，持有人所为全部法律行为将归属于公司，无论是否有

利于公司，一般皆由公司承担全部法律责任，除非能够证明相对人非为善意。对此，按现行法律规定，公司只有在对外承担法律责任以后，才可以向恶意持有人追偿损失，这对公司经营来说非常不利。

如同本案一样，严某作为公司的前任法定代表人，其当然拥有公司印章的管理权限，这原本无可厚非。但当公司经营决策权发生争议且已经依据合法有效的股东会决议撤换其法定代表人之时，严某却将其持有的印章作为要挟筹码，使得整个公司经营因为缺少印章而陷入困境。这样的行为无疑属于侵害公司对于印章正当合法权利的行为。现实之中，究竟应当如何在法律体系内对公司印章与证照更加有效地加以保护，这是当前法律修订以及司法及时处理均应慎重考量之处。

公司之中究竟谁有权保留印章，若以公司章程作为公司自治最高准则的话，则显然可以公司章程相关规定为准。然而，现实之中大量公司印章与证照因日常处理事务方便所需，交由非特定人员保管，由此导致印章与证照纠纷日渐增多。是否非公司法定代表人同意或授权之人持有即为侵占，对此当然也不能一概而论。如果持有印章、证照之人仅是持有而无利用，一般也不能认定为侵占。如目前因为处理方便而持有印章、证照的财务人员、办公室文秘等。但如持有印章、证照人员偷偷将印章、证照出借给了没有相关资质的其他公司使用，并从中收取报酬或佣金，除了要求该人员承担对公司因此遭受损失的赔偿责任外，中国刑法也对此作了规定，此时可以民事与刑事双重标准进行处理。

当然，凡事不能等到东窗事发了再想如何处罚，从事前防范与事后处理两方面考虑，公司自身应建立一整套适合自身运作机制的印章与证照管理制度，应着重事前最大限度地消除危险。对公司人事制度进行慎选管理，无论是法定代表人还是任何一位参与公司实际经营的高层管理人员，均要经过公司慎重选择和法定任命程序方可任职，在法律规定与公司规章制度中均应要求董事高管等遵守相关规范，以诚实信用原则经营公司。另外，建立一套公司印章与证照的管理制度，对使用公司印章与证照的情况密切掌握，一旦发现有损于公司利益的使用行为，应当及时要求予以纠正或者直接要求股东会或董事会免除相关人员职务。特别是董事长或是相关权力过度集中，由一个人掌管公司印章与证照之时，更要通过加强监事会等相关职能来钳制董事长或是高管的过度集权。当以上行为已经给公司造成损失的情形下，股东可依法向股东会、董事会请求提起诉讼，或是在穷尽公司内部救济途径之后，公司或股东也可以像本案一样，向人民法院提起诉讼，请求归还被侵占的印章或证照。再次，公司在经营运作过程中要建立专门的印章与证照管理制度，包括专人保管制度、使用建档制度、使用报批制度、保管使用负责制等，能够在一定程度上分散公司高层人员掌控公司印章与证照的权力以及利用职务之便侵占公司印章与证照的机会。如此，给侵占之人在制度上形成障碍，以此确保公司正当经营秩序不会受到干扰与损害。

现实之中，当公司印章或证照等被不当侵占时，也不一定非得通过诉讼请求归还，有一个可以替代公司印章、证照返还之诉的做法是，重新申请刻制公司印章或重新申请颁发公司营业执照，事实上不少公司也是这样做的。如此处理的一般方法是，首先刊登遗失公告，即表明公司印章与执照不慎丢失，因此被丢失的原印章或证照作废，尔后再向工商或公安部门重新申请刻制或颁发。这样的方法，可以避免繁琐的诉讼程序。但是，这一替代处理办法，也面临一个突出问题，即依照工商与公安部门早先的相关规定，重新申请刻制公司印章或重新申请颁发公司营业执照，一般需要公司原法定代表人签署有关申请文书。而当公司公章与营业执照等原本就被公司原法定代表人侵占，或当公司新老法定代表人因任命、选举、交接等原本就存在纠纷与争议之时（例如本案情形），公司拟重新申请颁发与刻制证、章，原法定代表人若不签署有关申请文书，此时将同样使公司重新刻制或颁发的愿望落空。不少公司此等情形下有可能重新申请刻制或颁发成功，难免采取伪造原法定代表人签名或其他非正当的方法。

为解决这一问题，工商部门最新的规章对此已作了合理修改，即申请刻制或颁发新印章或新执照，无需原法定代表人签字同意，这就使妄图侵占公司印章与证照之人难以在制度上制造障碍，以此确保公司正当经营秩序免受干扰与损害。如本案情形，公司新法定代表人已经依法产生，在原法定代表人侵占公司印章情形下，完全可以允许公司新法定代表人代表公司申请重新刻制，以此避免公司经营由于长时间没有印章等而陷入困境。可以想象，今后类似公司印章与证照返还之诉必然会相应地减少。但是，针对不当侵占公司印章与证照的行为，当然还可以进行诉讼，其目的与价值不仅在于归还，可能更在于追究侵占之人的法律责任，如由于侵占给公司造成的损失赔偿等。

# 4. 公司可否为其股东的对外债务提供担保

—— 中福实业股份有限公司与中国工商银行福州市闽都支行借款担保纠纷案

案件索引：最高人民法院（2000）经终字第 186 号，2001 年 11 月 17 日判决；福建省高级人民法院（1999）闽经初字第 39 号，2000 年 5 月 16 日判决。

## 基本案情

1999 年 12 月，中国工商银行福州市闽都支行（简称闽都支行）向法院起诉，要求中国福建国际经济技术合作公司（简称中福公司）偿还所欠贷款本金 4210 万元及相关利息，并请求中福实业股份有限公司（简称实业公司）承担连带责任。

经审理查明：1996 年 12 月，被告中福公司向原告闽都支行贷得款额 4210 万元，贷款到期后，中福公司未能偿还。1998 年 7 月 28 日，原告与中福公司签订一份《还款协议》，约定：贷款由中福公司分期偿还，并由实业公司作承担连带责任的还款保证人。实业公司负责人在该协议上签名并加盖了单位公章。因中福公司与实业公司的法定代表人均为赵某，所以该还款协议上代表该两公司负责人签字的人均为赵某。还款协议约定期满后，中福公司与实业公司皆未依协议履行偿债责任，故引发本案纠纷。

另查明：中福公司系实业公司的控股股东，实业公司属上市公司，实业公司在为中福公司提供以上担保时，有实业公司董事会五名董事签名的关于提供担保的决议文件。但实业公司的章程第80条规定："除经公司章程规定或者股东大会在知情的情况下批准，不得同本公司订立合同或进行交易；不得以公司资产为本公司的股东或者其他个人债务提供担保。"原告在与实业公司商谈担保事项时，曾收到实业公司提交的实业公司章程等文件。另，二审之中，原告提交了一份实业公司同意为本案贷款提供担保的股东大会临时决议，在该份股东大会临时决议上并无参加股东大会的董事签字，也无董事会秘书签字，但盖有实业公司单位公章。

## 判决与理由

福建省高级人民法院一审认为：本案福建实业公司的保证系经其董事会研究的公司行为，并非董事、经理为公司股东或其他个人债务提供担保的行为，故实业公司关于其保证行为违反《公司法》第60条第3款及第214条第3款的规定应属无效的主张，不予支持。本案各方当事人自愿签订《还款协议》，不违反法律，应确认有效。据此判决：中福公司偿还原告贷款本息，实业公司就中福公司的还款义务承担连带责任。实业公司不服，提出上诉。

最高人民法院二审认为：《公司法》第60条第3款对公司董事、经理以本公司财产为股东提供担保进行了禁止性规定，实业公司的章程也规定公司董事非经公司章程或股东大会批准不得以本公司资产为公司股东提供担保，因此，实业公司以赵某为首的五名董事通过形成董事会决议的形式代表实业公司为大股东中福公司提供连带责任保证的行为，因同时违反法律的强制性规定和实业公司章程的授权限制而无效，所签订的保证合同也无效。法律既已明文禁止公司董事以公司财产为股东提供担保，则董事在以公司财产为股东提供担保上并无决定权，董事会作为公司董事集体行使权力的法人机关，在法律对董事会对外提供担保上无授权性规定，且公司章程或股东大会对董事会无授权时，董事会也必然因法律对各个董事的禁止性规定而无权作出以公司财产对股东提供担保的决定。因此《公司法》第60条第3款的禁止性规定既针对公司董事，也针对公司董事会，这符合中国公司法规范公司关联交易、限制大股东操纵公司并防止损害中小股东利益的立法宗旨。至于二审期间，原告提交了一份实业公司股东大会的临时决议，以此证明实业公司董事会得到了对外提供担保的授权，但该份股东大会的临时决议上无参加股东大会的董事签字，也无董事会秘书签字，故对该份证据，不予采信。实业公司与原告之间的保证合同因实业公司董事违反中国公司法的规定和实业公司的章程规定而无效，实业公司对董事的无效行为应当承担过错责任。而当法律有禁止性规定，任何人均不得以不知法律有规定或宣称对法律有不同理解而免于适用该法律。再则，实业公司系上市公司，其公司章程公开，原告也收到过实业公司提供的公司章程，故原告对实业公司章程关于限制董事为股东担保的规定应当知道。因此，保证合同无效，原告也有过错。据此判决：本案保证合同无效，实业公司仅向原告承担中福公司不能清偿债务部分二分之一的赔偿责任。

## 评　析

公司对外担保问题，实际涉及公司权利能力与行为能力的把握问题。从中国《公司法》的历次修订内容以及司法实践来看，可以明显感受到中国公司法律制度对于公司权能不断扩张的认可与支持。曾经很长一段时间，中国公司的转投资权利受到限制（即所谓不得超过净资产的50％），且公司也不得为其股东提供担保（本案即为例证），甚至公司之间至今也不得相互借贷等，这均极大地束缚了中国公司的权利能力与行为能力，极大地压制了公司对外交易的法律空间，当然也就极不利于公司对外市场的自由拓展。而今，公司作为法人的权利能力与行为能力，随着市场经济的自由以及开放的程度而不断得以拓展，以至于现代公司几乎可以从事一切合法的营业，包括对外签约、对外投资、对外借贷、对外担保等，早期的公司越权规则（ultra vires doctrine）正逐渐为人们所淡忘。在此，选择本案加以介绍与讨论，正好可以从一个侧面突出反映一段时期中国司法在公司权能方面的困惑，事实上该案在最高法院作出终审判决后，也曾引发社会各界的高度关注与激烈争论。甚至，由于新旧公司法关于这一问题的不同法律规定，使得这一问题的争论至今还未完全平息。

## 一、旧《公司法》第 60 条第 3 款曾引发之争论

1994 年颁布实施的中国《公司法》第 60 条第 3 款曾规定："董事、经理不得以公司资产为本公司的股东或者其他个人债务提供担保。"本案一、二审判决实际均是以该条款为基础作出，但结果却大相径庭，而这也正好代表了当时司法部门乃至法学理论界对于该条款的不同观点与主张。一种观点认为，该规定仅仅约束董事、经理个人之行为，仅限定董事、经理个人不得"擅自"而为；另一观点则主张，该规定也禁止董事会此项权力，即如本案二审判词理由部分所述，既然董事个人不得为，那么作为董事集体组织——董事会亦不能享有此权；还有一种观点则干脆认为，依据此条款，公司亦不能为其股东

提供担保，即公司不能享有为其股东提供担保的权利能力，当然本案一、二审判决精神似乎并未认同这一观点。回顾这一条款及其引发的争论，可以更好地让人们把握与理解新《公司法》的修订条文精神。应当说，中国旧《公司法》第60条第3款的规定，显然并没有禁止公司为其股东提供担保的权利能力。具体而言：

**1. 该条款仅为规范、约束董事以及经理的个人职责**

依中国旧《公司法》的体例编排，自第59条至第63条，显然皆是关于董事、经理以及监事职责的规范，其中第60条第3款的特性，无疑不能例外。因此，该条款仅是约束董事、经理个人不得滥用担保方式来处置公司资产的职责规范，以此防止董事、经理个人与其利益相关的股东或者任何亲朋好友之类的个人，进行与公司可能存有抵触利益的不正当的担保交易。任何董事、经理个人以公司资产为公司股东或其他个人债务提供担保的做法，都有违其董事、经理的职责。

**2. 约束董事、经理个人的职责不等于限制董事会或者股东会依法履行公司担保权能**

董事等高管的个人职责，不能等同于董事会、监事会以及股东会的职责，这是公司法中的一项基本原理。任何将个人职责与机构职责加以等同的主张都是难以成立的。各国公司法制度中，诸多董事、监事以及经理个人所不能为的行为，公司董事会、监事会或者股东会却可以实施的例证，并不少见。总之，董事等高管个人所不能为之事，绝不等于代行公司权能的意志机关不能为，董事等管理人的个人职责与公司的权利能力是不能等同的。除非法律对公司的权能进行限制，公司意志机关的决策将相应受到限制，否则，公司意志机关即可依法代行公司的各项权能。故此，依中国法律，公司董事会，尤其是股东会，皆有权代表公司作出对外担保的决定，包括为其股东提供担保。所以，凡经公司董事会或者股东会有效决议作出的公司为其股东所提供的担保，只要不存在其他影响担保效力的因素，只要公司对外代表权的行使不存在瑕疵，即若有公司印章或者公司法定代表人签字时，皆应认为合法有效。而那些只设有执行董事却无董事会的有限责任公司，若要为其股东提供担保，则只能通过其股东会批准进行。

3. 董事、经理个人以公司名义为其股东或其他个人债务提供的担保，应认定为无效

由于中国旧《公司法》第 60 条第 3 款已明文禁止董事、经理个人以公司资产为股东及其他个人债务提供担保，而且中国《担保法》司法解释第 4 条也进一步规定此类担保应为无效，故任何债权人接受未经公司董事会或者股东会批准的此类担保，视为明显违背法律规定，应被推定存有主观过错，即便此类担保对外形式上盖有公司印章，亦应同样认定，此类担保应为无效。这也就意味着，债权人在接受此类担保之时，必须向公司索要意志机关同意提供此类担保的决议文件，以此证明此类担保的提供，决非董事、经理个人行为所致，以此尽到善意人应尽的注意义务。否则，仅凭外在获得的公司印章的认可，仍不足以证明此类特殊担保的合法有效性。对于仅有公司法定代表人签字而无公司集体机关决议批准的此类担保，应作同样的处理。因为公司法定代表人身为董事长，乃是董事队伍中的一员，关于董事个人应当遵守的职责，他同样不得违背。

## 二、新《公司法》下公司为股东担保之理解与把握

由于公司法理论的发展，世界范围内普遍许可公司为其股东提供担保。为避免旧《公司法》规定所可能带来的争论，也为进一步向国际化接轨，2005 年修订的新《公司法》对此条款作了完善。为此，新《公司法》第 16 条第 1 款首先就公司对外担保权能问题作了一般

性认可规定，即由公司章程自行加以明确；在此基础上该条第 2、3 款进一步规定："公司为股东或者实际控制人提供担保的，必须经股东会或股东大会决议。前款规定的股东或者受前款规定的实际控制人支配的股东，不得参加前款规定事项的表决。该表决由出席会议的其他股东所持表决权的过半数通过。"与该条相呼应，新《公司法》在第 149 条第 3 款关于公司董事、高管人员职责中进一步规定：董事、高管人员不得违反公司章程的规定，未经股东会、股东大会或者董事会同意，以公司财产为他人提供担保。新《公司法》的这些规定，为公司担保制度作了创设性规定，实际填补了旧《公司法》于公司担保制度上之空缺，也有效避免了旧《公司法》下的如前所述之争论。新的规定显然也更加突出体现了对公司意思自治的尊重，在操作上也更为明确。依据新公司法的这些规定，只要公司以股东会方式表决、只要表决经出席会议表决权的半数以上同意，公司即可以为其股东提供担保，这已无可争辩。当然，拟获得公司担保的股东（或实际控制人）必须回避公司为此进行的股东会议表决。实际上，借助于公司可为其股东提供担保这一许可性新规定，也可理解为新公司法已初步建立了利害关系股东投票表决的回避机制。

　　理解与把握新公司法下公司可为其股东担保的条文规定，最关键的是要区分与把握好公司为股东担保所可能引发的对内与对外效力问题，而这一问题对于公司为非股东的他人提供担保也同样是个突出问题。实践之中，当公司违反前述条款规定，对于公司为其股东提供担保或为他人提供担保的股东会决议或董事会决议，对内即便可以撤销或宣告无效，但对外已经作出的担保行为、已经签署的担保协议效力是否可以当然地连带撤销或宣告无效呢？对此有不同的观点与主张：一种观点认为，新公司法的相关规定，仅可作为追究董事、经理个人职责的依据，而并非要将公司已经对外有效实施的担保连带归为无效，这实际是主张公司法的类似相关规定仅有内部约束力，一般不得用于对外效力的抗辩。另一观点则认为，如果公司为股东担保被依公司法认定为内部无效，则对外担保即便具备担保合同有效要件（如完整真实的公司印章及法定代表人签字，接受担保人为善意第三人等），亦同样归为无效。而第三种观点则主张，要区分接受担保的第三人是否主观具有恶意，以此区分涉及此类内外担保行为的效力，即可能有效，亦可能无效，关键要看接受担保的债权人是否善意或恶意。如本案二审判决，即认为对内董事及董事会均无权担保，因而本案担保应为无效，这实际主要是采用内外不加区分且当然连带无效的学说。但是，在把握无效引发担保责任的分摊时，又依担保法有关规定衡量接受无效担保人是否存在过错，且同时认为公司章程类似条款对外具有约束力，尤其如本案接受担保之人事实上也接受了公司章程，即便担保权人原本属于公司以外的主体，也应受公司章程约束，并据此推定担保权人同样存在主观过错，而这又似乎是受到了以上第三种观点的影响。应当认为，本案裁判的以上观点与主张并非妥当，因为它不仅将公司对外担保的内、外效力未作任何区分，甚至认为公司章程也具有对外之效力，至少接受与获得公司章程的人即应当受到相应约束，司法如此扩大化地理解与运用，必然会带给现实不应有的冲击。

很显然，对于公司为其股东以及为他人提供担保的内、外效力无疑应当加以区分。如此主张的主要理由是：其一，根据最高人民法院关于《合同法》问题的司法解释，所谓的强制性规定是指效力性强制性规定，这样就在合同法基础上进一步缩小了合同因违反法律、行政法规强制性规定而无效的情形。从法条本身来看，《公司法》第16条更多的应是原则性、管理性规定，显然并非强制性、效力性规定，所以法条内容并未明确规定当公司违反上述规定而对外提供担保时，合同即必然无效。其二，公司提供担保首先是通过董事会、股东会作出的决议所实施的内部决策行为，这种董事会、股东会作出决议的程序与通过方式只属于内部决议程序，一般允许公司章程在一定范围内有自由空间，并不属于法律规定的强制程序，这种经由内部程序所作出的决议仅能约束公司内部，一般不得约束外部第三人。其三，从维护交易安全来说，贸然认定担保合同无效的话，在市场经济体制当中，会导致很多人对于交易失去信心，并不利于维护合同稳定及交易安全。其四，从最高人民法院公报刊载的有关参考案例中，也进一步印证了在新《公司法》颁布后，公司对外担保内、外效力应予区分的理念。即当违反《公司法》第 16 条规定，公司对外实施担保行为，只要担保合同形式完备，担保合同内容又不违反法律、法规有关效力性强制规定，善意第三人在担保过程中已尽到合理注意义务时，应当认为构成合法有效的第三人保证，公司对外仍应对善意第三人承担民事责任。

## 三、关于上市公司为其股东担保的特别问题

一直以来，上市公司为其股东提供担保的问题，为中国各大新闻媒体所关注。本案争议实际也是关于上市公司为其股东担保是否有效及其责任应当如何承担的问题。此类担保金额往往巨大，债权人往往为各大银行，如果效力把握不到位往往损失惨重，而广大股民更是担心自己的投资会否因此类担保的负债而血本无归，各级人民法院面对此类案件的处理也觉十分棘手。在中国公司法理论以及司法实践中，不少人之所以曾极力主张应当禁止公司为其股东提供担保，其实也是源自上市公司为其股东担保所引发的社会问题。

关于上市公司能否为其股东担保的问题，中国证券监督管理委员会曾于 2000 年 6 月下发《关于上市公司为他人提供担保有关问题的通知》规定："上市公司不得以公司资产为本公司的股东、股

东的控股子公司、股东的附属业或者个人债务提供担保。"当时不少法院也曾援引该规定处理上市公司为其股东担保所引发的纠纷。但如前所述，由于依据中国旧《公司法》第 60 条第 3 款并不能当然得出禁止公司为其股东担保的结论，所以证监会的文件与法律存有抵触，因此无论该文件属于政策、行业规范甚至行政规章，皆不能作为司法裁决的参考依据。尽管当时中国证监会可以依据此类文件对上市公司进行约束与规范，但此类约束与规范显然不能超越其职权范围，任何因此类担保所产生的纠纷，仍然应当严格依照法律公正裁处。

必须指出的是，人们之所以主张禁止上市公司为其股东提供担保，主要理由是：公司为其股东提供担保，犹如将公司资产无偿赠予，将会损害其他中小股东以及公司债权人的利益，即主要会损害广大股民的根本利益。这样的理由乍看起来冠冕堂皇，但细加推敲也难以立足：其一，为人担保并不等于无偿赠予。人人皆知，担保仅是可能承担责任的举措，即便事实上招致承担担保责任，担保人还有权利向债务人进行追偿。其二，公司为股东担保仅是诸多关联交易的形式之一。除此之外，公司还可能与股东之间进行商品买卖、资产处置、资金信贷以及债务承担等多种形式的关联交易。在中国诸多上市公司沦为空壳的现象中，控股股东从上市公司"提款"的方式也是多种多样、五花八门。目前能够证实的就有无偿占用、拖欠往来款、替己担保、直接借款、劣质资产高价出售、变卖品牌、变卖商标使用权以及虚假出资等多种。那么，为什么偏要将公司为其股东担保这一种形式列为禁止的对象，而对其他听之任之呢？难道只有公司为其股东担保令人可恶吗？其三，依禁止学说，上市公司虽不可以为其股东提供担保，但却可以为非股东的他人提供担保，这就更难自圆其说。难道公司为他人担保就不会损害中小股东以及公司债权人的利益？为什么不允许公司为其关系亲近的股东担保相助，却又允许公司为陌生的他人冒担保的风险呢？自从中国证券会出台上市公司不得为其股东提供担保的规定之后，上市公司以相互为对方股东担保的交易方式，便很轻易地避开了这一规定的法律障碍。其四，公司为其股东担保并不必然引发公司资产的贬损。中国证券二级市场上频频曝光的上市公司因为其控股股东提供担保而被"掏空"的现象，引发了证券会相关禁止规定的出台。应该说，上市公司为其控股股东担保，显然不会必然引发上市公司资产的贬损，更不会导致控股股东资产的贬损。反之，控股股东因为此类担保而必然融得更多的资金。这原本只会提升控股股东的市场竞争力，从而赢来更多的经济效益，以此确保还贷还债的能力，从而解除上市公司的担保责任。但是，为什么那些被新闻媒体曝光的、为其控股股东提供担保的上市公司，最终总是替人还债而且还无法追索到任何有效资产呢？为什么那些获得担保融资的控股股东，最终皆没有偿还债务的能力呢？这些所获得的担保融资，究竟是被挥霍浪费还是因为正常的市场风险而遭受损失呢？上市公司为什么又会在控股股东已无还贷能力的情况下，仍然超越自身承受能力而为这些控股股东提供担保呢？这些显然已不是禁止提供担保方式本身所能解决的问题。众所周知，由于历史的原因，中国上市公司的控股股东多为国有企业性质的集团公司，如果这一类企业以及上市公司的管理人，对公司连最起码的商业注意义务以及忠诚职责都不能履行并遵守的话，如果对这些违反职责的管理人，不能进行有效的民事责任制裁甚至刑事责任追究的话，那么，任何此类禁止关联交易的规定，都难保上市公司不走向厄运！

正是基于简单的禁止上市公司为其股东担保并不可行，尤其是新《公司法》对于公司为股东担保问题已经作了新的修订。为此，

中国证券监督管理委员会、中国银行业监督管理委员会于 2005 年
11 月又专门下发《关于规范上市公司对外担保行为的通知》，其中
特别明确：上市公司对外担保必须经董事会或股东大会审议；上市
公司的《公司章程》应当明确股东大会、董事会审批对外担保的权
限及违反审批权限、审议程序的责任追究制度；应由股东大会审批
的对外担保，必须经董事会审议通过后，方可提交股东大会审批。
须经股东大会审批的对外担保，包括但不限于下列情形：（1）上市
公司及其控股子公司的对外担保总额，超过最近一期经审计净资产
50％以后提供的任何担保；（2）为资产负债率超过 70％的担保对
象提供的担保；（3）单笔担保额超过最近一期经审计净资产 10％
的担保；（4）对股东、实际控制人及其关联方提供的担保。股东大
会在审议为股东、实际控制人及其关联方提供的担保议案时，该股
东或受该实际控制人支配的股东，不得参与该项表决，该项表决由
出席股东大会的其他股东所持表决权的半数以上通过。应由董事会
审批的对外担保，必须经出席董事会的三分之二以上董事审议同意
并作出决议。上市公司董事会或股东大会审议批准的对外担保，必
须在中国证监会指定信息披露报刊上及时披露，披露的内容包括董
事会或股东大会决议、截至信息披露日上市公司及其控股子公司对
外担保总额、上市公司对控股子公司提供担保的总额。上市公司在
办理贷款担保业务时，应向银行业金融机构提交《公司章程》、有
关该担保事项董事会决议或股东大会决议原件、刊登该担保事项信
息的指定报刊等材料。从以上多项规定可以看出，目前关于上市公
司为他人担保或为其股东担保的规范要求，除了基本精神与新《公
司法》的相关规定一致外，结合上市公司的自身特点，实际作了更
加严格的规定。如设定了担保总额的限制、设定了单笔担保比例的
限制、设定了被担保对象的资产限制、设定了对外公示的要求等。

很显然，按照新《公司法》以及新的上市公司监管规则，公司为其股东提供担保问题已经得到基本规范与有效约束，并为司法裁处此类案件亦提供了较为明确的制度依据，类似本案一、二审之间的裁判冲突现象应可避免。

# 5. 揭穿公司面纱的司法理解

—— 中国长城资产管理公司南昌办事处与江西省冶金集团公司、萍乡铝厂借款合同纠纷案

案件索引：最高人民法院（2012）民再字第 1 号，2012 年 7 月 18 号裁定；（2009）年民申字第 1096 号，2011 年 9 月 23 号裁定；（2007）年民二终字第 24 号，2007 年 7 月 6 日判决。

---

## 基本案情

2006 年 6 月，中国长城资产管理公司南昌办事处（以下简称长城公司南昌办）向江西省高级人民法院提起诉讼，请求判令萍乡铝厂偿还贷款本金 1.25248 亿元、利息 1.772211 亿元，并请求江西省冶金集团公司（简称冶金集团）对上述债务承担连带清偿责任。

经审理查明：1987 年 7 月至 1998 年 12 月，中国工商银行萍乡市正大支行峡山口办事处（简称正大银行）与萍乡铝厂分别签订 23 份借款合同。合同签订后，正大银行先后向萍乡铝厂发放了 116 笔、金额为 1.80758 亿元的贷款，且均由江西冶金工业总公司（简称冶金总公司）提供担保。贷款到期后，萍乡铝厂没有履行还款义务。截至 2006 年 4 月，萍乡铝厂尚欠借款本息合计 3.024691 亿元。2001 年 4 月，正大银行向冶金集团发出 15 份《担保贷款催收函》，催收函除担保的合同号和债务数额不同外，其他内容一致。冶金集

团在该 15 份《担保贷款催收函》的保证单位处加盖单位公章和法定代表人阎某某私章。

2005 年 7 月，中国工商银行江西省分行与长城公司南昌办签订债权转让协议，将正大银行对萍乡铝厂享有的债权转让给长城公司南昌办，并于同年 9 月在《江西日报》上发布"债权转让暨债务催收联合公告"，要求保证人冶金集团公司承担所转让债权的相应担保责任。同年 11 月，冶金集团提出异议，认为公告中将冶金集团列为萍乡铝厂在正大银行的借款担保人错误，萍乡铝厂上述借款的担保人是冶金总公司，冶金集团与冶金总公司是不同的法人单位，不应承担任何责任。

另查明：1983 年 6 月，江西省人民政府决定成立江西省冶金工业公司，对外保留江西省冶金工业厅的建制，实行两块牌子，一套人马，由公司兼行政府部门与经济组织的双重职能。1985 年 3 月，江西冶金工业公司更名为冶金总公司，其主管部门为江西冶金工业厅，注册资金为 600 万元。1996 年 2 月，省政府批复同意冶金工业厅改组为江西省冶金国有资产经营公司（简称冶金国资公司）和冶金总公司，并授权冶金国资公司依据产权关系经营原冶金工业厅所属企业和部分事业单位的国有资产以及合资企业资产中原冶金工业厅所持有的国有股权，代管部分事业单位及其非经营性国有资产，而冶金总公司则暂时承担冶金工业厅的行政管理和行业管理的职能，并且冶金国资公司和冶金总公司实行"两块牌子，两套人马，两种职能"。同年 11 月，省政府授权冶金国资公司经营国有资产的通知载明：冶金总公司（经营部）、冶金总公司上海、广州、天津、沈阳、深圳分公司等六单位是冶金国资公司的全资企业。同年 12 月，冶金国资公司成立，法定代表人为阎某某，注册资金为 16.2658 亿元。

1998 年 7 月，江西省经济体制改革委员会又批复同意组建江西金世纪稀贵金属集团（简称稀贵金属集团）；稀贵金属集团是由冶金国资公司用公司的部分有色生产经营性骨干企业和部分综合性流通企业以及科研等相关企业组建的法人联合体。该批复所附"稀贵金属集团成员企业名单"为：江西冶金上海、广州、天津、沈阳、深圳公司等十单位是稀贵金属集团核心企业的全资或控股企业。

2000 年 5 月，省政府批转省体改委有关通知载明，省委、省政府决定将冶金国资公司、冶金总公司的行政和行业管理职能进行剥离，改组为集团公司。撤销冶金总公司，将原该公司承担的行政和行业管理职能移交省经贸委组建相应的行业管理办公室。

2001 年 1 月，省政府批复同意在冶金国资公司及所属企业的基础上组建冶金集团，冶金国资公司改组为冶金集团；集团母公司为冶金集团，萍乡铝厂为集团母公司所属全资或控股企业。同年 11 月，冶金集团注册成立，法定代表人为阎某某，注册资金 16.2658 亿元。

再审另查明：位于南昌市西湖区北京西路 118 号 5 栋建筑面积共计 8594.3 平方米的房产，系冶金集团从冶金总公司无偿过户而来。该房产登记载明，1997 年 6 月，房地产部门为冶金工业总公司核发了房产证，此后，该房产一直登记在该公司名下。冶金总公司撤销后，2005 年 9 月，该房产被登记在冶金集团名下，房地产部门为冶金集团核发了房产证。

## 判决与理由

江西省高级人民法院一审认为：本案借款合同、保证合同、债权转让合同均合法有效，本案主债务和保证债务亦均未超过诉讼时效，故萍乡铝厂应按借款合同约定偿还全部借款本息，冶金总公司应按保证合同约定承担保证责任。本案保证合同均是冶金总公司与原债权人签订，从省政府有关批复内容和工商登记情况看，冶金总公司与冶金集团公司及其前身冶金国资公司是两个都具有独立法人资格的主体，注册资金、人员、职能和经营范围均不同。此后，冶金总公司被省政府所属有关职能部门撤销，并无证据证明冶金总公司已合并至冶金国资公司之中。现有证据证明冶金集团是在冶金国资公司基础上改组设立的，与冶金总公司亦无承继关系。冶金集团在《担保贷款催收函》上加盖公章的行为，只能表明其收到了催收函，并不能以此推断其愿意承担冶金总公司所承担的保证责任。因此，长城公司南昌办诉请冶金集团承担本案债务的连带保证责任，缺乏事实和法律依据，应予驳回。据此判决：（一）萍乡铝厂于判决生效后10日内偿还长城公司南昌办借款本金1.25248亿元、利息1.772211亿元；（二）驳回长城公司南昌办要求冶金集团承担连带保证责任的诉讼请求。长城公司南昌办不服，提起上诉。最高人民法院二审判决：驳回上诉，维持原判。

长城公司南昌办不服，依法申请再审，并提供系列新证据（相关新证据在本案评析部分将具体阐述）。最高人民法院对该再审申请，经进一步审查后，认为冶金总公司与冶金集团之间存在人格与财产之混同，冶金集团应对原属于冶金总公司的担保责任概括承担，故裁定对本案进行再审。在本案再审审理过程中，长城公司南昌办以该办已与冶金集团达成和解协议，且已按和解协议履行完毕为由，提出撤回再审申请。据此，最高人民法院最终裁定：准许长城公司南昌办撤回再审申请，并终结本案审理。

# 评 析

本案形式上虽属于债务与担保纠纷，但司法处理的关键涉及中国传统计划经济体制下，由于政企不分而形成的通常所谓"两块牌子、一套人马"企业之间责任相互承担的问题。尽管中国旧公司法关于企业之间财产或人格混同等并未作出具体规定，但中国司法实践之中由此而揭穿公司面纱或所谓"否定公司人格"的案件却并不少见。在总结与借鉴国内外长期司法实践经验的基础上，中国新《公司法》第20条首次以成文法方式明确设立了揭穿公司面纱制度。① 司法实践中，对于揭穿公司面纱制度如何理解与把握，至今常认识不一，且争议不断，而本案各审裁判即为例证。

## 一、揭穿公司面纱制度的法律意义

所谓揭穿公司面纱，是一种形象的比喻说法，它是指揭开公司人格这一层面纱，找到公司背后的股东，并判令该股东为公司的债务承担无限连带责任的一种制度或司法处理方法。人们普遍知道，公司多为独立责任，作为有限责任性质的股东原本也均享受有限责任的保护，而所谓有限责任的真谛即在于股东仅以其出资为限承担责任，除此之外不再为公司承担任何责任。近现代公司正是靠着有限责任制度的这一精神魅力，靠着立法对有限责任的许诺，吸引着

① 中国《公司法》第20条规定："公司股东应当遵守法律、行政法规和公司章程，依法行使股东权利，不得滥用股东权利损害公司或者其他股东的利益；不得滥用公司法人独立地位和股东有限责任损害公司债权人的利益。/ 公司股东滥用股东权利给公司或者其他股东造成损失的，应当依法承担赔偿责任。/ 公司股东滥用公司法人独立地位和股东有限责任，逃避债务，严重损害公司债权人利益的，应当对公司债务承担连带责任。"

139

投资者前赴后继地投入到公司浪潮的搏击之中，推动着各类公司不断地更替诞生与发展，促进着世界各国公司的繁荣乃至人类文明的进步。

但是，在有限责任主要以其有利一面推动现实公司壮大发展的同时，自其诞生之日，人们即开始注意到其不利的一面，甚至当最早摒弃无限责任而拟采取有限责任为商业主体的责任模式时，人们还曾表达了强烈的不满。1885年英国出台第一部《有限责任法》，自此开始了该国公司有限责任的经营模式，但该部《有限责任法》也被人们同时称之为"无赖特许状"。的确，一些人利用所谓的有限责任保护，基于最终责任反正已经事先限定的心态，以小搏大，过度冒险，或利用公司实施欺诈、胡作非为，进而逃避债务等，这在当时就已经引发了不少的社会问题。但鉴于有限责任对于推动投资的主流价值，立法最终还是全面通过了有限责任法律。正是在既支持又反对、既神往又担忧的社会普遍心态下，司法对于有限责任的适用与把握，也采取了既肯定又否定、既认同又排斥的做法。而所谓揭穿公司面纱，正是司法为了排除有限责任制度弊端所作出的积极尝试与努力，代表了一种再自然不过的趋利避害的司法价值选择。有限责任可以用来鼓励投资，但绝不能用来作为逃废债务的手段，任何偏离有限责任正当价值的不当行为，均应予以纠正，而这也许就是揭穿公司面纱最为原始、最为真实、最为主要的法律价值与追求。

## 二、揭穿公司面纱的顺位方式

按照中国《公司法》第20条的字面理解与把握，其揭穿方向应是既定的，责任连带模式也是特定的，即通常所谓的揭穿公司面纱，显然只能要求股东为公司的债务承担连带责任。但现实之中，股东将其欺骗或对外合约获得的财产投入所谓的新设公司，新设公司成为其逃避债务的工具，以及关联公司之间人格与财产混同等情形下，可否考虑同样适用揭穿公司人格的面纱呢？总结中国长期以来的司法实践，由于股东与公司以及公司与公司之间存在的复杂关系，揭穿公司面纱事实上并非只有一种方向，即并非只是股东为公司债务连带负责，而是至少可有以下三种揭穿顺位与方向：

### 1. 顺向揭穿

所谓顺向揭穿，也即通常理解的揭穿公司面纱模式，即由股东为公司负责的连带责任模式。从揭穿方向而言，是由公司债务而起，并顺向撩开公司人格的面纱，且由股东为公司债务连带，因为这是最为典型的揭穿模式，更是法定揭穿模式，故人们将此称为顺向揭穿，含有正常揭穿之意。

### 2. 逆向揭穿

所谓逆向揭穿，实为非典型的揭穿公司顺位模式，其揭穿方向正好与顺位揭穿方向相反，即原本股东的负债却要由公司连带负责的揭穿方式。从揭穿方向而言，是由股东债务而起，并逆向撩开公司人格面纱，且是由公司为股东的债务而连带负责，因其揭穿顺位与正常揭穿顺位恰好相反，故人们习惯于将此称为逆向揭穿。就逆向揭穿而言，股东之所以会将其资产不当转移至公司名下，或以新设公司为掩护而逃避自身对外债务，其根本意图在于利用公司独立人格为掩护。其实，无论是顺向揭穿之下公司将其资产转移至股东名下，还是逆向揭穿之下股东将其资产转移至公司名下，实质上都是在利用有限责任制度下公司人格、财产及其责任与股东彼此独立的法律特性。因此，任何利用公司人格与财产独立尤其是责任独立而逃避自身债务的行为，实质都可被视为滥用股东有限责任的行为，均可以揭穿其公司人格的面纱。

### 3. 横向揭穿

所谓横向揭穿，主要是指关联公司之间彼此连带负责的情形，也即通常所谓的"两块或多块牌子、一套人马"公司或企业之间，由于彼此人格与财产混同，导致责任相互连带。这样的揭穿情形在中国司法实践中曾经常发生，司法对此并不陌生，本案二审裁判生效后之所以又被裁定再审，即为例证。对于横向揭穿，尽管人们并不陌生，相关案件的处理也似乎习以为常，但真要以揭穿公司面纱原理来衡量，所谓关联企业或公司之间其实并不相互持股，因而并不真实存在股东与公司之间的法律关系，表面看来所谓滥用股东有限责任或是公司法人独立地位，确实无从谈起。但是，被横向揭穿的企业之间，总是存在某种程度的关联，也许他们彼此为同一母公司控制，因而通过同一控制公司而实现两者人格尤其是财产的混同；也许两公司之间可能仅是由同一自然人担任法定代表人，而该法定代表人分别持有两公司主要甚至是控股股权，由此法定代表人作为连接点引发两公司人格与财产关联交易或财产利益不正当转移等；或是两公司以合同或情感等关系为纽带，相互非正常转移资产，彼此掩护，恶意逃避相关债务；或如本案由于政府政企不分、任意划转与调整而造成等。总之，彼此并不直接存在相互持股关系而又确实存在某种关联，且事实上彼此又互为一体，尤其是存在财产等非正常移转等情形之时，比照揭穿公司面纱制度进行处理，不仅为当代中国司法实践所现实采用，而且实质上也可以归于滥用公司法人独立地位，尤其是滥用有限责任的情形。

### 三、揭穿公司面纱的主要法律情形

就纯理论的角度而言，任一公司皆可能发生被揭穿公司面纱的情形。然而，各国公司案例的事实证明，发生于中、小公司之中的揭穿公司面纱，显然要绝对多于更大的公司。的确，在中、小公司形态中，诸如有限责任公司、封闭或私募公司、一人公司等基本可归于中、小形态的公司，它们更可能发生股东与公司人格及财产难以分离的状况，更容易暴露出有限责任制度所存在的价值缺陷。所以，揭穿公司面纱所应关注的重点，主要应是中、小公司被揭穿的问题。就揭穿公司面纱的具体情形而言，主要有以下三类：

### 1. 股东与公司违背分离原则的情形

正如人们所知，保持股东与公司之间人格与财产等相互分离且避免混同，乃股东有限责任最为核心的法律价值所在。因违背分离原则而揭穿公司面纱的情形，在各国审判实践中，皆占据突出地位；在所有揭穿公司面纱案例中，亦是发生最多、最为常见的情形。对此，又可分为人格混同与财产混同两大类。所谓人格混同，主要是指股东人格与公司人格一体化，致使股东人格与公司人格难以分辨。如股东作为公司主要管理者的情形，他既可凭借股东身份亦可凭借主要管理者身份控制公司，致使股东的意志与公司的意志真假难辨，而公司的经营决策究竟是为了股东私利还是为了公司的利益亦很难分清。再如股东业务与公司业务的一体化，两者互为代理，互为关联交易，而且经常是公司作为股东业务的遮掩体，致使第三者看来，究竟是与股东在交易，还是在和公司打交道，几乎是等同之事。所谓财产混同，则是指股东财产与公司财产一体化，致使股东的财产与公司的财产难以分辨。如股东账目与公司账目混同，致使股东的交易与公司的交易难以分辨，股东的盈亏与公司的盈亏互为混杂，而股东的费用与公司的费用互为摊销。再如公司干脆不设置会计账目，致使公司所有资产与股东资产难分你我，彼此资产几乎互为所有、互为所用、甚至互为处置。至于更为具体的情形，诸如股东的居所与公司的办公场所互为一体，股东的办公用品如电脑之类甚至亦与公司混同使用，而股东个人甚至家庭日常生活的琐碎开销亦都被列入公司的摊销费用之中。凡此种种，在任何第三方看来，公司的资产即为股东的资产，而股东的资产亦可谓公司的资产，无论是与股东交易，还是与公司进行交易，所有这些被混同的资产皆可视为他人债权的有效担保。

### 2. 打击公司违法经营的情形

这主要是考虑打击利用公司为工具、为手段进行欺诈等情形。在现实社会经济活动中，很多股东正是凭借着有限责任的保护，影响公司去从事违法经营，或者通过公司欺骗以及不正当地掠夺社会财富。在股东影响或通过公司实施违法而有害于社会的不正当经营过程中，甚至找不出任何股东人格或财产与公司相混同的证据。之所以股东敢利用公司违法经营而损害债权人利益，根源皆在于有限责任制度对股东不分好坏地庇护，所谓有限责任的法律保护，完全可能成为某些非法投资股东用来损害社会而又逃避制裁的法律屏障。因此，当公司构成违法经营，除了必要的经济与行政制裁，或对所谓的管理责任人进行必要的追究外，也有必要进一步地考虑适用揭穿公司面纱，判令相关责任股东对于公司违法行为造成的债权人损失承担完全的个人责任，而不是简单的以解散或清算公司了事，甚至不了了之。

### 3. 维护特殊主体利益需要的情形

股东有限责任在带给现代公司繁荣昌盛的局面背后，也给特殊群体带来了不利，如公司雇员以及受公司侵权的债权人等，便是这些受到不利影响的特殊主体，当法律只有通过揭穿公司面纱才能获得应有公平之时，适用揭穿公司面纱便是明智之举。

## 四、揭穿公司面纱的一般法律条件

为了进一步了解揭穿公司面纱制度，在此探讨揭穿公司面纱一般法律条件或其运作模式是十分必要的。以下便围绕责任人、追究人、责任形式以及责任顺位作进一步的分析。

### 1. 责任人

揭穿公司面纱实质是一种归责方式，承担这一责任的主体，尽管主要应为公司股东,但如上所述,公司为股东或关联企业彼此之间也均有可能成为揭穿公司面纱适用下的责任主体。而且,即便所谓公司股东为公司债务负责,亦并非一定得针对特定公司的所有股东,即并非任一揭穿公司面纱均意味着要该公司所有股东均应连带为公司债务负责。如因违法经营或因违背股东与公司分离原则而被揭穿公司面纱的场合,则显然是就负有特定责任的股东而言,那些并不负有责任的同一公司其余股东,他们依然应当受到有限责任的法律保护。当然,将一公司的所有股东皆排除有限责任的保护亦未尝不可。

2. 追究人

正如人们所共识,揭穿公司面纱的直接目的无疑是为了保护公司债权人利益,因而公司任一债权人皆可依照成文法律或者案例法律,请求揭穿公司面纱。但如保护雇员利益的法令,便是明确只赋予雇员这一类特殊债权人,可以享有排除公司有限责任适用的请求权利。除了公司一般债权人以及特殊债权人,尤其是由侵权而引发的债权人外,其他无责任的股东以及公司自身,是否可以享有揭穿公司面纱的请求权,亦值得探讨。例如,某一或某些股东违背股东与公司人格与财产分离原则以及违法经营,不仅可能损害其他未实施这些行为的股东利益,而且更可能直接损害公司自身的利益,因此,公司此时应当可以对损害其人格独立与资产完整的股东享有自我揭穿面纱的请求权。当然,这种所谓自我揭穿,究竟应怎样具体行使,是让其他股东代位诉讼,还是让政府机构(如税务机关)代为追偿,这确是一个棘手的问题。

3. 责任形式

通常情形下,凡是负有个人责任而被适用揭穿面纱的股东,应当与其公司互负无限连带的责任,他们对于债权人之所有请求额均负有不可推卸的个人责任。对于这一点，中国新《公司法》第 20 条实际已就连带责任形式作了明确表述与规定。但事实上，针对不同的揭穿公司面纱情形，也许可以设置不同的责任形式。如美国纽约州有关保护雇员之法令，当公司不能支付雇员工资时，只有特定的股东才承担特定的责任，而美国威斯康星州法令的做法，则是采取双重有限责任的方式，即不管怎样，股东最多仅承担其出资额的双倍责任。所以说，有关责任人被揭穿面纱后究竟应在怎样的幅度内承担个人责任，这并不是一成不变的，尽管一般为无限责任，但也可以是特定资产范围内的责任，或可针对特定情形进一步设定特别的比例责任等。

4. 主客观要件

就主观要件而言，依据新《公司法》第 20 条关于"逃避债务"字眼的表述，无疑应认定被揭穿公司面纱公司与连带责任股东之间存在主观故意，甚至是逃废债务的恶意。这种故意还可能是属于债务人（公司或股东）与连带责任人之间串通的性质，这种串通也许是以股东与公司共同行为完成，也许是以控制股东的控制行为一体化替代完成，或是通过母公司或关联控制人统一控制意思表示而完成等。就客观要件而言，实质是债权人利益甚至公司或其他股东利益受到损害。这种合法利益也许表现为到期债权未获偿还，也许表现为受侵权损害而未获赔偿，或是特殊雇员利益如基本薪酬等未获支付等。

5. 责任顺位

就满足公司债权人的请求而言，现代公司法所普遍采取的原则，皆是要求公司债权人必须先诉公司，并且只有在获得针对公司的胜诉判决以及不能实现执行的前提下，才可追究公司背后的股东，即普遍认为拟被揭穿公司面纱的股东可以享有先诉利益的抗辩权。揭穿公司面纱制度，是否原则上也应如此处理？从中国新《公司法》第 20 条关于存在滥用责任的股东应为公司债务承担连带责任的规定精神来把握，以及中国长期以来的相关司法实践惯例来看，实际上债权人完全可以在起诉公司的同时，或者在无法起诉公司的情形下，连带或直接地向责任股东发起揭穿公司面纱之诉。也就是说，根据中国公司法的规定以及司法实践的一贯做法，在揭穿公司面纱之诉情形下，被诉求承担连带责任之人并不享有所谓的先诉利益抗辩权。

## 五、本案"两块牌子、一套人马"企业之间人格与财产混同的司法认定

在中国计划经济时代，政企不分是正常的现象，随着改革与开放，政企分离成为必然要求，但在此分离过程之中，政企之间、母子公司之间、关联企业之间，人格与财产混同现象十分常见。而如今，在一些中、小型公司之中，投资者、股东与公司之间人格与财产混同现象则更是难以避免，现实之中所谓"两块牌子、一套人马"或"多块牌子、一套人马"现象也时常发生。有时多个企业法定代表人为同一人，以至于多个企业之间意思表示经常混同；有时多个关联企业之间有形或无形资产相互混用，不分彼此，资金往来更是你我不分；有时股东与公司之间财务往来、相互借贷、资产处置难分难解、不分彼此；甚至有的公司干脆无账可查，公司对外交易获得资金去向不明，但对外负债却非正常地难以偿还。凡此种种，政企之间、母子公司之间、关联企业之间、股东与公司之间等，存在难以说清的各种混同，以至于司法不得不动用揭穿公司面纱制度，通过类似混同者之间彼此责任连带的司法处理，还公司债权人以公道。

本案之中，与探讨主题有关的焦点问题是，原审判决认定冶金工业厅与冶金总公司不为同一主体是否正确，即本案是否存在原书面保证人冶金总公司与冶金工业厅人格与财产等混同现象，因此原

本应由冶金总公司承担的保证责任，应由通过混同而获得有效资产的冶金工业厅乃至由其演变延续而来的本案被告冶金集团替代承担。对此，经进一步再审审查查明，冶金总公司与冶金工业厅之间显然存在设立混同、意思表示混同、财产混同等多方面混同现象，可谓中国特定时期政企不分的典型代表。原审判认定冶金工业厅与冶金总公司不为同一主体，显然不妥，因此本案被裁定再审。具体可从以下方面判断：

1. 两公司设立混同

从江西省政府相关文件内容来看，冶金工业厅与冶金总公司实为同一主体。一是根据江西省政府《关于成立冶金工业公司的通知》内容，由冶金工业公司兼行政府部门与经济组织的双重职能，但对外保留省冶金工业厅的建制，实行两块牌子，一套人马。这说明冶金工业公司在成立时就与冶金工业厅为同一主体。二是省政府省府字（1990）72 号《关于冶金总公司按企业调资的批复》（新证据一）中明确"经研究，同意确定省冶金工业企业为企业性质公司，并按企业性质调整工资"，"暂时保留'冶金工业厅'牌子"，这说明冶金工业厅与冶金总公司并存，并明确冶金工业厅只是暂时保留牌子。三是省冶金工业志记载（新证据二），1990 年冶金总公司和冶金工业厅的人员委任、组织机构、直辖企事业单位、工业厅党组与总公司党委组织机构等完全一致，更加进一步明确两者之间的混同。

2. 两公司意思表示混同

从两者所发文件实际作用来看，冶金工业厅与冶金总公司也为同一主体。一是同一文件可任命担任两者之间的不同职务，如冶金总公司赣冶人发（1990）259 号《关于尹某某等同志任职的通知》（新证据四），是以冶金总公司的名义发文的，既任命了相关人员担任该公司的职务，同时，又任命担任冶金工业厅的职务。这说明两者之间使用公文具有同一性。另有证据表明，对于冶金总公司与冶金工业厅的人员职务任免两者均有决定权，且两者有时发文还套用相同的行文编号，而行为乃主体意思表示的具体表现方式，两者常常是不分彼此。

3. 两公司财产混同

从相关企业财产的归属来看，冶金工业厅与冶金总公司亦为同一主体。表面上看，冶金国资公司被授权经营的财产是来自冶金工业厅的，但在1983年冶金总公司成立以后，冶金工业厅实际只保留其牌子，冶金工业厅当时实际上并没有财产，要从冶金工业厅接受财产，只可能是冶金总公司与冶金工业厅混为一体的财产，如此才能作出合理的解释。同时，江西省政府省府字（1996）117号《关于授权省国有资产经营公司经营国有资产的通知》所附"冶金国资公司授权范围内企业资产情况表"（新证据三）亦证明，冶金国资公司的下属单位与冶金总公司原来下属的单位完全相同，而江西省政府省府字（1996）117号文却认为这些下属单位是冶金工业厅的，这又说明冶金总公司与冶金工业厅的直属单位也相同，进一步证实了两者财产的重合。更何况经再审进一步查明，原冶金总公司名下的一栋建筑面积共计8594.3平方米的房产，于2005年9月被无偿划转至冶金集团名下。如此巨额财产的无偿划拨与转移，更进一步说明冶金总公司与冶金集团之间财产的混同。很显然，冶金总公司不能一方面对外进行巨额债务担保，另一方面却又无偿将巨额财产划转给冶金集团，留下一副空壳抵挡其对外责任，冶金集团无疑难逃责任追究。此等情形下，对两者之间进行横向揭穿，实行责任一体化，应属回归正义，并无不妥。据此，原一、二审裁判错误，应予再审。当然，本案进入再审审理阶段后，为满足双方当事人和解愿望，最终采取终结再审审理的做法，社会效果实际更好！

# 股东出资责任纠纷

# 6. 公司追究股东补足出资诉讼意愿的司法判断

—— 大拇指环保科技集团（福建）有限公司与中华环保科技集团有限公司股东出资纠纷案

案件索引：最高人民法院（2014）民四终字第20号，2014年6月11日裁定；福建省高级人民法院（2013）闽民初字第43号，2013年12月18日判决。

---

## 基本案情

原告大拇指环保科技集团（福建）有限公司（简称大拇指公司）系由注册于新加坡的被告中华环保科技集团有限公司（SINO-ENVIRONMENT TECHNOLOGY GROUP LIMITED）（简称环保科技公司）在中国设立的外商独资企业，2012年4月向法院起诉，请求判令该唯一股东环保科技公司向其履行股东出资义务，缴付增资款4500万元。

经审理查明：大拇指公司于2004年经福建省人民政府批准，取得了《中华人民共和国外商投资企业批准证书》，企业类型为外国法人独资的有限责任公司。该公司自成立始，公司的名称、住所、法定代表人、股东名称、投资总额与注册资本等进行了数次变更。2005年9月起至今，该公司股东为环保科技公司。2012年12月18日，大拇指公司的法定代表人变更登记为洪臻。

2008 年 6 月 30 日，福建省对外贸易经济合作厅作出《关于大拇指环保科技集团（福建）有限公司增加投资的批复》，同意大拇指公司投资总额由 2.3 亿元增至 5 亿元，注册资本由 1.3 亿元增至 3.8 亿元，增资部分应按公司修订章程规定的期限到资，并核准了大拇指公司就上述变更事项签订的《补充章程》。《补充章程》就增资款及缴纳时间载明：增资部分全部由环保科技公司以等值外汇现金投入，首期缴付不低于 20％的新增注册资本，余额在变更营业执照签发之日起两年内缴清。

2008 年 7 月、2009 年 5 月，环保科技公司先后两次向大拇指公司缴纳了首期增资款，使大拇指公司实收注册资本增至 185,221,300 元。2010 年 8 月，大拇指公司曾向福州市中级人民法院（简称福州中院）提起另案诉讼，请求判令环保科技公司先行支付增资款 4900 万元，获得法院支持并得到执行。由此大拇指公司的实收资本变更为 234,616,431.4 元。但至 2013 年 7 月，按 3.8 亿元注册资本的要求，环保科技公司对大拇指公司仍有 145,383,568.6 元的出资款未到位。

该院另查明：环保科技公司于 2001 年在新加坡注册成立，公司类别为有限股份上市公司。2010 年 6 月 4 日，新加坡高等法院作出法庭命令，裁定环保科技公司进入司法管理程序。2012 年 3 月 1 日，新加坡高等法院又作出法庭命令，裁定将 2010 年 6 月 4 日作出的司法管理命令延期至 2012 年 5 月 2 日，并委任 Hamish Alexander Christie 自本命令之日起担任环保科技公司的司法管理人，其中包含了继续进行由前司法管理人在原诉传票中提起的任何诉讼或法律程序等。

2012 年 5 月，环保科技公司向福州中院起诉大拇指公司、田垣、陈斌和潘成土与公司有关的另案纠纷。该另案经法院判决：一是确认环保科技公司于 2012 年 3 月 30 日作出的《书面决议》和《任免书》

有效；二是大拇指公司应于判决生效之日起 10 日内办理法定代表人、董事长、董事的变更登记和备案手续，将大拇指公司的法定代表人、董事长变更为保国武（Cosimo Borrelli），董事变更为保国武、徐丽雯、宋宽等。此后，环保科技公司还就大拇指公司法定代表人不当变更、申请减资等提起与本案相关的诉讼，而保国武也以大拇指公司新任法定代表人的名义申请撤诉本案。

## 判决与理由

福建省高级人民法院一审认为：本院对本案有管辖权，且关于环保科技公司的民事权利能力及民事行为能力事项，应适用新加坡法律；而基于大拇指公司系在中国注册的外商独资企业，故对大拇指公司行使包含出资在内的相关权利义务应适用中国法律。在适用中国法律的前提下，工商登记的信息具有公示公信的效力，认定大拇指公司的法定代表人仍应以工商登记为准，在无证据证明保国武被登记为大拇指公司的法定代表人前，其代表大拇指公司作出撤诉的意思表示不具有法律效力，故不予认可。大拇指公司提起诉讼的目的在于请求其唯一股东履行增资所确定的出资义务，环保科技公司不予主动履行，反而向有关部门提出减资申请，以抵销大拇指公司的请求，环保科技公司与大拇指公司显然存在利益冲突。大拇指公司于 2008 年经报外商投资企业审批机关福建省对外贸易经济合作厅批准增资，增资的程序合法有效，环保科技公司应遵守中国法律按时、足额履行对大拇指公司的出资义务。根据查明的事实，环保科技公司对大拇指公司尚有 145,383,568.6 元的出资款未到位。环保科技公司未履行股东足额缴纳出资的法定义务，侵害了大拇指公司的法人财产权，大拇指公司有权要求环保科技公司履行出资义务，补足出资。就环保科技公司出资不足金额，大拇指公司在本案中仅主张环保科技公司缴纳4500万元，并不违反法律规定，应予支持。综上判决：环保科技公司应于判决生效之日起10日内向大拇指公司缴纳出资款4500万元。

环保科技公司不服，提起上诉。主要理由是：保国武为大拇指公司合法的现任董事长。大拇指公司的起诉状和授权委托书是无权人员盗用公司公章而为，未经合法的法定代表人同意，不能代表大拇指公司的真实意思，起诉无效。保国武签署的撤诉申请是大拇指公司的真实意思，应予准许。

大拇指公司答辩称：一、工商登记载明的大拇指公司法定代表人洪臻有权代表大拇指公司提起本案诉讼。按照中国现行法律规定，大拇指公司新任的法定代表人须经合法登记后，方可行使法定代表人职权。环保科技公司司法管理人任命的所谓法定代表人保国武未依法进行变更登记，故不能行使法定代表人职权，亦无权申请撤诉。二、大拇指公司在环保科技公司前次出资之后，根据经营需要与公司章程，再行要求环保科技公司履行出资义务，不违反法律规定。三、环保科技公司的减资申请应履行相应的核准程序，在未获得核准前，环保科技公司仍应履行其法定的出资义务。

最高人民法院二审认为：本案为涉外股东出资纠纷。大拇指公司是环保科技公司在中国境内设立的外商独资企业，属于一人公司，其内部组织机构包括董事和法定代表人的任免权均由其唯一股东环保科技公司享有。环保科技公司进入司法管理程序后，司法管理人作出了变更大拇指公司董事及法定代表人的任免决议。根据新加坡公司法227G的相关规定，在司法管理期间，公司董事基于公司法及公司章程而获得的权力及职责均由司法管理人行使及履行。因此，本案中应当对环保科技公司的司法管理人作出的上述决议予以认可。根据《中华人民共和国公司法》第 47 条第 2 项的规定，公司董事会作为股东会的执行机关，有义务执行股东会或公司唯一股东的决议。大拇指公司董事会应当根据其唯一股东环保科技公司的决议，办理董事及法定代表人的变更登记。由于大拇指公司董事会未执行股东决议，造成了工商登记的法定代表人与股东任命的法定代表人不一致的情形，进而引发了争议。《中华人民共和国公司法》第 13 条规定，公司法定代表人变更应当办理变更登记。该规定之意义在于向社会公示公司意志代表权的基本状态。工商登记的法定代表人对外具有公示效力，如果涉及公司以外的第三人因公司代表权而产生的外部争议，应以工商登记为准。而对于公司与股东之间因法定代表人任免产生的内部争议，则应以有效的股东会任免决议为准，并在公司内部产生法定代表人变更的法律效果。因此，环保科技公司作为大拇指公司的唯一股东，其作出的任命大拇指公司法定代表人的决议对大拇指公司具有拘束力。本案起诉时，环保科技公司已经对大拇指公司的法定代表人进行了更换，其新任命的大拇指公司法定代表人明确表示反对大拇指公司提起本案诉讼。因此，本案起诉不能代表大拇指公司的真实意思，应予驳回。综上裁定：撤销原判，驳回大拇指公司的起诉。

## 评　析

　　本案最高法院二审开庭时，邀请数十位驻华大使旁听，曾一度引发社会广泛关注。本案的性质仅为普通出资纠纷，但是却涉及外商独资企业投资者的利益保护，同时还涉及公司意思表示的司法认定与判断问题，而这又与外商独资企业董事任免制度以及法定代表人对内对外任免效力等密切相关。股东出资责任该如何看待？公司意思的认定依据是什么？公司法定代表人的变更效力又该如何内外加以区分？

## 一、股东出资的法定义务

就本案涉及的出资纠纷性质而言，必须明确，出资乃股东最为基本的法律义务，而公司则常常是最为主要的主张追究股东出资责任的主体。本案即属于公司起诉股东追究出资责任的诉讼。必须指出，在中国改革开放后的很长一段时期，内外资企业所采取的资本制度存在很大的差别，其中最明显的就是外资企业的注册资本可以不在公司设立时一次缴清，而是可以分期缴纳，本案原被告就曾因为分期缴纳制度而引发了对不同缴纳到期资本的追索纠纷。但在《公司法》经历 2005 年尤其是 2013 年修订后，中国内外资企业的资本制度基本趋同，关于股东出资的方式更加灵活多样，关于股东出资的义务更加宽松，关于出资时间的要求也得以完全放宽，由此也更加符合现代市场经济下各投资种类的安排与需求。但不管资本制度如何宽松，出资依然是股东最为基本的义务，而且这种义务既是一种约定义务，更是一种法定义务。发起人通过签署发起人协议成为公司股东，其应当按照协议中约定的出资比例、种类与价额履行出资义务。而公司章程是具有内部约束力的自治规则，是股东意思自治的集中体现，出资条款又为公司章程必备条款，无论股东之间作何种约定，均必须在章程中明确股东出资义务。同时，出资更是《公司法》规定股东必须承担的法定义务，股东出资不实被视为对其法定义务的违反。很显然，对于股东出资义务的违反，可以存在不同的衡量标准。如依《公司法》衡量、依公司章程衡量、依发起人协议衡量，甚至依股东之间的默认或公司的默认进行衡量等。而根据不同的出资形式，如货币、实物、土地使用权、知识产权、债权、股权等，其出资到位与否的衡量标准也不尽相同。但本案环保科技公司作为唯一股东，未按获得批准的公司章程履行其到期的增资义务，仅从这一标准来衡量，显然违背了其出资义务，大拇指公司对于该唯一股东当然有权依法追究其出资责任，对此毋庸置疑。本案大拇指公司的诉权显然存在。

## 二、公司对外意思表示的认定依据

公司独立意思的存在或完整与否，是衡量公司独立人格的重要标准。司法实践中，判断是否为公司的意思表示，究竟应当以何标准来认定？是以盖有公章，还是法定代表人的签字，或是股东会甚至董事会的决议？法院面对公司发起的诉讼是否出于公司真实意思表示的争议，是以形式审查为准还是以实质审查为要求？这同样是本案司法裁决的关键所在。

应当说，公司的意思表示虽与自然人有所不同，但却是以自然人的意思表示为基础的。公司对外意思表示多为以下三种模式：一是公司法定代表人的签名。法定代表人作为公司的代表人，代表公司从事经济活动。并且法定代表人签字与一般公司代理人不同，因其代表人身份系法律规定授予，故法定代表人签订合同或为一定行为时，可以无需公司另行授权。二是公司印章的使用。公司缔约行为意思表示最通常的方式是加盖公司印章。公司印章在公司对外意思表示活动中几乎是必备的，尤其是公司重大的对外意思表示，如出资证明、股票或票据的签发、对外缔约行为、涉诉参诉，以及对外承担其他重大民事义务或责任行为等。如此是否凡出现公司印章的对外行为均可被认定为公司的意思表示呢？应当认为，公司印章并不是公司意思表示的必备要素，但却是公司意思表示的初步证明。因为，除了公司印章之外，公司法定代表人的签字也是能够代表公司意思表示的要素之一，公司印章在认定公司意思表示存在与否这个问题上，并不具有排他性，更何况还可能存在公司印章被私刻盗用或者滥用等情形，因此公司印章的使用是否当然代表公司意思表示显然不具有绝对证明的效力，即并非最终结论性证据。三是股东会及董事会的决议。公司法规定，公司的基本组织机构是股东会、董事会、经理和监事会。公司机关是公司意思形成与表达的机构，是公司治理的中心，公司的意思实质来源于公司的意思机关，公司治理水平取决于公司机关的效率与效能。公司内部组织机构的决议属于公司意思表示的形成阶段，会议制度规定了严格的程序要求，以确保公司意思的形成不会被个别人偏见所左右，不会脱离股东设立公司的终极目标，不会违反公司的根本利益等。但是，公司内部的决议原则上并不能对外当然发生法律效力，更不能当然视作公司的意思表示，除非经过对外正当有效的意思表示程序。

就本案而言，大拇指公司的起诉，形式上盖有大拇指公司的公章，且有依然登记在册的法定代表人洪某签署认可，因而法院受理本案并无不当。问题是，本案原告乃一人公司，其唯一股东在本案诉前已经对大拇指公司法定代表人及其董事等作出了有效更换决议，只是因为被免除职务的洪某等人拒不依法办理相关变更手续，致使大拇指公司形式上同时出现双重法定代表人现象，且形式上判断均为合法代表人，由此所谓的双重代表人又进一步衍生出起诉与撤诉两种完全对立的对外公司意思表示。此等情形下，司法如采取不同标准、不同态度进行取舍，将使案件的处理结果大相径庭。本案一、二审法院的裁判结果即因此而完全相反。

## 三、法定代表人任免职时间节点及其内外效力的把握

尽管中国公司法相关制度，规定了公司法定代表人任职生效方式，但对于任免职具体时间节点仍会产生争议，尤其是法定代表人

免职生效时间节点的把握，更会产生争议。本案即实际涉及这一敏感问题。就法定代表人任职时间节点而言，一般随公司登记成立，公司法定代表人也即同时任职生效，故关于法定代表人任职时间节点并无争议的必要。但是，正因为中国公司法关于法定代表人任职须经工商登记的要求，且对于法定代表人免职生效又并未作出具体明确规定，因此现实之中，由于担任法定代表人的董事长或执行董事被免职、死亡、辞职等而新任命公司法定代表人时，因内部任命与外部登记必然存在一个时间差，必然有一个过程，必然有一个法定代表人衔接时期，在此衔接期间，如何认定公司法定代表人身份及其行为？应由谁来代表公司并主持公司内外事务？是被免职者依然可代表公司，还是只能有新获任职者才能代表公司？对此，可从以下方面把握：

1. 对内效力

所谓对内效力，即公司法定代表人任免对公司内部所产生的效力。对此，无疑应以任免决定内部生效日为准。而所谓内部生效日，实际是公司内部关于法定代表人任免决定作出并生效之日。而所谓任免决定生效日，具体把握起来又可能面临多种选择。既可以是任免之日，如果没有特别注明任职生效之日或免职生效之日的话；也可以是指定到任日或指定离任日；还可以是辞职日，甚至辞职获准之日（一般认为无须批准），或辞职声明特定之日；当然，在无相应继任者被任命时，法定代表人尚不得真正离职，其离职生效之日还须以继任者获准任命甚至到任之日为准。但不管怎样，就公司内部而言，一旦任命新法定代表人且明确生效时，则原法定代表人职责即刻免除。也就是说，法定代表人职务任免随公司内部生效而即刻生效。

2. 对外效力

所谓对外效力，即法定代表人任免职务对公司外部发生的效力，即对与公司进行交易的第三方主体的影响力。很显然，原则上应当以工商登记为准。这是中国公司法律制度对公司法定代表人要求进行登记的必然结果。按中国公司法律制度规定，公司法定代表人应当记载于公司章程之中，法定代表人的变更，不仅应当修改公司章程，应当按章程修改程序经三分之二多数通过，而且需要进行工商登记变更备案。因此，就与公司进行交易的第三人而言，究竟谁为公司法定代表人，谁才可以代表公司实施代表行为，无疑可依公司登记对外公示资料为准。正是从这一角度而言，公司法定代表人的任免要想产生对外效力，就必须进行必要的变更登记，否则并不能对外产生相关效力，即便公司法定代表人已经事实上在内部发生了变动，甚至原法定代表人离职公司已经很长。因此，为防止法定代表人变动所可能引发的法律风险，公司必须在尽可能短的时间内完成法定代表人外部变更登记，任何公司法定代表人内外衔接时间过长的做法，实际均可能将公司置于不利的境地。

3. 例外情形

尽管原则上，公司法定代表人任免职务对内随决定生效而生效，对外随变更登记而发生公示效力，但是，也并非没有例外，尤其是对外效力。如外部明知法定代表人已被免职之人，仍接受该被免职法定代表人的代表行为，且又损害被代表公司的利益时，该第三人则应属于非善意第三人，对其交易显然不应予以保护。当法定代表人已被免职但仍未变更登记时，此时亦可理解为，这样的法定代表人实质上并无代表公司的权力，或者相关外部知情人也可按公司内部人员对待，法定代表人内部免职生效日即为其不得代表实施外部行为日，此时不应给外部知情人任何利用衔接空档期谋求不当利益的机会。比照中国《合同法》第50条关于法定代表人无权代表公司或越权代表公司的交易行为处理方式的规定："法人或者其他组织的法定代表人、负责人超越权限订立的合同，除相对人知道或者应当知道其超越权限的以外，该代表行为有效。"也就是说，尽管一般可以有效，但知道或应当知道法定代表人职务已被免除还仍然接受该被免职代表人的代表行为时，则并不受法律保护。

## 四、法院审查是否为公司意思表示的原则与例外

中国法院由立案庭受理案件的法官接收诉状，进行形式审查与释明，其他实体问题的裁判处理，则分别由立案庭或者其他审判庭的法官决定。因此，对于诉状中所表现出的公司意思的审查，原则上应当只是形式审查。基于前文的分析，公司印章以及公司法定代表人签字均是公司意思表示的初步证据，在起诉材料中只要有公司印章或者公司法定代表人签字，对人民法院而言，均可以推定为公司作出了发起诉讼的意思表示。尽管如此，但当公司内部就诉讼与否发生争议，而且提交法院作为抗辩之时，法院依然坚持所谓的形式审查，不对诉讼是否为公司的真实意思进行实质审查，显然不妥。

现实之中，由于公司法定代表人或实际控制人变更而引发的公司对外意思表示冲突或所谓诉讼意愿冲突的现象，并不少见，此等情形下，法院依然采取单纯的形式审查原则显然不妥。如本案一审法院，在明显获知原告原法定代表人洪某已被合法免除职务情形下，依然接受该被免除职务的法定代表人代表公司提起诉讼的意思表示，显然让人难以服判。本案一审与二审法院实际均注意到原告公司意思表示发生冲突的现象，均注意到所谓的双重法定代表人现象，也均支持并认同法定代表人可对外代表公司为意思表示的规定及理念。但两级法院审判观念的差别在于，一审法院将法定代表人的任职效力内外一体化看待与处理，即法定代表人任职与免职效力均以登记为准；而二审法院则将法定代表人的任免职效力加以内外区分，即从公司内部或所谓从公司自身看，法定代表人任免职务应当从公司

作出有效任免决议及宣布时即刻有效，但对外部或公司以外的第三人而言，则因有法定代表人登记备案制度的存在，故原则上应以公示变更日期为准发生变更效力。根据之前的分析与介绍，二审法院的理念与主张显然更为正确。

结合本案事实，既然保国武已经被大拇指公司有效决议任命为董事长，而董事长又为公司法定代表人，则保国武签署的撤诉申请相较于已被免除法定代表人职务的洪某所签署的起诉申请，显然更应被认为是大拇指公司的真实意思，更应获得司法的尊重与认同。尤其是，在本案原告身为一人公司的情形下，一人股东对于公司的控制权无疑应得到维护与保障，一人股东对于公司包括法定代表人等管理人员的任免权力无疑更应获得尊重与认可。即如此，在一人股东已经不再愿意追加资本且已经申请减资情形下，在无任何公司债权人事实提出异议情形下，在已经依法为公司任命新的法定代表人情形下，已经被免除职务的原法定代表人等管理团队依然代表公司发起诉讼，强求该唯一股东补足增资，实在令人匪夷所思。对此诉讼依法予以驳回，显然更加符合公平正义的司法要求，显然更能为社会广大投资者所支持。

# 7. 股东向公司主张返还其投资款项

—— 浙江中广美联实业有限公司与盱眙海通置业有限公司合资合作开发房地产合同纠纷案

案件索引：最高人民法院（2014）民申字第772号，2014年7月18日裁定；最高人民法院（2013）民一终字第123号，2013年10月31日判决；江苏省高级人民法院（2011）苏民初字第0005号，2013年5月7日判决。

## 基本案情

浙江中广美联实业有限公司（简称中广公司）提起诉讼，请求：（一）判令解除其与盱眙海通置业有限公司（简称海通公司）合资开发房地产合同关系；（二）判令海通公司退还出资款12,352,500元；（三）判令海通公司给付出资收益198,721,500元。

经审理查明：2006年10月18日，海通控股集团有限公司（简称海通控股公司）与陈继梅共同设立海通公司，注册资本2000万元，海通控股公司出资1800万元，占股90%，陈继梅出资200万元，占股10%，法定代表人为王慧俊。

2006年11月20日，王慧俊代表海通公司（甲方）与中广公司（乙方）签订协议一份（简称《协议书》），主要内容为：一、甲方同意将拥有的盱眙收费站东南侧约305亩商住用地按每亩27万元价格转让给乙方 15％的股权，总价格 12,352,500 元；二、乙方自协议签订三日内付给甲方保证金 800 万元，十五日内付清余款，乙方在付款日到期后五日内仍不能按期付款，本合同自动作废，甲方不退还保证金。第二次付款后三日内对甲方公司增资扩股并修改相关章程，待土地证到位后三日内甲乙双方根据土地部门所颁土地证中亩数统一结清土地款。三、甲乙双方土地按每亩 35 万元价格计算收益，即按每亩 35 万元计算成本等。

《协议书》签订当日即 2006 年 11 月 20 日，王慧俊以海通公司名义出具收据一份，载明：今收到中广公司投资海通公司投资款 800 万元。2007 年 8 月 8 日，王慧俊在上述收据中注明：前期投资款付清。

2007 年 1 月 31 日，海通公司与盱眙县国土资源局签订《成交确认书》，确认海通公司以每平方米 773.36 元，总价 1.536 亿元的价格竞得编号为 XG0630 的国有土地使用权。2007 年 11 月 8 日，海通公司取得上述地块的土地使用权证书。

2007 年 11 月 15 日，海通控股公司、中广公司、邓宏波、陈继梅共同签订协议（简称《四方协议》），约定：一、海通公司注册资金 2000 万元，原股东海通控股公司出资 1800 万元，占股 90％，陈继梅出资 200 万元，占股 10％，经全体股东一致同意变更为：海通控股公司出资 1530 万元，占股 76.5％，中广公司出资 300 万元，占股 15％，邓宏波出资 140 万元，占股 7％，陈继梅出资 30 万元，占股 1.5％。二、中广公司出资 1235 万元、邓宏波出资 700 万元仅为土地出让款（含拆迁费用），其他所有支出两股东按股份比例出资，如不按股份比例出资，差额部分从各自股份中扣除，即相应降低股份比例。三、为保持公平、公正的原则，各股东资金按出资比例"同进同出"。

2008 年 4 月 15 日，海通公司通过股东大会决议，分别将海通控股公司、陈继梅在海通公司的 218.6 万元、81.4 万元股份（分别占海通公司注册资本的 10.93%、4.07%）转让给中广公司，并与中广公司签订了股权转让协议。

2008 年 5 月 14 日，经淮安市盱眙工商行政管理局核准，中广公司成为海通公司的股东之一，出资额 300 万元，占海通公司注册资本的 15%。此后，海通公司经多次股权转让、增资扩股，现在工商行政管理部门登记的注册资本为 8117.1 万元，股东为盱眙县龙虾美食有限公司及中广公司，其中盱眙县龙虾美食有限公司出资 7871.1 万元，占公司股份 96.3%，中广公司出资 300 万元，占公司股份 3.7%。

中广公司一审诉称，2006 年 11 月 20 日，中广公司与海通公司签订《协议书》，约定海通公司将其受让的盱眙收费站东南侧约 305 亩商住用地按每亩 27 万元的价格转让给中广公司 15% 的股权，总价格 12,352,500 元。2007 年 1 月 31 日，海通公司通过竞买方式受让涉案地块的国有土地使用权。2006 年 11 月 20 日，海通公司原法定代表人王慧俊确认收到中广公司 800 万元投资款，2007 年 8 月 8 日，王慧俊确认收到中广公司其余出资款。2007 年 11 月 15 日，《四方协议》进一步确认了中广公司出资 1235 万元土地款的事实。海通公司在取得涉案地块土地使用权后即进行房地产开发，根据杭州立信资产评估有限公司的《评估报告书》，该房地产项目的税后利润为 13.2481 亿元。由于海通公司在中广公司出资后一直漠视中广公司的出资，一意孤行，从未征询过中广公司的意见和建议，从未披露过房地产开发经营情况，也从未给付过出资收益，严重侵犯了中广公司出资人的权益，故提起本案诉讼。

---

## 判决与理由

江苏省高级人民法院一审认为：中广公司在支付了协议约定的 12,352,500 元后，海通公司并未对公司进行增资扩股，《四方协议》第一条即明确约定了海通公司的各股东持股比例及出资额，载明海通公司注册资金 2000 万元，海通控股公司出资 1530 万元，占股 76.5％，中广公司出资 300 万元，占股 15％等。此后，在办理公司股权变更登记时，亦按 300 万元计算中广公司的股权比例。直至本案诉讼，海通公司虽历经数次股权变动，但始终按照中广公司出资 300 万元而非 12,352,500 元计算其持股比例。因此，海通公司依据《协议书》认为中广公司所支付的 12,352,500 元系购买其公司15％股权对价的主张不能成立。但中广公司所投资的 12,352,500 元应先行抵扣其应履行的对公司的出资义务，超出其应承担的 300 万元的出资义务部分应视为中广公司对海通公司的投资。对该超出中广公司出资数额的部分，现中广公司要求海通公司予以返还，应予支持。但对于如何返还，是否应当计取投资收益，并未有协议明确约定，故对中广公司要求支付合作利润 198,721,500 元的主张，不予支持。综上判决：（一）海通公司于判决生效之日起十日内给付中广公司 9,352,500 元及利息；（二）驳回中广公司其他诉讼请求。中广公司、海通公司均不服，均提起上诉。

最高人民法院二审认为：公司注册资本为公司成立时对外公示的内容，与股权取得的对价并非完全一致，股权取得对价的确定与公司的资产、公司的发展前景关联。2007 年 11 月 8 日，海通公司取得案涉地块的土地使用权证书，海通公司的价值与其 2000 万元注册资本并不对应，况且，根据本案查明的事实，中广公司并未另行支付 300 万元的出资款，因此海通公司 15％股权价值与 300 万元出资相差甚远，海通公司关于中广公司出资 12,352,500 元取得 15％股权的主张更为合理。因此，中广公司出资 12,352,500 元应认定为取得海通公司 15％股权支付的对价。一审判决以中广公司股权取得来源于海通控股公司和陈继梅为由认定中广公司所投资的 12,352,500元，应先行抵扣其应履行的对公司的出资义务，超出其应承担的300 万元的出资义务部分应视为中广公司对海通公司的投资而应予返还，属认定事实和适用法律不当，应予纠正。中广公司上诉请求返还 12,352,500 元投资款主张，应不予支持。既然中广公司出资12,352,500 元是为取得海通公司 15％股权的对价，故中广公司作为海通公司股东，直接主张给付投资收益于法无据，不予支持。如中广公司认为海通公司或其他股东损害其权益，有权依据《中华人民共和国公司法》的相关规定主张权利。综上，一审法院认定事实和适用法律不当，应予纠正。据此判决：驳回中广公司的诉讼请求。中广公司仍不服，申请再审。经审查，最高法院认为本院二审判决并无不当，裁定驳回其再审申请。

## 评　析

本案之中，原告中广公司依照相关协议约定与股权转让协议向海通公司注入资本，尔后又以所谓解除房地产合作协议为由主张返还其全部投资款项，甚至在公司尚未盈利情形下还一并主张获得所谓的投资利益回报，其诉请性质属于股东诉请公司返还投资的纠纷，这显然难以获得法院支持。在不少公司设立或新增资本而吸收新股东的过程中，股东为维持公司资本经营的需要，除了约定注册资本额以外，往往会约定大于注册资本的更多投资义务（可能为股东贷款），或是要求新加入股东按公司资产价值投入高于注册资本价值与比例的资本（可能为资本盈余公积金）。本案即是按协议约定的投资总额大于其受让注册资本的案件。

## 一、股东多缴纳资本是否应当退还

在公司设立与运营过程中，股东注入公司的资本数额往往可能多于公司章程规定的注册资本额，这部分超过章程规定缴纳资本以外的资本，为股东多缴纳资本。股东向公司多缴纳资本，可能是按照发起人协议约定向公司履行增资义务，或是为保证公司正常运营活动而投入资金，或是受让股权价值实际高于注册股权价额，这部分资本因其发生作用不同在公司资产负债表中亦会表现出不同的形式。在会计制度中，不采用注册资本概念，而是采用"实收资本"概念，新《公司法》中限制了与实收资本相关的"资本公积金"的使用，依照会计制度标准，股东缴纳资产多于注册资本时，需要被计入资本公积金。[①] 资本公积金一般用于增资与扩大再生产，股东多缴资本原则上均不能要求公司返还。本案中广公司所投入的 12,352,500 元，即属于中广公司为获得海通公司 15％股权而支付的全部对价款。

当然，实践之中，在股东之间没有证据表明注册资本额或股份价额高于实际投资额情形下，通常也可能将股东高于注册资本或股份价额而缴纳的多余实缴资本作为公司对股东的负债，对此类所谓多缴纳的"资本"则可以主张返还。这类股东多缴资本并非出资性质的投入，其实际属于股东对公司的借贷，即通常所谓的"股东贷款"，

---

① 邓峰："资本约束制度的进化和机制设计——以中美公司法的比较为核心"，载《中国法学》2009 年第 1 期。

本质上属于股东与公司之间债权债务性质的法律关系。本案一审判决，实际隐含着将本案中广公司多于其 300 万元认缴资本而投入的款项视为股东贷款性质的判断，由此才判决将该多余投入款项予以返还。很显然，如果股东多于章程规定的出资额向公司多投入资金，通常是为了保证公司在开始经营过程中能够正常营运，这部分多投入资金在资产负债表中即便表现为负债，即便股东有权要求公司返还，也应首先受到诉讼时效的约束。不仅如此，返还此类所谓"股东贷款"时，还要对公司经营状况进行考量，其实际具有不同于普通债权的特殊性，股东任意取回该类"贷款"债权，可能会影响公司正常经营活动，股东该类贷款的受偿顺序往往应次于其他普通债权。

## 二、本案双方当事人之间法律关系性质的判断

中广公司主张与海通公司之间为合作开发房地产合同，中广公司出资 12,352,500 元为合作出资，应享有合作项目 15％收益；海通公司主张与中广公司之间为公司与股东关系，中广公司支付的 12,352,500 元为中广公司占有海通公司 15％股权支付的对价。依据原审查明的事实，2006 年 11 月 20 日，中广公司与海通公司签订的《协议书》第一条约定，双方一致同意将土地作价，由中广公司支付其中的 15％即 12,352,500 元获得海通公司 15％股权，并在付清款项后对公司进行增资扩股，修改章程，项目建设过程中的资金支出由双方按出资比例出资。2007 年 11 月 15 日《四方协议》进一步明确中广公司占股 15％，虽然第二条有"中广公司出资 1235 万元、邓宏波出资 700 万元仅为土地出让款，其他所有支出两股东按股份比例出资"的表述，但结合海通公司成立于 2006 年 10 月 18 日，2006 年 11 月 20 日即由海通公司和海通控股公司的法定代表人王慧俊与中广公司签订协议书的事实，结合邓宏波的陈述，二审判决认定中广公司出资 12,352,500 元意在取得海通公司 15％股权更有事实依据。

2007 年 11 月 8 日，海通公司取得案涉地块的土地使用权证书，海通公司的价值与其 2000 万元注册资本并不对应，根据本案查明事实，中广公司并未另行支付 300 万元的出资款。同时，依据工商行政管理部门的记载内容，中广公司出资 300 万元，占海通公司注册资本的 15%，由此亦表明中广公司与海通公司之间系股东与公司之间的关系；在本案诉讼过程中，中广公司亦仍为海通公司股东。二审判决结合相关协议的约定内容及实际履行情况及工商行政管理部门的登记材料综合判断，中广公司出资 12,352,500 元应认定为取得海通公司 15% 股权支付的对价，应更有事实和法律依据。且根据查明事实，中广公司亦认可其在相关协议中并没有共享利润、共担风险的特别约定，再未与海通公司签订别的合资合作协议、再未进行投资，本案亦不符合合作开发房地产合同的法律特征，因此亦难以认定中广公司与海通公司之间为合作开发房地产的合同关系。

**三、本案中广公司主张的 12,352,500 元投资款项应否返还**

根据公司法规定，有限责任公司的注册资本为在公司登记机关登记的全体股东认缴的出资额。股东投资数额、公司登记的注册资本、公司的资产并非同一概念。就本案而言，中广公司投资 12,352,500 元，占有海通公司 15% 股份，成为海通公司股东，享有权利和承担义务。中广公司投资于海通公司，其出资已经转化成为公司资产，必须通过股权方式来行使权利，而不能请求予以返还。据此，二审判决对中广公司请求返还 12,352,500 元投资款的主张不予支持，并无不当。

**四、本案中广公司主张的投资利益 198,721,500 元应否支持**

如前所述，中广公司出资 12,352,500 元为取得海通公司 15% 股权的对价，因中广公司仍为海通公司的股东，二审判决其直接主张给付投资收益于法无据、不予支持，并无不当。如中广公司认为海通公司或其他股东损害其权益，有权依据《公司法》的相关规定主张利润分配等相关权利，但中广公司却主张本案适用《合同法》直接分配项目利益，没有事实和法律依据。综上判决驳回其诉讼请求，亦无不当。

# 8. 股权受让人的连带出资补足责任

—— 贵州益佰制药股份有限公司与湖北恒康双鹤医药股份有限公司、湖北省医药有限公司、北京双鹤药业股份有限公司买卖合同纠纷案

案件索引：最高人民法院（2008）民抗字第59号，2009年6月3日判决；贵州省高级人民法院（2007）黔高民二终字第96号，2007年12月12日判决；贵州省贵阳市中级人民法院（2006）筑民二初字第202号，2007年8月17日判决。

---

## 基本案情

2006年11月9日，贵州益佰制药股份有限公司（简称益佰公司）提起诉讼，请求判令：被告湖北恒康双鹤医药股份有限公司（简称恒康公司）支付所欠原告货款5,413,697.11元，并由被告现股东之一北京双鹤药业股份有限公司（简称北京双鹤公司）及被告原股东之一湖北省医药有限公司（简称湖北医药公司）对所欠货款承担连带清偿责任。

经审理查明：益佰公司于2004年与恒康公司签订《OTC产品全年购销协议书》，约定由恒康公司购买益佰公司生产的药品，总价款为500万元。双方对产品种类、价格、付款等进行了约定。协议签订后，恒康公司即开始从益佰公司进货。经双方于2004年11月8日对账

核实,截至 2004 年 11 月 5 日恒康公司尚欠益佰公司货款 5,413,697.11 元。由于恒康公司未能通过 2003 年、2004 年年检,公司处于歇业状态。

2002 年 12 月 24 日,湖北医药公司与北京双鹤公司签订《股份转让协议》约定:北京双鹤公司以每股 0.893 元的价格,受让湖北医药公司所持有的恒康公司的 2700 万国有股。湖北医药公司保证在协议约定的股份转让完成时,将其作为向恒康公司原始出资的三块土地使用权过户到恒康公司名下,土地出让金和相关费用由湖北医药公司支付。2003 年 5 月 16 日,北京双鹤公司将 2411.1 万元股权转让款支付给了湖北医药公司,后正式办理企业名称和股东变更手续,取得了新的企业法人营业执照。同时对公司章程进行了修改,修改后的章程记载:北京双鹤公司所认股份 2700 万股,所占比例为 67.5%。此后,北京双鹤公司通过增资扩股向恒康公司增加出资 2588.9 万元,持有恒康公司 81.16% 的股份。

由于湖北医药公司作为向恒康公司 2700 万元出资的三块土地在另案中已向其债权人中国工商银行汉口支行(简称汉口支行)设定了抵押,为将这三块土地过户到恒康公司名下,2003 年 4 月 22 日,北京双鹤公司与湖北医药公司、汉口支行三方签订《协议书》,约定汉口支行在不放弃上述三块土地抵押权的前提下,同意该土地过户给恒康公司,如湖北医药公司届时不能偿还借款本金 1000 万元,则由北京双鹤公司予以偿还。但汉口支行事后即申请法院强制执行,法院遂依据其申请查封了上述土地。故该土地至今未能过户到恒康公司名下。

---

## 判决与理由

贵阳市中级人民法院一审认为:恒康公司未按合同约定支付货

款，其行为属违约行为，应承担相应的民事责任。在恒康公司的股东是否承担责任的问题上，湖北医药公司作为恒康公司的发起股东，以其对公司出资的土地在未过户至公司名下的情况下为其自身债务设定抵押，导致该土地作为其责任财产被法院查封，并已进入执行程序，现已不能过户至公司名下。湖北医药公司的上述行为应认定为出资不实，属滥用公司独立地位的行为，依法应在其出资不实的范围内对恒康公司的债务承担连带清偿责任。湖北医药公司将其股份转让给北京双鹤公司后，虽已不再是恒康公司的股东，但滥用公司独立地位的责任承担及于原股东，故湖北医药公司对恒康公司的债务不因其现已不是恒康公司的股东而免责。北京双鹤公司通过受让湖北医药公司的股份成为恒康公司的股东，其虽在湖北医药公司出资的土地未过户的情况下支付了股份转让款，但此行为并未使恒康公司的责任财产减少，且在事后北京双鹤公司为使土地过户至恒康公司名下已尽了自己的义务，并向恒康公司增资。因此，北京双鹤公司没有滥用公司独立地位的行为，其对恒康公司的债务不承担连带责任。据此判决：一、恒康公司于判决生效后15日内支付货款5,413,697.11元给益佰公司；二、湖北医药公司对上述债务承担连带清偿责任；三、驳回益佰公司的其余诉讼请求。

贵州省高级人民法院二审认为：恒康公司未履行付款义务已构成违约，应承担相应的民事责任。湖北医药公司作为恒康公司的股东，以其已设置抵押的土地作为向恒康公司的出资，并造成作为出资的土地不能过户到恒康公司名下的后果，故湖北医药公司向恒康公司的出资2700万元未实际到位。湖北医药公司应依法承担出资不到位的民事责任，其应在出资2700万元范围内承担补充清偿责任。原审法院判决湖北医药公司承担连带清偿责任不当，予以纠正。北京双鹤公司明知湖北医药公司用于向恒康公司出资的土地未过户到恒康公司名下，湖北医药公司出资未到位，仍受让湖北医药公司的股份，故恒康公司因该股东所应承担的义务也一并转移给受让股东北京双鹤公司，北京双鹤公司应履行股东补足出资的法定义务。虽然北京双鹤公司通过增资扩股向恒康公司增加出资 2588.9 万元，但北京双鹤公司和湖北医药公司始终未补足原股东湖北医药公司应向恒康公司的出资 2700 万元。故北京双鹤公司应在其出资不实的范围内，对公司的债务承担责任。原判关于北京双鹤公司对恒康公司的债务不承担责任的认定不当，予以纠正。另外，益佰公司与恒康公司之间的债务形成于北京双鹤公司受让股权成为控股股东之后，故北京双鹤公司应在恒康公司的资产不足以清偿到期债务时，以其认购的 2700 万元股份为限对恒康公司的债务负连带清偿责任。北京双鹤公司在承担责任后，有权对湖北医药公司出资不到位的行为行使追偿权。综上判决：一、维持一审判决第一项；二、变更一审判决第二项为：湖北医药公司在恒康公司不能清偿益佰公司的债务时，对其 2700 万元出资不实部分承担补充清偿责任；三、撤销一审判决第三项，改判为：北京双鹤公司对恒康公司不能清偿益佰公司的债务，在 2700 万元范围内承担连带清偿责任。

最高人民检察院抗诉认为：该二审判决判令湖北医药公司应在恒康公司不能清偿益佰公司债务时，在其原应出资的 2700 万元范围内承担补充清偿责任，却判令北京双鹤公司对恒康公司的债务承担连带清偿责任，违反有关法律规定；北京双鹤公司没有滥用公司独立地位的行为，其对恒康公司的债务不应承担连带责任。

最高人民法院再审认为：原审对恒康公司未履行付款义务已构成违约应承担相应民事责任以及湖北医药公司对恒康公司的债务应承担责任等认定，鉴于当事人未提出异议，也不损害国家、社会和第三人的利益，且认定并无不当，应予维持。至于北京双鹤公司应否承担责任及如何承担责任的问题，该院认为，北京双鹤公司向湖北医药公司支付的 2411.1 万元仅是股权的对价，而不是北京双鹤公司完成了对恒康公司 2700 万元的出资义务。出资瑕疵的股东将其股权转让给其他民事主体后，便产生了该瑕疵股权出资责任的承担主体问题，而就股权转让的受让人而言，核实转让股权是否存在瑕疵出资应是受让人应尽的基本义务。北京双鹤公司与湖北医药公司双方签订的《股份转让协议》等均可证实，北京双鹤公司明知湖北医药公司用于向湖北恒康药业公司出资的土地未过户到湖北恒康药业公司名下，但仍然自愿受让湖北医药公司的股份并成为湖北恒康药业公司的股东。故北京双鹤公司通过受让的方式享有恒康公司瑕疵股权 2700 万股份，应负有承担出资瑕疵责任的义务。虽然北京双鹤公司通过增资扩股向恒康公司增加出资 2588.9 万元，但北京双鹤公司和湖北医药公司始终未补足原股东湖北医药公司应向恒康公司的出资 2700 万元，不能因其对恒康公司增资扩股而免除其应出资的义务。对恒康公司的债务，北京双鹤公司、湖北医药公司均应在未足额出资部分 2700 万元的范围内承担补充清偿责任，原审判决北京双鹤公司对恒康公司不能清偿益佰公司的债务，在 2700 万元范围内承担连带清偿责任不当，应予改判。综上，除维持原审对恒康公司以及湖北医药公司的责任判项外，另改判北京双鹤公司对恒康公司不能清偿益佰公司的债务，也在 2700 万元范围内承担补充清偿责任。

## 评　析

本案性质为买卖合同纠纷，案件先后经过一审、二审和再审，争议的焦点并不在于买卖合同本身，在于因买卖合同所引发的公司债务而追究前后股东连带补足出资责任的争议。一审法院判决认定应当由股权转让人湖北医药公司承担连带清偿责任，作为股权受让人的北京双鹤公司不承担责任。二审法院判决认定股权转让人湖北医药公司承担补充清偿责任，股权受让人北京双鹤公司承担连带清偿责任。最高人民法院再审判决认定股权转让人湖北医药公司和股权受让人北京双鹤公司均须承担补充清偿责任。三级法院判决上的差异反映出中国司法实践在这一问题上并未取得一致意见。如何处理瑕疵股权转让所引发的纠纷一直是司法实践所面临的难题之一。中国《公司法解释（三）》试图统一各级法院在此问题上的认识。根据该司法解释第 13 条、19 条的规定，未履行或者未全面履行出资义务的股权转让人应当在未出资本息范围内承担补充赔偿责任。受让人是否承担责任取决于其是否知道或者应当知道瑕疵状况。如果受让人知道或者应当知道股权瑕疵，则其应当承担连带责任。

## 一、瑕疵股权转让人对公司债务的责任

中国学界对瑕疵股权转让后，转让人是否应当承担责任以及承担何种责任存在争议。主要观点有四种：转让人应当单独承担责任；转让人不应当承担责任；转让人和受让人承担连带责任；转让人是否单独承担责任取决于受让人是否善意。分析此问题的前提必须要对出资义务的法律性质进行界定。出资是股东最为主要的义务，股东出资形成公司资本并成为公司存在和发展的基础。出资为股东对公司的法定义务，因而并不受诉讼时效的约束。《公司法解释（三）》第 20 条即规定："公司股东未履行或者未全面履行出资义务或者抽逃出资，公司或者其他股东请求其向公司全面履行出资义务或者返还出资，被告股东以诉讼时效为由进行抗辩的，人民法院不予支持。"根据中国《公司法》第 28 条的规定，股东应按期足额缴纳其认缴的出资额，该条规定应当被认定为强制性规范。股东违反出资义务将

承担两方面的责任：一为出资差额补足责任；二为对其他股东的违约责任。其中股东的出资差额补足责任原则上不得免除，甚至即便公司内部决议亦不可免除，除非公司按照法定程序对责任股东予以除名并依法进行减资。

同样，出资义务也不能因为股权转让而被免除，这也成为世界各国公司立法的通例。如《德国有限责任公司法》第 19 条即规定："如果会员不兑现其承诺的出资，则该会员也不能以转让出资的方式免除其责任，这时，其余会员应当按照出资比例承担未出资会员的出资。"① 美国《统一有限责任公司法》第 503 条（c）款亦规定："转让人依照经营协议或本法规定而对有限责任公司所应承担的责任均不得被免除。"② 这种责任自应包含出资义务所引发的责任。法国《商事公司法》第 282 条亦规定："未支付股款的股东和相继的受让人对未支付的股款负有连带责任。"③

股东因出资瑕疵所产生的对公司的出资差额补足责任，是其对公司债权人承担责任的基础。在大陆法系国家，学界普遍认为股东对公司债权人承担责任的法理依据源于债法中的代位权制度。相对于公司债权人而言，公司为债务人，瑕疵出资股东为次债务人。如果公司缺乏清偿能力且又怠于行使对瑕疵股东的权利，公司债权人债权的清偿势必受阻。此时公司债权人代公司行使对瑕疵股东的权利似属公平。然而，对于瑕疵出资股东为公司债务所承担的责任性质，学界和司法界依然存在争议。本案一审判决即认为该种责任性质为连带清偿责任，而二审和再审均认为其为补充清偿责任。所以，如

① 杜景林、卢谌译：《德国股份法·德国有限责任公司法·德国公司改组法·德国参与决定法》，中国政法大学出版社 2000 年版，第 168 页。
② 虞政平编译：《美国公司法规精选》，商务印书馆 2004 年版，第 197 页。
③ 金邦贵译：《法国商法典》，中国法制出版社 2000 年版，第 210 页。

果认为瑕疵股东承担此种责任的法理依据源于代位权制度，则只有当股东的瑕疵出资危及债权人利益时，债权人方能要求股东在其出资差额范围内承担责任。如若将其界定为连带责任，则债权人有权同时选择瑕疵出资股东进行追偿，而这又与代位权制度的初衷相违背。如果公司没有丧失对债权人的清偿能力，债权人自可从公司资产中获偿，法律于此等情形下自无提供额外救济的必要。故而，将瑕疵出资股东所承担的此等责任界定为补充连带责任或许更为恰当。正如《公司法解释（三）》第13条之规定："公司债权人请求未履行或者未全面履行出资义务的股东在未出资本息范围内对公司债务不能清偿的部分承担补充赔偿责任的，人民法院应予以支持。"既然瑕疵出资股东承担的此种责任为补充连带责任，那么瑕疵股东可否享有先诉利益抗辩权呢？即只有当公司不能清偿债务时，才能要求瑕疵股东承担责任。而所谓"不能清偿"，通常又是指对公司的存款、现金、有价证券、成品、半成品、原材料、交通工具、房屋、土地使用权等可以方便执行的财产执行完毕后，债务仍未得到清偿的状态。

就出资补足连带责任的时间界限而言，原则上应当覆盖在其出资成为股东之后到补足差额之前的所有公司债务。瑕疵出资股东的瑕疵出资行为并没有对其出资之前的公司债务构成危害，之前的债权人在债权成立之时亦未对后来增资部分的资本信用产生信赖，故而补充连带责任的范围不应当包含之前的债务。但是通过受让出资瑕疵股权而成为公司股东则有可能对之前的债务承担责任，此为例外。股东退出公司并不阻断其对公司此后债务所应承担的责任，除非瑕疵已经得到修复。瑕疵股权转让人与受让人之间就瑕疵弥补的约定亦不足以对抗公司债权人；当然转让人或者受让人在承担责任之后可以根据约定要求其中一方承担相应的责任。就出资补足连带责任的范围而言，学界普遍赞同瑕疵出资的股东只应当在差额本与息的范围内承担责任。让瑕疵出资股东就其出资瑕疵行为对公司无穷无尽的债权人承担补充清偿责任，不仅有失公平，而且根本违背股东有限责任的基本原则。有限责任公司的股东与合伙企业的合伙人一项重要区分便在于其有限责任，让瑕疵出资股东承担无限的偿债责任完全背离了有限责任公司的基本制度架构。曾经很长一段时期的中国司法做法是，当股东瑕疵出资导致公司实收资本低于法定最低注册资本要求时，若公司不能偿还其对外债务的话，则瑕疵出资的股东便应对公司债务承担无限连带责任，这种做法目前已基本得到纠正。

## 二、瑕疵股权受让人对公司债务的责任

就瑕疵股权受让人是否应当对公司债务承担责任的问题，中国学界亦存在四种观点：完全不承担责任；单独承担责任；与转让人承担连带责任；是否承担责任取决于受让人是否善意。赞成第一种观点的学者认为，根据责任自负原则，只有瑕疵出资股东对公司及其债权人承担责任。本案一审法院即采纳了此种观点。赞同第二种观点的学者认为，股东资格既已经变更，附着于其上的权利义务也应当一并变更。还有学者认为股权的性质为物权，物权既已经发生移转，权利上的瑕疵与负担也应当一并移转。第三种观点认为，即使受让人因欺诈受让股权，但这并不阻断其与转让人对公司债权人所应承担的责任，受让人在承担责任后，可以其受到欺诈为由，请求转让人赔偿。第四种观点认为受让人是否应当承担责任取决于受让人在受让股权时是否善意，如果受让人善意受让股权，则其不应对公司债务承担任何责任。

根据《公司法解释（三）》第19条的规定，受让人如果在受让时知道或者应当知道股权上存在的出资瑕疵状况，则受让人应当承

担连带责任。股权受让人之所以对公司债权人承担责任的一个重要法理依据在于：任何人从前手中取得的权利不得大于其前手。如果股权上原本即存在瑕疵，则受让人受让的股权亦同样被认为存在这样的瑕疵，股权的转让并不能消除股权上原所附着的瑕疵。此外，就公司债权人而言，其对于股权转让通常是不知情的，如果允许转让能消除瑕疵，则瑕疵出资的股东即有可能通过转让其股权而逃避其原所应承担的出资责任，而这对于债权人显然不公平。但如果受让人在受让股权时也确实属于善意并且又支付了公平合理的对价，此时让无辜的股权受让人承担责任，完全忽视转让股东在瑕疵出资上之过错，这又似乎显得矫枉过正。所以，公平合理的解决方案是引入物权法中的善意取得制度，而这也是上述司法解释条款之本意。即如果受让人在受让股权时确属善意并且支付了合理对价，并已经办理相关变更登记，则股权上原所附着的瑕疵应当被阻断。当然，此时股权受让人应当负有证明其为善意受让人的举证责任。《公司法解释（三）》第19条只规定了受让人不符合主观善意的情形，并未规定其他不符合善意取得的情形。其他典型的情形，如受让人以明显低于无瑕疵股权的合理价格受让股权，这即明显不符合善意受让人的要件，法律自无保护的必要。司法实践中，也有观点认为，如果受欺诈的受让人在债权人提起诉讼时并未起诉转让人行使撤销权，即应当推定其愿意承担股权负担的瑕疵责任。对此，应当认为，撤销权是否行使乃当事人的权利，受让人不行使撤销权可能基于多种原因，比如公司良好的收益预期等，所以不行使撤销权并非就一定能推断受让人在受让时知道股权上所存在的瑕疵。很显然，人们不能因为事后知道股权上的瑕疵就断然否定其原本善意取得的效力，善意取得可以消除股权上的瑕疵负担，至少对善意取得人而言应是如此。

就股权受让人对于瑕疵出资补足责任的性质而言，《公司法解释（三）》第 19 条将其表述为"连带责任"。但对这里表述的"连带责任"，应当是指与出让股东之间的连带责任，而非与公司之间的连带责任。相对于公司而言，股权受让人在此处承担的仍然应理解为是补充责任而非连带责任。因而，也只有当公司不能清偿债务时，债权人才能要求受让人承担责任。就该责任范围而言，当然也应当限定于出资差额的本息范围内，并且受让股东承担责任后还可以向出让股东进行追偿，因为出资瑕疵乃出让股东过错所致；但如果双方对此问题已有另行约定，且不涉及第三人利益时，司法自无干涉的必要，双方应依原所约定各自承担相应责任。

### 三、结合本案的进一步分析

从本案情况来看，转让人湖北医药公司以已经设立抵押的土地作为向恒康公司的出资，该土地最终被法院查封，并未过户到恒康公司名下，因而湖北医药公司在土地作价 2700 万元范围内并未实际履行任何出资义务。从查明的事实来看，受让人北京双鹤公司在受让股权时对湖北医药公司土地瑕疵出资的事实是明知的。虽然北京双鹤公司已经支付了对价款 2411.1 万元，但这并非是对出资瑕疵的弥补，而是支付给的股权转让款，因而依然不能免除其连带补足出资责任。北京双鹤公司在明知股权存在出资瑕疵的情况下仍然愿意受让股权，也不符合善意受让标准，法律对其自然没有额外保护的必要。虽然北京双鹤公司在事后通过增资扩股向恒康公司增加出资 2588.9 万元，但这并不影响其因受让瑕疵股权而应对公司债权人承担的责任。故一审法院判决认定受让人不承担责任，显属不当。

虽然恒康公司对益佰公司的债务发生在股权转让之后，但作为瑕疵出资过错人的湖北医药公司的责任并不因此而免除。如前文所述，出资为股东的法定义务，并不因为股权转让而免除。只要出资上的瑕疵未能得到弥补，这种义务和责任就一直存在并延续。至于公司处于歇业状态同样不影响转让人和受让人对于公司债权人的责任。就责任性质和范围而言，一审、二审、再审判决结果存在较大差异。但再审判决显然更好地平衡了各方利益，在责任分配上兼顾了过错因素和真实意思表示，因而更为恰当。但再审判决也并未言明转让人和受让人之间的补充清偿责任是否也应连带，甚至也未提及受让人对转让人的责任追偿问题，令人遗憾。

此外，本案一审法院以湖北医药公司滥用公司独立地位，进而要求其与恒康公司承担连带责任，这样的表述亦极为不妥。中国《公司法》第 20 条规定："公司股东滥用公司法人独立地位和股东有限责任，逃避债务，严重损害公司债权人利益的，应当对公司债务承担连带责任。"从本案案情来看，公司债务产生于股权转让之后，转让人根本不存在滥用公司法人独立地位和股东有限责任逃避公司债务的故意，因而也就不应援引《公司法》第 20 条的规定要求转让人承担所谓的连带责任。

# 9.验资责任与抽逃出资责任的司法把握

——湖南宏基房地产开发有限公司与开元信得会计事务所有限公司、湖南省新型农房建材公司、湖南省建筑材料行业管理办公室担保追偿权纠纷案

案件索引：最高人民法院（2009）民抗字第 22 号，2010 年 4 月 8 日判决；湖南省高级人民法院（2003）湘法民再字第 68 号，2005 年 8 月 16 日判决；湖南省高级人民法院（2002）湘高法民二终字第 69 号，2003 年 2 月 8 日判决；湖南省长沙市中级人民法院（2002）长中经二初字第 84 号，2002 年 8 月 6 日判决。

## 基本案情

2002 年 3 月 29 日，原告湖南宏基房地产开发有限公司（简称宏基公司）向长沙市中级人民法院提起诉讼，要求湖南省新型农房建材公司（简称建材公司）、湖南省建筑材料行业管理办公室（简称建材行管办）、开元信得会计事务所有限公司（简称开元会计所）偿还债务 4,382,162 元并支付自 2001 年 8 月 29 日至清偿完毕之日止的利息。

经审理查明：1995 年 8 月 4 日，宏基公司曾为湖南省新型建材房地产开发公司（简称新型公司）向湘银支行的 800 万元借款提供担保，而新型公司系由建材公司注册组建。新型公司获得借款后，将其中 260 万元转借给宏基公司使用，且最终未能按时归还，后引

发纠纷。该纠纷经法院调解并执行，宏基公司以保证人身份最终代新型公司归还本金与利息共计4,691,467.8元。宏基公司为追回该笔代为还款的本金与利息，特向本案各被告发起追偿之诉。

另查明新型公司组建及验资情况如下：1992年3月4日，建材公司向其主管部门湖南省建筑材料工业局（简称建材局）申请组建新型公司，注册资金500万元。5月12日，建材公司向建行铁道支行借款400万元转入其在该行的7100913002696账户内，同日，建材公司将其另一账户的资金也转入上述账户，共计金额为5,009,532.36元，并注明收款人为新型公司。同年5月12日、5月22日、6月1日，建材公司以"中国新型建筑材料公司湖南省公司房地产开发部"名义，分三次将710091300296账户资金转出4,088,784.31元，收款单位均为建材公司。截至6月3日，710091300296账户资金仅为920,748.05元。同年5月13日，建材公司填写申请书，申请书上申请单位是新型公司，申报注册资金为500万元，批准单位是建材局，主管部门是建材公司。5月20日，建材公司向建材局报请验资。6月3日，建材局批复同意验资。同日，建材公司向湖南省会计师事务所（简称省会计所）申请验资，并提交了5月12日汇入710091300296账户的两张资金进账单和5月12日银行出具的一份资信证明函。6月4日，省会计所在未对该账户存留资金进行核实的情况下，出具了新型公司实有资金500万元的《资金信用证明》。6月6日，新型公司持此资信证明及相关材料向工商部门申请开业登记。6月16日，新型公司注册登记成立，注册资金为500万元。6月23日，建材公司又以"中国新型建筑材料公司湖南省公司房地产开发部"名义从710091300296账户转走40万元，至此，建材公司实际投入新型公司注册资金为520,748.05元。1999年1月27日，新型公司因未年检，被工商部门吊销营业执照而注销登记。

还查明：1994 年 6 月 28 日，经省人民政府同意，建材局在机构改革中组建转制为经济实体即湖南省建筑材料工业集团总公司。2000 年 12 月 31 日，建材集团又被省政府撤销，并在此基础上组建建材行管办。2001 年 11 月 19 日，建材行管办同意撤销建材集团并负责协调处理其原有的债权债务。2002 年 4 月 3 日，建材集团被工商部门注销，同时，建材行管办作为机关法人正式成立。

又查明：1998 年 11 月 25 日，根据湖南省财政厅相关文件，省会计所与省财政厅脱钩改制，改制转换为开元会计所，其债权债务及法律责任由改制后的开元会计所承担。开元会计所依据省财政厅的批复，提取了省会计所风险基金 4,442,781.54 元，该资产数额已计入开元会计所财务报表。

---

## 判决与理由

长沙市中级人民法院一审认为：宏基公司为新型公司借款担保的事实以及应承担的保证责任已为人民法院生效的法律文书所确认，应予认定。宏基公司在承担保证责任后，依法享有向债务人追偿的权利，宏基公司与新型公司之间形成了新的债权债务关系，宏基公司所享有的债权为其已经承担的保证责任。新型公司是由建材公司提出组建申请并制定了公司章程，经主管部门批准后，又由建材公司出资并办理了有关手续后成立的，其开办单位系建材公司。现新型公司已被注销，建材公司对其投入 920,748.05 元资金后，又抽逃 40 万元，致使新型公司实收资本与注册资金存在 4,479,251.95 元的差额，应由建材公司在差额 4,479,251.95 元范围内承担责任。至于建材局，其在新型公司设立过程中签署审批意见，仅是依法行使主管部门对企业设立的审批职权，在公司成立后任免公司经理也是行使主管部门的职权，所以建材局是主管部门而非开办单位，宏基公司亦未举证证明建材局曾收取过相关费用，故对宏基公司要求建材局转变而来的建材行管办承担责任，应不予支持。省会计所出具500万元资金信用证明之日，新型公司实有资金仅为920,748.05元，属于虚假验资，导致新型公司得以验资注册，由此给宏基公司造成债权不能完全受偿的损失，省会计所应在虚假验资4,079,251.95元范围内承担相应的民事赔偿责任。省会计所被注销后，改制成立的开元会计所接收了省会计所提取的风险基金4,442,781.54元，开元会计所应以提取的风险基金承担赔偿责任。据此判决：（一）新型公司欠宏基公司债务4,382,162元及利息，由建材公司在其不到位注册资金及抽逃注册资金4,479,251.95元范围内向宏基公司清偿。（二）开元会计所对上述新型公司债务，在虚假验资4,079,251.95元范围内以提取省会计所的风险基金对宏基公司承担赔偿责任。（三）驳回宏基公司对建材行管办的诉讼请求。开元会计所以其不属于虚假验资等为由提出上诉。湖南省高级人民法院二审基本维持一审判决。开元会计所仍不服，向湖南省高级人民法院申请再审。

湖南省高级人民法院再审认为：原审判决由建材公司在不到位注册资金和抽逃注册资金范围内向宏基公司清偿并无不当。原审判决驳回宏基公司对建材行管办的诉讼请求亦恰当。但判决开元会计所承担连带责任不当。因为，会计所出具500万元验资报告时账上之所以仅余90余万元，其根本原因是开办单位建材公司抽逃资金所致，省会计所对银行出具的资信证明函和银行进账单的真实性进行审查，并没有违反当时的会计法规，会计所验资报告上的证明金额虽与出具报告时的实际资金不符，但不是会计所违法验资所致，且与验资三年后新型公司借款及宏基公司担保没有直接的因果关系。因此，本案新型公司注册资金不实的责任应由其开办单位建材公司承担，开元会计所不应承担本案验资不实的责任。经该院审判委员会讨论决定，驳回了宏基公司对开元会计所的诉讼请求，对于一审其他判项予以维持。

最高人民检察院抗诉认为：湖南省高级人民法院再审判决认定开元会计所不应承担本案验资不实的责任属认定的基本事实缺乏证据证明，适用法律错误。省会计所的行为已构成虚假验资；且新型公司的借款和宏基公司的担保与省会计所的验资结果具有因果关系，新型公司验资成立后的经营时间，不能影响省会计所虚假验资行为及过错的存在及作用；在建材公司的财产被依法强制执行后仍不能清偿债务时，开元会计所应当在虚假验资范围内，以所接收的原省会计所的剩余财产和风险基金为限承担民事赔偿责任。

最高人民法院再审认为：本案证据足以证实，建材公司申办新型公司时，虽于1992年5月13日在省会计所填写了有关验资的《申请书》，但其主管部门于1992年6月3日才批复同意报请验资，因此，建材公司申请验资日应为6月3日。申请验资当天，建材公司向省会计所一并提交了上述批准验资手续及银行1992年5月12日出具的500万元资金证明函、两张银行进账单。而5月12日建材公司即从新型公司账户转出款项。至1992年6月3日，新型公司账户中仅有920,748.05元，其余4,088,784.31元已被建材公司划走，开元会计所仍然出具500万元验资证明，故构成虚假验资。根据最高人民法院《关于会计师事务所为企业出具虚假验资证明应如何承担责任问题的批复》第1条规定："会计师事务所系国家批准的依法独立承担注册会计师业务的事业单位。会计师事务所为企业出具验资证明，属于依据委托合同实施的民事行为。依据《中华人民共和国民法通则》第106条第2款规定，会计师事务所在1994年1月1日之前为企业出具虚假验资证明，给委托人、其他利害关系人造成损失的，应当承担相应的民事赔偿责任。"

本案中，验资委托人建材公司故意不提供有关资金已被抽逃的会计资料，在此情况下，省会计所作为专业财务审计、验资单位，有义务在对建材公司提交的相关账目资料进行认真审查、核实后，拒绝出具资金信用报告，以确保验资报告内容的真实性及合法性。虽然省会计所在《资金信用证明》验资机构一栏中签署了"经审核，已由主管部门拨给流动资金五百万元整"的意见，但事实上，省会计所对建材公司提交的新型公司账户内资金情况并未向有关部门予以核实，未依照《注册会计师验资规则（试行）》第21条的规定完成实地检查验证，且在接受申请的次日即作出新型公司有流动资金人民币500万元的证明，使仅有资金92万余元的新型公司取得了具有房地产开发资质的工商营业执照。工商营业执照所载明的注册资金数额，是企业利用验资报告或者资金信用证明，通过国家公信力对外展示其经营能力的标志。注册资金92万余元与注册资金500万元的差异，足以影响对该企业经营能力的信任度。由于省会计所未能保持必要的职业谨慎，未能履行实质性审核义务，而作出不实验资结果，致使宏基公司相信新型公司的经营能力而为其作出担保，以致发生损失。检察机关抗诉理由成立，开元会计所应当承担验资不实的赔偿责任。据此判决：在建材公司不能履行本案付款义务时，由开元会计所在虚假验资数额4,079,251.95元范围内，以其提取的省会计所的风险基金对宏基公司承担赔偿责任。

---

## 评　析

尽管2013年年底最新修订的中国《公司法》明确取消了关于公

司注册资本应当进行验资的规定，但验资制度曾一直是中国公司资本制度的重要内容与特征。很长一段时期，由验资而引发的纠纷曾十分常见，本案即是会计师事务所虚假验资而承担民事责任的典型案例。透过本案审理，关于验资制度对中国公司注册登记乃至司法审判的影响，可有十分深刻的认识，是中国公司司法审判的又一时代缩影。

本案经过一审、二审、再审、最高检察院抗诉、最高人民法院再再审，最终依然认定会计师事务所应在验资不足范围内对债权人承担责任。本案的审理结果在会计界和司法界也曾引起广泛关注与激烈争论。案件争议焦点实际是会计师事务所承担虚假验资责任的归责原则与条件确定。会计师事务所依照真实存款资金证明进行验资后，被提交验资人在未告知会计师事务所的情况下将部分资金转出，最终使会计师事务所出具的验资报告与公司当时的真实资金状况不相符，此时是否仍应由会计师事务所承担责任呢？本案最终再审判决结果，无疑对会计师事务所课以过高责任，会计行业本身由于验资而获利，同样由于验资而面临高度的风险。可以说，任意扩大化的民事赔偿责任，曾一段时期使会计师事务所在验资过程中如履薄冰，甚至极大地影响到会计行业的正常发展。

## 一、最高人民法院有关虚假验资的司法解释

1986 年国务院颁布《中华人民共和国注册会计师条例》，只规定了会计师事务所行政责任的承担，并没有提及民事责任。1994 年《中华人民共和国注册会计师法》第 42 条规定会计师事务所违反法律规定给相对人造成损失的，应当承担相应赔偿责任，但对赔偿责任的性质、承担方式与责任范围都没有进行规定。随着会计师事务所虚假验资纠纷的增多，关于验资责任的相关立法呼之欲出。最高人民法院《关于会计师事务所为企业出具虚假验资证明应如何处理

的复函》（简称"法函［1996］56号"）拉开了中国注册会计师承担民事责任立法的序幕，其作为虚假验资民事责任的第一个专门性解释，使得社会公众对注册会计师的民事责任有了更为深刻的认识。但法函［1996］56号的出台，却引发了针对会计师事务所的"诉讼爆炸"，在一些诉讼中会计师事务所甚至被列为第17个被告，司法界对如何适用该司法解释也产生了分歧，"同案不同判"现象非常普遍。为此，最高人民法院接着又出台了相应司法解释对虚假验资民事责任进一步明确，包括《关于金融机构为行政机关批准开办的公司提供注册资金的验资报告不实应当承担责任问题的批复》（简称"法复［1996］3号"）；《关于验资单位对多个案件债权人损失应如何承担责任的批复》（简称"法释［1997］10号"）；《关于会计师事务所为企业出具虚假验资证明应如何承担责任问题的批复》（简称"法释［1998］13号"）和《关于金融机构为企业出具不实或虚假验资报告资金证明如何承担民事责任问题的通知》（简称"法［2002］21号"）。如何把握这些司法解释之间的法律关系，曾是各级法院裁量验资机构民事责任的关键。

从上述司法解释内容看，法复［1996］3号涉及金融机构责任承担问题，针对的是行政机关批复开办的企业，已经失去现实意义。法函［1996］56号规定了会计师事务所给委托人、利害关系人造成损失应当承担相应赔偿责任；法释［1997］10号规定了存在多个债权人情况下会计师事务所仅在应当承担责任部分限额内承担责任。法释［1998］13号则对法函［1996］56号进行了必要补充，明确了会计师事务所承担的是一种补充责任，先由企业承担清偿责任，且会计师事务所仅在验资证明金额范围内承担责任。法［2002］21号通知则结合实务中审理虚假验资案件相关问题，对之前三个司法解释又进行了必要补充与完善。主要表现为：从损害行为上看，要求相对人"使用验资报告或证明"进行交易而受到损害时才能获得赔偿；在责任范围上，赋予会计师事务所先诉利益的抗辩权利，除了企业外，出资人也要先承担虚假出资责任；在责任性质上，会计师事务所承担的是一种过错责任，即根据过错大小承担责任；在程序上，未经审理不能直接将会计师事务所作为被执行人。可以说，最高人民法院相继出台的这些司法解释，对会计师事务所的责任把握越来越严格。其中根本缘由是，会计师事务所虚假验资行为实际并非债权人不能获得清偿的根本原因，决不能使验资机构成为虚假出资人的"替罪人"。司法实践中，经常出现企业无可执行财产且股东亦无从找寻时，直接将清偿责任转嫁于会计师事务所的情形，且并不对其是否构成虚假验资进行考量。上述司法解释出台的总的精神，就是为了防止实务中对会计师事务所责任追究过滥的现象，必须根据法定构成要件与程序才能追究会计师事务所的赔偿责任。

## 二、担保人对于债务人的追偿权是否可及于验资人

从债权性质上看，本案与其他虚假验资民事纠纷具有明显不同，案件债权人并非与公司签订经济交往合同的相对方，而是替代公司承担保证责任的保证人。会计师事务所于1992年对新型公司进行验资，而新型公司的贷款债务发生于1995年，且作为担保人的宏基公司于2001年才将贷款债务还清，在保证人承担相应责任后又要求验资机构承担责任，这并无法律依据。根据法〔2002〕21号的规定，"出资人未出资或者未足额出资，但金融机构为企业提供不实虚假的验资报告或者资金证明，相关当事人使用该报告或者证明，与该企业进行经济往来而受到损失的，应当由该企业承担民事责任。"会计师事务所之所以承担虚假验资责任，是因为公司资本具有信用担保功能，是相对人衡量企业经济能力的主要标准，如果相对人与企业建立经济关系并非基于对公司资本及经营能力的信任，那么验资机

构承担责任的基础即不存在。就本案来看，保证人作出保证意思表示与债务人的注册资金并无法律上的连接点。1995年新型公司向银行贷款800万元，宏基公司为其提供担保，在新型公司借款后，将其中260万元转借给宏基公司使用。因此，宏基公司之所以给新型公司进行担保，并非基于对新型公司经济实力的信赖，而是具有使用贷款的自身目的。加之一般认为企业之间的借贷本身具有违法性，担保人的担保行为还实际具有恶意欺诈规避法律的嫌疑。担保人并非因公司资本状况作出担保意思表示，更无从谈起其在经济交往中使用本案验资报告或证明的问题，其根本不符合认定虚假验资责任的前提条件，本案会计师事务所不应承担保证人的相关债务。本案最高法院再审认为，宏基公司正是因相信新型公司所获得验资下的经营能力才为其作出担保而发生损失，这一判断似难成立。

### 三、本案是否属于虚假验资

本案经过数次审理，最终认定会计师事务所在虚假验资范围对担保人承担民事责任。但综合上述分析，本案会计师事务所是否构成虚假验资有待考量。按照学界通说，虚假验资责任属于侵权责任，依据法〔2002〕21号和法释〔2007〕12号相关规定，验资责任为过错责任，需要根据过错大小确定会计师事务所责任，其构成要件包括虚假验资行为、损害结果、验资机构的过错以及虚假验资行为与损害结果之间有因果关系等。

就虚假验资行为而言，按照2001年修改后的《独立审计实务公告第1号——验资》第6条规定："注册会计师执行验资业务，应当恪守独立、客观、公正的原则，保持应有的职业谨慎。"所谓职业谨慎，是指会计师在提供服务时需要具备与其服务相适应的技能，并且能够小心谨慎地运用该技能，过程中保持忠诚和公正。因此会计师事务所不仅需要在验资过程中严格遵守验资程序，还需要具有会计行业的职业能力且尽到合理谨慎注意义务，在此情况下验资报告如果与真实资产状况不相符合，也不能认定注册会计师虚假验资。本案中，新型公司于 5 月 12 日持资金进账单及银行于当日出具的资信证明函到会计师事务所申请验资，5 月 13 日会计师事务所进行验资。在验资过程中新型公司在未告知会计师事务所的情况下将其存入银行账户的资金转出，此时即使会计师依照验资程序对资信证明严格审查，也无法发现被审验人将资金转出的事实。会计师事务所是在申请人提供验资资料基础上进行审查的，而申请人本身应对验资资料真实性负责，会计师的职责是审计而非调查。在此基础上，会计师事务所并不存在虚假验资行为，不能要求会计师事务所对被审验人转出资金的行为负责。

就虚假验资行为与损害结果之间的因果关系而言，即使会计师事务所在验资过程中主观上具有可归责性，导致验资结果与真正资金状况不符，但会计师事务所亦并不一定承担赔偿责任。如本案之情形，本案之中保证人在签订保证合同时并非依据公司资产信用状况进行判断而为保证意思表示，保证行为与验资行为并无法律上的连接点，不存在一般意义上对验资证明的"使用"或信赖，虚假验资行为与损害结果之间并不具有因果关系，故会计师事务所亦无须承担对债权人的验资责任。

从会计行业性质来看，会计师虽然在审计工作中尽到合理谨慎义务，但会计师并非侦探员，其没有必要对被审计单位资产状况采取怀疑或先入为主的偏见。如果会计师限于职权或专业技术手段的局限，因无法鉴别验资材料真伪而虚假验资，会计师事务所也不应承担民事责任。法［2002］21 号通知的出台，旨在避免司法实践中对验资机构的滥诉现象，如果法院以会计师事务所未到资信证明开具单位进行调查而即否定验资的真实性，则显然背离了司法解释的本意。而且由于验资报告具有时效性，验证结果的真实与否，只能与验资日的实际状况相对照，而不能将验资时的资金状况与公司成立后的各个交易日，甚至诉讼日所存留的实际公司资本相比照。因为注册会计师并非保安员，其只能在法律规定的验资程序中遵循职业规范出具验资报告，其无法保证注册资金或实有资金的变动。因股东抽逃挪用资金而导致资本减少，注册会计师显然不应对此承担责任。本案之中，对验资时间点进行过分论证并非司法严谨性的体现，而突出体现了审理思维模式的僵化，且因对会计师事务所中立性考量不足而使其承担了行为以外的责任。

综上所述，本案会计师事务所已经依照法定程序对公司注册资本进行了审验，股东因出资不实等导致资本不足，不能由会计师事务所来承担责任，且债权人与公司进行经济交往的意思表示与公司资本信用无涉，会计师事务所不应对债权人承担清偿责任。

### 四、本案涉及的抽逃出资责任追究问题

尽管本案主要争论与关注的是会计事务所验资责任追究问题，但事实上也同时涉及建材公司在组建新型公司过程中抽逃出资责任的追究问题。本案各级法院均认定并判决建材公司应在抽逃注册资金 4,479,251.95 元范围内向宏基公司承担清偿责任，这反映了各级法院在这一问题认识上的高度一致。

在很长一段时期，由于中国公司资本制度实行的是实收资本制或所谓法定资本制，即要求公司的资本均应于公司设立时全部缴纳到位，由此引发大量暂不需要的注册资本被实际抽逃的现象。2005年《公司法》修改后，公司注册资本可以分期缴纳到位，抽逃资本现象虽有所缓解但依然普遍。2013年年底《公司法》进一步修订后，降低公司设立门槛，公司最低注册资本以及缴纳期限的要求均被取消，股东完全可以根据公司经营的实际需要将认缴资本逐步缴纳到

位，如此抽逃资本现象必然大为减少，但显然也不可能彻底杜绝抽逃资本现象的发生。与《公司法》规定相配套，中国刑法长期以来也一直将抽逃资本作为犯罪行为加以惩处。这种对抽逃出资追究民事与刑事双重责任的做法，可以说是历史上最为严厉的公司资本制度之一。当然，2014 年 4 月中国全国人大常委会对《刑法》相关条文作出解释，认为抽逃出资罪仅适用于依法实行注册资本实缴登记制的公司，这也就实质上对于 2013 年修改《公司法》之后设立公司的股东们，均不再追究抽逃出资罪的刑法责任。

依然值得注意的是，《公司法解释（三）》第 12 条关于抽逃资本的规定仍未取消，关于抽逃出资的民事责任依然还保留着。如该条文即对抽逃出资行为依然很宽泛地规定："公司成立后，公司、股东或者公司债权人以相关股东的行为符合下列情形之一且损害公司权益为由，请求认定该股东抽逃出资的，人民法院应予支持：（一）将出资款项转入公司账户验资后又转出；（二）通过虚构债权债务关系将其出资转出；（三）制作虚假财务会计报表虚增利润进行分配；（四）利用关联交易将出资转出；（五）其他未经法定程序将出资抽回的行为。"按照该条款规定，可以被认定的民事上的抽逃资本现象实际上十分广泛，而且原则上也并不受到任何时间的限制，即公司设立后的任何时间内均有可能发生抽逃资本的行为，由此亦均要承担返还或补足被抽逃资金的民事责任。

至于抽逃出资应当承担的具体民事责任，《公司法解释（三）》第 14 条对此依然有效的规定是："公司债权人请求抽逃出资的股东在抽逃出资本息范围内对公司债务不能清偿的部分承担补充赔偿责任，协助抽逃出资的其他股东、董事、高级管理人员或者实际控制人对此承担连带责任的，人民法院应予支持。"由此，抽逃资本者应当对公司债务在抽逃资金范围内承担责任，而非承担无限连带清偿责任。这也就意味着，股东因抽逃出资所引发的责任，原则上比照一般出资不实的股东责任处理，仍只承担有限责任，即以其抽逃资本额为限承担最终责任。尽管本案发生于《公司法解释（三）》之前，但对于建材公司抽逃出资责任的追究与该解释精神完全相符。

# 10. 公司虚假增资情形下股东应否承担出资责任

——华夏证券股份有限公司、华证资产管理有限公司与申银万国证券股份有限公司、海南海证实业公司证券回购纠纷案

案件索引：最高人民法院（2010）民申字第1440号，2011年6月14日裁定；海南省高级人民法院（2008）琼民二终字第54号，2009年6月11日判决；海南省海口市中级人民法院（2008）海中法民二重字第2号，2008年9月20日判决。

## 基本案情

华夏证券股份有限公司（简称华夏公司）提起诉讼，请求判令海南省海证实业公司（简称海证公司）立即向华夏公司返还17,517,378元，并判令海证公司股东之一申银万国证券股份有限公司（简称申银万国公司）对该笔债务承担连带清偿责任。

经审理查明：1995年7月23日，华夏公司与海证公司签订一份《回购协议书》约定：一、华夏公司向海证公司认购国库券1000万元，成交价格为100元/百元面值，总成交价为1000万元，华夏公司于1995年7月24日前将成交款项汇至海证公司账户；

同时，海证公司向华夏公司回购上述国库券，成交价格为 105.7 元／百元面值，总成交金额为 1057 万元，海证公司于 1995 年 10 月 22 日前将上述成交款项汇至华夏公司账户。1995 年 9 月 14 日，华夏公司与海证公司又签订一份《回购协议书》。协议签订后，华夏公司将协议约定的认购款付给了海证公司，但海证公司未向华夏公司交付实物券。至 2001 年 9 月 21 日及同年 12 月 4 日，双方签订《清偿协议》及《债务清偿协议》。2004 年 3 月 26 日，华夏公司向海证公司出具一份《确认函》，主要内容为"我司与贵司于 2001 年 9 月签订《清偿协议》，依据该协议，贵司尚欠我司债务 1751.7378 万元。"海证公司在该确认函上盖章并签有"现确认上述债务"。因海证公司未履行上述还款义务，华夏公司提起本案诉讼。

另查明：海证公司是于 1988 年 8 月经中国人民银行批准设立的非银行金融机构，1991 年 4 月经中国人民银行批准改组为股份公司并重新登记，核准修改后公司章程规定注册资金为 3000 万元，首期实收资本为 1000 万元。1991 年 5 月，海证公司实收资本 1000 万元已实际到位，申银万国公司通过认购 100 万元股权成为海证公司股东，但未约定明确的出资比例。1991 年 5 月，中国人民银行向海证公司颁发《许可证》，注册资金为 3000 万元，海南从信会计师事务所出具验资报告，证明海证公司截至 1999 年 7 月 31 日止实收资本 27,331,856.00 元，其中申银万国公司出资 3,987,130.00 元，占实收资本比例为 14.59%。1994 年海证公司向登记机关申请将注册资金从 3000 万元增至 1 亿元。2004 年海证公司将注册资金从 1 亿元又减至 2733 万元，并于 2004 年 10 月 26 日、27 日、28 日连续三天在《海南日报》上发布减资公告。

## 判决与理由

海口市中级人民法院一审认为：依据本案《确认函》所作确认，海证公司除向华夏公司偿还部分债务外，尚欠 17,517,378 元未还，对该债务金额可予确认。至于申银万国公司是否应对海证公司所欠债务承担连带责任的问题，该院认为，申银万国公司作为海证公司的股东，其先后认缴的股份为 3,987,130 元，该认缴的股本金也已实际到位。海证公司于 1994 年向工商登记机关申请将其公司注册资金由 3000 万元增至 1 亿元，是基于《金融信托投资机构管理暂行规定》第 9 条"金融信托投资机构的注册资金，最高可以为实收货币资本金三倍"的规定而作出的，没有证据证明海证公司该 1 亿元注册资金的增加经过了其公司股东大会的同意及经过了中国人民银行的批准，也没有证据证明申银万国公司等公司其他股东对该增加的注册资金进行了认缴。申银万国公司对其所认缴的注册资金已经履行了出资义务，其并不存在出资不足的情形。另一方面，申银万国公司不是海证公司的控股股东，没有证据证明申银万国公司参与并控制海证公司的经营，故也不存在申银万国公司利用公司法人独立地位逃避债务的情形。因此，申银万国公司作为海证公司的股东，对海证公司所欠华夏公司的上述债务不应承担责任。华夏公司主张申银万国公司对海证公司所欠华夏公司的上述债务承担连带责任，没有事实与法律依据。据此判决：一、限海证公司于判决生效之日起十日内偿还所欠华夏公司债务 1751.7378 万元；二、驳回华夏公司对申银万国公司的诉讼请求。华夏公司不服，提起上诉。

经二审补充查明：海证公司在 1994 年申请将注册资金由 3000

万元人民币变更为 1 亿元人民币时，没有主管部门或审批机关审批的相关材料，也没有股东大会同意增资扩股的决议。2001 年 4 月 20 日，北京市第二中级人民法院执行工作管理办公室发出通知，内容是，1994 年海证公司申请将注册资金由 3000 万元人民币变更为 1 亿元人民币时，未征得主管部门的审查同意，不符合《中华人民共和国企业法人登记管理条例》及其实施细则的相关规定，也没有股东大会同意增资扩股的决议，在此情况下，由海证公司股东承担增资不实的责任证据不足，不应追加申银万国公司为被执行人。

海南省高级人民法院二审认为：因华夏公司仅就一审判决第二项提起上诉，故一审判决第一项已发生法律效力。上诉仅审理一审判决第二项，涉及的是股东申银万国公司对海证公司的出资或增资是否存在出资、增资不实或虚假出资、增资的问题。所谓出资、增资不实或虚假出资、增资，是指股东故意违反出资、增资义务的行为。其在主观上具有一定的过错，表现为同意出资、增资，却实际上没有出资、增资。从案件事实来看，1991 年 5 月，申银万国公司通过认购 100 万股份的方式，成为海证公司的股东，出资额为 398.7130 万元人民币，由于是认购，没有出资比例的要求，因此，申银万国公司在海证公司成立时的出资已经到位，不存在出资不实或虚假出资的情况。1994 年海证公司申请将其注册资金由 3000 万元人民币增至 1 亿元人民币，属于公司经营过程中的增资行为。增资是指公司以扩大营业等事由为目的，依据法定条件和程序增加公司资本总额的行为。作为增资的方法主要有三种：一是增发新股，即在原定公司股份总额之外发行新的股份；二是增加股份金额，是指在不改变公司原定股份总额的前提下，增加每个股份的金额；三是既增加新股又扩大股本。按照《公司法》规定，股份制公司增资主要限于增发新股的方式。本案海证公司将其注册资金由 3000 万元人民币增加至 1 亿元人民币，属于以增发新股的方式增资。但本案海证公司的增资既没有公司股东大会的决议，也没有主管机关的批准。另外，工商登记机关将海证公司的注册资金由 3000 万元人民币增至 1 亿元人民币，在后来海证公司没有补交股东大会决议、主管机关的审批文件等相关材料情况下，工商登记机关这种"先上车后买票"的做法，亦违反了关于股份制公司注册资金的变更应提交主管机关审批文件的规定。事实上，海证公司后来减回原注册资金的声明，亦表明了海证公司增资的失败。总之，申银万国公司对海证公司原注册资金的出资没有虚假和不实，增资过程中因无股东大会的决议和审批机关的批准，使得作为股东之一的申银万国公司无法承担相应的增资义务，比如增资的份额和比例等义务，从而使增资实际无法履行，而申银万国公司对此并无过错。在不可归责于申银万国公司的情况下，申银万国公司不存在增资不实的责任。综上，华夏公司的上诉理由不能成立，据此判决：驳回上诉，维持原判。华夏公司、华证公司仍不服，向最高人民法院申请再审。

最高人民法院再审审查认为：海证公司在 1994 年申请将注册资金由 3000 万元人民币变更为 1 亿元人民币时，没有股东大会同意增资扩股的决议，也没有主管部门或审批机关审批的相关材料，仅办理了工商注册登记手续，其注册资本金实际并未增加。华夏公司对这些事实并未提出异议。华夏公司与海证公司之间发生涉案债权债务关系时，海证公司的注册资本虽名义上已增加到 1 亿元，但海证公司的增资程序既无股东会决议，也无主管部门批文，更无增资的验资报告，其在工商管理部门所办理的增资实为虚增注册资本，故其增资程序不合法。且申银万国公司在海证公司增资过程中亦从未认购新的股份，不存在增加出资的义务，其原认购的股份均已出资到位，不存在出资不实的情况，故其不应承担补充赔偿责任。综上，华夏公司的再审申请不能成立，裁定予以驳回。

---

# 评　析

公司增加资本必须按法定程序及条件进行，否则将可以被宣告无效。虚假增资将引发对内与对外双重不同的效果，对内有关股东可以主张虚假增资无效，对外公司债权人也不得依无效虚假增资追究股东所谓的出资责任，但若股东为虚假增资故意行为人的除外，对此需要慎重予以把握。

股东出资义务原则上不得免除，而所谓的出资义务，既包括公司设立时形成的原始出资义务，也包括公司设立后形成的新增出资义务。但是，无论是原始出资义务还是新增出资义务，其履行的前提或之所以构成法定义务的基础，均必须是该项出资义务已经依法形成，只有依法已经形成的出资义务才是不得免除的义务，非依法形成的所谓出资义务任何人均不得要求或主张履行。本案属于公司债权人依据所谓的增资义务向公司及其股东之一主张连带还债的纠纷案件，对于这样的案件处理，必须要对公司增资制度乃至其运作程序准确加以把握，对是否已经构成合法的增资义务准确予以判断。

## 一、公司增资的一般法律程序

公司增资，会导致股权的稀释和股权结构的调整，是直接影响现有股东利益并可能引发严重利益冲突的公司重大事项。不同股东的处境和要求不同，其在增资中的立场和态度也会完全不同。因此，在法律程序上，公司增资必须经过股东大会决议，董事会向法定机关发出发行新股的报批申请，公告新股招股说明书及公司财务报表，新股募足后，变更公司章程，并办理相应的变更登记手续。增资行

为，在股份公司法律制度下，以"发行新股"来代替。中国《公司法》
2005 年修订后，公开发行新股的条件改由《证券法》来规制，较之《公司法》2005 年修订前的规定内容来看，这一要求似有放宽趋势。发行新股，股东大会应按照《公司法》规定作出相应发行新股的决议，根据公司经营情况和财务状况，确定其作价方案。公司发行新股募足股款后，必须就注册资本的增加向公司登记机关办理变更登记并公告。

### 二、得以主张免除增资义务的几种情形

尽管从一般意义上而言，股东出资义务不得免除，但并不能绝对化。当存在以下几种情形导致非依法形成的所谓出资义务时，任何人均不得要求或主张股东履行出资义务。①虚假增资。所谓虚假增资是指表面上增资而实际上并没有增资的情形，如伪造有关增资文件、虚报增资等。②无效增资。所谓无效增资是指违反法律规定或公司章程约定的增资程序而导致公司的增资行为无效，如增资未经股东大会决议、未经相关部门的审核批准等。③增资认购瑕疵。所谓认购瑕疵是指因认购人或者公司的意思表示上的瑕疵、无权代理等，使增资成为无效或者被撤销。[1] 对认购瑕疵的主张，国外立法一般都会作出一定的限制。例如，日本和韩国商法上规定，自因新股发行而进行变更登记之日起一年以后，新股认购人不得以认购书或者新股认购证书的要件不全为由主张其认购为无效，或者不得以欺诈、胁迫或者有误为由撤销其认购。就该股份行使股东权利时，亦同。[2]

除以上得以免除增资义务的主要情形外，从导致增资无效的一般

---

[1] 〔韩〕李哲松：《韩国公司法》，吴日焕译，中国政法大学出版社 2000 年版，第 584 页。

[2] 《日本商法》第 280 条之 12，《韩国商法》第 427 条。

法律情形或因素来看主要有：①违反公司法规定的程序增资。②违反公司章程的规定增资。③超过预定发行股份总数发行股份。如在采用授权资本制情况下，超出授权资本的限额，或超过发行预定股份总数，发行了章程中未认可的股份（如优先股份、偿还股份、转换股份）时，均成为无效原因。超过发行预定股份时，有人认为只有该超出部分的新股发行为无效，但是因不能特定出超出部分的股份，所以应全部为无效。只有当事后以变更公司章程来增加发行预定股份总数或者规定已发行股份的种类时，视为瑕疵已被治愈。而在法定资本制度下，超出股东会决议的股份种类和数额的，因可以确定超出部分的具体股份，故可以仅仅是超出部分无效。[①] ④在采用面值发行时，低于票面价值发行股份。这是公司法上资本充实原则的表现。中国法律上甚至直接规定，股票发行价格不得低于票面金额。因此，在中国只要有低于票面金额发行的情形即违法，可以根本不考虑股东会决议所确定的新股发行价格。⑤恶意发行股份。以减少少数股东持股比例权益为目的的恶意交易又被称为"排挤式交易"[②]，发行的结果会给公司支配关系带来变化，亦理应无效。⑥实质损害股东所享有的增资优先认购权利。新股认购权的必要性，在于维持股东对公司支配所持有的比例性参加或控制的利益以及股份的经济性价值，对此权利的损害必须予以十分关注。⑦无视新股发行停止请求而发行新股。⑧虚假增资（如本案），含增资文件虚假、资本虚假、验资虚假等。需要注意的是，虚假增资将引发对内与对外双重不同的效果。对内减少资本，对外则会冲击到公司债权人的利益。

---

① 谢文哲：《公司法上的纠纷之特殊诉讼机制研究》，法律出版社 2009 年版，第 276—277 页。

② 施天涛：《公司法论》，法律出版社 2006 年版，第 198 页。

### 三、关于增资无效诉讼情形的一般处理

通过增资发行新股，新的资金流入公司，该资金又被追加到对公司债权人责任的财产担保上，因被发行股份而产生新的股东等诸多新的利害关系，所以即使在发行新股的内容上、程序上、条件上有瑕疵，也应集体、统一地解决，以此来谋求与新股有关法律关系的稳定。鉴于此，日、韩等国对增资瑕疵，可通过增资无效诉讼的方式来主张。需要考虑的是，会不会有人为了逃避股东所应承担的责任，而与公司串通虚假诉讼，如共同事后拟草虚假增资文件，而将原本真实有效的增资人为地变造并证明为虚假增资？这样一来，有可能造成公司已有债权人利益的损失。所以，当股东提起增资无效之诉时，就制度设计而论，如何才能既保障公司法人的独立性，又不至于使股东权益受到损害？如何才能在鼓励那些涉及利益的股东便于采取司法监督的同时又防止其滥诉行为？对此，可以根据相关主体的请求，由法院命令原告提供相应担保，这无疑是兼顾利益并防止滥诉的有效平衡器。使起诉股东提供担保，与股东大会决议撤销之诉的情况相同。

就增资无效的法律后果而言：第一，增资无效情形下的返还入资责任，如果已有实际入资的话。股份由于无效判决的确定而失效，因此股东缴纳的股金对公司而言可以认为属不当得利，公司应向新股股东返还其缴纳金额。第二，对世性效力。为了统一确定以发行新股为基础的法律关系，无效判决确定后，发生对世效力，即其效力不仅及于公司、股东，同时也及于第三人，不仅及于提起诉讼的当事人，也及于与提起诉讼原告居于相同地位的新股认购人。① 但无效判决确定后，不具有溯及既往的效力，即该种判决只对将来发生

---

① 〔韩〕李哲松：《韩国公司法》，吴日焕译，中国政法大学出版社 2000 年版，第 582 页。

效力，在此之前已经发生的行为有效。如基于新股获得的利益分配以及所作出的相关决议等。第三，增资无效情形下（被增资人或原股东）原则上并不承担相应的出资责任。

## 四、增资无效情形下是否可能引发损害赔偿责任

增资无效不但会引发返还入资等责任，而且一定条件下也会引发损害赔偿责任。国外法往往要求与董事通谋以显著不公正发行价格认购股份者承担向公司支付相当于不公正发行价格差额部分金额的义务。若董事让特定股东或者第三人以不公正发行价认购股份（包括新增股份资本），则会有害于公司的资本充实，并稀释其他股东的净资产价值，因此不管以何种形式，均应负担填补公司和股东损失的责任。此时，董事应对公司或者其他股东承担损害赔偿责任；若新股认购人具备了其要件，也应承担因侵权行为所造成的损害赔偿责任。至于认购人责任的性质，通说认为，认购人的责任带有为了公司资本充实而承担追加性出资义务的性质。与之不同，也有观点认为认购人的责任，是为资本充实和保护其他股东而认定的特殊损害赔偿责任。[①] 认购人的责任，对董事因其职务懈怠而向公司承担的损害赔偿责任及对股东的责任，不产生影响。即使不履行或者追究认购人的责任，也可以另行追究董事责任。通说认为，董事的损害赔偿责任与认购人的支付责任关系为不真正连带责任关系。但是，这两种责任并不互相给予影响，因此，不因其中一方履行而消灭他方的责任；因为两种责任的性质是不同的，所以不得向董事追究认购人的支付责任，或者相反地向认购人追究董事的损害赔偿责任。故两者关系不带有非真正连带责任的性质，两者为互相独立的责任。

---

① 〔韩〕李哲松：《韩国公司法》，吴日焕译，中国政法大学出版社2000年版，第576页。

此外，股东参与无效增资（如虚假增资）、董事等高管人员参与无效增资、利用虚假增资或属于无效性质的增资获得与他人进行交易的机会等，此时当公司最终不能偿还交易债务时，理应按侵权过错责任追究有关责任主体的赔偿责任。但需要注意的是，该赔偿责任与股东的出资责任或法定义务不应混同。

## 五、结合本案的进一步分析

就本案而言，海证公司的增资既没有公司股东大会的决议，也未获主管机关的批准。海证公司向工商登记机关提出增资至1亿元人民币的注册资金变更请求，违反了原《公司法》关于增资需经股东大会决议和国务院授权部门或者省级人民政府批准的规定。此外，工商登记机关在海证公司没有补交股东大会决议、主管机关的审批文件等相关材料情况下，将海证公司的注册资金由3000万元人民币增至1亿元人民币，也违反了关于股份制公司注册资金变更应提交主管机关审批文件的规定。事实上，海证公司后来减回原注册资金的声明，表明了海证公司增资的失败。可见，本案纯属公司虚假增资，且股东均未参与虚假增资行为，当然不能得出任何股东（包括本案被告股东）对于虚假增资有任何的承诺义务与补足的责任。本案之中，虽然股东本身可以主张虚假增资为无效，但并不因其未主张无效而即背负出资责任。另外，原告对于被告股东并未提出具体的出资责任额度请求，因为其根本就不知道每一个股东在公司虚假增资情形下究竟该承担多少出资义务。故原告笼统请求被告股东为公司债务连带负责显然也不能成立。还有，海证公司曾有过减资行为，不论是否为其自行纠正行为，此过程原告作为债权人实际亦并未提出相关异议。在本案诉讼过程中，原告仅对海证公司一个股东申银万国公司提起诉讼，对其他股东并未提起诉讼，而且也并未对海证公司任何相关高管提起赔偿之诉，其中原因或许仅是因为申银万国公司尚存在且其更有赔偿实力罢了。

# 股东权益纠纷

# 11.股东资格确认的法律模式

——方建华诉杭州新亚达商贸有限公司股东资格确认纠纷案

案件索引：浙江省高级人民法院（2009）浙民再字第73号，2009年9月15日判决；浙江省杭州市中级人民法院（2007）杭民二终字第770号，2007年9月27日判决；杭州市拱墅区人民法院（2006）拱民二初字第589号，2007年3月26日判决。

## 基本案情

2006年9月，方建华以其"虽被工商部门登记为杭州新亚达商贸有限公司（简称新亚达公司）股东，但主观上并没有成为股东的真实意思，客观上也没有出资、参与公司经营管理、享受分红的事实"等为由诉至法院，请求判决确认其不是新亚达公司股东。

经审理查明：新亚达公司于2003年4月成立，注册资金200万元。工商登记材料记载：公司由自然人郭小全、张铁华、商新娟和方建华四人投资设立，出资比例分别为26％、25％、25％和24％。公司设立时已依法制定章程，上述四名股东均在章程上签字，且在股东名册中记载。

2006年年初，郭小全的丈夫骆正森因犯挪用公款罪被法院判处刑罚，刑事裁判文书认定：新亚达公司的200万元注册资金由骆正森利用职务之便从浙江金宝典当有限责任公司挪用，在新亚达公司验资、注册完成后，该公款已经归还。在刑事案件侦查过程中，张铁华曾向检察机关陈述：新亚达公司实际由骆正森、商新娟和张铁华三人设立，骆正森属公职人员，故以其妻子郭小全名义登记，方建华持有的股权，也由骆正森控制。各股东具体持股比例和公司章程由骆正森、张铁华、商新娟、方建华商定，工商登记手续由张铁华办理，验资手续由方建华办理，但方建华实际上并不持股，亦未参与公司分红。商新娟则向检察机关陈述了骆正森、商新娟、张铁华三人具体分红情况。骆正森也向检察机关供述：郭小全和方建华都只是在新亚达公司临时挂名，并非真正股东。

新亚达公司经营期间，曾与杭州高得高贸易有限公司（简称高得高公司）发生债权债务关系，经法院判决，新亚达公司应偿还高得高公司欠款50万元。该判决执行过程中，高得高公司以新亚达公司股东抽逃出资为由，申请追加郭小全、张铁华、商新娟和方建华为共同被执行人，法院经听证后于2006年7月7日裁定予以追加。

<hr>

## 判决与理由

杭州市拱墅区人民法院一审认为：方建华在新亚达公司设立过程中提供身份证，在公司章程中签字，办理公司验资事务，都充分证明其对成为股东的事实明知，也作出了相应意思表示。公司作为社团组织，是诸多法律关系的集合，涉及的利益主体多，法律关系复杂，从商事主体维持原则出发，应当保持公司各种法律关系的相对稳定。如果解除某一股东的股东资格，必然会引起相应法律关系的缺失，该股东名下的出资份额以及依附于该出资份额的出资责任将无人承担。公司法设定了股东退出公司的三条途径：股权转让、公司回购和减资程序，司法解除股东资格仍应遵从上述规则。方建华不能以刑事裁判为据请求确认自身非公司股东，仍须通过公司法规定的程序将股东记载变更后才能解除自身股东资格。据此判决：驳回方建华的诉讼请求。方建华不服，提起上诉。

杭州市中级人民法院二审认为：新亚达公司的工商登记材料、公司章程、股东名册等均记载方建华为股东，方建华在公司设立过程中自愿提供身份证、在公司章程署名、处理公司验资事务等事实充分证明其具有成为股东的真意。实际出资只是股东享有权利的基础，未实际出资说明其为瑕疵股东，但并不否定其股东资格。据此判决：驳回上诉，维持原判。方建华仍不服，向浙江省人民检察院申诉。

浙江省人民检察院抗诉认为：签署公司章程，履行出资义务，享有资产受益、重大决策和选择管理者等权利，属于有限责任公司股东的实质特征；在工商登记材料中登记为股东，取得出资证明书，被载入股东名册等，则属于其形式特征。当实质特征与形式特征发生冲突时，法院应当结合争议的法律关系性质，选定合理标准对股东资格作出认定：如果争议发生在内部关系中，应优先根据实质特征，以是否具有成为股东的真实意思表示，是否实际享有股东权利等事实进行认定；但是如果与公司外的第三人等因股东资格发生争议时，基于维护交易安全和保护善意第三人利益的理念，则优先适用形式特征，特别是工商部门的登记情况进行认定。本案属于股东与公司之间的内部法律关系，应当优先根据实质特征判断。根据新亚达公司章程、股东名册和工商登记材料的记载，方建华虽然在形式上表现为新亚达公司股东，但其既未实际出资，又没有参与分红，也没有实际参与公司经营管理活动，并不具备股东的实质条件。更为重要的是，方建华本人并没有成为新亚达股东的真实意思表示，没有与其他股东形成入股合意，其在公司设立过程中提供身份证、签署章程以及处理验资事务等，只是为公司设立提供方便。据此，在本案内部关系中，不应确认方建华的股东身份。

浙江省高级人民法院再审认为：新亚达公司设立过程中，方建华提供了身份证并参与处理公司验资事务，在公司设立后直到提起本案诉讼前的数年间，就自身被记载于股东名册和工商登记材料等事实也未提出异议，对股东身份并非不知情。更为重要的是，公司章程作为公司设立的最主要条件和最重要文件之一，是股东就公司重要事务经协商制订的规范性和长期性安排，属于股东之间的合同。作为理性人，方建华对公司章程的性质、内涵及其意义显然明知，但其仍以股东身份签署公司章程，足以认定具有成为股东的真实意愿与表示行为，而不能认为"只是为公司的设立提供方便"。退一步讲，即便方建华不具有成为股东的真实意思，其在公司章程、股东名册以及工商登记材料被记载为股东，外观上、形式上完全具备了股东特征，第三人对此有充分的理由予以信赖。如以方建华不具真实意思为由否定其股东身份，将导致许多已经确定的法律关系发生改变，公司与第三人进行的交易将面临全面检讨，不利于维护交易安全和经济秩序稳定，与商法公示主义与外观主义原理相悖。在新亚达公司与高得高公司的债权债务关系中，高得高公司作为善意债权人，正是基于对工商登记材料、股东名册记载等外观特征的信赖，才在案件执行阶段对方建华等提出权利要求。而方建华恰恰又是在第三人提出该种权利要求而被追加为被执行人之后，才提起本案诉讼，目的是为了否定法院追加其为被执行人的裁定，从而意欲免除个人基于股东身份产生的债务，对此无法予以支持。至于方建华是否实际出资、是否享受分红、是否参与公司经营管理等事实，并不具有公示性，不具有使第三人信赖的外观特征，第三人并没有法律上的义务去了解，在本案讼争事项已涉及第三人利益的情况下，上述事项不应作为判断方建华股东身份的依据。综上，方建华关于否定其股东身份的请求不予支持，其与新亚达公司其他股东以及骆正森之间如果存在另外的关系，可通过其他途径解决。综上判决：维持原判。

---

## 评　析

本案是为数不多的反向确认股东资格的诉讼。所谓反向确认，是与正向确认相对应而言的，是诉请否认自身股东资格的诉讼。通常情形下，人们更多是主张确认其为某一公司的股东身份与资格，是为了争夺某一公司的股权而诉至法院。但类似本案这样诉请确认自己不是某一公司股东，从而摆脱身为该公司股东所可能面临的责任追究，这在司法实践中并非不可能。就本案而言，一审、二审、再审三级法院均一致确认方建华为新亚达公司股东，均驳回了方建华关于确认其不是新亚达公司股东的诉请。其中最为主要的依据是新亚达公司工商登记注册材料、公司章程、公司股东名册等材料中均对方建华的股东身份有着明确的记载，即便有证据表明方建华并未实际出资，甚至仅为临时挂名股东，但考虑到新亚达公司对高得高公司已欠债而不能偿还的事实，考虑到新亚达公司股东将因虚假出资而为其公司承担补足出资的连带责任需要，故采取对外交易形式主义或外观主义的理念，亦不得准许方建华此等情形下以摆脱股东身份之诉而摆脱其正面临的责任追究。本案诉讼的处理，涉及股东资格或股权确认诉讼的基本模式与理念，涉及确认股东资格内外区分以及正向与反向不同的处理原则等诸多问题。

## 一、关于股东资格确认的基本模式

股东资格确认的法律模式，意在探讨法院确认股东资格的方式、方法或者标准所在；就当事人的层面而言，则是指当事人可以用来证明或否定其股东资格的渠道或路径。股东资格的确认是一项极具实务色彩的司法工作，尽管各国公司法律很少就此作出直接的条文规定，但从相关制度的间接规定以及公司法的一般原理中，皆不难判断股东之所在。事实上，凡能证明其拥有公司股权者，皆可为股东，故证明或确认股东资格的现实方式是多种多样的。总体而言，可有以下主要的股东资格确认模式：

### 1. 基于出资或认购股权事实的确认

这是最具有实质意义的股东资格确认模式。出资系指实际缴付资本的行为，而认购股权则是指已同意认购股份、认缴出资但仍未实际缴付相应资本的行为。凭出资或认购股权获取股东资格需要满足两个基本条件：其一，所出资本或认购股权应为公司注册资本合法有效的组成部分，那些并非构成公司注册资本的出资或者股权认购，皆不是真正法律意义上的出资与认购股权。其二，应出具有效证明。没有证据证明的出资或者认购股权是难以想象的。如中国《公司法》规定，有限公司在设立后应向股东签发出资证明书，而股份有限公司成立后即应向股东正式交付股票。当然，所谓有效的证明，并非一定是格式化的规范证书。在中国的公司运营实践中，公司成立后不出具出资证明或股票的情形普遍存在，故凡可以其他方式证明出资或认购股权确实存在且已经构成公司注册资本的一部分时，皆不应以没有规范的出资证明或者股票之类的虚词，来否认事实出资者的股东资格。世界范围内，自有公司制度以来，以出资或认购股权作为获取股东资格的方式，从来就是最为主要、最为核心的法律方式，出资或认购股权所引发的出资证明、股份证书或股票等，不仅仅是一种物权性凭证，更可作为股东资格的凭证，在无充足的反证证明此类证据为虚假、失效或不合法时，即可依此确认股东的资格。

### 2. 基于签署章程的确认

章程是公司作为社团法人最为主要的象征之一，签署章程表明签署者愿意成为社团法人的成员之一，因而，以签署章程作为股东资格确认的法律标准，更具有典型意义。以签署章程来确认股东资格必须明确的一点是，并非所有的股东皆须签署公司章程。如英美法系下，公司设立后凭认购股权且无须签署章程而成为股东的现象更是普遍。再如，各国法律皆普遍规定股份有限公司，除发起人性质的股东外，其他股东皆非必须通过签署章程才可成为公司股东，尤其是股票上市的股份有限公司，试图要难以计数的众多认股人皆以签署章程来获取股东资格，是极不现实的。中国公司法亦仅规定有限责任公司的全体股东应签署公司章程，而股份有限公司的章程仅由全体发起人签署即可。据此可以看出，签署章程可以作为股东资格确认的模式，但并不能作为股东获取资格的必经程序。在不同的公司形态以及不同的公司注册制度下，不签署章程而获取股东资格的情形，同样普遍地存在。

### 3. 基于注册登记的确认

以公司注册登记档案中是否记载有股东的姓名与名称，来确认股东资格拥有与否，似乎成为中国公司审判实践中多数法官的共识。本案即为例证。事实上，尽管可以凭借注册登记来确认股东资格的拥有，但以没有注册登记来否认股东资格的拥有，则显然是认识上的误区所在。公司注册登记，简单可以分为设立登记以及设立后登记两大类。就设立登记而言，设立登记档案中关于股东姓名或名称的记载，原则上应当具有确认公司设立时原始股东资格的初步证明效力，这在各国公司法中皆不例外。但就公司设立后登记而言，随公司形态以及注册制度的差异，其对确认股东资格的法律意义差别很大。前些年间，中国司法实践中对于未进行股东变更登记的股权受让人，以及未进行注册资本变更登记的新增资本认购人的股东资格，更多倾向于不予认定。应当说，过多地要求公司设立后的变更事项皆应及时进行非必要变更登记的制度，既违背商业运营的惯例，亦大大提高了公司治理的交易成本。故司法实践中，对那些实质已经满足法律要件的行为，如并未损害原有股东优先受让权的有效股权转让行为，或经股东会有效决议下新增资本的认购出资行为，皆不应仅以未进行所谓的变更登记为由，否认其应有的法律效力。在现行注册制度下，对凭借此类行为获取股权者，同样应确认其股东的资格，但同时应责成进行相应的变更登记。2013年中国《公司法》修订后，中国的工商登记部门与司法部门正在转变观念，将股权确认与工商登记完全挂钩的理念与主张正逐渐被摒弃。

4. 基于股东名册的确认

以公司股东名册的记载来确认股东的资格，得到世界范围内公司法律的广泛认可。各国公司法律普遍要求各类公司形态皆应置备格式规范的股东名册，并就频繁的股东变动及时进行相应的记载处理。各国法律普遍认为，股东名册具有当然授予股东资格的法律效力。中国《公司法》第32条第2款即规定："记载于股东名册的股东，可以依股东名册主张行使股东权利。"这实际是承认了股东名册作为股东资格确认的优先证据效力。必须指出的是，以股东名册作为确认股东资格的法律模式，对于股东人数较多且股东相对不稳定的大公司尤其是上市公司而言，具有显而易见的积极意义，因为此类公司若不依股东名册为准，便很难保障股权的正常行使。但对于人数较少而股东相对稳定的有限责任公司，尤其是一人公司而言，记载公司股东的方式是多种多样的，不仅公司章程可以反映，而且公司注册材料中亦有记载，在公司的财务账册中更是能够清楚地反映出谁是入资的股东，再行专门置备股东名册似乎多此一举。所以，在以股东名册作为确认股东资格的依据时，应注重的是公司各类文件对股东的认可，而非一定要以格式化的股东名册为凭证；同时，对那些根本就没有置备股东名册的公司，显然亦不能仅以缺乏股东名册的记载来否认股东的资格。以股东名册确认股东资格的模式，尽管有广泛的代表性，但如同其他确认模式一样，皆不具有绝对的法律意义。

### 5. 基于有效受让股权事实的确认

基于受让股权诉请确认股东资格的纠纷，是股东资格确认纠纷中较为主要的一类。由于此类纠纷与股权转让协议的效力审查常常混同在一起，更使得基于受让股权的股东资格确认，相对较为复杂。对此所要关注的是，当事人可否凭有效的股权受让协议申请确认股东资格。中国《公司法》对此未作明文规定。但 2011 年 1 月由最高人民法院制定颁布的《公司法解释（三）》相关条文对此作了明确规定。如第 23 条规定："当事人之间对股权归属发生争议，一方请求人民法院确认其享有股权的，应当证明以下事实之一：（一）已经依法向公司出资或者认缴出资，且不违反法律法规强制性规定；（二）已经受让或者以其他形式继受公司股权，且不违反法律法规强制性规定。"第 24 条进一步规定："当事人依法履行出资义务或者依法继受取得股权后，公司未根据公司法第三十二条、第三十三条的规定签发出资证明书、记载于股东名册并办理公司登记机关登记，当事人请求公司履行上述义务的，人民法院应予支持。"很显然，尽管借鉴大陆法系国家的相关制度，多是规定受让股权未在公司股东名册进行名义更换者，不得以其受让股权的事实对抗公司，但在中国只要能够提供有效受让股权的事实，即可向公司乃至向法院申请确认其股东资格。

总之，以上各类确认股东资格的法律模式，既可单独运用，亦可联合并用，而且并无孰优孰劣之分。当它们发生实际冲突之时，更要依据证据的真实与否、准确与否以及时间的先后等，来综合判断并确认股东资格存在与否，绝不应当厚此薄彼。

## 二、关于工商登记对股东资格确认影响的进一步分析

就本案而言，围绕各方陈词与辩解所展示的困惑与问题，主要是工商登记对于股东资格确认所可能产生的效力影响，这是本案焦点所在。而所谓工商登记对于股东资格确认的影响实际只有一个核心问题，即工商登记注册程序与相关材料是否即为公司股东资格确认的结论性证据，或仅仅属于初步证明依据？

应当说，公司注册登记属于各国商事登记制度范畴。古罗马时期即已产生了商事登记制度的雏形，地中海商业繁荣时期形成了早期的商事登记制度，进入资本主义社会后，源自商人习惯法的商业登记规则相继为各国成文法所采纳，并逐渐发展成为现代商事登记制度。1861 年《德国商法典》对商事登记制度作了详细规定，从此创制了商事登记制度的典范。现代各国的商事立法中，无一例外地把商事登记法律制度作为一项基本制度。中国也制定了一些商事登记法律、法规，对商事登记的基本内容作了相应的规范。商事登记作为一种要式的强制性法律行为，要求商事主体必须以书面形式和法定格式将商事经营的内容及事项登记注册，使商事营业相关信息采用法定的形式固定化，有助于交易相对人对商事主体的资信及能力的了解，从而预测交易的风险，提高交易的安全度。尤其是在商事登记公示主义原则要求下，各国商事登记法均要求商事登记必须公告，否则不得对抗善意第三人。并且根据公示主义的一般原则，

作为商事登记最为主要组成部分的公司注册登记及其相关信息材料，对外原则上应当具有法定公信力，对于据此信息进行交易的善意第三人而言，无疑可据此受到法律保护，登记人显然不得以其中错误或任何的不实为由对抗善意第三人，这也是商事登记最为主要的法律价值。据此，我们可以认为，凡经商事登记的相关材料即可作为相关事实的初步证据，在没有任何相反事实情形下，应具有当然的公信效力；尤其是在处理对外交易关系时，凡信赖商事登记的第三人更可以获得信赖利益的保护，商事登记即便错误亦被视为结论性证据。

### 三、结合本案的进一步分析

本案之中，原告方建华以所谓新亚达公司登记中的错误而试图否认其股东身份，进而进一步实质否认其作为登记股东需对公司应承担的出资补足责任。尤其是检察机关抗诉认为，股东身份确认应当区分实质与形式两方面特征，签署公司章程、履行出资义务、享有资产受益、重大决策和选择管理者的权利等，乃为股东实质特征，而在工商登记材料中登记为股东、取得出资证明书、被载入股东名册等，则属于股东形式特征；在区分实质与形式两类特征前提下，再应根据纠纷为内部关系还是外部关系的不同情形，选择偏重于实质或形式进行区别处理；而本案即应为股东与公司之间内部关系纠纷，应按实质进行处理，如此方建华则不应被确认为新亚达公司股东。对于方建华与检察机关的这些主张，首先必须承认并非毫无道理。因为，既然商事登记仅为初步证据，那么当本案已经事实上查证新亚达公司全部出资为虚假，且方建华实际没有任何出资而的确属于挂名股东情形下，司法即应不拘泥于公司登记的形式内容而作出实事求是的认定与判决，即检察机关所谓对内关系纠纷应坚持实质特征的理念并非不当。但本案恰恰不仅仅是内部关系纠纷，或者如再审判决所阐述，方建华恰恰是在高得高公司对新亚达公司债权不能获得满足而追究其股东出资责任情形下，在其另案被追加为被执行人之后才提起的本案诉讼，目的是为了否定法院追加其为被执行人的裁定，从而意欲免除其个人基于股东身份所产生的责任，这实际就涉及外部关系的处理，或者说原本高得高公司就有权作为第三人申请参与到本案诉讼中来，如此就必然涉及对外维护交易安全和经济秩序稳定的需要。而此等情形下，检察机关所谓对外关系处理应偏重形式特征的主张实际亦非不当，只是其将本案仅视为内部关系的主张属于判断失误。显然，根据商事登记公示主义原则或所谓外观主义的原理，方建华的诉请无法获得法院的支持。

# 12. 股东知情权的法律衡量

—— 上海新吴淞商贸总公司诉上海联华新新超市有限责任公司股东知情权纠纷案

案件索引：上海市第二中级人民法院（2010）沪二中民四（商）终字第 321 号，2010 年 10 月 23 日判决；上海市宝山区人民法院（2009）宝民二（商）初字第 1318 号，2009 年 12 月 18 日判决。

## 基本案情

2009 年 9 月，上海新吴淞商贸总公司（简称新吴淞公司）提起诉讼，请求判令上海联华新新超市有限责任公司（简称联华新新超市）提供 2000 年 1 月至起诉当月止的公司月度、年度会计报告、账簿及原始凭证供其查阅、复制。

经审理查明：1997 年 4 月，联华新新超市经工商核准设立，股东为新吴淞公司和联华超市商业公司（后更名为联华超市股份有限公司）。联华新新超市的公司章程约定：联华新新超市应当在每一年度终了时制作财务会计报告，经依法审验后，十天内送交各股东及政府有关部门，并接受其监督；股东有权自行聘请审计师、会计师查阅公司账簿，查阅时，公司应当提供方便。

联华新新超市提供给新吴淞公司的 2007 年 3 月 31 日资产负债表记载，期末股东权益为 12,243,880.16 元，但经上海汇洪会计师事

225

务所有限公司审计调整后的期末股东权益又为 8,835,166 元。

2008 年 9 月至 2009 年 8 月，新吴淞公司多次向联华新新超市发函，要求联华新新超市向其提供经营和资产情况报告以及会计师事务所的年度审计报告。联华新新超市收函后，或以新吴淞公司要求过于广泛为由拒绝，或以有关审计报告和资产评估报告已经提供并得到确认为由拒绝。

---

## 判决与理由

上海市宝山区人民法院一审认为：首先，关于财务会计报告。根据联华新新超市公司章程的约定，联华新新超市负有主动向股东提供财务会计报告的义务，应当予以提供。其次，关于会计账簿。公司法规定，股东应当向公司提出书面申请说明理由。新吴淞公司确有以书面方式提出查阅的意思表示，但由于联华新新超市的原因致使上述申请未被受理。此后新吴淞公司又以诉讼方式提出，因此新吴淞公司的申请是明确的。新吴淞公司不仅在申请书中对查阅目的进行说明，在诉讼中再次明确了查阅目的，并无损害公司利益或其他不当目的的可能。联华新新超市仅以提供过审计报告和评估报告为由拒绝提供 2007 年 3 月之前的会计账簿，缺乏依据。最后，关于原始凭证。公司章程对此并无特别约定，但原始凭证是登记会计账簿的原始依据，最能真实反映公司的资金和经营状况。联华新新超市出具的 2007 年 3 月 31 日资产负债表反映的净资产额与评估基准日为同一日的项目评估结果汇总表反映的净资产额有较大差距，新吴淞公司因无法知悉具体情况而对联华新新超市会计账簿的真实性存有合理怀疑，故给予新吴淞公司查阅原始凭证的权利更为合理。

据此，依照《公司法》第34条的规定，判决：一、联华新新超市于判决生效之日起20日内提供2000年1月1日起至2009年9月8日止每个会计月度、年度的公司财务会计报告，供新吴淞公司查阅、复制；二、联华新新超市于判决生效之日起20日内提供2000年1月1日起至2009年9月8日止会计账簿及原始凭证，供新吴淞公司查阅。联华新新超市不服，遂提起上诉。

上海市第二中级人民法院二审认为：新吴淞公司作为联华新新超市的股东，有权查阅、复制公司财务会计报告。股东行使该项权利，依法无须审查其查阅目的。故一审判决第一项符合法律规定，应予维持。本案的争议焦点在于，新吴淞公司是否可以查阅公司会计账簿，以及查阅的范围如何确定。联华新新超市认为会计账簿不应给予查阅的主要理由是，新吴淞公司明知财务状况并认可经审计的2007年3月31日财务报表，无再次查阅的必要性。该理由不符合公司法的规定，也与公司章程规定不符。按照公司法的规定，公司可以在有合理根据认为股东查阅会计账簿有不正当目的，可能损害公司合法利益的情形下，拒绝提供查阅。在公司不能举证证明股东有不正当目的，且股东对系争财务资料存在合理怀疑的情况下，股东有权行使查阅的权利。从审计调整前后的报表数据看，同一基准日的公司净资产额相差340余万元，联华新新超市在二审中说明了产生差额的原因是将对外投资的利润直接调整出表外，该种做法不完全符合企业会计制度的规定。因此，新吴淞公司要求查阅相关财务资料，不仅符合公司章程规定，而且具有一定的必要性。一审判决支持新吴淞公司查阅联华新新超市部分会计账簿及凭证是正确的。

关于查阅的范围，应当结合本案实际情况，充分考虑在正当目的下的针对性、适当性和可行性，以避免股东知情权行使过度所带给公司经营管理秩序的负面影响。首先，新吴淞公司对报表数据真实性的合理怀疑集中在截至 2007 年 3 月 31 日的股东权益上。而审计调整这一数据的原因，至少从新吴淞公司当时出具的承诺函和联华新新超市董事会决议上看已基本清楚，即所调整的是投资于宝山世纪联华的利润。故新吴淞公司有权查阅的会计账簿及原始凭证的时间范围应是 2002 年至 2004 年。另外，由于太仓联华新新 2006 年累计利润也有所调整，联华新新超市自称对 2007 年 1 月至 3 月的利润应调整而未调整，故 2005 年、2006 年以及 2007 年 1 月至 3 月的会计账簿及原始凭证也应提供查阅。其次，关于 2007 年 3 月份以后的会计账簿及原始凭证能否查阅的问题，根据公司章程的规定，新吴淞公司有权查阅的是账簿。至于能否查阅凭证，因尚无证据证明该阶段的财务记录存在问题，而公司股东权的行使与日常经营管理权的行使显然有别，故新吴淞公司仅以股东身份泛泛而谈查阅目的，缺乏针对性和适当性，其要求查阅该阶段凭证的主张不应予以支持。原审判决没有根据本案的实际情况对股东知情权的行使范围作出必要的、合理的区分，应予部分改判。再次，为了平衡行使股东知情权与维护公司经营管理秩序之间的利益关系，有必要对当事人行使权利、履行义务的时间与方式作出具有可行性的安排。对联华新新超市而言，应有适当准备的时间；对新吴淞公司而言，要约束其查阅时间。关于查阅地点，根据两便原则，可由当事人自行协商确定，但应以尽量不移动会计账簿、凭证为妥，以保证公司会计资料的完整与安全。据此判决：一、维持原审判决第一项；二、撤销原审判决第二项；三、联华新新超市应于本判决生效之日起 20 日内向新吴淞公司提供 2002 年 1 月至 2007 年 3 月的会计账簿及原始凭证，新吴淞公司应在对方提供查阅之日起的 20 日内完成查阅；四、联华新新超市应于本判决生效之日起 10 日内向新吴淞公司提供 2007 年 4 月至 2009 年 9 月的会计账簿，新吴淞公司应在对方提供查阅之日起的 10 日内完成查阅。

---

# 评　析

本案系股东知情权纠纷。知情权为股东一项重要权利，亦是股东顺利行使其他权利的基础。公司股东之间发生利益冲突时，把持公司财务信息的一方侵害公司利益，并拒绝对方查阅公司账目请求，由此而侵犯股东知情权的案件实践中时常发生。《公司法》仅分别对有限公司与股份公司股东知情权包含的内容做了大致规定，而对行使主体、行使范围及方式等并未具体明确，以至于实践中对知情权究竟应当怎样行使颇有争议。

## 一、关于股东知情权的一般规定及其法律意义

股东知情权是股东获取公司信息、了解公司状况的权利，是股东参与公司重大事项决策的前提，可分为一般知情权与特殊知情权两类。所谓一般知情权，指的是股东对于公司章程、股东会会议记录、董事会会议决议、监事会会议决议以及财务会计报表等进行查阅与复制的权利；所谓特殊知情权，指的就是账簿知情权，即股东对公司会计账簿的知情权。公司章程及公司各组织机构的会议记录等多是关于公司运营的一般性、基础性资料，多是对公司运营情况大致脉络的计划或总结，一般并不涉及公司具体经营细节，并不涉及太多公司机密，因而对于股东而言并非难以接触与了解的对象。而公司账簿则不同，一份真实的公司会计账簿往往能够反映公司一段时间内所有经营行为，涉及公司每一笔交易，甚至包含有影响到公司整体发展的机密事项，所以法律对特殊知情权即所谓账簿知情权的限制更多，对其规定亦更加具体。

　　中国 2005 年修订前的《公司法》对股东知情权规定相对简单，修订后的新《公司法》则在该制度上取得一定进展，在股东知情权行使范围与方式上作了必要补充。新《公司法》第 34 条（现为 33 条）关于有限责任公司的制度中规定："股东有权查阅、复制公司章程、股东会会议记录、董事会会议决议、监事会会议决议和财务会计报告。股东可以要求查阅公司会计账簿。股东要求查阅公司会计账簿的，应当向公司提出书面请求，说明目的。公司有合理根据认为股东查阅会计账簿有不正当目的，可能损害公司合法利益的，可以拒绝提供查阅，并应当自股东提出书面请求之日起十五日内书面答复股东并说明理由。公司拒绝提供查阅的，股东可以请求人民法院要求公司提供查阅。"而第 98 条关于股份有限公司的制度中则规定："股东有权查阅公司章程、股东名册、公司债券存根、股东大会会议记录、董事会会议决议、监事会会议决议、财务会计报告，对公司的经营提出建议或者质询。"

　　就现实而言，知情权为股东最为需要的权利之一，离开了知情权，股东对公司的密切关注便成为很遥远的事情。由于大股东、控股股东可以通过很多途径得知公司的经营状况，所以对股东知情权的保护，实际更多的是为了保障中小股东的权益。同时，从股东知情权的性质来看，通说其为股东固有之权利，未经权利人同意，一般不能任意剥夺，即便股东未正常出资情形下原则上亦不得被排除。因此，世界各国公司法均对股东知情权给予普遍的承认与保护。当然，股东知情权的过度扩张也会带来诸多负面效应，如过于强调股东知情权的保障，也有可能导致公司商业秘密的泄露，导致公司经营效率的降低，可能严重影响公司利益。但如果仅着眼于公司的利益而过分地限制股东知情权，则又可能严重影响股东权利的行使，对股东合法权益造成相当侵害，这又会对公司治理结构与机制的均衡造成破坏。所以，必须在保障股东知情权与保障公司利益之间寻找到一个最佳平衡点。

**二、股东知情权诉讼主张与针对的主体**

作为主张股东知情权的行使主体，毫无疑问应当是公司股东，但公司法并未对可以行使知情权的股东作出限定要求。从理论上说，无论是有限责任公司还是股份有限公司，只要是公司股东，只要不存有不正当目的，即可行使股东知情权，而不受持股比例、进入公司时间等因素限制。知情权行使以股东资格为前提，因而原告提起股东知情权诉讼之时当为公司股东，自然也包括在公司成立之后新加入公司的股东。一般认为，新股东对其加入之前的公司情况可以享有知情权，因为公司经营是一个连续性过程，公司所作的经营决策与之前已经发生的交易行为及各项决策均密切相关，股东在对公司行使表决权时亦以对公司整体情况的了解为前提。并且股东以出资额对公司债务承担责任，这其中也包括其加入之前公司所负债务，因而从权利义务相一致的角度而言，新加入股东应有权查阅其加入之前的公司账本等。另外，对于已退出公司的股东，也不应一概否决其知情权的享有。前股东在控制股东与管理层操纵公司财务活动的情况下，可能因未能了解公司真实状况而以不公允的价格转让了其股权，因而从诚实信用原则出发，应当允许前股东在股权转让后合理期限内，在对其退出公司前的公司财务状况存有合理怀疑时，仍可享有对公司的知情权，从而有利于对其可能显失公平的股权转让行为等予以救济。

就股东知情权所针对的主体而言，因知情权行使之目的在于了解公司经营状况，该行为本身指向的对象也主要是公司本身，因而公司应为股东知情权的直接诉请对象。当股东在其知情权行使过程中受到阻碍时，无论该障碍是来源于公司管理层抑或是其他股东，都是源自于公司内部的利益冲突，最终也都是通过公司体现出来，因而股东知情权应向公司主张，股东向法院提起知情权诉讼也应以公司为主要被告。但是，股东知情权诉讼亦常常将其他相关主体一并列为被告，如经常可能将控制公司的另一股东甚至董事高管等与公司一起列为被告。此类知情权诉讼中被连带起诉的被告都有一个共同特征，即都对公司具有实际控制权，在事实上拥有支配与操控公司经营活动的权力。客观而言，无论是管理层还是控制股东，其只有在实质控制公司情况下才有可能把持公司财务会计等相关资料，继而对股东知情权的行使设置障碍。必须注意到，这些被连带起诉的主体，实质上也应被认为保障知情权实现的责任主体。因而，当公司管理层对股东知情权的行使造成侵害时，当控股股东对其他股东知情权的行使造成侵害时，股东提起知情权诉讼中也应可以将他们一并列为被告。

## 三、股东知情权的查阅范围及行使方式

依照法律规定，股东知情权查阅范围主要包括公司章程、股东会会议记录、董事会会议决议、监事会会议决议、财务会计报表与会计账簿等。但对于会计账簿之外，有限责任公司的原始记账凭证是否应属查阅范围，实践中历来存有较大争议。根据《会计法》等相关法律规定，所谓会计账簿原则上并不包括原始记账凭证，这就更进一步使得能否查阅公司原始会计凭证的问题在司法实践中引发争议。本案原、被告在这一问题上的主张即截然相反，而一审与二审法院的观点则完全相同。对此，必须看到，由于中国公司信用水平存在问题，财务会计报告造假问题较为严重，此等情形之下股东很难通过财务会计报告明确知晓公司经营情况。而原始凭证作为记录公司业务发生的最原始证据，涉及与公司进行经济业务往来的其他企业利益，能够相互形成牵制关系，造假可能性小，造假成本很高，

且造假被事后发现的成本又低。因而相较而言，原始凭证的真实性要远远大于财务会计报告，也更加能够反映出公司经营情况。在所有权与经营权分离程度不高的有限责任公司，大股东掌握公司经营权而小股东根本无法接触公司核心信息的情形比比皆是，大股东可以通过其经营管理之便利获得全面真实的公司经营信息，原始凭证知情权对于大股东而言并不存在任何障碍。此时若否认小股东的原始凭证知情权，则更会造成股东权利的不平等。因而，应当将原始凭证纳入股东知情权可以查阅的范围之中。

就知情权行使方式而言，依照法律规定，股东对公司章程、股东会会议记录、董事会会议决议、监事会会议决议和财务会计报告可进行查阅与复制，应当允许股东对其进行复印。尤其是对于内容繁杂、查阅耗时较久的一些文件，该类文件本身即具有一定公示性，一般不涉及公司核心机密，至少不应对公司股东保密，对其进行复印并不会影响到公司利益，但也仅能复制而不可将原件带走查阅，以免影响公司正常经营，或对其他股东行使知情权造成障碍。但股东对会计账簿则应仅享有知情权，因为会计账簿中包含有公司各笔交易往来记录，通常会包含有公司机密，股东对其也负有保密义务，若允许股东随意复制，很可能会给公司利益造成威胁，因而股东对此虽可查阅但一般并不享有复制权利，通常只可摘抄而已。

为保证公司信息安全及知情权行使便利，股东对公司信息的查阅一般应当在公司住所地（主要营业地）进行，且应当选择在公司正常营业时间内，以免给公司及其执行人员带来不便。至于知情权行使可能引发的费用，如复制等费用，有些国家规定是免费的，而有些国家则规定需要由主张知情权的股东支付成本费用，还有些国家则规定一个固定而基本的费用标准，当然也有些区分不同知情对象与标的，如向公司索要一般知情权所针对的文件，则往往是免费的；

如允许复制公司账目情形下则显然要支付复制账目所应支付的费用，不然可能公司大量账本会被股东无偿复制，带来公司经营管理上被动。如果不允许复制而仅允许摘抄的话，则由股东等自行付出劳动即可，当然并不涉及费用承担的问题。

另外，关于股东查阅请求权仅限于自己行使还是可以请求聘请专业人士协助查阅的问题，实务界与学界至今还存有较大争议。有人认为"股东的知情权具体可分为财务会计报告知情权、账簿知情权和检查人选任请求权"，[①] 但更多的学者从实体法现行规定的角度否认股东委托审计的权利。一方面，毕竟公司经营过程中，很多会计账簿等资料具有相当大的专业性，如果不具备一定的知识基础，股东查阅后并不能真正发现问题，这样对于股东知情权的保障显然是不足的；另一方面，如果允许股东自己聘请会计、审计等专业人员帮助查阅公司财务状况，又有对股东知情权过分扩大之嫌。所以，一般认为，当股东请求查阅公司会计账簿等专业性较强的材料，且股东自己行使知情权无法达到知情所需时，可以请求法院指定专业机构或人员审计公司。法院审查股东申请审计公司是否具有正当目的，审查对相关资料的查阅是否会给公司经营带来极大的风险。对于符合条件的，根据股东的申请指定专业人员查阅公司相关资料，专业人员应保证不泄露公司商业秘密，并在查阅后向股东出具查阅报告，申请股东则应承担法院指定审计人查阅公司相关资料所产生的全部委托费用。

此外，在中国公司运营实践与司法实践中，关于股东账簿知情权行使还可能面临的一个棘手问题是，公司未建财务账目情形下知情权如何行使。原本这并不应当成为法律难题，因为凡公司皆必须

---

① 刘俊海：《股份有限公司股东权的保护》，法律出版社 2004 年版，第 362 页。

建立规范的财务账簿，这是对公司最为起码的法律要求，甚至也正是公司有别于所谓独资企业的一个主要特征所在。但是，现实之中，就有不少小公司确实未能建立规范的财务账簿，而有些则是为了规避、逃避、掩盖可能的法律责任而故意不建立甚至刻意毁损公司账簿。尽管中国刑法对此有专项罪名予以追究，但有人、有公司总是愿意冒此风险。此等情形下，则显然会给股东知情权行使造成障碍，甚至根本无法行使，即所谓查阅的账簿根本就不存在。此时股东应有权直接查阅公司业务往来发生的原始会计凭证，且公司未建财务账目本身即可成为股东行使知情权的正当理由，同时股东亦可要求公司补充建立会计账目，以便日后知情权的顺利行使。确实无法再行建立财务账簿而给公司股东造成损失的，股东有权追究相关人员的法律责任，甚至包括赔偿损失等。

## 四、股东知情权诉讼处理的司法价值衡量

知情权查阅范围中包含的会计账簿等通常会涉及公司商业秘密，于是法律要求股东在查阅公司会计账簿之前应向公司提出书面请求，说明目的。由于法律对知情权的行使主体没有作任何最低持股比例与持股时间要求，因而"正当目的"也就成为对主体要件的唯一限制要求，这也是股东能否行使知情权最核心的判断标准。但所谓"正当性"又是一个主观性极强的概念，若要求股东证明自己提出的查阅目的为正当，则会大大加重其查阅难度，因而法律将不正当目的之举证责任交由公司承担。公司只有证明股东所提出的查阅目的不正当，方可限制股东知情权行使，这也更加合乎公司法保护股东利益的理念。现实之中，不少公司正是以股东查阅公司账簿动机与目的不纯为由，拒绝股东查阅，由此引发纠纷。

公司法要保护的当然不仅仅是股东权利，亦要保护公司利益，因而公司商业秘密在股东知情权制度中成为法律所要保护的重要对

象。可以说，公司是否认为有保护商业秘密之必要，或者股东知情权行使是否可能损害公司的商业秘密，几乎成为股东知情权行使正当与否的实质衡量标准，也可以说是公司拒绝股东知情权行使最具正当性的理由。因此，所谓股东知情权行使是否正当的核心衡量标准，即是否可能实质损害公司的商业秘密。即便允许股东对涉及公司商业秘密的文件、财务账簿等进行查阅，但公司法律也往往会对股东课以通过知情权获取公司商业秘密之后的保密义务，要求股东不得泄露公司机密，否则即为对公司利益的侵害，应当对其由此给公司造成的损失承担赔偿责任。

对于股东知情权行使诉讼，一个引发人们感兴趣的话题是，此类诉讼裁判之程序是否有必要采取两审终审制？是否可以一裁终局？从司法效率的角度考量，对于股东知情权诉讼显然可以考虑采取一裁终局制，即对是否允许查阅的裁判原则上不得上诉。因为股东行使知情权之目的一般在于通过了解公司情况而顺利行使其在股东会上之决策权，或是评价其股票投资、与他人进行相关交易等，类似行为皆对时间有较高要求，时间过长则会导致股东查阅之目的无法实现。知情权的行使同时也会影响到公司日常经营，知情权诉讼的漫长期间很有可能会使公司利益受到损害。因而可以提高此类诉讼的处理效率，使诉讼各方主体利益得以平衡。如美国《示范商业公司法》第 16.04 条第 2 款即规定：法院应以快速方式处理股东提出的有关知情权诉讼。[①] 其实，围绕公司法下的其他一些诉讼，如公司解散之诉、公司决议效力之诉、公司利益分配之诉等，实际皆可以探索与尝试一裁终局的诉讼处理模式，这最主要是基于商业效率追求下利益实现与安排的实际需要。当然，程序高效与利益保护

---

① 虞政平编译：《美国公司法规精选》，商务印书馆 2004 年版，第 143 页。

始终是平衡之难点，过度地强调效率而忽视程序救济的必要，也时常为人们所反对。

### 五、结合本案的进一步分析

本案系由新吴淞公司以股东身份发起的针对联华新新超市公司的特殊知情权诉讼，从原被告诉讼主体的设定上属于典型的知情权诉讼模式，即股东针对公司发起的诉讼。一、二审法院总体上均认可原告股东身份，均对原告股东提出查阅公司账簿请求目的之正当性作了必要审查，并最终均支持原告查阅公司账簿的诉讼请求，甚至也均认同原告可以股东身份查阅公司的原始凭证。同时，细心的人们还可以注意到，一、二审在把握股东账簿查阅权的行使方式上，对于一般性财务会计报告，判决主文判词用的是可以"查阅、复制"，但对于具体会计账簿尤其是原始凭证，判决主文判词用的仅仅是"查阅"，并无可"复制"之意。以上这些均很好地体现了一、二法院在对待股东知情权保护乃至行使方式上的一致理念，一、二审判决总体上均值得肯定。

相比较而言，二审判决当然更为严谨周密，尤其在关于股东查阅范围的把握上更为细致，更好地体现了账簿查阅必要而谨慎的原则。在本案二审看来，审查股东账簿查阅的范围，应结合案件实际情况，并充分考虑正当查阅目的下的针对性、适当性与可行性，以避免股东知情权行使过度所带给公司经营管理秩序的负面影响。为此，二审在判决理由中专门就查阅地点要求双方根据两便原则自行协商确定，强调应以尽量不移动会计账簿、凭证为妥，以保证公司会计资料的完整与安全；二审还专门就原告可以查阅的公司账簿范围尤其是原始凭证的时间段作了改判，甚至对原告完成查阅的时间天数也在判决主文中明确加以约束。这些看似细微的理由陈述及主文改判，实际更好地体现了司法对于股东知情权保护与公司利益保护之间的价值平衡，这种司法理念与精神无疑更值得充分肯定。

　　还需指出的是，尽管我们之前在讨论股东查阅请求权是否仅限于自己行使还是可委托聘请专业人士协助查阅的问题上，认为一般只可请求法院指定专业机构或人员帮助，而股东自身不得自行委托他人查阅。这在当前中国公司法未作明确规定的情形下，仅仅只是一种观点主张。司法实践中，有些法院已经准许股东委托专业人员帮助查阅，而多数当前还不准许。但具体到本案之中，在联华新新超市的公司章程中，对于股东有权自行聘请审计师、会计师查阅公司账簿已经有着明确的规定。通常认为，当公司章程有着明确规定而公司法又未明确规范或不准许的情形下，类似公司章程条款对于本公司及其股东应有完全的遵循效力，司法不应加以干涉。如若本案原告据此章程条款提请审计师、会计师帮助其查阅该公司会计账簿甚至相关原始凭证，法院无疑应予准许。

# 13. 股东出资不实对其表决权可否限制

—— 重庆鑫荣建筑工程有限公司等诉重庆中川建设有限公司公司决议效力确认纠纷案

案件索引：重庆市第五中级人民法院（2011）渝五中法民终字第1989号，2011年8月19日判决；重庆市荣昌县人民法院（2010）荣法民初字第2997号，2010年12月9日判决。

---

## 基本案情

重庆鑫荣建筑工程有限公司（简称鑫荣公司）、重庆市荣昌建筑安装工程二公司（简称荣昌二公司）、重庆旭立建筑工程有限责任公司（简称旭立公司）、邓成孝、邓统兴等向法院提起诉讼，以原告表决权被不当限制为由，请求确认2009年12月31日重庆中川建设有限公司（简称中川公司）第四届股东大会选举决议无效，并将公司其余9名自然人股东等作为第三人一并诉讼。

经审理查明：2006年4月28日，原重庆市荣昌建设总公司（甲方）与原告鑫荣公司（丁方）、荣昌二公司（乙方）、旭立公司（丙方）签订协议书。协议书载明：（一）在甲方的基础上，甲、乙、丙、丁四方共同出资，联合组建国家一级建筑施工企业——中川公司。（八）上述注册资金待中介机构验资和工商部门注册后，中川公司在四方商定的时间内借给甲、乙、丙、丁方使用机械设备、周转材料，若工商部门查验注册资金时，必须在商定时间内归还给中川公司查验。（九）成立后的中川公司机构设置：由甲、乙、丙、丁方各委派5、3、3、3位代表组成股东代表大会，由股东代表大会选举产生董事会（其成员人数甲、乙、丙、丁各委派3、2、2、2位），监事会（其成员人数甲、乙、丙、丁各委派2、1、1、1位）。董事会、监事会选举董事长1人（甲方委派），副董事长3人，由乙、丙、丁方法定代表人担任，监事会主席1人（原则上由甲方委派）。董事长是公司法定代表人。

2006年6月1日，原重庆市荣昌建设总公司改制成立中川公司。有11名自然人股东：邓成孝、聂宗伟、林安彪、邓统兴、唐基培、黄诗华、滕德先、万明辉、石含清、宋明莉、段佳林。2006年7月4日，中川公司召开股东会修改公司章程，注册资本增至5010万元，增加法人股东3名，即原告鑫荣公司、荣昌二公司和旭立公司。2006年7月6日，重庆谛威会计师事务所有限公司出具验资报告载明，新增资本1733万元，鑫荣公司增资600万元（货币200万元、实物400万元），荣昌二公司增资640万元（货币120万元、实物520万元），旭立公司增资393万元（货币100万元、实物293万元），邓成孝增资100万元（货币）。2006年7月10日，中川公司按2006年7月4日的股东会决议向工商登记机关申请了变更登记。

2006年7月20日，中川公司和鑫荣公司、荣昌二公司、旭立公司签订会议纪要：（一）同意荣昌二公司、旭立公司、鑫荣公司退出投入升一级企业的全部注册资金中的货币资金，但分别预留10万元作为升一级企业经费。（二）各公司投入升一级企业注册资金中的机械设备和周转材料由各公司随时自行保管使用。

2009年12月31日，中川公司召开第四届股东大会暨董事会、监事会换届选举大会，由邓成孝、聂宗伟、林安彪、邓统兴、唐基培、黄诗华、滕德先、万明辉、石含清、宋明莉、段佳林11名股东参加，会议口头决定每位股东按一人一票进行表决。该次会议选举聂宗伟、林安彪、唐基培、黄诗华、段佳林等 5 人为董事，选举邓成孝、邓统兴等 2 人为监事。同日，中川公司又召开第四届董事会第一次会议，选举聂宗伟为中川公司董事长。这次股东大会暨董事会上荣昌二公司和旭立公司均派员到场列席，但不被允许行使表决权；鑫荣公司未到场。截至原告起诉之日，此次选举产生的董事、监事尚未办理工商变更登记。

<hr />

## 判决与理由

重庆市荣昌县人民法院一审认为：被告中川公司系依法成立的有限责任公司。原告鑫荣公司、荣昌二公司和旭立公司在增资入股时，其实物出资虽经验资和工商登记，但一直由该三原告占有使用至今，且原告并未提供证据已将出资的实物转移登记至被告中川公司，并办理相应的所有权变更手续，故其实物出资不能认定为实缴出资。2006 年 7 月 20 日，被告中川公司和原告鑫荣公司、荣昌二公司、旭立公司签订会议纪要后，被告中川公司已将货币出资退还给原告鑫荣公司、荣昌二公司、旭立公司。股东违反出资义务，公司可依据股东实缴的出资比例，对其表决权作出相应限制。故被告中川公司有权对三原告的表决权予以限制。2009 年 12 月 31 日的股东会，经到会全体股东口头同意按一人一票进行表决，是有表决权的股东一致意思表示，应予认可。据此判决：驳回原告鑫荣公司、荣昌二公司、旭立公司、邓成孝、邓统兴的诉讼请求。原告等不服，提起上诉。

重庆市第五中级人民法院二审中，原告等申请撤回起诉。经二审法院审查认为，原审原告申请撤回起诉的意思表示真实，不违反法律规定。遂裁定：一、撤销荣昌县人民法院（2010）荣法民初字第 2997 号民事判决；二、准许鑫荣公司、荣昌二公司、旭立公司、邓成孝、邓统兴撤回起诉。

----

## 评　析

本案是一起瑕疵出资股东的表决权受到限制而引发的纠纷。这一问题的本质涉及股东权利与股东正当出资之间的关系问题。在近年来的公司诉讼实践中，诸如诉请确认股东资格、公司或债权人追究股东出资责任、股权转让协议的效力审查、各类股东权的行使等多类纠纷案件，都直接或间接涉及此类问题。未出资股东或瑕疵出资股东的股权是否完整或可否限制，尤其是股东表决权等可否因出资瑕疵而进行限制，在理论和实务中都有不同的观点。为了厘清这一问题，需要从未出资对于股东资格乃至股权行使的影响来理解，需要从表决权与股权的捆绑与分离机制来把握，循序渐进地找到其中的逻辑所在。

### 一、未出资情形对于股东资格及其股权行使的一般影响

股东未出资按照不同的标准，有不同的分类。按行为方式的不同，股东违反出资义务的行为可表现为完全不履行、未完全履行和不适当履行三种形式。部分股东完全不履行出资义务的，按现行司法解释之规定，有可能导致股东除名的后果。按未出资人数的不同，可以分为全体、部分或单个股东未出资的不同情形。而最为主要的区分表现在按未出资原因所作的划分上，据此可以分为"正常未出资"和"未正常出资"，而所谓"正常"与否的判断标准，即在于股

东未出资的事实是否符合法律和公司章程的规定。2013 年年底中国《公司法》修改后，对于股东应缴纳出资的期限不再作法律上的规定，只要按照公司章程规定的缴纳出资的期限缴纳出资即属于正常出资范畴，由此公司设立后至章程规定的缴纳期限届满前正常未出资的情形会变得越来越普遍。与此相反，其他未依法，且没有章程约定可以豁免其出资义务的，或章程规定的缴纳出资期限到期后仍不缴纳出资的，如拒绝出资、虚假出资、拖延出资等则均属于未正常出资。在未正常出资情形中，当然还包括抽逃出资等情形。曾经一段时期抽逃出资现象较为普遍，但在现行资本制度不再严格要求法定缴纳期限情形下，抽逃出资现象必将大为减少。

就未出资情形对于股东资格的影响而言，当前立法并未作明确规定。但很显然，大量正常未出资的情形显然应当排除在外。即当公司章程中已经约定某些股东可以在公司成立后一段时间内出资时，在尚未到期而相关股东尚未出资之前，由于股东名册、工商登记材料的登记，其未出资的事实显然不会影响该股东资格的取得。即便就未正常出资情形而言，肯定未正常出资股东的资格在理论上亦更为连贯，在实践中也更有利于债权人利益保护乃至公司的稳定。首先，就现行法律而言，中国《公司法》第 28 条第 2 款和第 30 条分别规定了股东未正常出资情形下的差额补足责任，即未正常出资一般只能导致股东承担补足出资责任或相关违约责任，并不必然导致股东资格的丧失，在公司章程没有约定或股东大会没有作出决议对未出资股东除名之前，均应认定未出资股东的股东资格。其次，股东资格的认定并不仅是涉及股东权利的行使，更多时候也会关系到股东义务的履行。如果仅因为股东未出资或未完全出资即否定其资格，则公司与未出资的"股东"之间即没有法律关系，难以要求其履行出资义务，此时不仅不利于保护公司的利益，也不能有效保护债权人利益。最后，在实际经济生活中，存在不少公司股东未正常出资的情形，若当所有股东均未正常履行出资义务时，如果因此即否认股东资格，则公司存在的本身将成为一个问题，对于交易安全和公司制度的稳定发展极为不利。因此，结论是，无论股东正常未出资或未正常出资，对于其股东资格原则上均不具有否定的影响。

虽然明确了未出资股东可以享有其股东资格，但具有股东资格并不意味着即可享有完整的股权。从股权原始取得这一方式来看，股东资格只是股东获得股权的前提条件而非充分条件，股东行使股权除了应具有股东资格，一般还应完成其对应的出资义务。权利与义务相统一是民商法的基本原则之一，股东不承担出资义务而获取全部的股东权利显然与这一原则相悖。从利益与风险一致的角度来看，也应限制未出资股东的权利。因为股权既包括满足投资者利益回报的自益权，还包括股东参与公司治理从而维护公司利益的共益权利。如果对于未出资股东的股权不加限制，那么公司很可能成为股东套利的工具，股东承担的风险与其享受的利益具有不平衡性，这一点是非常危险的。所以，限制未出资股东的权利对于保障风险和利益的平衡大有裨益。从公平原则的角度看，不限制未出资股东的利益对于已正常履行出资的股东而言也极为不公，这样的不公平甚至会诱导所有的股东都不愿出资，而这对于公司的稳定乃至公司存在的价值都会产生极大危害。此外，中国《公司法》第 4 条规定，"公司股东作为出资者按投入公司的资本额享有所有者的资产收益、重大决策和选择管理者等权利。"显然，立法对于股东享有权利是以出资为条件的，未履行出资义务，虽不至于当然否定其股东资格，但必然使得股东权利受到相应限制。

## 二、表决权与股权的捆绑与分离机制

表决权是股东一项重要的权利，对于确保股东参与公司决策具有决定性影响力。一般而言，表决权与股权融为一体，互为捆绑，有股权即有表决权，且通常采取"一股一权"、"一股一票"即所谓一份股份对应一份表决权的方式。当今世界范围内绝大多数的公司股权与其表决权基本遵循这一原则，而这也是表决权与股权捆绑一体化的主流模式。当然，表决权也经常可能与其股权相分离，即有股权并不等于一定就有表决权，或股权数与表决权数并非一一对应，并非一股一权，既可以一股多权，也可以一股少权。例如，通常所谓的优先股，包括可赎回优先股等，即多是以放弃表决权为代价而换取优先分红权的股份，此类股份一般情形下并不附着表决权，除非涉及优先股利益。再如，中国《公司法》第 42 条规定："股东会会议由股东按照出资比例行使表决权；但是，公司章程另有规定的除外。"这也就意味着当公司章程对每一股东所持股权数与其表决权数有着并不对应的特别规定时，如表决权数更高或更低于持股权数时，均应获得优先尊重与执行的效力。类似这些，通常被称之为表决权与股权的分离情形。

其实，进一步扩大理解，还可以将对表决权限制与排除的情形亦归于表决权与股权相分离的范畴之中。这里所谓的表决权限制与排除，是指一定期限或特定情形下对于原本附着表决权的股份限制或排除其表决权行使的情形。通常对于表决权的限制与排除，多是按照法律的规定而执行，但是公司章程、股东会决议乃至股东之间的协议也可成为表决权限制与排除的依据。例如，公司所持自己公司的股份，即所谓自己股份情形下，一般不得享有股东权利，这其中最为主要的即包括公司对自己持有的股份不得行使表决权。再如，股东相互持股，尤其是母子公司相互持股情形下，原则上此类股份的表决权亦被限制行使。还有，所谓表决权回避行使的问题，即当表决事项与持股者存在法定或约定利益冲突情形时，如关联交易之利益冲突等，则相关利益冲突者所持股份的表决权亦往往被限制行使，往往不得参与对该特定事项的表决。再有，所谓表决权约束协议问题，即股东之间，甚至股东与股东以外的第三人之间就特定表决权行使达成的协议情形，此类表决权协议往往是为了协议各方之间就特定事项的表决形成合意以便控制表决结果，也可能是为了更加广泛的目的，甚至包括股权托管等在内。不管怎样，受到约束的表决权行使实际是受到特定协议的约束因而亦可被视为受到特定的限制。

表决权与股权之捆绑与分离机制，常常成为公司控制权争夺的关键环节。很显然，对任何公司所谓股权的控制均必须最终捆绑到表决权的控制上，否则所谓的股权控制并不具有真正的价值，或并非真正意义上的股权控制。当然，人们也可以充分运用表决权与股权相分离的机制，以少比例持股却大比例享有表决权，或通过征集表决权、代理表决权、表决权信托及表决权各类约束协议等，充分掌控公司的表决权，即可充分掌握公司的控制权。

### 三、未出资情形对于表决权的可能影响

如前所述，未出资虽不至于当然剥夺股东资格，但对于股权行使却有影响。而基于表决权与股权的捆绑与分离机制，有股权一般即有表决权，但特定情形与条件下表决权亦可被限制甚至排除行使。那么，未出资是否会对表决权行使产生影响呢？未出资是否可以成为限制或排除表决权从而导致表决权与其股权相互分离的事由呢？对此，显然会有不同的看法与主张。赞成将出资情况与表决权行使相挂钩者，主要理由在于出资应为股东履行法定职责及享有权利的前提，未出资包括正常未出资及未正常履行出资的，其对应股权的行使均应受到限制，表决权亦同样得受到限制。反对将出资情况与表决权行使相挂钩者，主要理由首先在于任何正常情况下的未出资

均不应作为限制股权包括表决权行使的依据；至于未正常出资情况下，即便股权行使应受到限制，但也只应限于自益权性质的股东权利，而不应包括共益权性质的股东权利行使，表决权即属于共益权性质的股东权利。正如人们所知，自益权和共益权是股权的两大重要属性与分类，自益权主要包括投资受益权、剩余财产分配权、新股认购优先权、股份转让过户申请权、可转换股份转换请求权等股东以从公司获得经济利益为目的的权利；而共益权则主要包括表决权、选任公司董事及管理人员权、代表诉讼提起权、股东大会召集权、提案权、质询权、股东会或董事会议决议撤销诉权、公司重要文件查阅及账簿查阅知情权等股东以参与公司经营为目的的权利。因为自益权更多的是股东主张个人经济利益相伴生的权利，其投资收益与承担风险之间应保持很好的平衡，所以可与出资情况挂钩，可予相应限制；但对于未出资股东即便是未正常出资股东的共益权，则原则上不应限制，除非公司章程等对此事先有着特殊约定。因为共益权是以管理公司为目的，具有既服务于股东个人的属性，更有服务于公司公共事务与治理决策的特质，为了保证公司的正常运营与治理，一般不应与股东出资情况挂钩，原则上不应加以限制。更何况，就最终责任承担而言，任何未出资的结果将伴随出资责任的最终承担，就风险与责任相一致角度而言，任何未出资尤其是未正常出资者都将难逃出资责任的追究，由此对于未出资股东完全股权的剥夺，尤其是带有共益权性质的股东权利加以剥夺，并非妥当。

结合中国《公司法》来看，对此亦未作出正面规定，即便《公司法解释（三）》出台了有关规定但对此亦未直接明确。《公司法解释（三）》第 17 条规定："股东未履行或者未全面履行出资义务或者抽逃出资，公司根据公司章程或者股东会决议对其利润分配请求权、新股优先认购权、剩余财产分配请求权等股东权利作出相应的合理限制，该股东请求认定该限制无效的，人民法院不予支持。"这一规定实际上明确了以下几点：第一，限制股权行使的前提条件必须是被限制股东到期全部未履行其出资，其他部分未正常履行出资的情形并不包括在内，至于大多正常未出资的情形更不包括在内。这一前提条件十分严格，以至于照此可能被限制股权行使的情形很难发生，所谓限制表决权的行使同样更难发生。尤其是，2013年年底修改《公司法》之后，股东缴纳出资的法定期限被废除，股东们完全可以根据各自资金调配情况约定不同的出资期限，如此使得未正常履行出资的情形大可避免。第二，限制未出资股东股权的另一条件是公司章程有此类规定或股东大会就此做出有效决议。这一条件既可以理解为严格也可以理解为宽松。可以设想，多数股东都会乐意就出资期限作出更加宽松的约定，因而在公司章程之中也就会有多数并不愿意就股权行使作出限制性规定。至于以股东大会的决议限制股权行使的问题，前提是能否作出该类有效的决议，而这又依赖于未出资股权是否可以享有表决权的前提规定或约定。如果全部或部分未出资的股东可以参与表决，则限制包括股权行使的所谓有效决议也必然面临诸多障碍。第三，目前明确列举因全部未出资而可以被限制行使的股东权利主要包括利润分配请求权、新股优先认购权、剩余财产分配请求权三种类型，而这三种权利均属于股东自益权范畴。即便在该三项股东权利之后加有"等"字规定，由此似乎可以被限制的股东权利给人自由的想象空间，但基于已经列举的可以被限制的三种股东权利皆为自益权范畴，应当理解"等"字所能涵盖股东权利的范畴亦不应包括共益权性质的任何股东权利，对于表决权，原则上不应归于此条规定的可被限制的权利范畴之中。

## 四、结合本案的进一步评析

就本案而言，原告鑫荣公司、荣昌二公司、旭立公司均为新加入中川公司的新股东，他们实际都是在中川公司增资过程中存在抽逃出资的行为，因而总体属于未正常履行出资的股东。分析一审法院的裁判理由，首先有一个基本观点是，对于违反出资义务的股东，可以对其表决权进行限制，由此即便原告等股东派出代表参会，因存在出资不实问题，故可被限制参与表决。很显然，如前分析，这种裁判理由从理论上是值得商榷的，即便依据本案二审时已经出台实施的《公司法解释（三）》第17条的规定，本案原告等亦均不属于完全未履行出资的股东，实际均已部分出资履行到位，因而也均不符合可以被限制股权行使的对象与主体，对于原告等表决权更无从谈起限制的可能。一审法院裁判的另一基本观点是，到会全体股东口头同意按一人一票进行表决，此为有表决权的股东一致意思表示，故司法应予认可。这一理由首先并不符合本案的客观事实，因为并非全体股东一致同意按一人一票表决，否则就不会有本案原告提起的诉讼。其次，即便全体股东一致同意按一人一票表决，也应将原告三个法人计算在内，给予原告等相应表决权利。其三，以股东会决议方式剥夺特定股东表决权的做法，并不可取，尤其是公司章程对究竟需要怎样的表决票数、怎样的表决方式通过此类特殊决议未作明确规定的前提下，所谓的通过此类剥夺表决权决议的说法，完全是无源之水、无本之木。其四，对于原本各自持有相应股权比例及相应表决权数的公司决议而言，是否可以单次会议上决定不按持股比例及表决权数进行决议，这同样是个尚未明确而存在争议的法律问题。当然，本案二审审理过程中，原告等撤回起诉，二审法院据此准许撤诉的同时，撤销了一审裁判，尽管这种裁判方法会有争议，但最终结果否定了一审裁判的效力，这并无不当。

# 14. 股东诉请公司分配利润的前提条件

—— 胡克诉河南思维自动化设备有限公司盈余分配纠纷案

案件索引：最高人民法院（2006）民二终字第 110 号，2006 年 12 月 31 日判决；河南省高级人民法院（2005）豫法民二初字第 15 号，2005 年 12 月 22 日判决。

## 基本案情

2005 年 3 月，胡克以河南思维自动化设备有限公司（简称思维公司）自成立以来长期拒不向股东分红、损害股东利益为由提起诉讼，请求判令思维公司向其分红 4000 万元。

经审理查明：1998 年 4 月，胡克、王卫平、李立、李欣作为发起人，在河南省工商行政管理局注册成立了思维公司，公司性质为有限责任，注册资本金为 300 万元，胡克、王卫平、李立、李欣四个自然人股东出资额均为 75 万元，胡克为董事长。思维公司章程载明：第八条，股东享有的权利是股东按照出资比例分取红利。第二十八条，公司分配当年税后利润时，应当提取利润的百分之十列入公司法定公积金，并提取利润的百分之五至百分之十列入公司法定公益金；公司法定公积金累计额为公司注册资本金的百分之十五以上的，可不再提取；公司提取公积金、法定公益金后所余利润，公司按照股东的出资比例分配。

思维公司 2004 年度企业财务会计报表载明，截至 2004 年 12 月底思维公司未分配利润（历年）期末数为 103,812,679.64 元，资本公积金期末数为 34,803,668.26 元，盈余公积金期末数为 65,351,871.29 元。

另查明：1996 年 12 月，河南思达自动化设备有限公司（简称思达公司）登记注册成立。该《公司设立登记申请表》中载明公司注册资本金为 300 万元，由胡克、王卫平、李立、李欣等 4 人平均持有，各占 25％。思维公司成立时，利用了思达公司的部分资产和设备，思维公司成立时的注册资本金是从思达公司未分配利润中提取的。目前，思达公司处于歇业状态，但未办理注销手续。

还查明：1997 年 2 月至 5 月，胡克因投资东莞横沥别墅区项目而向思达公司前后借款 650 万元，为此曾与思达公司约定，该项目投资回收期为 7 年，且投资回报率以月息 3 分为下限，高出部分为胡克的风险回报，若未能收回本金与利润由胡克承担损失，并以本金与利润总额冲抵其个人在思达公司的资产。2000 年 3 月 14 日，思达公司作出《关于胡克先生东莞横沥项目的投资到期未收回的决议》载明：胡克投资东莞横沥项目的本金和应收回的利润经商议截至 1998 年 8 月定为人民币 1000 万元，根据实际投资状况，决定不再考虑利润回报，其他董事利益以人民币 1000 万元银行同期定期利息以分红形式分配；在 2001 年 3 月 1 日前本金 650 万元收回，利润部分 350 万元可延至 2002 年 3 月 1 日，到期不能收回投资按公司 1998 年 8 月的财务报表及其他资金总值 2400 万元冲抵胡克股份。

---

## 判决与理由

河南省高级人民法院一审认为：思维公司是 1998 年 4 月由胡克、

李欣、李立、王卫平四人共同出资设立的有限责任公司，四个股东每人出资 75 万元，胡克作为股东之一其出资亦占思维公司股本总额的 25％。思维公司成立以来，盈利丰厚，截至 2004 年年底，思维公司未分配利润已有 1 亿元以上，但公司成立以来至今没有向股东分红。思维公司有巨额利润而长期拒不向股东分配，违反了公司法规定，特别是在股东之间发生纠纷时，长期不分配利润损害了占股比例小的股东的利益。故胡克可以通过诉讼要求公司分配利润。思维公司依法应向胡克分红。依思维公司 2004 年度企业财务会计报表载明，截至 2004 年 12 月底思维公司未分配利润（历年）期末数为 103,812,679.64 元，胡克按 25％的出资比例应分配到 25,953,169.91 元。对于胡克要求对资本公积金和超出百分之十五比例的盈余公积金也作为公司盈余分配的主张，按照思维公司章程及公司法相关规定，思维公司盈余分配范围依法应限于提取完法定公积金、法定公益金和任意公积金后所剩余的利润，且提取多少公积金属于公司的商事自主权，因此，胡克要求对资本公积金和盈余公积金作为公司盈余分配的主张，缺乏法律依据，应不予支持。关于思维公司辩称的思达公司与思维公司的关系问题，由于思达公司和思维公司均是分别在工商机关注册登记的有限责任公司，思达公司虽歇业并没有办理公司合并所要求的变更登记及注销登记，思达公司和思维公司之间无论是否存在事实上的合并，均不影响对胡克在思维公司的股东身份的认定。至于思维公司辩称胡克的股份已冲抵欠款，胡克已不具备思维公司股东资格的问题，思维公司以思达公司董事会决议主张胡克已经不是思达公司的股东而即否定胡克作为思维公司之股东身份，并无事实与法律依据。据此判决：一、思维公司于本判决生效后十日内支付胡克盈余分红款 25,953,169.91 元。二、驳回胡克的其他诉讼请求。

最高人民法院二审认为：本案应适用 2005 年 10 月 27 日修订前《公司法》的规定。根据修订前《公司法》第 38 条和第 46 条的规定，有限责任公司利润分配方案应由公司董事会制订并由公司股东会审议批准。2005 年 10 月 27 日修订后的《公司法》亦保留了上述内容。据此，在公司董事会、股东会未就公司利润分配方案进行决议之前，公司股东直接向人民法院起诉请求判令公司向股东分配利润缺乏法律依据。因此，本案中在思维公司董事会、股东会未就公司利润分配作出决议之前，胡克以股东身份直接向人民法院起诉请求分配公司利润，其诉讼请求本院不予支持。由于公司是否分配利润以及分配多少利润属公司董事会、股东会决策权范畴，原审判决认定思维公司有巨额利润而长期拒不向股东分配损害了占股比例较小的股东的利益，并据此径行判决公司向股东分配利润，不符合公司利润分配的法律规定，应当予以纠正。据此判决：撤销原判、驳回胡克的诉讼请求。

---

## 评　析

本案涉及股东利润分配请求权的前提条件以及具体行使等相关问题。利润分配请求权是股东基于其公司股东的资格和地位，依法享有的请求公司向自己分配税后利润的一种权利。股东投资设立或加入公司的最终目的是为了获取投资收益，因而利润分配请求权同样是众多股东权利中十分重要的权利。但是，股东的利润分配请求权不仅在立法上不够明确，在理论界诸多问题尚未形成一致观点，而且在司法实践中面对相同问题的裁处标准也并不统一，本案一审与二审法院在面对股东诉请分配公司利润的前提条件这一问题上就体现了截然相反的态度。那么，应如何正确理解与把握股东利润分配请求权及其行使等相关问题呢？

## 一、股东利润分配请求权的基本类型

股东利润分配请求权分为已确定的利润分配请求权和未确定的利润分配请求权，又被称为具体的利润分配请求权与抽象的利润分配请求权。

所谓已确定的利润分配请求权，即公司存在可分配利润时经股东大会决议确定了利润分配方案，股东根据股东会分配利润的决议而享有的请求公司按利润分配方案向其支付特定金额利润的权利。股东的利润分配请求权，在经过股东大会决议形成利润分配方案之时，就转变成股东对公司"应付股利或利润"的请求权，其实质为债权性质，可比照债权进行处理。对于已确定的利润分配请求权的债权性质，美国立法上即有着相关规定。如美国《统一有限责任公司法》第 405 条第 3 项也规定："如果成员有权接受一项分配，则就该项分配而言，该成员享有该有限责任公司债权人之身份，并有权获得公司债权人所可获得的一切救济。"

所谓未确定的利润分配请求权，从字面意思上讲，即公司尚未作出分配决定，更未确定利润分配数额时，股东基于获取利润分配的固有权所享有的请求公司进行利润分配的权利。对于未确定的利润分配请求权的法律性质，学者鲜有讨论。相对于已确定的利润分配请求权的既得债权属性，此种利润分配请求权的性质应为期待权。由于对这一权利的性质界定不清，司法实务中，很多法院甚至否认未确定的利润分配请求权的可诉性。其实，期待权亦并非不可诉。利润分配请求权作为股东投资的最终目的，作为诸多股权的核心权利，应该受到更加强有力的保障，如果否认其可诉性，从"无救济则无权利"的原则考量，也就否认了股东利润分配请求权的实质与内核，这显然不妥。

仅从以上股东利润分配请求权的基本类型划分我们即可初步判断，本案二审法院所谓，在公司董事会、股东会未就公司利润分配方案进行决议之前，公司股东直接向人民法院起诉请求判令公司向股东分配利润缺乏法律依据，这在实质上等于否定了股东所可享有的对于未确定利润的分配请求权利，该判决理由与结果均值得商榷。

## 二、主张分配公司利润的前提条件与基本标准

公司利润是公司在一定期间的经营成果，包括营业利润、投资净收益和营业外收支净额等。从各国公司法规定来看，在公司利润分配的规定上，一般都贯彻"无盈不分"的原则，即公司当年无盈利时，原则上不得分配股利。但这一原则也并不意味着公司全部利润都可以分配给股东。因为，公司作为社会基本的经济单元，还必须缴纳相应税费，尽到对社会应尽的责任和义务；公司要长期存在，还可能要留存必要的资金，以满足自身生存和发展的需要；尤其是，公司在经营活动过程中，还会产生一定的债务，在其盈利后则必须及时弥补相应的债务。所以，公司利润的分配必须在照顾各方利益基础上，满足一定的前提条件后方可实现。各国公司法一般都有关于公司在什么样的情形下才可以分配利润的标准规定，如分配不得导致公司进入破产的状态，这意味着任何公司的分配不能导致公司资不抵债或是不能偿还到期债务现象的发生。再通俗而言，就是不能一方面公司有亏损，另一方面还进行所谓的公司利润分配。这恐怕应是最为基本的公司分配准则。

中国采取的分配标准，简言之，可谓"法定公积金加弥补亏损"标准。《公司法》第166条对此作了明确规定："公司分配当年税后利润时，应当提取利润的百分之十列入公司法定公积金。公司法定公积金累计额为公司注册资本的百分之五十以上的，可以不再提取。

公司的法定公积金不足以弥补以前年度亏损的，在依照前款规定提取法定公积金之前，应当先用当年利润弥补亏损。公司从税后利润中提取法定公积金后，经股东会或者股东大会决议，还可以提取任意公积金。公司弥补亏损和提取公积金后所余税后利润，有限责任公司按照本法第 34 条的规定分配，股份有限公司按照股东持有的股份比例分配，但股份有限公司章程规定不按持股比例分配的除外。股东会、股东大会或者董事会违反前款规定，在公司弥补亏损和提取法定公积金之前向股东分配利润的，股东必须将违反规定分配的利润退还公司。公司持有的本公司股份不得分配利润。"第 34 条是关于有限责任公司股东分红的规定，这一条文规定："股东按照实缴的出资比例分取红利；公司新增资本时，股东有权优先按照实缴的出资比例认缴出资。但是全体股东约定不按照出资比例分取红利或者不按照出资比例优先认缴出资的除外。"

从上述条文规定可以看出，公司只有在缴纳税费，弥补亏损，并提取相应法定公积金甚至任意公积金后仍有利润的，才可以向股东分配。如果违反这一分配顺序而分配公司利润的，则股东应将已分配的利润退还公司。这样的分配准则，实际兼顾了社会、公司、债权人、股东四方面的利益，总体并无不当。但也有人认为，《公司法》强令每一公司必须留存一定比例的法定公积金，实际并不科学，甚至会伤害到投资者的积极性。或许统一改为任意性质的公积金，仅由公司自行决定是否留存公积金或留存多少比例的公积金，从而给股东在法律上留出更多可以自由分配的利润空间，这可能更能鼓励投资。人们往往愿意将更多的利润现实地、尽早地加以分配，任何强行设定公积金而不让股东分配的规定，投资者打心底是抵触的。

本案一审判决，正是按照上述分配标准与原则，一方面支持了原告关于诉请分配公司历年累积未分配利润的主张，另一方又否定了原告关于诉请分配公司资本公积金期以及盈余公积金的主张。在一审法院看来，本案思维公司可以被分配的盈余，应是在公司提取完法定公积金、法定公益金甚至任意公积金后所剩余的利润，且提取多少公积金应属于公司的商事自主权。这种司法观点与主张总体与《公司法》的规定精神相符。

### 三、股东获得利润分配的现实问题

解决了公司利润分配的基本标准，还远不能够解决公司利润分配的实际问题。为了避免相似案件判决的过分差异化，以下问题亦须明确：公司分配利润是否必须召开股东会议作出分配决议？公司分配利润的前提是否必须有现实可分配利润？现实可分配的利润是否必须以公司有现金为标准？公司利润分配的方式有哪些？公司能否以实物进行分配？等等。

#### 1. 股东会决议是否必要

尽管根据我国现行《公司法》规定，董事会有权制定公司的利润分配方案和弥补亏损方案，而相关方案的决定权又属于股东会，但这并不意味着公司的利润分配均必须召开股东会，或者说一般情形下公司应当召开股东会议决定是否分配公司利润，但若公司不召开股东会议或就是不向特定股东进行分配时，即如本案一样，则股东并非无权主张利润分配。股东会表决往往是资本多数决，这样的表决方式本身就容易导致对少数股东的不利益。既然股东会表决并非绝对唯一的利润分配解决方式，所以当股东之间对公司盈余分配发生争议之时，按照法律设定的条件或按章程规定的分配方式进行利润分配并非不可。这也就是前述所谓股东可以享受的抽象利润分配请求权。任何以股东会作出分配决议为前提才可诉请利润分配的条件设置，均等于实质否定了股东基于投资所可享有的利润分配基本权利，这不仅会现实损害中小股东的利益，更实质违背公司法关于股东投资应获收益的基本价值理念与追求。

**2.公司利润分配的形式**

公司利润是否必须是现实的或者必须是现金形式？答案是否定的。公司盈余的形式可以是多种多样的，而公司利润分配的形式也可以是多样的。从国际上看，各国股利分配的形式主要有四种：现金股利、股票股利、财产股利和负债股利。甚至当公司账面资产价值与其现实价值已不符而被严重低估时，还可采取资产重估方式将盈余体现出来，并进而实施必要的分配。如此多样化的分配方式，决定了公司盈余分配并不一定要以公司有可分配的现金为前提。如美国《统一有限责任公司法》第405条即规定，有限责任公司不得强迫成员接受实物分配。这一规定实际表明，在美国，有限责任公司利润分配是可以实物进行的，只要股东们认可并接受。当然，股东也可以选择不接受，对于不接受的股东可视其享有对公司的债权，并可据此获得与公司普通债权人同样的身份和救济。类似规定值得借鉴。

**3.公司利润分配的期限**

到期才可分配,这也是公司利润分配的基本原则。但究竟何谓"到期"又常常引发争论。是一年、半年甚至一季度？可以说，每个公司的分红账期完全可以不一致，根本不必每年只分红一次，甚至常年都不进行分红。一般来说，通过公司章程预先设定分配期限以及召开股东会决定分配期限都是较常采用的方式。当然，在公司章程对公司利润分配期限没有明确规定的情况下，除了召开股东会进行表决外，还可以根据公司分配期限的惯例把握公司利润分配的时间。这样的确定方式不仅提高了效率，节约相应的资源，而且符合满足股东预期利益的原则。此外，实践之中，当然也可以根据公司财务账期的设定来确定公司利润分配的期限。一般来说，公司每一个财务账期（如半年、一年或更长）都会对所应缴纳的税费、应提取的公积金以及公司的负债进行相应的清理，在处理完相应财务账期内的税费缴纳、法定公积金的提存以及公司债务的清偿之后，进行公司利润分配即符合法律规定的精神。

4.股东获得利润分配的比例标准

在公司决定分配利润或公司有条件进行利润分配的前提下，每个股东获得利润分配的比例也是一个十分重要的问题。根据《公司法》的规定，有限责任公司一般按照实缴的出资比例分配利润，而股份有限公司则按照股东持有的股份比例分配，但公司章程也可以约定不按实际持股比例分配。现实之中，在公司章程之外，股东之间往往还另有约定利润分配比例的，此类股东之间的约定对于协议各方而言应当具有更高的效力，只要股东之间约定利润分配的比例不损害公司、债权人以及其他人的利益，就应该承认股东之间事先或事后约定的利润分配比例应更加优先于公司章程规定的比例，而这也是民商事领域尊重股东意思自治原则的充分体现。综上，股东获得利润分配比例的层级关系为：股东之间有约定的，在相关股东内部按照约定的比例分配；没有约定的，则按照章程规定的比例分配；章程没有约定的，则按照实际出资或持股比例进行分配。

5.已确定的利润分配性质

如前所述，已经由公司股东会决议批准的年度利润分配，实质上相当于债权，股东与公司之间可比照债权债务关系进行处理。此时，股东会的利润分配方案或者说股东会作出的利润分配决议，实际相当于股东的债权凭证，股东自然可以仅凭这一分配决议向法院诉请分配公司利润。所以，当股东大会决议批准利润分配方案后，当股东据此要求公司支付实际应付的利润时，其地位相当于公司普通债权人，公司应向该股东支付利润如同其应清偿普通债务一样；公司并不能因为无现实的支付能力而即予以搁置，更不能以公司已经亏损甚至原定分配利润已冲抵公司亏损为由拒绝支付。要知道，法律规定的弥补亏损是有顺序的，即公司可以用当年的利润弥补当年或之前年度的亏损，并没有规定公司能够以上一年的利润来冲抵下一年度的经营亏损。特别是，当上一年度的利润已经被确定分配后，其处分权实质上已经转移到股东身上，已不再是公司财产，公司用已被确定分配的利润弥补下一年的经营亏损，显然有损股东之权益。

6.股东利润分配请求权应否受诉讼时效的限制

如前所述，既然股东的利润分配请求权可以分为已确定利润分配请求权和未确定利润分配请求权，二者的性质有所不同，因此两者是否应受诉讼时效的法律限制也应区别对待。对于已确定的利润分配请求权，其实质为债权，即如此，主张已确定的利润分配时，则无疑应受诉讼时效的限制。对于未确定的利润分配请求权，其法律性质为期待权，对于期待权加以时效限制，一般认为并不妥当。

## 四、股东利润分配请求权的司法救济

如前所述，现行《公司法》对公司利润分配法律条件的设定，反映了立法者对公司、股东、债权人以及社会等相关主体利益的考量与权衡。立法者试图建立这样一种完善的制度安排：既能保证公司的发展有坚实的资金基础，又能保障股东的资产收益权，还能保护债权人的利益免受损害。虽然现行法律从宏观上有了这样一个构想，但其立法重点似乎仍然在保护公司和债权人利益上，当公司不正常分配利润时，法律并没有明确规定股东的救济权利与措施。现行《公司法》中关于股东利润分配请求权的救济措施，只有第74条关于异议股东的股权回购请求权。根据第74条第1款的规定，当公司连续五年不向股东分配利润，而公司该五年连续盈利，并且符合本法规定的利润分配条件的，对股东会的该项决议投反对票的股东才可以请求公司按照合理的价格收购其股权。一方面，这一规定的条件太过严苛，对于股东利益的保护很难实现，当公司根本不召开股东会，不形成利润有关分配决议时，即不存在股东对此投反对票的前提情形，且五年的时间对于大多数有限责任公司而言实在是太长，更何况公司经营者或控股股东采取年度间断式分红方式也很容易规避连续五年的时间限定。另一方面，这一条的规定也并不能算得上是对股东利润分配请求权的救济措施，其只能算作法律对于股东权益保护的一种退而求其次的选择，股东受损的利润分配请求权难以获得有效维护，实际也达不到权利救济之目的。

很显然，必须有效构建强制分配公司利润之诉，保持司法对公司利润分配的谨慎干预原则，以此保障股东利润分配权落到实处。有人认为，强制公司进行利润分配，大有司法干预公司商业判断、干预公司自治的嫌疑，因而并不可取。犹如本案二审所谓"无分配决议即无分配之诉"的主张，实际即是这种观念的体现。事实上，公司作为社会组织，肩负相应的社会责任，其经营行为和社会活动都必然处于司法监督之下，问题不在于要不要干预，而在于司法应在多大程度上涉足公司事务，如何把握"谨慎"尺度才是人们所应关注的。从另一个角度而言，司法谨慎干预商业判断原则本身就暗含了司法在一定条件下必须对公司的商业判断进行规制与约束的理念。股东利润分配请求权和公司商业自主权之间并不矛盾，相反，由于股东利益和公司利益的一致性，二者还应是相互融合、相互促进的关系。强制分配利润之诉的优点，在于能够通过对弱势中小股东的保护，为大股东、中小股东、债权人和公司多方利益关系提供一种平衡机制，而这正是维护公司正常经营和良性发展所必需的。

所以，应当借鉴成熟的立法经验，完善中国现行《公司法》关于股东利润分配请求权的救济措施。具体而言，当股东认为公司应当分红而不予分红时，应允许股东向董事会提出请求，并提议召开股东会，由股东会表决股东利润分配事项。如果董事会不召集股东会，则股东会亦可以其他方式临时召集。如果股东对股东会的表决结果不满意，则股东可以诉请司法对公司进行审计，其目的在于股东掌握真实的公司盈利状况，为公司分红作出一定的依据。当然，如果存在公司经营管理层恶意欺诈，或违反诚实信用原则，侵犯股东利润分配请求权情形时，股东也可直接诉至法院，请求判决公司分红，即可以提起强制利润分配之诉。总之，无论公司就利润分配是否作出决议，皆不实质影响股东提起利润分配的诉讼权利。

还有一个现实问题是，当股东依利润分配决议提起相关诉讼时，法院是否还应主动审查股东会利润分配决议的效力？对此，目前存在两种观点：一种认为，股东会既然已经做出明确的利润分配方案，股东对利润分配数额无异议时，法院没有必要审查股东会决议的效力，充分保障公司自治；另一种认为，股东会决议如果违反了法律法规的强制性或禁止性规定，会导致股东会决议无效，法院应该依职权进行审查。这两种观点都有失偏颇。妥当的处理方式是，法院对于股东会决议的审查，应以初步的证据审查为限，如果发现股东会决议可能存在无效或其他违反法律法规的情形，或当事人对股东会决议有异议时，司法可以向当事人释明，告知当事人可先就股东会决议单独提起效力之诉。在股东会效力之诉裁决之后，再继续分配利润之诉的进一步审理。

本案二审判决，仅以公司董事会、股东会未就公司利润分配方案作出决议前股东起诉公司分配利润缺乏法律依据为由，即驳回原告诉讼请求，这显然未能给原告提供有效的司法救济。尤其是，在原审已经查明思维公司账面存在巨额利润情形下，在思维公司事实上已连续多年未分红情形下，在无法否定原告合法股东身份情形下，仅以公司未能作出相关分配决议即简单否定原告主张分配之诉求，这明显给投资者、给公司乃至整个社会以错误之司法观念引导，即所谓公司有利可以不分，只要不作决议司法亦无可奈何，如此错误之司法观念引导下，谈何社会投资的积极性？谈何人们组建设立公司之积极性？谈何市场主体乃至市场经济的繁荣与发展？故所谓，对股东利润分配权的有效司法救济与保障，确非小事，必须"该出手时就出手"。

# 15. 股东优先认购权的正当行使

—— 贵州捷安投资有限公司与贵阳黔峰生物制品有限责任公司等新增资本认购纠纷案

案件索引：最高人民法院（2010）民申字第 1275 号，2010 年 8 月 9 日裁定；最高人民法院（2009）民二终字第 3 号，2009 年 5 月 13 日判决；贵州省高级人民法院（2007）黔高民二初字第 28 号，2008 年 10 月 31 日判决。

## 基本案情

贵州捷安投资有限公司（简称捷安公司）诉至法院，请求确认其为贵阳黔峰生物制品有限责任公司（简称黔峰公司）股东，并确认其对黔峰公司增资扩股的 1820 万新股享有优先认购权。

经审理查明：1997 年 3 月，黔峰公司成立。后经多次股东变动与股权转让，至 2006 年 8 月，黔峰公司股权比例变更为大林公司持股 54%、益康公司持股 19%、盛达公司持股 18%、友谊集团持股 9%。关于友谊集团所持 9% 股权，友谊集团董事会曾于 2000 年 4 月 28 日形成决议，同意捷安公司出资 296 万元，以友谊集团的名义代购黔峰公司股份 9%，以后适当时再办理更名手续。同年 5 月捷安公司向友谊集团交付了 296 万元，用于购买黔峰公司股权。此后，捷安公司相关人员进入了黔峰公司董事会；黔峰公司召开涉及公司经营管理的股东会时，捷安公司均以自己的名义派员出席会议，代表其持有的9％的股权；黔峰公司召开涉及股权转让等需提交工商部门备案的股东会会议时，捷安公司的相关人员则以友谊集团代表的身份出席会议。为了完善股权登记手续，友谊集团与捷安公司于2007年2月2日签订股权转让协议约定：友谊集团同意将2000年5月为捷安公司代购的在黔峰公司所持有的9％股权及其衍生权益和责任转让给捷安公司，股权转让款计296万元。由于捷安公司在2000年已全额支付了转让价款，友谊集团将名义上持有的黔峰公司的9％股权，上报贵阳市国资委批准后即在工商部门办理相关变更登记手续，变更过户给捷安公司。同年4月6日，贵阳市国资委批复同意友谊集团将名义上持有的黔峰公司的9％的股权及其衍生权益和责任变更过户给捷安公司。同年4月12日，黔峰公司制作了公司变更登记申请书，申请将显名股东友谊集团变更为捷安公司，同时，该申请书所附的股东出资情况表载明捷安公司持股比例为9％。之后，由于股东之间就增资扩股事宜发生争议，变更登记事项被搁置至今。

2007年4月18日、4月20日，黔峰公司先后召开两次股东会，就黔峰公司增资扩股、改制上市等相关事宜进行磋商，但均未能达成一致意见。2007年5月28日，黔峰公司召开临时股东会，对拟引入战略投资者，按每股2.8元溢价私募资金增发2000万股，各股东按各自的股权比例减持股权，以确保公司顺利完成改制及上市的方案再次进行讨论。会议表决：一、股东大林公司、益康公司从有利于公司发展的大局出发，同意按股比减持股权，引进战略投资者。同时承诺采取私募增资扩股方案完全是从有利于公司改制和上市的目的出发，绝不从中谋取私利。赞成91％（即大林公司、益康公司、盛达公司赞成），反对9％（捷安公司反对）。二、盛达公司同意引进战略投资者、按股比减持股权的方案，但希望投资者能从上市时间及发行价格方面给予一定的承诺。赞成91％，反对9％。三、同意捷安公司按9％股比及本次私募方案的溢价股价增持180万股。赞成100％。四、本次私募资金必须在2007年5月31日前汇入公司账户，否则视作放弃。100％赞成。5月29日，大林公司、益康公司、盛达公司、捷安公司股东代表均在决议上签字，其中，捷安公司代表在签字时特别注明"同意增资扩股，但不同意引入战略投资者"。同日，捷安公司向黔峰公司提交了《关于我公司在近三次股东会议上的意见备忘录》，表明其除应按出资比例优先认缴出资外，还要求对其他股东放弃的新增股份认缴份额行使优先认购权。5月31日，捷安公司将其180万新股认缴资金缴纳到黔峰公司账上，并再次致函黔峰公司及各股东，要求对其他股东放弃的新增出资份额行使优先认购权，未获其他股东及黔峰公司同意。为此，捷安公司以大林公司、益康公司、盛达公司均放弃新股认购权总计1,820万股后，在其已明确表示行使优先认购权的情况下，仍决定将该部分认购权让与公司股东以外的其他人，违反公司法有关规定，侵犯其优先认购权为由，提起本案诉讼。

另查明：黔峰公司的原始章程第十七条第一款第（九）项规定，股东会对公司增加或者减少注册资金、分立、合并、解散或者变更公司形式作出决议，必须经过代表三分之二以上表决权的股东通过。但章程对公司增资时出资份额的认缴问题未作规定。

## 判决与理由

贵州省高级人民法院一审认为：一、就股东资格而言，工商登记并非设权性登记，而是宣示性登记，只具有对抗善意第三人的效力。因此，当公司内部发生股东资格争议时，不应仅以工商登记为准，还应对取得股东资格的实质性条件如是否出资、是否有成为股东的意思、是否参与公司的经营管理、是否享受股东权益和承担股东义务、其他股东是否明知等事实进行审查，并据实作出认定。本案一系列事实表明，捷安公司不仅对黔峰公司出资，而且以自己的名义参与经营管理，并为其他股东所知悉和认同。因此，应根据真意主义原则，认定捷安公司是黔峰公司的股东。二、捷安公司对其他股东放弃的份额没有优先认购权。首先，现行公司法并未明确规定股东对其他股东放弃的认缴出资比例有优先认缴的权利。其次，公司股权转让与增资扩股不同，股权转让往往是被动的股东更替，与公司的战略性发展无实质联系，故要更加突出保护有限责任公司的人合性；而增资扩股，引入新的投资者，往往是为了公司的发展，当公司发展与公司人合性发生冲突时，则应当突出保护公司的发展机会，此时若基于保护公司的人合性而赋予某一股东的优先认购权，该优先权行使的结果可能会削弱其他股东特别是控股股东对公司的控制力，导致其他股东因担心控制力减弱而不再谋求增资扩股，从而阻碍公司的发展壮大。再次，黔峰公司股东会在决议增资扩股时，已经根据捷安公司的意思，在股东会决议中明确其可以按实缴出资比例认购 180 万股出资，且捷安公司已按比例缴交了该认股出资，故该股东会决议并没有侵害捷安公司依法享有的优先认购权。据此判决：一、确认捷安公司为黔峰公司股东；二、驳回捷安公司主张对黔峰公司其他股东放弃的 1820 万股增资扩股出资份额享有优先认购权的诉讼请求。捷安公司不服，提起上诉。

最高人民法院二审认为：从黔峰公司股东会决议内容可以看出，黔峰公司各股东对增资扩股是没有争议的，争议点在于要不要引进战略投资者。尽管对此各股东之间意见有分歧，但也是形成决议的，且决议内容符合黔峰公司章程有关规定。因此该股东会决议是有效的，各股东应按照股东会决议内容执行。由于公司增资扩股行为与股东对外转让股份行为确属不同性质的行为，意志决定主体不同，因此二者对有限责任公司人合性要求不同。在已经充分保护股东认缴权的基础上，捷安公司在黔峰公司此次增资中的权益并没有受到损害。当股东个体更大权益与公司整体权益或者有限责任公司人合性与公司发展相冲突时，应当由全体股东按照公司章程规定方式进行决议，从而有个最终结论以便各股东遵循。综上，捷安公司对其他股东放弃认缴的增资份额没有优先认购权。遂判决：驳回上诉，维持原判。捷安公司仍不服，申请再审。

最高人民法院再审审查认为：正如本院二审判决所认定，黔峰公司各股东对增资扩股是没有争议的，但捷安公司不同意引进战略投资者，尽管如此，股东会以多数意见形成引进战略投资者的决议，决议内容符合黔峰公司章程的有关规定，与中国公司法有关内容并不冲突。因此该股东会增资扩股决议是有效的，各股东应按照股东会决议内容执行。捷安公司认为原审判决对黔峰公司增资所涉股东会决议效力的确认违反了公司法相关规定没有法律依据，不予支持。优先认购权作为一种排斥第三人竞争效力的权利，对其相对人权利影响重大，必须基于法律规定才能享有。其发生要件及行使范围须以法律的明确规定为根据。公司法明确规定了全体股东无约定情况下，有限责任公司新增资本时股东优先认缴出资的权利以及该权利的行使范围以"实缴的出资比例"为限，超出该法定的范围，则无所谓权利的存在。当然，有限责任公司的股东会完全可以有权决定将此类事情及可能引起争议的决断方式交由公司章程规定，从而依据公司章程规定方式作出决议，当然也可以包括股东对其他股东放弃的认缴出资有无优先认购权问题。但本案中黔峰公司股东会对优先权问题没有形成决议,故应当依据公司法规范来认定。本案捷安公司已按照其实缴的出资比例行使了优先认购权,其对黔峰公司享有的支配权和财产权仍然继续维持在原有状态,不存在受到侵害的事实或危险。综上,捷安公司提出的再审事由不符合民事诉讼法规定的再审条件,本案不应再审。据此裁定:驳回捷安公司的再审申请。

---

## 评　析

本案系因公司增资扩股情形下部分股东主张对其他股东承诺放弃的认缴新增出资份额享有优先认购权而引起的纠纷。案情其实并不复杂,但其之所以引起人们关注或本书将其收入予以分析与探讨的主要原因是,优先认购权作为股东权利之一,对于保护股东个体权益与维持公司整体权益具有重要意义,甚至对于维护社会经济秩序、培育良好的投资环境,亦会起到举足轻重的作用。股东通过享有优先认购权,可以保护自身于公司之中原有的比例性权益与个体经济权益,从而保持既有法律地位;而公司通过赋予股东优先认购权,可以在动态经营过程中使利于公司发展的治理结构处于相对稳定的状态;法律通过规定优先认购权,还可以消除管理层或控股股东以向第三人发行新股的方式削弱中、小股东地位的负面影响,从而保护中、小投资者的投资积极性,培育良好的投资环境,有利于社会经济之有序发展。由于有关股东优先认购权的现有法律规定尚不完善,当实务中出现诸如本案之类涉及优先认购权的争议时,时常无所适从。那么,股东的优先认购权果真是绝对而不可排除的吗?而当其他股东放弃优先认购权时,未放弃的股东可以代位行使吗?这是本案裁处必须明确的法律问题。

### 一、股东优先认购权的法理基础

所谓股东优先认购权，是指公司现有股东按其持股比例优先认购公司新增资本或股份的权利。股东优先认购权的核心价值在于保证公司原有股东的比例性权益，包括表决权比例和经济性比例权益。前者比例决定了股东对公司经营活动的控制力，而后者比例则直接影响到股东作为投资者所享有的财产权益。新股优先认购权作为防止因新股发行给原有股东造成损失而设计的一种保护手段，其实质是股东保证其现有权益不被诈欺性稀释的一项权利，属股东权的内容之一，为股东一项最基本的权利。此外，由于有限责任公司具有人合公司的特征，与股份有限公司中的股东一样，也应承认且更需要授予有限责任公司股东拥有优先认购权，以防止削弱原有股东对公司的支配权与财产权。[①]

关于股东优先认购权的法理基础，虽有不同学说，但核心观点基本一致。如美国学者认为，确认股东新股认购优先权的法理依据，在于股东的比例性权益及经营者所负的信任义务。股东就股利、剩余财产和支配所享有的三重比例性权益，可因新股的非比例性发行或公司发行在外股份的非比例性回购而受到影响。在发行或回购股份时，经营者负有信任义务，以维持股东的比例性权益，不得为巩固自己的支配地位，运用公司资金或信用阻挠公司收购或者将小股东排挤出去。该种观点的重心在于股东比例性权益，正因为比例性权益的重要性才有维持的必要，也才有经营者对此负担的信任义务。如果比例性权益并非如此重要，从经营者承担的概括信任义务中则不能引申出维持股东比例性权益的具体义务。德国通说认为，确认

---

① 〔德〕托马斯·莱塞尔、吕迪格·法伊尔：《德国资合公司法》，高旭军等译，法律出版社 2005 年版，第 653 页。

股东新股优先认购权的根据，在于其所具有的维持股东比例地位的功能；并认为，此种比例地位既表现为旧股份的财产价值，亦表现为与旧股份相结合的支配性股东权及其他股东权利。[①] 日本多数观点认为，股东平等原则为维护股东比例参加的地位而存在，而增加资本时的招募与分配，则往往导致与其相矛盾的结果，故应以股份公司的衡平——股东比例上的平等维护作为肯定股东享有新股认购优先权的根据。[②] 中国学者认为，确认股东新股优先认购权的根据在于股东平等原则。股东平等原则中的第二层含义为比例之平等，投资者认购公司股份，成为该公司股东，则其依据股东平等原则所享有的此种比例上的平等待遇亦同时得以确定，这种比例上的平等待遇实质上体现了股东与股东之间、股东与公司之间在财产与管理诸方面的权益分配格局。此种权益分配格局一旦形成，则非经每个股东与公司间的合意或合于股东平等原则的一般标准，则不得擅予变更。每个股东依据此种分配格局所享受的权益实质上是一种契约性权益，此种权益非经该股东抛弃，则仍专属于该股东。

## 二、股东优先认购权的立法模式

目前，世界各国对股东优先认购权的立法模式主要有以下几种：一是由法律直接赋予优先认购权，但允许以公司章程或公司机关决议剥夺或限制，这可称之为"法定主义立法例"。[③] 目前，世界上大多数国家都采用法定主义立法模式。如德国《股份法》即规定，现有股东可以根据其持股比例优先认购公司增发之新股，只有在优先满足股东优先认购权的条件下，才能考虑第三者之认购需求（《股份

① 赖源河：《公司法问题研究》，三民书局 1982 年版，第 81 页。

② 〔日〕八木弘：《株式会社财团论》，1963 年版，第 267 页，转引自刘俊海：《股份有限公司股东权的保护》，法律出版社 1997 年版，第 124 页。

③ 王新、秦芳华：《公司法》，人民法院出版社 2000 年版，第 145 页。

法》第 187 条第 1 款）。① 意大利《民法典》也规定，购买新发行股票之权利应当按照股东各自持有的股份数额优先赋予股东，但在公司权益需要之情况下，股东大会可以作出不赋予或者限制赋予优先权之增资决议。② 二是法律并不直接规定优先认购权，而是由公司章程或者公司机关决定股东是否享有该权利，这可称之为"任意主义立法例"。③ 当然，以这种方式赋予的权利亦同样可被限制或剥夺。采取此种立法例的代表是日本。一方面，《日本商法典》将"给予股东以新股认购权"之权利授予公司章程或董事会，通常情况下由章程规定，如章程未规定，则由董事会决定，但在《日本商法典》或章程另有特别规定时，应由股东全会作出决定；另一方面，只有当章程中规定了转让股份须经董事会承认情况下，股东才享有优先认购权，这就使优先认股权的适用范围受到了限制。④ 三是由法律规定优先认股权，且公司章程或公司机关不得随意剥夺或限制，这可称之为"固有权立法例"。采取这一立法例的国家或地区较少，其中较为典型的当数独具特色的中国台湾地区公司立法。有关于此的台湾立法特点主要有两个：其一，法律将优先认购权赋予股东的同时，也赋予公司员工该权利，且后者优先于前者；其二，公司新股以不公开发行为原则，只要公司员工与原有股东全部认足，或者特定人全额认购，则不必公开发行。所以，凡发行新股都要先作不公开发行，认购不足时再作公开发行。正是从这个角度讲，中国台湾公司法中的优先认购权具有固有权之性质。四是"混合型立法例"。其实，它

---

① 〔德〕托马斯·莱塞尔、吕迪格·法伊尔：《德国资合公司法》，高旭军等译，法律出版社 2005 年版，第 320 页。

② 费安玲、丁玫译：《意大利民法典》，中国政法大学出版社 1997 年版，第 629 页。

③ 王新、秦芳华：《公司法》，人民法院出版社 2000 年版，第 145 页。

④ 吴建斌主编：《日本公司法规范》，法律出版社 2003 年版，第 117、120 页。

并不是一种独立的立法模式，而是前述几种模式的并存状态。就目前而言，美国有关优先认购权之立法具有典型的混合型特征。因为就美国的《示范商业公司法》而言，它采取了"任意主义立法例"，明确规定除非公司章程有相反规定，否则股东不得享有优先认购权，由此属于单一立法模式；而从其各州真正具有法律约束力的立法来看，大多数州虽也采取了"任意主义立法例"，但也有些州采取了"法定主义立法例"。因此，其总体可归为"混合型立法例"类。

就中国股东优先认购权而言，对于有限责任公司，《公司法》第34条明确规定，股东有权优先按照出资比例认缴出资；但是，全体股东也可以约定不按照出资比例优先认缴出资，这显然属于法定主义立法例。但中国《公司法》就股份公司发行新股时，原公司股东是否享有优先认购权问题却未作明确规定。尽管如此，应当理解为中国股份有限公司发行新股时，原有股东亦应当享有新股认购优先权，即原有股东享有优先于一般人按照自己原有持股比例认购新股的权利。

### 三、股东优先认购权的法律条件

归纳起来，一般认为股东优先认购权的基本法律特征有：①无论是有限责任公司还是股份有限公司，原则上原公司股东均应享有优先认购权。②享有优先认购权的股东应为公司发行新股前的全部股东，无论是记名股东或无记名股东，也不论是普通股东抑或其他特殊种类的股东，甚至隐名股东，均有权享有该项股东权。③优先认购权是法律赋予原有股东优先认购股份的权利，所以该种权利只及于发行新股公司的原有股东，并不及于其他人。另应特别注意的是，该种优先权利只限于认购上的优先性，并非在发行价格或其他认购条件上可以得到优惠或特殊权利。④新股认购权为一种期待权。只有公司实际发行新股时，原有股东才能行使优先认购权，如果公司不发行新股，该种权利的行使则无从谈起。德国法律甚至规定，只有在增资决议获准注册后，股东才可以提出优先认购股份的要求。① ⑤立法者赋予股东优先认购权，其目的在于保障原有股东的比例性权益，即应当依照原有股东持有的股份比例进行分派。② 从另一个角度上看，优先认购权又是对股东权利的一种限制，因为股东只能按其持股比例认购新股，不得超出这一比例，否则就会损害到其他股东的权益。从这个意义上讲无论是赋权还是限制又都体现出股东平等原则。⑥优先认购权实际上是一种选择权。如果所有的股东都行使了其优先权，则不会发生稀释问题，因为公司所需要的资本增加完全来自于原有股东的进一步出资。当然，原有股东也可以放弃行使优先认购权，这种情形属于权利人对自己权利的自由处分；但需要注意的是，此种放弃一般应明示为妥。⑦在法律没有规定或公司章程没有约定情况下，对于部分股东放弃的优先认购权，公司原有其他股东并不可以替代行使。此种做法等于放弃优先认购权的股东共同将其权利给予外来第三人，而这显然可能导致公司控制权结构被打破。

在公司原有股东放弃优先认购权情形下，确实引出一个非常突出的法律问题，即为什么公司原有其他股东不可以优先行使或受让别的股东所放弃的优先认购权呢？对此，必须明确的是，股东认购优先权并非自然法上的固有权利，前述各国相关立法模式可为例证，甚至为了圆满地筹措资金，为寻找更有力的出资者，有时还有必要在立法政策上或公司经营政策上限制股东的优先认购权。③ 在中国，

---

① 〔德〕托马斯·莱塞尔、吕迪格·法伊尔：《德国资合公司法》，高旭军等译，法律出版社 2005 年版，第 320 页。

② 施天涛：《公司法论》，法律出版社 2006 年版，第 195—196 页。

③ 〔韩〕李哲松：《韩国公司法》，吴日焕译，中国政法大学出版社 2000 年版，第 555 页。

公司与股东权益也并非完全一致，公司为一个独立有机体，有自己独立的权益，若绝对地强调股东的优先认购权，在一定情况下将可能会损害公司的权益。因为就公司而言，其发行新股的目的主要是为了筹集资金，扩大公司经营规模，开拓市场以获得更多效益回报，甚至即便原有股东有能力认购出资，但基于公司发展战略的考虑，也有必要吸纳新的不仅是有资本实力的投资者参加到公司中来。因此，就公司而言，其之所以发行新股，并不仅仅是为了维护原有股东的持股比例或比例性权益，甚至这原本并非其真正所关心。因此，对公司而言，筹集资金越快越好，越有战略发展眼光与实力的新投资者加入公司则越能推动公司未来的壮大与发展。如果绝对地强调股东新股优先权，公司则必须按法定程序，在规定期限内逐步进行，以保证股东优先权的行使。但市场瞬息万变，这样势必会拉长筹资时间，甚至可能会错过良好的商机，导致损失，而这又将从根本上损害到原有股东的权益。公司权益为股东权益得以最终实现的保证，股东权益为公司权益之所以要存在和保护的主要目的，两者紧密联系不可分割。在两者发生冲突时，当以公司权益优于股东权益为处理原则，股东的优先认购权应可予以排除。这或许就是有关国家在承认公司机关（股东大会和董事会）于发行新股时应以承认股东优先认购权为原则，但因公司权益却可排除优先认购权为例外的立法考量。这种具体的例外条件一般是：①为公司筹资或其他为公司权益所必需；②在客观合理的基础上按照股东平等原则，只要不构成对股东的歧视；③按照合法程序进行，一般要由股东大会以特别多数决而通过。如此，方得例外。

## 四、结合本案的进一步评析

本案捷安公司原为隐名股东，但其股东资格得到法院确认，故其可以享有股东所可享有的优先认购权。黔峰公司已经作出了增资决议，且公司增资决议对于股东是否行使优先认购权问题已经作出了决议，即除捷安公司按原持股比例行使（共增 2000 万股本，捷安公司持股 9%，其可优先行使 180 万股新增资本认购权）外，其他股东均放弃。对于该有效公司股东会决议，捷安公司应当遵循。据此决议，捷安公司在增资扩股过程中的优先认购权已经得到有效保护与满足，对于他人放弃的优先认购权，捷安公司应不得主张代为行使。尤其是，本案之所以决定增发新股，意在引进新的战略投资者，且绝大多数股东对于新的战略投资者更加信赖或更加充满信心，由此绝大多数股东才以决议的方式同意放弃其各自优先认购权，以便让出新的战略投资者认购公司新增股份的法律空间，便于新的战略投资者加入公司。此等情形下，捷安公司身为公司原本之小股东，却要试图加以阻止，甚至还要强行代位行使其他股东基于上述特定目的而放弃的优先认购权，以此试图实现其控制公司股权的目标，如此"以小欺大"，显然不应获得支持。

# 16. 应否准许股权继承的法律衡量

—— 陶冶诉上海良代有线电视有限公司股东资格确认纠纷案

案件索引：上海市第二中级人民法院（2006）沪二中民三（商）终字第 243 号,2006 年 8 月 14 日判决；上海市虹口区人民法院（2006）虹民二（商）初字第 134 号，2006 年 5 月 18 日判决。

---

## 基本案情

陶冶诉至法院，请求继承其父陶建平在上海良代有线电视有限公司（简称良代公司）所持有的 43.36％的股权。

经审理查明：良代公司于 2003 年 7 月定的公司章程载明：公司由陶建平等 44 名股东共同出资设立，由陶建平担任法定代表人。股东之间可以相互转让全部出资和部分出资，股东的出资额可以依法继承。公司股东会由股东按照出资比例行使表决权，股东会对修改公司章程作出决议，必须经代表三分之二以上表决权的股东通过，对其他事项作出的决议必须经代表二分之一以上表决权的股东通过方为有效。章程对股东的其他权利、义务、公司章程的修改程序等均作了约定。该章程经工商部门登记备案。工商登记载明陶建平生前持有良代公司 43.36％的股权。

2005 年 1 月 17 日陶建平因病去世，陶建平的第一顺序继承人为父亲陶志钧、母亲蒋淑成、妻子胡梅华及儿子陶冶。同年5月17日,胡梅华、陶志钧、蒋淑成明确表示放弃对陶建平生前所持有被告全部股份的继承权,由陶冶一人继承。陶冶为此向良代公司发函,要求良代公司将陶建平的股权变更至其名下。同年6月,良代公司召开股东大会,形成不同意陶冶成为公司股东的决议。同年8月29日,良代公司召开股东大会,形成公司章程修改(草案)的决议。该章程明确:股东死亡后,继承人可以依法获得其股份财产权益,但不当然获得股东身份权等。在上述股东大会中,陶建平生前的股份均无人代表。同年8月,陶冶向良代公司发出股权转让通知,表示将其所继承的43.36%的股权转让给案外人朱林斌,并提供股权转让协议。嗣后,朱林斌要求良代公司明确其享有股东身份,良代公司认为朱林斌未提交股权转让的相关凭证,故不同意朱林斌成为其股东。陶冶遂于2005年11月28日与朱林斌解除股权转让协议。为此,陶冶于2006年1月5日发函给良代公司,载明:陶建平所持有的良代公司股份应由陶冶继承,期间陶冶将所继承的股权转让给案外人朱林斌,因良代公司不予配合致使转让协议无法履行。要求良代公司按照相关法律规定,将陶冶记载于股东名册,并办理股东变更登记手续。良代公司对此未予答复,引发本案纠纷。

另查明:良代公司未将朱林斌记载于公司股东名册或将其在工商机关登记为股东,朱林斌亦未在良代公司处担任任何职务。朱林斌本人向原审法院明确表示其未就转让股权事项支付任何款项,且已与陶冶解除股权转让协议,其对良代公司的股份不享有任何权利。

## 判决与理由

上海市虹口区人民法院一审认为:有限责任公司兼具资合性与

人合性，股权亦因此具有财产权利属性以及人格权利属性。按照现行法律，除公司章程另有约定，良代公司的股东陶建平死亡后，其所享有的股权可以作为遗产被继承。继承人对股权的继承，应是全面概括的继承，即通过继承取得的股权，是既包括股权中的财产性权利，也包括非财产性权利在内的完全股权。现良代公司章程并没有规定公司股东死亡后，继承人不能取得股东资格，故陶建平的合法继承人可以直接继承股东资格。而继承从被继承人死亡时开始，所以包括陶冶在内的所有法定继承人从陶建平死亡时即有权继承陶建平的股权，取得股东资格。鉴于陶建平的其他继承人均已明确放弃对陶建平生前所持有的良代公司全部股权的继承权，故陶冶成为陶建平唯一的第一顺序继承人，陶冶有权继承陶建平生前所持有的良代公司股权的全部份额。陶冶因继承取得良代公司的股东资格，并享有43.36％的股份，其有权要求良代公司将其记载于股东名册并办理变更登记。至于良代公司于2005年8月29日召开股东会形成的公司章程修改草案一节，因公司章程的修改是不具有溯及力的，只能在修改后对公司和股东产生约束力。本案中，陶建平死亡后，其继承人已取得包括股东资格在内的股权。故良代公司于2005年8月29日形成的章程修改草案，并不影响陶冶对股权的继承，亦不能制约陶冶权利的行使。据此判决：一、被告良代公司应将股东名册上记载于陶建平名下的43.36％股份变更记载于原告陶冶名下；二、被告应向公司登记机关办理上述股东变更登记事项。良代公司不服，提起上诉，并认为具有确认股东身份权力的是公司股东会，原告应起诉良代公司股东会而非良代公司。

上海市第二中级人民法院二审认为：良代公司的股东会由全体股东组成，是公司的权力机构，依照法律和公司章程的规定行使职权，负责决定公司最重要的事务，但股东会不具有法律上独立的人格，股东会通过的决议是代表公司作出的，如股东或第三人对股东会决定的事项有异议，应以公司为被告提起民事诉讼。本案被上诉人以良代公司为被告提起股东权纠纷诉讼，并未告错主体。本案涉及的继承行为发生于 2005 年 10 月修订的《公司法》施行之前，当时生效的公司法对自然人股东资格是否可继承的问题没有明确规定，其他法律法规和司法解释对此问题也未进行规范，根据 2006 年 5 月9 日起施行的《最高人民法院关于适用〈中华人民共和国公司法〉若干问题的规定（一）》第 2 条的规定，"因公司法实施前有关民事行为或者事件发生纠纷起诉到人民法院的，如当时的法律法规和司法解释没有明确规定时，可参照适用公司法的有关规定"，故原审法院适用现行《公司法》第 76 条的规定，并无不当。根据《公司法》第76 条的规定，"自然人股东死亡后，其合法继承人可以继承股东资格；但是，公司章程另有规定的除外。"这表明，自然人股东死亡后，原则上其合法继承人是可以继承完整股权的，除非通过公司章程排除股权继承的可能。本案中良代公司于 2005 年 8 月 29 日召开股东大会形成的"上海良代有线电视有限公司章程修改（草案）"，虽规定"股东死亡后，继承人可以依法获得其股份财产权益，但不当然获得股东身份权，须经代表二分之一以上表决权的其他股东同意，方能获得股东身份权"，但一则该章程是在发生陶建平股权继承纠纷之后才修改的，并不能适用于该股权的继承，而继承发生时适用的公司章程对股权继承的问题并没有加以限制；二则股东会表决时，本案系争的陶建平生前持有的 43.36％股份无人代表行使，而原公司章程载明：对"修改公司章程作出决议，必须经代表三分之二以上表决权的股东通过"；三则修改后的章程未在工商部门进行变更登记，而按照原公司章程第 38 条的规定，"新章程须经上海市工商行政管理局虹口分局审查同意方能生效"，故该修改后的章程不产生约束力，不属于现行《公司法》第76条规定的"公司章程另有规定的除外"的情形。综上判决：驳回上诉，维持原判。

---

# 评 析

本案系股权继承引发的诉讼。在股东矛盾比较尖锐的有限责任公司，股权继承问题因涉及公司人合性与公司意思自治等因素而颇有争议，因公司章程内容的差别、股东个人遗愿的差别以及各继承人意愿等均会对能否继承产生重大影响。尤其是公司章程相关条款的设定，可直接成为公司所有股东资格能否被继承的前提，由于章程对此进行的限制性规定受到法律认可，因而对股权继承有决定性作用。本案复杂之处在于，公司是在继承纠纷发生后修改公司章程时方规定股东死亡后其继承人不能当然获得股东身份，在此之前并未对股权继承作任何限制；且章程修改程序本身亦不符合法律规定，所以章程所作该项修改规定并不能影响原告对公司股东资格的继承行为。但若章程一开始就有此项规定，可能会是完全相反的结果。股权继承与普通财产继承有何区别？法律对此到底有怎样的规定？影响股权继承的因素有哪些？有限责任公司限定股权继承的法理依据与现实依据又是什么？

## 一、股权继承与普通继承的联系与区别

普通继承权乃公民基本财产权利，一般不得剥夺；而股权并非必然可继承，尽管股权乃财产权的重要载体；但是，一旦股权可以继承，原则上即参照普通继承法则执行。继承权是一种无偿取得死亡近亲属遗产的权利，其实现以被继承人死亡这一法律事实发生为前提。普通继承权乃公民基本财产权利，除依法律规定丧失继承资

格外，一般不可剥夺。股权继承则不同，虽然股权乃财产权重要载体，但其绝不仅限于财产权范畴，包含内容十分广泛，除股利分配请求权、剩余财产分配请求权等财产性质权利外，还包括涉及公司经营管理的表决权、知情权、建议与质询权等具有很强身份性特点的权利，这些共益权的存在虽然也都以股东对公司出资这一财产性处分行为为前提，并以财产权利的顺利实现为目的，但因涉及公司人合性以及意思自治等因素，并不能单纯地以对待普通继承的方式来处理。

因股权本身内容的综合与复杂性，其并非当然可继承。根据法律规定，公司章程可对股权的可继承性予以限制。但若公司章程中未有限制性规定，或是根据公司章程规定继承人可以继承该股权，则继承人对股权的继承原则上即与普通继承适用同样程序与规则，参照普通继承法则执行。继承人若依照继承法规则继承股权后，则由公司将其姓名、住所及继承的出资额等信息记载于股东名册中，甚至修改公司章程，或到工商部门办理相应变更或备案登记。若继承股权人属未成年人时，其股权则当然应由法定或委托代理人行使。但是，继承人也当然可以放弃股权的继承，尤其是当被继承股权还存在未出资义务与责任时，并非继承人有义务继承，而是在公司章程未作限制性规定前提下有权继承。人们显然不能将被继承股东的任何责任当然地转嫁于继承人承受，除非其已经合法继承股权，才可以或应当比照一般股权受让人承担被继承股权所附着的法律义务与责任，否则任何的强加均与现代法制精神相违背。

## 二、关于股权继承问题的国内外法律比较

我国 2005 年修订前的《公司法》对股权继承问题并未涉及，在修订后的《公司法》中则首次对该制度作了规定，弥补了公司法中股权继承制度的空缺。现行《公司法》第 75 条规定："自然人股东死亡后，其合法继承人可以继承股东资格；但是，公司章程另有规

定的除外。"该条规定体现了公司意思自治优先适用的法律原则，当公司章程就股权继承有特别规定情形下，法律尊重公司意思自治，优先考虑并承认公司章程关于股权继承的限制性规定；但若章程未加有规定，则自然人股东的合法继承人可依照《继承法》相关规则继承该股东股权。

中国新公司法的这一条文规定，与其他国家的相关规定精神基本一致。如法国《商事公司法》第 44 条也规定："……公司股份可通过继承方式或在夫妻之间清算共同财产时自由转移，并在夫妻之间以及直系尊亲属或直系卑亲属之间自由转让。但是，章程可以规定，配偶、继承人、直系尊亲属、直系卑亲属只有按章程规定条件获得同意后，才可成为股东。"[1] 而德国《有限责任公司法》也规定：公司股份可以继承；为阻止不受欢迎的遗产继承者成为公司股东，德国亦允许公司可在其章程中规定，股东去世后，由公司收回其股份；公司甚至还可以在事后就此作出补充规定；章程当然也可以对继承进行限制，比如股份不得由股东的家庭成员继承，或者不得转让给其家庭成员，就此公司章程可以规定一个较低的补偿价格，如以低于市价的价格进行转让，公司可以对遗产继承者发出无需特殊形式的通知进行回收，但公司必须在适当期限内行使回收权。[2]

英美法系国家对此也有类似于大陆法系的原则。如英国公司法即准许公司章程可以授予公司董事决定是否登记被转让股份的自由裁量权，董事可以拒绝某项股份转让登记，包括死亡股东股权的转让登记，只要他是善意地行使这一权力。[3] 而依据美国《统一有限责

---

① 赵旭东主编：《公司法学》，高等教育出版社 2003 年版，第 305 页。

② 〔德〕托马斯·莱塞尔、吕迪格·法伊尔：《德国资合公司法》，高晓军等译，法律出版社 2005 年版。第 506—508 页。

③ 参见张明澍编：《英国公司法经典案例》，法律出版社 1998 年版，第 224 页。

任公司法》的相关规定：身为自然人性质的成员死亡，为该成员退出该公司的法定事由；此时公司必须根据相关规定安排购买该退出成员的分配利益。① 而依据美国《法定封闭公司附加规定》的相关条文：死亡股东的财产执行人或管理人有权请求公司购买或允许他人购买死者的所有（亦仅能所有）股份，或在该请求遭到拒绝时诉请法院强制公司进行购买，或请求解散公司，但可以这样主张之前提是，唯有公司章程对此作出明确规定。②

对于国内外关于股权继承法律制度的理解，其核心必须把握好公司法与继承法之间的法律关系。正如人们所共知共识，任何财产原则上并非不可继承，允许继承似乎是人类自然本性与社会本性下的必然选择，也是各国财产法律制度的重要根基所在，就此而言，人类共性或天生是自私的，各民族、各国家、各历史阶段的法律，无不准许财产继承，否则势必天下大乱。因此股份作为近现代以来一种具有价值与利益的主要财产形式，显然原则上也应当可以继承。但是，各国公司实践表明，一律允许股份继承很可能会带来公司运营的不稳定，而一律不准许股份继承当然更会带来与继承法的极大冲突。因此采取一种折中方式，以公司章程或其他公司意志形式为依托，交由公司集体意志预先或事发时自行判断与决策，而不以法律硬性作出规定，这也许是最佳法律选择。但一旦不允许股份继承时，绝不意味着股份对应的价值与利益也不得继承。无论以怎样的价格与程序进行回收，对于不得继承的股份价值与利益补偿给各继承人，这显然是不言而喻的事，而这也是各国继承法律所必然坚持的精神。

---

① 虞政平编译：《美国公司法规精选》，商务印书馆 2004 年版，第 202—205 页。
② 同上书，第 153—157 页。

### 三、影响股权继承与否的具体因素

除了法律关于公司股东资格能否继承的直接规定外，影响股权继承的其他因素还有多方面。

1. 公司章程本身的设定

依照《公司法》的规定，公司章程本身的预先设定是股权继承与否的决定性要素。如若公司章程中对股权继承做了限制性规定，自然人股东的继承人即应受此限制。因而公司章程的预先设定，直接决定了继承人能否顺利继承被继承股东的股权。尤其是，若公司章程不允许股权继承时，则公司章程之中显然也可以就股权不允许继承时的回收价格、回收期限、作价方法等进一步作出细化规定。

2. 被继承股东的资格与意愿

作为被继承人的自然人必须具备了股东资格，甚至必须是被记载在股东名册与工商登记中为公司所认可的股东，这是继承人得以继承股权的前提条件。若该被继承人的股东资格本身就存有瑕疵而未能得到公司认可，即继承标的存有瑕疵，则继承人亦无法通过其继承行为取得公司股权。同时，最为主要的，若被继承股东并不愿意其股权被继承，或其并不愿意通过法定继承方式处理其股权，而是通过遗嘱、遗赠等方式将其股权交由特定的人获得等，则法律无疑应予尊重。所以，即便公司章程允许其公司股权的继承，但实际继承人是否当然能够获得股权，或股权是否当然能按继承方式处理，则还须首先尊重被继承人最后、最真、最有效的遗愿。

3. 继承人的意愿

继承人的意愿在股权继承中也非常重要。这其中包含有各继承人的共同意愿，他们对于该股东资格的继承是否放弃、商议具体由谁继承及协商分配比例等均会直接影响到被继承股权的具体归属。这是法律对于私法主体意思自治的尊重。因而无论是公司法还是公司章程均无法强制继承人作出任何关于股权继承与否、如何继承等决定，某一具体股权是否会被继承，最终也要取决于各继承人本身的共同意愿。

4. 其他股东的意愿

即其他股东可通过协商谈判或利益补偿等替代股权之继承，其他股东的意愿显然也会影响到股东资格的继承。虽然股权继承过程主要依据的是公司章程约定与法律规定，但若继承人强烈希望能够继承该股东资格，其可与公司其他股东进行协商谈判，其他股东也可决议放弃公司章程对股权继承的限制规定；或者，若公司章程中无此规定，但其他股东一致希望不再接受其他人员加入公司，其亦可与该继承人协商谈判，以利益补偿替代股权继承，从而维持公司原有成员彼此之间既定的信赖关系。

## 四、限定股权继承的法理依据及其现实考量

一般认为，之所以可以限定股权继承的法理依据在于：一是公司意思自治理论。法律允许公司在其规定的不涉及他人与社会利益范围内自主决定公司一切事项，尊重公司章程就公司内部组织机构与经营行为进行自主规范。而股权继承即属于公司内部事项，并不涉及公司以外的他人或社会利益，属于法律规定的任意性规范范畴。因而法律尊重公司章程对股权继承所做的特殊规定或预先安排，公司有权以公司章程形式限定股东资格的继承。二是公司封闭性理论。有限责任公司具有人合性与封闭性特点，公司的存续与运行以股东相互间的信赖关系为基础，而股权的自由继承，会导致其他股东被动接受新股东的加入，以至于影响到股东之间原有的信赖关系，进而直接对公司人合性与封闭性造成冲击。因而，法律亦允许对股权继承作出限制性规定。三是权利放弃理论。股权作为股东具有财产性质的权利，可由股东自主转让与处分。当股东在限定股权继承的

公司章程上签署认可时，即意味着其已通过自己的意思行为放弃了其股权得以被继承的权利，由此继承人所继承的股权又被视为附着了处分权的限制。

就限定股权继承的现实考量而言，各国公司现实阵容之中，仅就数量而言，中小型公司无疑占居绝大多数，而其中以自然人为股东所组建的公司又占居绝大多数，因此，自然人股权能否继承问题，显然并非一个小问题，而是关乎绝大多数公司现实运营的问题，对于自然人股东而言，也的确对此十分关切。当继承人继承股权而以新股东身份加入公司时，必然导致股东之间信任关系的重新调整。特别是原股东对新股东容易不信任，以及公司治理中新出现的不同理念碰撞与冲突，使得公司运营可能因此而受到严重影响，甚而可能导致公司僵局的出现。同时，多个继承人继承一个自然人股东的股权时，还会导致股权比例被打破，进一步影响到公司表决治理的原有平衡，从而亦必然影响到公司的继续经营与发展。因而对股权继承加以限制，某种程度而言，也即成为公司稳定发展的一种现实需要。

## 五、结合本案的进一步分析

本案案情虽不复杂，但实际却涉及多个具体法律问题：

1. 本案良代公司前后两份章程对股权继承的效力影响

本案之中，被告良代公司在原告陶冶取得被继承人陶建平股权的继承权后，召开股东大会形成公司章程修改决议，明确继承人可依法获得死亡股东的财产权益但却不能当然获得股东身份权，而之前的公司章程中却并未对股权继承作出任何限制规定。根据法院查明的事实，该公司章程修改程序显然不符合公司法与原公司章程的规定，因而不能产生约束力。但即便公司章程修改有效，由于其发生在陶建平股权继承纠纷之后，一般认为也不能具有溯及以往的效力，同样也不能适用于陶冶对股权的继承。故陶冶有权根据继承法与公司法相关规则取得良代公司股东身份。同时，根据中国《公司法》相关条文精神的理解与把握，法律仅赋予公司章程限制股权继承的权力，这并不等于赋予股东会享有此项决议权限。因此，良代公司召开股东会并形成不同意陶冶成为公司股东的决议实际侵犯了陶冶的合法继承权，亦不具有法律效力。

2. 本案股权继承与股份财产权益继承的联系与区别

本案良代公司在陶建平死亡后，修改公司章程，明确"股东死亡后，继承人可以依法获得其股份财产权益，但不当然获得股东身份权"。此类所谓股份财产权益继承与股权继承的区别何在呢？通常认为，股权继承属于股东资格的继承，重在股东身份的传承，是财产权与身份权融于一体的继承；而股份财产权益的继承，实质仅为股权所对应的财产价值的继承，也可理解为股权的部分继承。必须指出的是，即便公司章程对股权继承作了限制规定，由此继承人不能继承死亡股东于公司中的股权，但其对于继承开始前被继承人股权对应的未分配财产收益以及处理相应股权所得的价金，则无疑享有与其他遗产无差异的继承权。很显然，本案良代公司修改章程的目的，实质在于排斥陶冶等人的股权继承权，并无意剥夺陶冶等人的股份财产权益。

3. 本案继承人之间遗产权益的分配能否代替股权继承与分配

本案陶建平因病去世后，其第一顺序的四位继承人之间形成一致意愿，决定由陶冶一人继承股权，此类约定对公司是否具有约束效力呢？应当说，继承人之间遗产权益或任何有关公司收益的分配与确认，原本只是继承人之间关于遗产分配的合意，只应在继承人之间有效，一般并不能当然对抗第三人。尤其是股权继承或股权的获得，更需公司乃至其他全体股东的认可，并需依法办理相关手续。

如变更股东名册、工商登记变更或备案、修改公司章程等，未经公司认可与相关法律程序，继承人并不能当然取得股东资格。但是，若继承人依照公司章程能够合法继承股权，则继承人之间的合意可以作为公司对其股权进行确认的依据。公司显然并不能任意分配被继承人的股权，而是应当以当事人之间对遗产的分配协议为准，各继承人可依据分配协议要求公司对其享有继承权的股权予以认可，并依法、依约定比例等进行变更。本案两级法院实质上均是认同与支持，陶建平的四位继承人关于仅由陶冶一人继承股权的约定，对良代公司应当具有约束效力，据此才判定由良代公司将陶建平原所持有的股权办理过户至陶冶一人名下。

# 17. 诉请公司回购股份权的认定

## ——上海建维工贸有限公司与上海尊蓝山餐饮有限公司股份收购请求权纠纷案

案例索引：上海市第二中级人民法院（2010）沪二中民四（商）终字第 1406 号，2011 年 7 月 12 日判决；上海市静安区人民法院（2010）静民二（商）初字第 728 号，2010 年 10 月 18 日判决。

---

## 基本案情

上海建维工贸有限公司（简称建维公司）提起诉讼，以被告上海尊蓝山餐饮有限公司（简称尊蓝公司）长期不分配利润、隐瞒相关补偿收入等，请求判令被告尊蓝公司收购其持有的被告 43% 的股权，并按被告当前净资产 1000 万元计算支付原告股权转让款 430 万元，第三人张兴昌对被告的付款承担连带责任。被告辩称原告没有证据证明被告的净资产为 1000 万元，原告诉请应予驳回。

经审理查明：尊蓝公司于 2001 年 11 月设立，注册资本为 50 万元，工商登记股东为上海邹嘉工贸有限公司（简称邹嘉公司）及建维公司，持股比例分别为 60% 及 40%。2002 年 5 月，邹嘉公司将持有的 60% 股权作价 30 万元转让给刘霞，并办理了工商变更登记。2003 年 6 月，第三人张兴昌、刘霞签订股权转让协议约定，刘霞将其所持有的 60% 股权作价 28.5 万元又转让给第三人张兴昌。尊蓝公司的工商登记材料证明，本案纠纷发生至诉讼阶段，尊蓝公司股权比例为建维公司40%、张兴昌60%。

根据被告尊蓝公司资产负债表显示，2003年12月31日，被告的未分配利润3789.60元，负债及所有者权益总计1,258,295.85元；2004年12月31日，被告的未分配利润114,974.27元，负债及所有者权益总计885,708.02元；2005年12月31日，被告的未分配利润128,106.52元，负债及所有者权益总计1,039,011.28元；2006年12月31日，被告的未分配利润167,625.23元，负债及所有者权益总计908,435.47元；2007年12月31日，被告的未分配利润241,257.95元，负债及所有者权益总计1,552,625.56元；2008年12月31日，被告的未分配利润299,701.30元，负债及所有者权益总计4,864,053.21元；2009年12月31日，被告的未分配利润352,902.43元，负债及所有者权益总计1,205,097.85元。

2009年8月6日，原告建维公司就公司利润分配等其他重大事项，函请被告、第三人召开股东会，被告、第三人未召开股东会。2009年11月，因被告经营地址改建，被告与房屋出租方签订退租补偿协议，但被告拒绝提供退租补偿协议。审理中，被告、第三人明确表示不召开股东会，不与原告商量股权收购事宜。由此引发本案纠纷。

---

## 判决与理由

上海市静安区人民法院一审认为：原告持有被告的40%股权，经工商登记，具有法律公示效力。就被告是否具备收购原告股权的条件而言，根据被告资产负债表显示，2003年12月至2009年12月，每年均有未分配利润，具备分配利润的条件；此间，被告未召开股东会，也未分配利润。2009 年 8 月 6 日，原告要求召开股东会，讨论公司利润分配等重大事项，被告也未予召开。按照法律有关规定，公司连续五年不向股东分配利润，而公司该五年连续盈利，并且符合本法规定的分配利润条件的，对股东会该项决议投反对票的股东可以请求公司按照合理的价格收购其股权。但是本案被告只有两名股东，其中第三人作为公司控制股东，在本案审理中明确表示不同意召开股东会，不同意与原告协商利润分配和公司回购股权问题，使得股东会是否召开已无实际意义，故应认为原告已经具备要求被告收购原告股权的条件。至于收购原告股权的价格，审理中，本院曾提请上海市高级人民法院指定上海众华沪银会计师事务所有限公司对被告的相关会计账簿等进行审计，被告原本应有提供会计账簿和退租补偿协议的义务，但经本院多次释明，被告无正当理由拒不提供完整的会计账簿和退租补偿协议，致使审计、评估被告资产的目的无法实现，被告应对此承担不利的后果；且原告主张的会计账簿和退租补偿协议等证据内容不利于被告，故可推定原告主张的被告当前净资产 1000 万元的事实成立，即原告股权价值为 400 万元。第三人为被告的控制股东、法定代表人，并无收购原告股权的意思表示，法律上也无收购原告股权的规定，故原告要求第三人对被告的付款承担连带责任，缺乏事实与法律依据，不予采信。据此判决：一、原告持有被告的 40％ 股权由被告收购；二、被告应在本判决生效之日起十日内支付原告股权收购款人民币 400 万元；三、原告其余诉讼请求，不予支持。

一审判决后，被告不服提起上诉，后又撤回上诉。上海市第二中级人民法院二审裁定：准许撤回上诉，各方当事人按原审判决执行。

# 评　析

本案原告以被告连续五年未分红主张被告公司应回购其股权，这实际是股东退出公司的一种方式，为股东退股的行为。在早先中国《公司法》之中，对于股东退股问题未作任何规定，以至于实践之中股东几乎没有退股权利，因为没有任何具体理由、渠道或方式可以退出公司，无形之中造成各现实公司几乎均处于能进而不能出的完全封闭状态。2005 年修订后的《公司法》对此作了弥补规定，但执行起来依然困难重重。本案就是股东主张公司回购其股权的一起典型案例。实践中，如何认定公司回购股权的条件已经成就，以及如何确定公司回购股权的价格等，往往成为司法审案的难点所在。

## 一、退股权辨析

股东退股，若是从宽泛角度而言，可以指股东退出公司而不再为股东的一切行为，如果这样理解的话，那么因股权转让而造成的股东退出公司经营的行为也可以算作广义上的退股。但股东退股通常所指，仅是就股东与公司之间的关系而言，甚至与公司股份回购往往被视为一件事物的两个方面，站在股东角度说是退股，站在公司角度说则是股份回购。而且，股份回购与公司减资虽不具有必然联系，但若回购达一定期限则可能要因回购而必须减资；反之，若是要进行减资，或公司资本已经亏损等情形下，也可以通过回购股份来进行。

股东退股权，在中国又被称为异议股东股份收购请求权，是指当股东会作出对股东利害关系产生实质影响的决议时，对该决议持

293

有异议的股东有权要求公司以公平价格回购他们手中的股份，从而退出该公司的权利。该制度最早源于美国，并被加拿大、德国、西班牙、日本、德国以及中国台湾地区立法所确定，但中国1993年颁布的《公司法》并未对股东退股权作出明确规定。中国最早对退股权制度作出规定的是证监会分别在1994年与1997年颁布的《到境外上市公司章程必备条款》和《上市公司章程索引》两个规范性文件，但二者在性质上只属于部门规章，其适用范围与效力具有局限性，无法对绝大多数公司中的股东退股权问题进行调整。2005年修改后的《公司法》第75条和143条（现为第74条和第142条）最终明确了有限责任公司和股份有限公司之股东退股制度，加之《公司法解释（三）》第18条所规定的催告失权制度的确立，中国《公司法》确定并一定程度上完善了股东退股制度，为中小股东利益保护提供了一定法律依据。

纵观其他国家立法，股东退股权作为股东一项重要权利均得到确认。根据1998年美国《示范商事公司法》第13.02条的规定，当公司存在下列情形时，反对股东有权请求公司以公平价格购买其股票：①在公司合并情况下；②在股份交换情况下，被取得股份的公司享有表决权的股东享有退股权；③在公司处分公司全部或实质性全部财产时，对处分行为享有表决权的股东享有退股权；④在设立章程、附属章程或者董事会决议规定的章程修改、公司合并、股份交换或资产处分情况下异议股东也享有退股权。《日本商法典》则规定了异议股东享有退股权的七种情形：①营业的全部或重要部分的让与；缔结、变更或解除关于出租全部营业、委托经营或与他人营业上的损益共通的契约；及受让他公司的全部营业；②公司合并；③股份交换；④公司分离；⑤为限制股份转让而变更章程；⑥有限公司组织变更为股份有限公司；⑦股份有限公司变更为有限责任公司。① 相对于国外立法，中国新《公司法》规定的股东退股范围比较有限，立法者在今后公司法立法中可以借鉴相关国家立法经验对退股条件进一步扩展。

无论何人不负违反其个人意思而留于团体中之义务。股东通过投资参与到公司中来，并通过参与公司经营管理而获取收益，但当股东目的不能通过公司实现时，股东应有请求退出公司的权利，公司此时应予退还股本金。在以资本多数决为主导的现代公司组织下，大股东或控制股东对股东会决议有决定权，小股东利益诉求常常很难得到表达，其投资预期也难以得到实现，如果一再强调有限责任公司的人合性而不允许股东退股，这无疑会损害中小股东的合法权益并影响其投资积极性。而退股权相较于中小股东诉请解散公司而言，对公司股权结构与治理格局之影响较小，虽然一定程度上也会造成公司资产的减少，但公司作为统一法律之人格仍然存续。所以，允许异议股东退股，实质乃维护中小股东利益的一项重要制度保障。

## 二、退股类型之划分

学理上依据不同划分标准可将股东退股权分为多种类型。依据股东是否自愿退出公司，可以分为自愿退股与非自愿退股。所谓自愿退股，一般是指股东在发生公司法规定的退股情形时，主动向公司提出退股请求的退股形式。此等情形下的退股通常因股东会决议使股东自身利益遭受损害而要求公司退还股款，此为股东退股的一般形式。本案即属于自愿退股情形。所谓非自愿退股，则是指股东存在未履行出资义务或抽逃出资等行为时，经公司催告在合理期间内仍不履行出资义务时，公司可以股东会决议形式解除该股东的股东资格。非自愿退股，在中国表现为《公司法解释（三）》所确定的

---

① 刘俊海：《公司法》，中国法制出版社 2008 年版，第 354—355 页。

催告失权制度，其并非对股东权利进行限制，而是在未全部履行出资义务情况下直接解除该股东资格，旨在督促股东履行出资义务。①

依据公司类型的不同，股东退股又可分为有限责任公司的股东退股与股份有限公司的股东退股。本案即属于有限责任公司的股东退股情形。通常认为，有限责任公司具有人合性，股东之间相互信任且依赖程度高，股东直接退股并不利于有限责任公司的稳定性，但由于有限公司具有封闭性，股东在缴纳股款后很难通过向公众发行股票来筹集资金，股东出资缺乏流通性。由此，《公司法》第74条规定了有限公司股东享有退股权的条件，股东在对相关股东会决议投反对票情形下可以要求公司回购股份。股份有限公司则属于资合性公司，资本流通性强于有限责任公司，中国《公司法》第142条仅规定股份有限公司股东因对股东大会作出的公司合并、分立决议持有异议情形下即可要求公司回购其股份。

依据退股原因的不同，可以分为约定退股与法定退股。所谓约定退股，是指发起人或股东通常在发起人协议或公司章程中对退股条件进行约定，在公司经营过程中约定情形成就时，股东则退出公司。当然，股东也能够在章程中约定何种情况下股东不能退出公司，但协议与章程均不能违反公司法的强制性规定。所谓法定退股，则是指依法可以退股的情形。现行《公司法》第74条、第142条以及《公

---

① 参见最高人民法院关于适用《中华人民共和国公司法》若干问题的规定（三）（法释〔2011〕3号）第18条之规定："有限责任公司的股东未履行出资义务或者抽逃全部出资，经公司催告缴纳或者返还，其在合理期间内仍未缴纳或者返还出资，公司以股东会决议解除该股东的股东资格，该股东请求确认该解除行为无效的，人民法院不予支持。在前款规定的情形下，人民法院在判决时应当释明，公司应当及时办理法定减资程序或者由其他股东或者第三人缴纳相应的出资。在办理法定减资程序或者其他股东或者第三人缴纳相应的出资之前，公司债权人依照本规定第十三条或者第十四条请求相关当事人承担相应责任的，人民法院应予支持。"

司法解释（三）》第18条规定的催告失权制度，即属于法定退股情形。本案亦即属于法定退股情形。

依据退股具体形式的不同，可以分为协商退股与司法判令退股。所谓协商退股，是指在符合法定或者约定退股条件时股东通过与公司达成协议而协商退股的情形。协商退股情形下，仅需股东与公司双方达成意思表示一致并由公司办理退股手续即可。所谓司法判令退股，是指股东在法定或约定退股条件下并未与公司达成股份收购协议，最终通过提起异议股东回购股权之诉，以请求司法判决的方式退出公司并要求公司返还股本款的情形。司法判决退股是股东退股的最后权利保障，只有在股东与公司无法达成退股协议情形下，才得通过判决方式退回股本。本案即最终属于司法判令退股的情形。

### 三、退股理由之考量

归纳各国有关公司股东退股的理由，一般主要有以下方面：一是无理由退股，或者说退股理由就是想退股；二是因股东对公司违约被除名而实质退股；三是自然人股东死亡，其股权可继承亦可退股，或法人股东破产、解散、清算等；四是约定退出事件已经发生，如公司经营范围调整即可引发股东退股；五是法定事由出现，这也可能与约定事件重叠；六是股东丧失特定资格，如会计、律师等职业性质的公司，股东丧失会计或律师资格等，由此必然引发相关股东退股；七是有其他相信与该股东合作在情理上已不可行的理由；八是经法院已经裁定除名；等等。

具体而言，当股东不再想与公司发生法律上的权利义务关系时，可以直接向公司提出退股请求。但是，股东退股毕竟会直接导致公司资产减少从而对公司债权人的利益产生影响，所以公司对股东退股请求一般有权不予认可，而股东也就只能在特定事由发生时才能申请退出公司。所谓特定事由，既包括法定退股事由也包括约定退股事由。如有限责任公司股东在发生《公司法》第74条规定情形，股份有限公司股东在股东大会作出公司合并、分立决议而持异议情形下，均可以要求公司回购股份。而若不具备法定退股事由，但股东在发起人协议或公司章程中约定的退股事由出现情形下，股东也可以与公司签订退股协议而退出公司。公司乃为了实现特定目的而设立之经济团体，股东之间乃为了共同利益而投资经营公司，如果股东之间的认识与经营理念已经发生根本分歧，不允许股东退股则必将对公司正常发展产生重大影响。因此，在不违反法律强制性规定情况下，完全可以允许股东退股，此时股东退股权的实现，既是对中小股东利益的保护，更是维护公司正常运营发展的一剂良药。

## 四、退股价格及资金来源

股东退出公司后，公司返还股东股本金的前提是确定退股价格。无论是正常退股还是非正常退股，都应当进行价格补偿，当然，非正常情形下，可能还要考虑以退还股价而赔偿公司损失等问题。关于退股价格这一点，其实应该由会计师来把握，他们更加专业。中国《公司法》74条表述为合理价格，那么什么是合理价格呢？在公司法草案中，曾多处出现评估价格，或以评估方式确定股权价格，那么，评估的基准日在哪儿？评估价格确定的参考标准又在哪儿？是以股东的原始出资额，还是公司的净资产值确定，或是可以考虑股权的竞争值？甚至是公司的运营价值？通常，退股价格基准日应当是股东退出之日。问题是，什么又是退出之日？是退股申请提交之日？还是公司退股决议作出之日？或者是法院除名判决生效之日？当确定了退股价格基准日时，通常该基准日的公司净资产价值将是确定所退股份价值的重要参考依据，甚至是唯一依据。

中国《公司法》第74条规定，对股东会决议投反对票的股东可以请求公司按照合理价格收购其股权，但并未对"合理价格"范

围进行明确。股东与公司签订股份回购协议本质上属于合同，应当鼓励公司与股东通过契约自由的谈判手段，发现能够为双方共同接受的合理转让价格。在双方当事人对退股价格存在争议情况下，可以委托或者诉请法院委托专业资产评估机构对公司净资产进行评估。之所以依公司净资产而非依股东原始出资额为股权价格参考标准，是因为公司在经营过程中，公司资产范围与竞争力随着公司运营水平均发生了变化，以净资产为参考标准能更真实地反映股权价格。但是通过资产评估机构确定股权价格时，必须确定评估基准日，即股权价格计算时间点的确定标准。从股东退股行为性质看，评估基准日应当以股东退出公司之日作为标准。但此退出之日不应作广义理解，应当指股东提出退股申请之日，如果以公司退股决议作出之日或者法院除名判决生效之日为退股基准日，则很可能使大股东或控制股东为恶意规避退股条件而致退股股东错过最佳的股份评估价格。

至于退股资金的来源，《公司法》提到的来源为税后利润。的确，公司退还股东股本金需要从公司现有资产中给付，而这必然会导致公司现有资产减少，从而对公司债权人利益产生直接影响。因此，在考虑退股资金来源之前，必须以不损害公司债权人的利益为前提。实际上，退股从某种意义上说，也可理解为广义上的一种公司利益分配行为，它实质属于将公司利益向股东进行转移的行为，但凡这样的行为发生时，都要考虑公司正当债权人的利益保护问题。所以，不管用什么资金补偿退股，均不应对公司债权人的利益造成伤害，否则任何资金的动用恐怕均不妥当。基于此，在确定退股资金来源时，要确定一个前提，即债权人的利益不能因股东的退股行为而遭受损害。公司注册资本承担着对外信用的担保功能，如果股东以减资方式支付退股股东股本金且得到公司债权人同意情形下，则并不违反公司资本原则。同时，股东从公司退股也可以不采取减资方式

进行，由其他股东直接认缴退出股东的股份，退股资金则由该认缴股东支付。再次，在不减少公司注册资本情况下，还可以公司资本公积金或法定盈余公积金为退股资金的来源，因为公积金作为储备基金，原本即可用于弥补亏损、扩大业务范围或者增加公司经营实力，将公积金作为退还股本资金的来源，可以有效避免损害公司债权人的利益。总之，在对公司债权人利益不构成损害前提下，用注册资金也好，资本公积金也罢，或是盈余公积金等，均不是实质问题。本身就是要退股，如果法律也允许这种退股，那么用减少注册资本金的方式支付亦非不妥；如果注册资金可以，那么资本公积未尝不可；资本公积金可以，那盈余公积金更应可以。

还须特别指出的是，对于退股问题，无论是退股理由还是退股条件，无论是对于退股价格的确定及其退股资金来源的确定，在现行《公司法》与相关司法解释未作明确规定情形下，作为律师或者是法官，最为重要的是充分发挥公司章程的作用，充分尊重股东在设立公司时拟定公司章程的自由空间与权利。章程是公司自治宪法，调整股东与股东、股东与公司以及公司与公司管理机构之间的法律关系。发起人或股东可以在章程中对退股事由、退股价格计算方法、退股资金来源等作出符合公司自身特点、也符合股东集体愿望的规定，这样的章程条款只要经审查不违法，不违反法律强制性规定情形下，司法机关均应承认其效力并予以遵照执行。

## 五、结合本案的进一步分析

本案原告股东的股份回购请求权条件是否成就以及如何确定回购价格成为审理之焦点。按照中国《公司法》第74条的规定，只有对相关股东会决议持有异议的股东才有权向公司主张其股份回购，由此该权利又被称为"异议股东股份回购请求权"。因此，类似本案并未召开相关股东会议情形下，是否可以成就所谓的"异议股东股

份回购请求权"呢？正如法院审理认为，本案被告公司股东仅两人，其中第三人作为控制公司 60% 股权的股东，在本案审理期间已明确表示不同意召开股东会，也不同意与原告协商利润分配和公司回购股权的方案，致使公司已无法再行召开股东会议讨论相关事宜。在大股东和被告公司不合作情况下，虽未实际召开股东会，但法官根据公司确有利润且已经连续五年没有分红的事实，认定股东要求被告公司收购其股权的实质条件已经成立，并无不当。本案审理过程中，曾提请上海市高级人民法院指定的会计师事务对被告的相关会计账簿等进行审计，而被告亦有提供会计账簿和退租补偿协议的义务。但经法院多次释明，被告无正当理由仍拒不提供完整的会计账簿和退租补偿协议，致使审计、评估被告资产的目的无法实现，被告对此当然应承担不利之后果。在原告主张的会计账簿和退租补偿协议等证据内容已经不利于被告，在原告有一定证据证明股权价值而被告又无反证甚至拒不提供证据抗辩情形下，法院由此推定原告主张的被告当前净资产 1000 万元事实成立，据此原告股权对应价值应为 400 万元，亦无不当。

# 18. 对赌协议的效力与履行

## ——甘肃世恒有色资源再利用有限公司、香港迪亚有限公司与苏州工业园区海富投资有限公司、陆波增资纠纷案

案件索引：最高人民法院（2012）民提字第11号，2012年11月7日判决；甘肃省高级人民法院（2011）甘民二终字第96号，2011年9月21日判决；甘肃省兰州市中级人民法院（2010）兰法民三初字第71号，2010年12月31日判决。

---

## 基本案情

2009年12月30日，苏州工业园区海富投资有限公司（简称海富公司）诉至兰州市中级人民法院，请求判令甘肃世恒有色资源再利用有限公司（简称世恒公司）、香港迪亚有限公司（简称迪亚公司）和陆波向其支付协议补偿款1998.2095万元。

经审理查明：2007年11月1日前，甘肃众星铸业有限公司（简称众星公司）、海富公司、迪亚公司、陆波共同签订一份《甘肃众星铸业有限公司增资协议书》（简称《增资协议书》），约定：众星公司注册资本为384万美元，迪亚公司占投资的100%。各方同意海富公司以现金2000万元人民币对众星公司进行增资，占众星公司增资后注册资本的3.85%，迪亚公司96.15%。依据协议内容，迪亚公司与海富公司签订合营企业合同及修订公司章程，并于合营企业合同

302

及修订后的章程批准之日起 10 日内一次性将认缴的增资款汇入众星公司指定的账户。海富公司在履行出资义务时，陆波承诺于 2007 年 12 月 31 日之前将四川省峨边县五渡牛岗铅锌矿过户至众星公司名下。募集的资金主要用于以下项目：1. 收购甘肃省境内的一个年产能大于 1.5 万吨的特冶炼厂；2. 开发四川省峨边县牛岗矿山；3. 投入 500 万元用于循环冶炼技术研究。第七条特别约定第（一）项：本协议签订后，众星公司应尽快成立"公司改制上市工作小组"；着手筹备安排公司改制上市的前期准备工作；协议各方应在条件具备时将公司改组成规范的股份有限公司，并争取在境内证券交易所发行上市。第（二）项业绩目标约定：众星公司 2008 年净利润不低于 3000 万元人民币。如果众星公司 2008 年实际净利润完不成 3000 万元，海富公司有权要求众星公司予以补偿；如果众星公司未能履行补偿义务，海富公司有权要求迪亚公司履行补偿义务。补偿金额 =（1-2008 年实际净利润 /3000 万元）× 本次投资金额。第四项股权回购约定：如果至 2010 年 10 月 20 日，由于众星公司的原因造成无法完成上市，则海富公司有权在任一时刻要求迪亚公司回购届时海富公司持有之众星公司的全部股权，迪亚公司应自收到海富公司书面通知之日起 180 日内按以下约定回购金额向海富公司一次性支付全部价款。若自 2008 年 1 月 1 日起，众星公司的净资产年化收益率超过 10%，则迪亚公司回购金额为海富公司所持众星公司股份对应的所有者权益账面价值；若自 2008 年 1 月 1 日起，众星公司的净资产年化收益率低于 10%，则迪亚公司回购金额为（海富公司的原始投资金额 – 补偿金额）×（1+10% × 投资天数 /360）。此外，还规定了协议未作规定或约定不详之事，应参照经修改后的众星公司章程及股东间的投资合同（若有）办理。

2007 年 11 月 1 日，海富公司、迪亚公司签订《中外合资经营甘肃众星铸业有限公司合同》(简称《合资经营合同》),有关约定为:众星公司增资扩股将注册资本增加至399.38万美元,海富公司决定受让部分股权,将众星公司由外资企业变更为中外合资经营企业。海富公司出资15.38万美元,占注册资本的3.85%;迪亚公司出资384万美元,占注册资本的96.15%。海富公司应于本合同生效后十日内一次性向合资公司缴付人民币2000万元,超过其认缴的合资公司注册资本的部分,计入合资公司资本公积金。在第六十八条、第六十九条关于合资公司利润分配部分约定:合资公司依法缴纳所得税和提取各项基金后的利润,按合资方各持股比例进行分配。合资公司上一个会计年度亏损未弥补前不得分配利润。上一个会计年度未分配的利润,可并入本会计年度利润分配。还特别约定:合资公司完成变更后,应尽快成立"公司改制上市工作小组",着手筹备安排公司改制上市的前期准备工作,合资公司应在条件具备时改组成立为股份有限公司,并争取在境内证券交易所发行上市。如果至2010年10月20日,由于合资公司自身的原因造成无法完成上市,则海富公司有权在任一时刻要求迪亚公司回购届时海富公司持有的合资公司的全部股权。合同于审批机关批准之日起生效。《中外合资经营甘肃众星铸业有限公司章程》(简称《公司章程》)第六十二条、六十三条与《合资经营合同》第六十八条、六十九条内容相同。之后,海富公司依约于2007年11月2日缴存众星公司银行账户人民币2000万元,其中新增注册资本114.7717万元,资本公积金1885.2283万元。2008年2月29日,甘肃省商务厅甘商外资字[2008]79号文件《关于甘肃众星铸业有限公司增资及股权变更的批复》同意增资及股权变更,并批准"投资双方于2007年11月1日签订的增资协议、合资企业合营合同和章程从即日起生效"。2009年6月,众星公司依据该批复办理了相应的工商变更登记,并将名称变更为甘肃世恒有色资源再利用有限公司（即世恒公司）。另据工商年检报告登记记载，众星公司2008年度生产经营利润总额26,858.13元，净利润26,858.13元。

---

## 判决与理由

甘肃省兰州市中级人民法院一审认为：《增资协议书》系双方真实意思表示，但第七条第（二）项内容即世恒公司2008年实际净利润完不成3000万元，海富公司有权要求世恒公司补偿的约定，不符合《中华人民共和国中外合资经营企业法》第8条关于企业利润根据合营各方注册资本的比例进行分配的规定，同时，该条规定与《公司章程》的有关条款不一致，也损害公司利益及公司债权人的利益，不符合《中华人民共和国公司法》第20条第1款的规定。因此，该约定无效。由于海富公司要求世恒公司承担补偿责任的约定无效，因此，海富公司要求世恒公司承担补偿责任也失去了前提依据。同时，《增资协议书》第七条第（二）项内容与《合资经营合同》中相关约定内容不一致，依据《中华人民共和国中外合资经营企业法实施条例》第10条第2款的规定，应以《合资经营合同》内容为准，故海富公司要求迪亚公司承担补偿责任的依据不足，依法不予支持。陆波虽是世恒公司的法定代表人，但其在世恒公司的行为代表的是公司行为利益，并且《增资协议书》第七条第（二）项内容中，并没有关于由陆波个人承担补偿义务的约定，故海富公司要求陆波个人承担补偿责任的诉请无合同及法律依据，依法应予驳回。综上判决，驳回海富公司的全部诉讼请求。海富公司不服，提起上诉。

甘肃省高级人民法院二审认为：本案中，海富公司与世恒公司、迪亚公司、陆波四方签订的协议书虽名为《增资协议书》，但纵观该协议书全部内容，海富公司支付 2000 万元的目的并非仅享有世恒公司 3.85％的股权（计 15.38 万美元，折合人民币 114.771 万元），期望世恒公司经股份制改造并成功上市后，获取增值的股权价值才是其缔结协议书并出资的核心目的。基于上述投资目的，海富公司等四方当事人在《增资协议书》第七条第（二）项就业绩目标进行了约定。四方当事人就世恒公司 2008 年净利润不低于 3000 万元人民币的约定，并未涉及具体分配事宜，且约定利润如实现，世恒公司及其股东均能获得各自相应的收益，也有助于债权人利益的实现，故并不违反法律规定；但四方当事人就世恒公司 2008 年实际净利润完不成 3000 万元，海富公司有权要求世恒公司及迪亚公司以一定方式予以补偿的约定，则违反了投资领域风险共担的原则，使得海富公司作为投资者不论世恒公司经营业绩如何，均能取得约定收益而不承担任何风险。参照《最高人民法院〈关于审理联营合同纠纷案件若干问题的解答〉》第 4 条第 2 项关于"企业法人、事业法人作为联营一方向联营体投资，但不参加共同经营，也不承担联营的风险责任，不论盈亏均按期收回本息，或者按期收取固定利润的，是明为联营，实为借贷，违反了有关金融法规，应当确认合同无效"之规定，《增资协议书》第七条第（二）项部分该约定内容，应认定无效。海富公司除已计入世恒公司注册资本的 114.771 万元外，其余 1885.2283 万元资金性质应属名为投资，实为借贷。虽然世恒公司与迪亚公司的补偿承诺亦归于无效，但海富公司基于对其承诺的合理依赖而缔约，故世恒公司、迪亚公司对无效的法律后果应负主要过错责任。根据《中华人民共和国合同法》第 58 条之规定，世恒公司与迪亚公司应共同返还海富公司 1885.2283 万元及占用期间的利息。至于世恒公司、迪亚公司、陆波在答辩中称《增资协议书》已被之后由海富公司与迪亚公司签订的《合资经营合同》取代,《增资协议书》第七条第(二)项对各方已不具有法律约束力的主张,因《增资协议书》与《合资经营合同》缔约主体不同,各自约定的权利义务也不一致,且甘肃省商务厅的有关批复明确载明"投资双方 2001 年 11 月 1 日签订的增资协议、合资企业合营合同和章程从即日起生效",故其抗辩主张不予支持。据此判决:撤销一审判决,世恒公司、迪亚公司于判决生效后 30 日内共同返还海富公司 1885.2283 万元及利息。世恒公司、迪亚公司不服,申请再审。经最高法院审查,裁定再审。

最高人民法院再审认为:2009 年 12 月,海富公司向一审法院提起诉讼时的诉讼请求是请求判令世恒公司、迪亚公司、陆波向其支付协议补偿款 19,982,095 元并承担本案诉讼费用及其他费用,没有请求返还投资款。因此二审判决判令世恒公司、迪亚公司共同返还投资款及利息超出了海富公司的诉讼请求,是错误的。世恒公司、海富公司、迪亚公司、陆波在《增资协议书》中约定,如果世恒公司实际净利润低于 3000 万元,则海富公司有权从世恒公司处获得补偿,并约定了计算公式。这一约定使得海富公司投资可以取得相对固定的收益,该收益脱离了世恒公司的经营业绩,损害了公司利益和公司债权人利益,一审法院、二审法院认定这部分条款无效是正确的。但二审法院认定海富公司 18,852,283 元的投资名为联营实为借贷,并判决世恒公司和迪亚公司向海富公司返还该笔投资款,没有法律依据,应予纠正。《增资协议书》中并无由陆波对海富公司进行补偿的约定,海富公司请求陆波进行补偿,没有合同依据。但是,在《增资协议书》中,迪亚公司对于海富公司的补偿承诺并不损害公司及公司债权人的利益,不违反法律法规的禁止性规定,是当事人的真实意思表示,是有效的。迪亚公司对海富公司请求的补偿金额及计算方法没有提出异议,可予确认。据此判决:撤销二审判决，由迪亚公司于本判决生效后三十日内向海富公司支付协议补偿款 19,982,095 元，驳回海富公司其他诉求。

---

## 评　析

本案案情并不十分复杂，但被称为"中国对赌协议第一案"，自纠纷伊始乃至各审裁判作出时均引发社会广泛关注，至今亦是公司法学者与私募股权（Private Equity，简称 PE）投资者等深入研究与关注的对象。对于本案各审裁判，社会有着不同的评价与反响，赞同者有之，反对者有之，学理分析与评判者有之，理性分析以便今后类似投资避免法律风险者有之，可以说，该案的的确确起到了引领社会投资尤其是私募股权投资风向标的价值与作用，亦典型地反映了中国私募股权投资市场法律理念与国际接轨的强烈愿望与呼声。

### 一、对赌协议及其基本法律特征

所谓"对赌协议"，英文原名是 Valuation Adjustment Mechanism（VAM），直译过来就是"估值调整协议"，它是指投资方与融资方在达成协议时，双方对于未来不确定情况的一种约定；如果约定的条件出现，投资方可以行使一种估值调整协议权利；如果约定的条件不出现，融资方则行使一种权利；所以，对赌协议其实就是对于某种期权获得的双方约定。对赌一词听来虽刺激，但其实和赌博并无关系。对赌协议作为一种金融创新财务工具，投资方通过这种手段可以控制投资风险，降低代理成本，而融资方则能够在短期内获得足够现金支持企业发展，降低其融资成本；但如果不能满足对赌要求，融资方可能会为此付出高昂代价。通过对赌协议条款的妥当设计，可以有效保护投资方与融资方双方的利益。对赌协议在西方资本交易中尤其是股权投资中广泛存在，在国际资本对国内企业的投资中也被广泛采纳。由于多方面的原因，对赌协议在中国资本市场目前尚未成为一种法律制度设置，但也越来越多地被加以采用。

就对赌协议的基本法律特征而言，主要有以下方面：其一，协议主体上，对赌协议必然存在投资与融资的双方，即投资需求与融资需求是此类协议签署的出发点与落脚点所在。投资一方追求较高目标的利润回报，融资一方追求较低成本的融资来源，这是对赌协议签署的原动力所在。其二，协议客体上，对赌协议通常以融资方公司的股权为嫁接对象，即实际为一种股权的买卖，而且这种被买卖的股权往往又是非公开上市流通的股权，即所谓私募之股权。由于投资一方更多只关心投资的高额利益回报，而融资方又更多担心公司股权之失控，所以此类以股权投资为标的的协议往往并不涉及融资公司的控股权利，往往会约定投资方并不参与融资方公司的具体治理，否则将演变为公司股权的并购行为。但是，伴随对赌约定条件的现实变化，投资方实现对融资方的控股及参与治理亦并非不可能。其三，协议目标上，对赌协议通常与融资公司的经营业绩、预期盈利指标及其股权首次上市交易（IPO）等相挂钩，这种约定的目标往往成为投资方利益保障与融资方权利保有的基础所在。其四，协议履行方式上，对赌协议双方的权利与义务随着约定目标的变化而变化，这是此类协议履行方式的最大特点。伴随经营业绩等目标的实现与否，投资方与融资方的权利与义务将发生不同之变化，即双方权利与义务并非确定之方向，而是需要等待并基于协议约定目标现实的情况具体加以衡量，由此引发双方不同的权利与义务。或许正是基于这种协议履行方式上所具有的不确定性原因，人们才习惯于将此类协议称之为"对赌协议"。其五，协议产生原因上，对赌协议之根源在于协议双方对目标企业未来盈利能力的不确定性，再加上双方投资信息的不对称、股权估值与调整的天然弹性以及激励经营与保障收益底线的需要等，为对双方公平起见，采取暂时估价以及附加未来目标条件的变化模式进行交易，可以最大限度地实现投资交易的合理与公平。

就本案双方所签协议而言，基本属于对赌协议应无异议。比较以上对赌协议的基本特征，本案原告海富公司为投资方，世恒公司为融资方，且世恒公司原唯一股东迪亚公司及世恒公司法定代表人陆波亦作为融资方共同主体加入到协议之中，这往往也是此类协议融资一方主体复合性的通常表现，不少此类协议的融资方往往还将公司的管理层纳入其中；融资客体为世恒公司 3.85％的股权，同时附着该项股权高额的资本盈余公积金比例，相当于股权价值的近二十倍，这其实就是投融资双方围绕该比例股权估值的体现，显然具有相当的风险，具有"赌博"的特性；就协议目标而言，不仅设定了2008 年实现利润 3000 万元的要求，而且还设定了净资产年化收益率不低于 10％的指标，更设定了 2010 年 10 月 20 日前实现公司上市的目标等；就协议履行方式而言，依据协议目标，单方约定了海富公司可以获得相应补偿以及请求世恒公司原股东迪亚公司回购其股权的方式，但对于融资一方的权利未作具体规定，如此使得本案协议的"对赌"特性似乎表现得并不突出，而这也是有人非议本案协议并不公平的原因所在。不管怎样，本案协议总体可属于相对典型的对赌协议模式，而这也是本案之所以被称为"中国对赌协议第一案"的基本原因所在。

## 二、对赌协议的法律性质及其效力

关于对赌协议的法律性质存在多种不同的学说，如附条件合同说、射幸合同说、无名合同说、股权投资期权说等。而就法院对此类协议纠纷确定的性质而言，如本案即确定为增资纠纷，也有以股权转让纠纷立案的，还有以投资返还纠纷为案由的，等等。由于此类协议在现行《合同法》乃至《公司法》之中的确尚无明确之规定，以至于难免造成人们对此类协议法律性质的不同看法。判断协议性质的目的，主要在于为此类协议的法律适用找寻准确依据，由此可以相对明确的是，不管此类协议的法律性质如何，此类协议多是围绕公司股权甚至公司治理结构变化设计等而形成的以保障投资为主要目的之协议，因而对此类协议效力的审查与法律适用，显然不仅仅是依据《合同法》即可了断之事，更多地依据《公司法》对此类协议之效力与纠纷进一步进行判断与处理，应是司法必须加以把握之关键。

就对赌协议的法律效力而言，由于此类协议的主体存在多种表现方式，此类协议之融资方式与融资内容也时常存在较大的差别，此类协议之纠纷还经常可能涉及涉外因素等，因而对此类协议的效力不可固定而论之。例如，就融资方主体而言，可能融资方公司为单一主体，而该融资方公司又可能存在有限责任公司或股份有限公司形态上的差别；公司形态上的差别对于身为公司外部人身份的投资方以受让股权或认购增资等方式进入融资方公司又必然存在不同的准入门槛，且融资方公司的股东构成也千差万别。如本案融资方世恒公司股东仅为迪亚公司一人，如果有多个股东之时，公司其他股东是否同意融资、是否同意转让股权、是否放弃所增资本优先认购权、是否获得融资方公司股东会批准等，司法对此必然要进行审查，仅此对此类协议之效力即可能产生不同的影响。而如融资一方为多个复合主体情形下，如本案融资一方即有世恒公司，还有其股东迪亚公司，而其他类似协议中参与融资方权利义务承诺者还可能有融资方管理层等，如此不同身份主体权利义务承诺的合法性审查亦必然存在着差别。再如，就对赌协议的履行方式或所谓对赌目标而言，如本案既存在要求融资方世恒公司未达特定业绩目标应补偿投资方海富公司的约定，也存在迪亚公司回购投资方股权的约定，还设定了世恒公司日期上市的目标。而任何事先要求公司按特定业绩指标补偿利益的约定条款，则显然与公司利润分配的法则相冲突；至于回购股权的约定，本案因迪亚公司原为唯一股东而可能并不存在法律障碍，但若是公司有其他更多股东时，或若是约定由世恒公司负责回购股权时，则可能面临更多其他股东优先受让权或是公司回购股权后需要减资等法律障碍；至于设定特定日期公司上市的目标，则很可能会履行不能或目标落空以至于此类约定即便有效亦可能面临法定解除风险。凡此种种，因所谓对赌协议签署主体、对赌目标与履行方式等差异，的确难以一概而论当然有效或无效，甚或全部有效或部分无效，必须结合此类协议具体条款等具体判定，可能有效，亦可能无效，可能全部有效，亦可能部分无效，本案即为例证之所在。需要在此指出的是，总体而言，对赌协议乃资本市场围绕着投融资运营目标自愿协商的商业合作模式，从国际到国内资本运营中获得越来越普遍的采用，承认并着力维护该类协议的法律效力，更有利于资本市场合作的多样化，更有利于资本市场的繁荣与发展，更有利于社会诚信秩序的维护，故应当是司法主要努力的方向所在。

三、结合本案之进一步评析

本案因号称"对赌协议第一案"而备受社会关注。尽管本案中对赌协议设计相对简单甚至粗糙，但甘肃两审法院基于不同理由认定其无效的判决令人难以信服，社会多数不予认同。一审判决认为，本案对赌协议因违反《中外合资经营企业法》的强制性规定而无效，即所谓违反了"净利润根据合营各方注册资本的比例进行分配"的规定。该理由虽被二审法院所否定，但二审裁判又以该协议约定违反投资领域风险共担原则，构成所谓"名为投资、实为借贷"而宣告无效，这似乎更加偏离了社会对于司法应有的期待。因为二审判决理由实际隐含了让广大私募股权投资者更加不安的因素，所谓"名为投资、实为借贷"的认定必将涵盖绝大多数的对赌协议。套用二审法院的裁判逻辑，无论何种对赌协议都难以避免会被认定为"名为投资、实为借贷"，继而被宣告无效，这对签署对赌协议的私募股权投资者而言将是灾难性的。当然，就海富公司而言，尽管对赌被判无效，但二审返还投资款项的判决结果并非令其不满意，只要把钱、把本金拿回来，无效与有效对其均无实质差别。最高法院再审裁判与一、二审法院裁判认定的事实一致，区别仅在于法律适用。最高法院最终判决结果实质是否决了股东与公司之间对赌协议的法律效力，认为该类条款损害了公司及债权人的利益，但认可了股东之间对赌协议的有效性，认为股东之间的对赌协议并不损害公司及公司债权人的利益，故并不违反禁止性规定，既然为当事人的真实意思表示，即应加以保护。相比较一、二审裁判而言，最高法院的再审裁判显然更为可取，更为社会所认同。

# 股权转让纠纷

# 19. 名义更换对股权转让协议效力影响之评判

## ——丁玉芳诉周锦尧股权转让纠纷案

案件索引：江苏省常州市中级人民法院（2006）常民二再终字第1号，2006年9月6日判决。

---

## 基本案情

丁玉芳诉至法院，要求确认其与周锦尧签订的股权转让协议有效，周锦尧继续履行合同按约将其股权转让给丁玉芳，并办理相关工商变更手续。

经审理查明：1999年7月，周锦尧、陈定锐、江苏省常州市钟楼区怀德路街道资产管理经营公司（简称怀德公司）分别出资25万元、24.75万元、0.25万元成立了常州市龙城通讯器材销售中心有限公司（简称龙城公司）。此后，龙城公司经历了多次股权转让：一、2002年3月，陈定锐将其全部股权转让给王继益，这一转让由股东会决议、公司章程修正案及股权转让协议为证，但股东会决议、公司章程修正案及股权转让协议均未经工商部门备案。二、2002年12月，怀德公司将股权转让给周锦尧，股东会决议上陈定锐的签名及盖章为周锦尧所签和加盖，公司章程修正案经常州市工商行政管理局新北分局备案。三、2003年9月，周锦尧将股权转让给丁玉芳，签订

317

了股权转让协议，王继益在协议上签名表示同意。四、2003 年 10 月，王继益将股权转让给周锦尧，签订了股权转让协议。

因第三次股权转让发生本案争议，丁玉芳将周锦尧与龙城公司告上法庭。丁玉芳与周锦尧签订的股权转让协议约定，周锦尧将龙城公司的 50.5％股权及公司开办的龙城市场所占的资本份额（包括市场登记股份在内）转让给丁玉芳；丁玉芳分两期将补偿款 10 万元交付周锦尧；周锦尧负责办理公司股权转让和变更执照手续；丁玉芳在接手该公司前，原公司的一切债权、债务均由周锦尧承担，丁玉芳接手后一切事务自行负责。原告丁玉芳当天即支付了 5 万元，余款不久也全部付清。事后周锦尧一直没有办理公司变更手续，引发本案纠纷。

## 判决与理由

一审法院认为：丁玉芳与周锦尧签订的股权转让协议从形式到内容均是当事人真实意思的表示，且符合法律规定的股权转让要件，判决协议合法有效，要求周锦尧继续履行与丁玉芳签订的股权转让协议，并与龙城公司一起于判决生效之日起三十日内将工商变更登记手续办理完毕。周锦尧不服，提起上诉。

二审法院认为：虽龙城公司在 2002 年 3 月 10 日对陈定锐与王继益之间的股权转让事宜已由股东会作出决议并对章程的有关内容作了修改，但双方对该股权转让的内容并未实际履行，不能产生股权转让的法律后果。且股东会作出的决议及对章程的修改也未经工商部门备案，客观上致使拟转让股权的效力被长时间搁置。受让人王继益只有根据与转让人陈定锐的股权转让合同，接受龙城公司的股权让渡，并办理工商过户登记手续之后，才最终取得股权，才能对公司要求行使股东的权利义务，以股东身份对抗其他第三人。因此，周锦尧与丁玉芳签订股权转让协议时，王继益作为龙城公司的股东身份并没有确立，而陈定锐也未丧失股东资格，由此王继益以所谓龙城公司股东身份在本案股权转让协议上签名同意转让，不能视为公司其他股东同意转让，不能获得法律支持。因此判决：周锦尧与丁玉芳签订的股权转让协议不产生法律效力，应认定为无效。丁玉芳不服，提出申诉。江苏省常州市中级人民法院经审查，裁定再审本案。

再审认为：股权转让协议的效力判定应依据合同效力的自身规则进行。根据《中华人民共和国合同法》的规定，签订股权转让合同时，当事人意思表示真实，不违反法律法规，股东转让的股权经过半数以上的股东同意，不侵害其他股东的优先购买权，则转让合同有效。本案中，龙城公司的股东为周锦尧、怀德公司、陈定锐。陈定锐与王继益签订的股权转让协议为双方的真实意思表示，股权转让不违反国家法律和行政法规的强制性规定，并经过股东会决议和公司章程修正案确认，故该份股权转让协议有效，王继益是龙城公司的实际股东。周锦尧与丁玉芳签订的股权转让合同，是双方当事人的真实意思表示，虽没有经过股东会议决议，但王继益对此表示同意，因此，该协议有效。据此判决：撤销二审判决，维持一审判决。

---

# 评　析

股权转让协议的效力审查，乃较为复杂的法律问题，常常成为处理此类诉讼的难点所在。尤其在中国公司法缺乏明文规定或者相关规定不甚清晰甚至不合理情形下，试图以正确的效力审查来公正地处理各类股权转让纠纷，对法官而言，是一件极需勇气与智慧而又艰难决断之事。结合本案而言，案情虽然简单，争议标的也不大，但它却相当程度地反映了司法实践处理类似问题上的不统一。本案各审裁判冲突的现象，提示人们应给予关注的是，股权转让协议效力审查的基本原则是什么？工商变更登记对股权转让协议效力究竟有何影响？是否可仅因未曾办理工商变更登记而使股权转让协议失去法律效力？

## 一、股权转让协议效力审查的基本原则

股权转让协议效力一般应围绕协议本身来审查，即首先应按合同法进行审查，这是股权转让协议效力审查的基础环节。股权转让是因意思表示一致而发生的股权持有变动，它与仅依某一法律事实（如股东死亡、破产）而发生的股权转移正相对应，因股权转让必须基于转让方与受让方的意思表示一致才能发生，故股权转让实质为契约行为，须以协议的形式加以表现。股权转让协议，作为诸多协议种类之一，对其效力的审查与其他类型的协议效力审查并无实质的不同。也就是说，各国有关审查合同效力的基本法律原则，应同样适用于股权转让协议的效力审查。如协议主体的权利能力与行为能力是否欠缺、协议主体的意思表示是否真实、协议表示的形式是否合法等，皆是股权转让协议效力审查的基本要素所在；任何重大误解或显失公平的股权转让，当事人同样可以请求变更或者撤销；若是存在解除协议的情形之时，权利方自然也有权解除股权转让协议。在中国当前法律体系下，首先以《合同法》作为审查股权转让协议效力的基本法律依据，这是股权转让协议效力审查应予把握的基础环节。当然，对于股权转让协议效力的审查，除了按合同法的一般原则审查外，还应结合公司法的相关规则甚至某一公司章程的

具体规定进一步进行。很有可能，根据合同法审查下来而有效的股权转让协议，根据公司法或是公司章程的进一步审查而无效。本案及本书之后几个相关案例会对股权转让协议的这一基本原则与理念进行更为具体的诠释。

## 二、名义更换与股权转让协议效力的一般法律关系

所谓名义更换，通常是指公司于股东名册上变更记载股东资格的法律行为。结合中国公司制度以及为了研究的方便，不妨将名义更换再作进一步地扩大解释，即将公司注册管理部门（在中国为工商行政机关）的股东变更登记亦列入名义更换的内涵之中。如此理解，股权名义更换在中国实际可包括"对内更换"与"对外更换"或所谓"内部登记"与"外部登记"两个层次、两个方面。在中国现行公司法律制度下，根据《公司法》第32条之规定，有限责任公司的股权转让，不仅要在公司进行内部名义更换，而且还要在工商行政机关进行相应的外部名义更换；至于股份有限公司，法律仅要求记名股票的转让应在公司进行必要的内部名义更换。正是基于此类法律的规定，在长期以来审查股权转让协议效力的司法实践中，经常会将名义更换作为股权转让协议效力的审查因素。但是，这其实是混淆了股权转让协议效力与名义更换两者之间的法律关系，两者实乃不同层次、不同阶段的法律问题。根据一般公司法原理，在处理两者关系之时，应坚持以下基本原则：

### 1. 名义更换仅属对抗公司的法律要件

中国公司法律虽有前述要求名义更换的制度规定，但却没有明确名义更换的法律属性，或者对违反名义更换所引发的法律效果作出明确规定。综合国外通行的做法，名义更换，首先多是指内部名义更换，即一般并不要求对外更换。同时，名义更换，一般仅属对抗公司的法律要件。所谓对抗公司的法律要件，是指进行名义更换

乃股权受让人以股东身份向公司主张股东权利的前提条件，未能进行名义更换者，不得以股东的身份对抗公司。这一法律属性表明，名义更换仅是处理股东与公司之间法律关系的制度，其对股权转让协议的效力本身并无实质的影响。如果说股权转让协议本身仅是债权负担行为的话，那么名义更换则可类似于物权处分行为，两者有着质的不同；从另一角度理解，名义更换仅是股权转让协议签署之后，协议各方履行协议的法律行为。很显然，债权负担行为与物权处分行为、协议的效力与协议的履行，当属不同层次、不同阶段的法律问题。一份原本有效的协议显然不会因为协议的不履行即为无效，而一份无效的协议显然也不会因为已经履行而即为有效。故就协议双方而言，有效的股权转让协议没有进行名义更换时仍然有效，而已经进行名义更换的无效股权转让协议，如存在欺诈、损害他人利益等，则仍然不能仅以已经进行了名义更换而即当然获得法律的承认与支持。

### 2. 有效股权转让协议当事人有权请求名义更换

所谓未进行名义更换不得对抗公司的法律规定，尽管可以阻止股权受让人以股东身份行使股东权利，但其意并不包括有效股权转让协议的各方当事人不能享有请求协议对方，乃至公司名义更换的法律权利。如香港《公司条例》即规定：若公司拒绝就股份转让予以注册，受让人可以向法院申请命令公司予以注册。[①] 再如中国《公司法解释（三）》第24条也规定："当事人依法履行出资义务或者依法继受取得股权后，公司未根据公司法第三十一条、第三十二条的规定签发出资证明书、记载于股东名册并办理公司登记机关登记，

---

① 王叔文等主编：《最新香港民商法律》，人民法院出版社1997年版，第155—156页。

当事人请求公司履行上述义务的，人民法院应予支持。"

3. 公司必要时享有依法拒绝名义更换的权利

当然，与股权转让协议当事人有权请求名义更换相对应，公司于特定情形下也可以拒绝名义更换。如当股权转让协议有违股权转让的法律限制规定时，如股权转让损害其他股东的优先受让权、违背公司章程关于股权转让的限制性规定等，公司便有可能拒绝名义更换。公司拒绝名义更换，可能导致各方当事人凭股权转让协议进行股东资格变更的目的落空。有效股权转让协议受让人可以此为由解除合同，收回所曾支付的价款或拒绝支付转让价款，亦可请求公司另行指定受让人从而回收所曾支付的价款，当然更可以诉请确认其股东资格，无论哪种情形，皆不会导致原本有效的股权转让协议变为无效。

## 三、对于名义更换与股权转让协议效力关系的不同主张

尽管如前所述，根据一般公司法原理，名义更换仅属对抗公司的法律要件，且有效股权转让协议当事人有权请求名义更换，而公司在必要时亦享有依法拒绝名义更换的权利。但结合中国《公司法》第32条的独特规定，人们对于名义更换与股权转让协议效力乃至股权变动之间的关系，依然存在多种不同的认识。该条一、二、三款分别规定："有限责任公司应当置备股东名册，记载下列事项：（一）股东的姓名或者名称及住所；（二）股东的出资额；（三）出资证明书编号（第一款）。记载于股东名册的股东，可以依股东名册主张行使股东权利（第二款）。公司应当将股东的姓名或者名称向公司登记机关登记；登记事项发生变更的，应当办理变更登记。未经登记或者变更登记的，不得对抗第三人（第三款）。"该条实际就股权对内与对外名义更换两种形式均作出了规定，依据该条款规定，办理股东名册变更登记以及工商注册变更登记对股权转让协议效力是否产生

影响，当前有以下不同主张：

1. 影响说

所谓影响说，其实质是将名义更换理解为股权转让的生效要件，早期司法实践中，在还未有 32 条规定的情形下，依据 2005 年修订前的《公司法》以及公司变更登记等相关制度，这样的理解曾一度较为普遍，据此作出的裁判曾屡见不鲜，本案二审法院裁判即可为证；而在新公司法该条规定出台后，这样的观点依然有人主张。根据这一观点，股权转让若未进行名义更换，无论是内部股东名册登记，还是外部工商登记，只要未进行任一股东名义上的变更，股权转让协议即不发生法律效力。之所以会如此理解，是因为该条明确规定，股东应当记载于股东名册之中，因此凡未记载于股东名册之人均不得以股东身份主张权利；同时，记载于股东名册的股东可以主张行使股东权利，那么未记载于股东名册的股东应当理解为不可以行使股东权利；而且股东发生变更的"应当"办理工商变更登记，未变更登记的不得对抗第三人，这里的第三人是否也可理解为包括公司在内的任何非属于股权转让关系之人。既然如此，那些虽然签订股权转让协议，但并未办理股东名册以及工商注册变更登记的股权受让人，显然不得以股东身份主张行使股东权利，即不能真正获得新股东身份，一个不能引发股东身份变更的股权转让协议又谈何有效呢？这样的理解，不仅是提升与强化了名义更换的法律效力，而且将股权转让协议效力与股权变动或者说股东身份取得相混同。但是，根据之前所提到的中国《公司法解释（三）》第 24 条的规定，依法继受取得股权者，当然也包括股权受让人，可以诉请记载于股东名册并办理公司登记机关登记。这显然意味着股权转让协议效力不仅不应受到名义更换的影响，反之，有效的股权转让受让人还可以诉请名义更换，因此，名义更换显然不应作为股权转让协议效力的生效要件。

## 2. 不影响说

所谓不影响说，实质是将名义更换的要求与股权转让协议的效力进行分割，任何股权转让显然不会仅仅因为未进行名义更换而使其效力受到影响，其实质是仅将股东名册登记和工商登记均作为对抗要件。按照这一观点，股权转让协议生效，股权即发生变动。股权转让协议一经生效，股权即转移给受让人，也即发生股权变动的效果。但在未变更股东名册之前，受让人所拥有的股权不得对抗公司；未变更工商登记之前，受让人所拥有的股权不得对抗善意第三人。持此论者认为，股东名册未记载的股东，并不必然没有股东资格。无论是股东名册还是工商登记，均不具有设权效力，而只具有证权效力和对抗效力。[①]之所以可以如此理解与把握，是因为从第32条的规定中，并不能得出只有记载于股东名册的股东才可主张行使股东权利，更何况现实之中，并不设立股东名册的公司具有相当的普遍性，只有记载于股东名册的股东才可以主张行使股东权利，与现实情形也并不相符；至于股东变更"应当"办理工商变更登记的要求，这也仅仅属于管理性质的规范，而并非影响合同效力的"效力性强制性规定"。结合《合同法解释（二）》的相关规定，《公司法》第32条关于名义更换的任何要求，均不得用来影响股权转让的法律效力。

## 3. 对内对外区分说

所谓对内对外区分说，即将对内名义更换性质的股东名册登记作为股权变动的生效要件，而将对外名义更换性质的工商变更登记作为股权变动的对抗要件。股权转让合同生效后，未变更股东名册的，股

---

[①] 参见王保树："有限公司股东的两种不同登记"，载《中国工商管理研究》2005年8月。

权不发生变动；变更了股东名册而未变更工商登记的，不得对抗善意第三人。显然，这一观点，同样均认为无论是对内还是对外名义更换，均并不影响股权转让协议的效力，但对于受让人是否取得股权，或股权是否随股权转让协议而当然发生变动，却要受到对内与对外名义更换的不同影响。借鉴物权法上债权行为与物权行为区分的法理，持此论者也将股权转让的过程区分为股权转让合同生效与合同履行产生股权权属变动的效果两部分。仅股权转让合同生效不发生股权变动，必须完成股东名册变更以后才视为股权转让合同主给付义务的履行完成，即发生股权变动，但受让人此时获得的股权仅得对抗公司，若要对抗公司以外善意第三人，则需进一步履行变更工商登记的程序。[1]

对于以上三种观点，结合之前提到的《公司法解释（三）》关于依法继受取得股权人可以诉请对内与对外名义更换的规定精神，显然第二种"不影响说"似更合乎当前中国司法的本意，而这与多数国家关于名义更换制度的一般原理也更相吻合。但也必须指出的是，尽管现行司法基本采纳了不影响说，但关于股权受让人究竟从何时真正取得股东身份或获得受让股权，是从股权协议生效时，从股权转让价款支付完毕时，还是股权名义对内更换时，或是股权对外更换时，甚至是将股权转让通知公司时等，这依然存在争论，依然并不十分明朗，不同案情之下显然会有不同的裁判。究竟哪一时间节点应为股权转让变动的时间节点，的确亟待公司法律进一步明确。

## 四、工商变更登记行为的性质及其审查模式

站在股东与公司角度的名义更换，转换到国家商事登记管理部

---

[1] 参见赵旭东主编：《公司法学》（第二版），高等教育出版社 2003 年版，第 326 页；赵旭东："股权转让与实际交付"，载《人民法院报》，2002 年 1 月 25 日；刘俊海：《新公司法的制度创新：立法争点与解释难点》，法律出版社 2006 年版，第 301 页。

门的角度，即为公司信息的变更登记或备案行为，亦即工商变更登记行为。要对公司股东名义更换制度或所谓股权变更登记效力真正地理解与把握，还有必要对工商变更登记行为的性质及其相关救济有必要的了解。

就工商变更登记行为的一般性质而言，学者之间仍存在着不小争议。有观点认为，工商变更登记属于行政确认行为；也有观点认为，工商变更登记属于行政许可行为；还有观点认为，工商变更登记属于准法律行为性质的行政行为。尽管对其性质可有争论，但可以明确的是，任何工商变更登记的作用，仅在于对相关变更事实予以宣示，而不在于对当事人的法律地位或处于不明状态的法律关系予以甄别并给出权威性结论，因而它不应属于行政确认行为。而且，当前中国《行政许可法》亦并未将工商变更登记行为明确归属于行政许可范畴，因为工商变更登记并不具备行政许可全面设禁和有限解禁的基本法律特征。此外，工商变更登记与公司注册登记行为实际也有着明显区别。工商变更登记仅属于宣示性登记，其作用在于对相关事实予以公示，借以产生对抗与公信效力；而公司注册登记则属于设权性登记，具有创设法律主体资格的效力。例如新成立任一公司，均必须经过注册登记才能取得法人资格，即属于典型的行政许可行为。

就工商变更登记过程中工商部门的审查职责而言，到目前为止主要存在三种立法例：形式审查、实质审查与折中审查。所谓形式审查，是指登记机关仅对申请书和证明文件的形式是否符合法律规定进行审查，而不对申请材料的真伪进行调查核实。日、英、美等国家多采用此种审查方式。所谓实质审查，是指对企业的登记申请，登记机关不但要审查有关申请文件是否符合法律要求，要对申请文件进行形式审查，而且还要审查登记事项的真伪，要对登记事项的真实性、合法性进行实质上的审查，并且还要对登记结果负责。德国、法国、意大利等公司登记多采取此种审查方式。所谓折中审查，是对企业登记事项，登记机关有实质审查的职权，但没有必须进行实质审查的义务，登记不能作为推定已登记事项为真实的基础，其证据力如何，仍须由法院裁判来决定。折中审查也可以表述为，仅在对申请登记事项产生疑问或当事人及第三人提出异议时，才开始依照职权进行实质审查。学者一般认为，中国的商事登记审查标准，随着经济的发展，历经了实质审查标准到折中审查标准的变迁。[①] 因此，目前来讲，中国工商行政部门原则上也只对申请人申请材料负形式审查之责，仅在工商行政部门对相关材料的真实性存在怀疑时，才在其合理注意的范围内对相关材料的真实性进行实质性审查。

正因如此，当据以作出公司股权变更登记的申请材料存在瑕疵之时，工商部门原则上并不负有实质责任，更不存在任何的赔偿责任。但这并不意味着相关利益主体不可以通过行政诉讼的方式诉请法院完全或部分地撤销原本错误的变更登记；当然，当事人也可以通过民事诉讼的方式诉请确认真正的权属，并据以要求工商行政机关对错误的股权变更登记进行再变更；甚至，基于申请人应对申请变更材料真实性负责的要求，在虚假变更登记情形下，在利益受到损害情形下，利害关系人还可以通过侵权行为寻求进一步的救济。

基于工商变更登记行为性质及其审查职责的分析，实际也可以看出，工商部门对于公司股东与股权的变更登记，无论办理与否，甚至无论对错与否，对于公司股权转让协议的效力也不应产生实质影响。

---

① 范建、王建文：《商法的价值、源流及本体》，中国人民大学出版社 2007 年版，第 363 页。

## 五、结合本案的进一步分析

对于本案股份转让协议的效力，一、二审裁判显然采纳了不同的观点。一审裁判认为，对于股权转让协议，法律并无必须登记才生效的规定，故协议应自成立时即生效，而当事人嗣后未办理股东变更登记，并不影响股权转让协议的效力，这似乎采纳的是"不影响说"的观点。而二审裁判认为，因双方股权转让至今未向工商行政管理机关办理变更登记，故该股权转让行为尚未生效，这显然采纳的是"影响说"的观点；再审裁判最终支持了一审裁判的观点。

必须指出的是，二审裁判居然还以公司另一股东王继益并非合法股东之身份来作为否定涉案股权转让协议效力的理由，这实际有过于司法干预之嫌。本案实际并未有任何公司其他股东对争议股权提出优先受让的主张，因而所谓股权转让协议违背或影响其他股东优先受让之判词，实际只是法官的一种主观臆断。很显然，法院原则上不应对此主动进行所谓的审查，更不应以此作为否定股权转让协议效力的理由。所谓"民不告官不纠"，司法任何过于的主动干预，均不值得加以提倡。

# 20. 股东优先受让权的法律衡量

## ——丁祥明、李晴、冯月琴与瞿斐建优先认购权纠纷案

案件索引：最高人民法院（2012）民抗字第 32 号，2013 年 12 月 22 日；浙江省高级人民法院（2007）浙民二终字第 118 号，2008 年 3 月 26 日判决；浙江省杭州市（2006）杭民二初字第 296 号，2007 年 6 月 19 日判决。

---

## 基本案情

2006 年 10 月，瞿斐建提起诉讼，请求确认瞿斐建对被告丁祥明、李晴、冯月琴股权的优先受让权在 2006 年 9 月 10 日已经形成，判令丁祥明、李晴、冯月琴履行将其股权依法转让给瞿斐建的义务，并办理相关转让手续等。

经审理查明：丁祥明、李晴、冯月琴与瞿斐建均为杭州盈源贸易有限公司（简称盈源公司）股东。该公司注册资本为人民币 300 万元，共 9 个股东，其中：丁祥明出资占注册资本的 51%；瞿斐建出资占 30.73%；李晴出资占 2.79%；冯月琴出资占 2.87%；陈京桂出资占 2.51%；欧长勇出资占 3.59%；王炜出资占 2.04%；马诚忠出资占 2%；鲁求荣出资占 2.46%。2006 年 8 月 27 日，盈源公司股东召开临时股东会，专题讨论杭海路剩余土地项目实施过程中的

有关情况，形成了公司可以在效益最大化的前提下将全部股权予以整体转让的一致意见。

2006 年 9 月 10 日，盈源公司再次召开股东会，会议专题讨论公司股权转让问题，与会的全体股东一致同意将个人所持股份以全部转让的方式、以 1:1 的价格转让给第三方，并形成股东会决议。全体股东均在该股东会决议上签字，瞿斐建在该股东会决议上注明：根据公司法和公司章程，本人决定优先受让购买其他股东转让之股权。同日，瞿斐建分别与陈京桂、欧长勇、王炜、马诚忠、鲁求荣签订股权转让合同，以 1:1 的价格受让该五名股东的全部股权，约定付款方式为合同签订之日起三日内支付首款作为定金，适用定金罚则，合同生效之日起九十日内付清余款。

2006 年 9 月 30 日，丁祥明将其与曹宝康（非盈源公司股东）于 2006 年 9 月 8 日签订的股权转让合同寄发给瞿斐建，履行股权转让的同意程序和优先购买程序，并限瞿斐建在三十日内作出书面答复。该股权转让合同约定的转让价格为 1:1，付款方式为在合同生效之日起五日内一次性付清，并约定受让方必须按照转让款为基数，以 1:3 的比例交纳保证金，由出让方保存三年，不计息；如受让方三年内有从事损害出让方利益的行为，保证金无偿归出让方所有；如受让方不全额按期支付转让款和保证金，除不予返还保证金外，还应当向出让方支付全部转让款 50％的违约金。2006 年 9 月 30 日，李晴、冯月琴分别与富强（非盈源公司股东）签订股权转让合同，将两人持有的全部股权转让给富强，转让条件及保证金和违约金条款均与丁祥明和曹宝康的股权转让合同约定一致。李晴、冯月琴也将股权转让合同寄发给瞿斐建，并通知其在同等条件下可以行使优先受让权。瞿斐建分别复函丁祥明、李晴、冯月琴，主张其优先受让权已于 2006 年 9 月 10 日形成，要求丁祥明等三人按 1:1 的价格及合同签订之日起三日内支付转让款的50%、合同签订后九十日内付清余款的付款方式与其签订股权转让合同，并要求丁祥明办理瞿斐建与陈京桂、欧长勇、王炜、马诚忠、鲁求荣股权转让的工商变更手续。2006年10月10日，丁祥明、李晴、冯月琴分别复函瞿斐建，拒绝按瞿斐建所述条件签订股权转让合同，并附他们分别与曹宝康、富强于2006年10月5日签订的股权转让合同，三份股权转让合同在与2006年9月8日的股权转让合同内容一致的基础上，还增加了受让方于合同生效后五日内支付出让方补贴款及承担出让方应缴所得税的条款。一审中，盈源公司工商登记的股东仍为该公司章程记载的九名股东。

---

## 判决与理由

浙江省杭州市中级人民法院一审认为：股东行使优先受让权应具备三个条件：一是股东欲对外转让股权；二是优先购买股东与其他购买人购买股权的条件相同；三是必须在规定的期限内行使。优先受让权的前提和基础为"同等条件"。"同等条件"不仅包含转让价格，还包括付款期限、违约条款等其他对出让方股东有利的条款。在2006年9月10日盈源公司股东会上，各股东仅就股份以全部转让的方式、以1:1的价格转让给第三方达成了一致，但该次股东会上，并未明确受让股权的第三方，因此在该次股东会上，瞿斐建的优先受让权并未形成。在2006年9月10日股东会后，丁祥明、李晴、冯月琴将其分别与第三人签订的股权转让合同及要求瞿斐建决定是否行使优先受让权的通知寄发给瞿斐建，瞿斐建虽然复函主张行使优先受让权，但其主张的交易条件低于丁祥明、李晴、冯月琴与第三人商定的条件，并不构成"同等条件"，不符合行使优先受让权的法定条件，其优先受让权也未能形成。同时，瞿斐建提交的证据无法证明丁祥明、李晴、冯月琴与第三人之间签订股权转让合同属恶意串通的行为。综上判决：驳回原告瞿斐建的诉讼请求。瞿斐建不服，提起上诉。

浙江省高级人民法院二审认为：2006年9月10日的股东会决议中，瞿斐建已明确表示决定优先受让购买其他股东之转让股权，故瞿斐建行使优先受让权的条件已经具备。具体理由是：第一，2006年9月10日的股东会主要是讨论盈源公司的股权转让问题，从相关的证据材料反映，该次股东会的材料还包括一份股权转让合同的范本。瞿斐建也以此合同范本与陈京桂等五股东签订了股权转让合同。第二，2006年9月10日盈源公司的股东会形成股东会决议，各股东同意将股份全部转让给第三方，价格是1:1。瞿斐建在该股东会决议上特别注明：本人决定优先受让购买其他股东之转让股权，而丁祥明等未将其对外转让的条件在股东会上予以公布，属于对通知义务的违反，瞿斐建作为盈源公司的股东有权在股东会决议确定的条件下行使优先受让权。第三，2006年9月10日，在盈源公司召开股东会的同日，除丁祥明、李晴、冯月琴之外的其他五股东均与瞿斐建签订了股权转让合同并实际履行。第四，从丁祥明、李晴、冯月琴提供的几份股权转让合同内容看，其股权转让的条件超出了股东会决议中所附的股权转让合同所约定的条件，实际上变更了股东会决议中已经确定的股权转让条件，有失诚信。综上判决：撤销一审判决；确认瞿斐建对丁祥明、李晴、冯月琴持有的盈源公司的股权享有优先受让权；丁祥明、李晴、冯月琴在本判决书送达之日起十日内将持有的盈源公司的股权按照瞿斐建与陈京桂等五人于2006年9月10日签订的股权转让合同约定的条件全部转让给瞿斐建。

最高人民检察院抗诉认为：二审判决的基本事实缺乏证据证明，适用法律确有错误，且依据该判决主文的价格转让股权有失公平，据此提出抗诉。首先，本案中丁祥明、李晴、冯月琴与第三人的股权转让关系并未成立。股东会决议的内容尚未发送给作为受要约人的第三人，不发生要约的效力，瞿斐建在此基础上行使优先受让权，不构成对要约的有效承诺。其次，瞿斐建对丁祥明、李晴、冯月琴行使优先受让权的条件并未确定。2006年9月10日股东会决议确定的股权转让条件仅涉及股权转让的价格条件，并未涉及股权转让的其他条件和事宜，也没有明确具体的受让方，并不能据此认定该次股东会上丁祥明、李晴、冯月琴与第三人的股权转让条件已经确定。第三，丁祥明在2006年9月10日股东会上未披露其此前与曹宝康签订的股权转让合同，不属于对通知义务的违反。第四，二审判决判令丁祥明等人将持有的股权按照瞿斐建与陈京桂等人签订的股权转让合同约定的条件进行转让，不仅违反合同相对性原则，且判决显失公平。

最高人民法院再审认为：股东优先受让权是相比于股东以外的买受人而享有的优先权，因此，股东行使优先受让权的前提是，拟出让股东与股东以外的人已经就股权转让达成合意，该合意不仅包括对外转让的意思表示，还应包括价款数额、付款时间、付款方式等在内的完整对价。而在本案中，虽然在股东会前全体股东均被通知，将于下午与股东以外的受让人签约，但在股东会上，受让人并未到场，也没有披露他们的身份或者与他们签订的合同，因此，直至股东会结束签署决议时，对外转让的受让方仍未确定，股东行使优先受让权的前提也未成就。瞿斐建认为其在股东会决议上签署要求行使优先受让权的意见，即为实际行使优先受让权，与法律规定不符。

此后，陈京桂等五名股东自愿将股权转让给瞿斐建，属于在股东之间互相转让股权的行为，也不是瞿斐建行使优先受让权的结果。关于 9 月 10 日股东会上是否讨论过股权转让合同稿的问题，因该合同稿本身并不能证明股权转让款的支付时间、分期支付的方式等目前争议的问题，二审判决以此作为证明 9 月 10 日股东会上讨论过的交易条件的依据不当。综上，瞿斐建主张缺乏事实和法律依据，二审判决应予纠正，抗诉意见应予支持。一审判决结果正确，应予维持。经最高法院审判委员会讨论决定，判决如下：撤销二审判决；维持一审判决。

## 评　析

本案是一起典型的因股东行使优先受让权而引发的纠纷，案件经过三级法院审理，经过最高检察院抗诉以及最高法院审判委员会讨论，充分反映了当前司法关于股东优先受让权理解与把握上的分歧。在一些广受关注的重大民商事案件处理中，人们也可以感受到司法在适用股东优先受让权处理案件上的困惑。事实上，公司法理论界对于股东优先受让权的争论亦十分之激烈，有关该项权利的专题理论研讨被多次地举行，但理论观点与认识始终难以统一。一项看似并不复杂的股东权利，正带给司法实践乃至公司法理论研究莫名的惆怅。

### 一、股东优先受让权的立法模式及其制度价值

所谓股东优先受让权，是指有限责任公司股东在向股东以外的第三人转让其所持股权时，其他股东在同等条件下享有的优先于股东以外第三人购买该转让股权的权利。各国关于股东优先受让权的

立法差异是客观存在的，总体而言，主要有以下四种立法模式。一是法定模式。它是指公司立法中明确规定股东享有优先受让权的模式。在这种立法模式下，由于股东优先受让权具有法定强制的性质，一般并不允许当事人在章程中自行约定，否则无效。二是约定模式。它是指公司立法并不明确赋予股东优先受让权，却但允许公司章程对股东是否享有优先受让权作出选择性规定，章程赋予了的股东才可享有优先受让权，否则无。此种立法模式在当今世界范围内属于主流，具有普遍性。与法定主义相反，章程约定主义更能给予公司较大的自主选择权。三是约定优先模式。它是指虽然公司立法赋予股东优先受让权，但又许可公司章程可依特约而排除。在这种模式下，如果章程排除了公司优先受让权，则股份转让时，其他股东即无权主张优先受让权；如果章程没有特约排除，则股份转让时，其他股东即可以主张优先受让权。四是任意模式。它是指法律没有明确规定优先受让权，同时也没有规定公司章程可以约定或可排除优先受让权的任意模式。以上分类只是大致上对不同立法模式进行的简单划分，事实上不同国家的立法模式也是在不断演进和变化的。

　　不管当代各国公司立法对于股东优先受让权采取哪种立法模式，可以肯定的是，该项权利作为公司股东，尤其是中小型公司股东或封闭型公司股东所可享有的权利均普遍为各国公司立法所认可，且早期均是采取法定模式加以保障与维护。这是因为，在各国公司阵营中，由关系密切者共同投资所组建的公司数量往往占据绝大多数，真正意义上的开放公司或纯资本结合的公司往往总是属于少数。这些绝大多数由关系密切者所组建的公司，例如家庭成员之间、同乡之间、同学之间、战友之间、朋友之间等原本具有感情纽带关系者之间所组建的公司，其人合性十分紧密，对于陌生人介入公司具有天然的抗拒情绪，以至于这类公司多自发地在他们组建公司的协议乃至公司章程中，明确排除陌生人随意加入公司的行为与现象，或者说未经老股东同意，新的投资者很难以股东身份新加入到公司中来，由此股东优先受让权成为最佳选择，成为各国公司实践中一直以来的基本现象。正是充分注意到绝大多数公司对于股东优先受让权有着难以割舍的情结，于是乎在各国公司立法早期均对该项权利加以承认与保护，以此满足绝大多数投资者的普遍愿望。随着时代的发展，公司人合性不断受到资合性的冲击，资本结合带给公司盈利与发展的空间越来越重要，越来越为人们所看重，由此是否有必要在立法上硬性规定股东优先受让权受到人们之质疑，不同国家采取了不同的立法态度，由此才有了当前关于该项权利的多种立法模式。甚至就其潮流而言，多放弃法定模式，多是允许公司结合自身具体情况或各公司股东的自己愿望灵活加以把握，由公司自己在章程中决定是否写入股东优先受让权的保护条款，如此既照顾与尊重了有着封闭需求的股东们的意愿，也给有着资本强烈需求愿望且并不排斥新股东加入的公司留足法律的空间，这显然更为当代各国立法所认同。但必须指出的是，目前中国公司立法，对于股东优先受让权采取的依然是法定为主模式，至于公司章程对于股东优先受让权能否作出变通甚至排除的规定，目前还存在较大争议。

## 二、关于股东优先受让权几个主要问题的理解与把握

中国《公司法》第71条对于股东优先受让权有着明确规定，[①]对

---

① 中国《公司法》第71条规定："股东向股东以外的人转让股权，应当经其他股东过半数同意。股东应就其股权转让事项书面通知其他股东征求同意，其他股东自接到书面通知之日起满三十日未答复的，视为同意转让。其他股东半数以上不同意转让的，不同意的股东应当购买该转让的股权；不购买的，视为同意转让。// 经股东同意转让的股权，在同等条件下，其他股东有优先购买权。两个以上股东主张行使优先购买权的，协商确定各自的购买比例；协商不成的，按照转让时各自的出资比例行使优先购买权。// 公司章程对股权转让另有规定的，从其规定。"

于该条规定内容的理解，涉及以下几个主要问题：

1. "同等条件"的理解

同等条件下才可以优先受让，这是股东优先受让权的核心所在，是权利行使的实质要件。本案实质也涉及同等条件的认定与判断问题。一般认为，"同等条件"即等同于转让股东与受让方最后确定的交易条件。但这样的认定标准存在显而易见的弊端，且在司法实践中难以操作。审判实务当中，面对各种形态的交易方式与条件，作为裁判者而言，应当了解"同等条件"标准设定的基本功能，以便作出符合立法用意的裁决。已有众多的研究成果关于"同等条件"立法宗旨的阐述基本类似，即该项制度旨在保护优先受让权人在受让顺位上的优先，能优先得到交易机会，但绝不会因为优先受让权的行使而得到交易中的实惠；对于出让股东而言也仅是交易对象选择上的限制，而其股权变现价值不应受到损失；对于其他股东而言限制的是随意行使优先受让权从而侵犯转让股东和非股东受让方的利益。学界关于如何界定"同等条件"的观点，主要有"相对同等条件说"和"绝对同等条件说"之分，也有进一步提炼出折中说的观点。所谓折中说，实质上是法官对比转让条件与优先受让权行使条件自由裁量权的描述。在裁判过程中，法官需要在诉讼中通过适当的举证责任分配机制给予当事人对此进行充分的辩论。现实经济中，存在诸多交易条件的变化形态，除了普遍公认的诸如转让数量、转让价格、转让方式及期限等必须对照的转让对价条件外，法官可资作为裁判的标准还可包括：第一，交易条件的变化是否增加合同当事人的履行负担；第二，交易条件的变化不应当增加股权流通的困难程度。具体而言，在发生非股东受让方有"从给付义务"情形时，需要审查设定该项从给付义务是否有提高转让条件的故意，或者将公司其他股东直接排除设定条件之外，以及该项从给付义务是否对股权对价形成实质影响等更多考量。总之，转让股东与第三人之间达成的转让条件应当充分考虑到公司其他股东优先受让权的存在，审判中也会涉及转让股东与第三人达成交易条件主观心态的认定及交易条件的综合判断。实务之中，对于"同等条件"的认定已有较为灵活的理解，即便以股权转让当事人之间商定的转让价格为基准，也不能单纯将转让价格即简单等同于"同等条件"。事实上，当事人之间可能会因为存在业务关系或利益关系等因素而确定一个相对优惠的价格，故此类因素在认定"同等条件"时也应予以综合考量。当然，如果在其他股东愿意以超出转让股东与第三人之间达成的转让条件行使优先受让权，则自不待言。此外，如转让股东把转让事项书面告知其他股东并经其他股东半数同意转让之后，转让股东与非股东受让方实际达成的转让条件却低于之前书面通知中的转让条件，应当认为，此等情形下，一旦转让股东发出的书面通知包括了具体转让条件，该条件就构成了优先受让权的"同等条件"，如转让股东与第三人擅自降低转让条件，则当然构成了对作出同意表示的其他股东优先受让权的侵犯。

2. "书面通知"方式的理解

通知义务的基本内容，司法实践认识分歧较大。通知内容究竟应当是转让股东的转让股权意图，还是转让股东与第三人达成转让股权的意向，或是转让股东已经与第三人订立的股权转让协议的条款？为使股东知晓股权转让这一重大事件，以便决定是否同意转让并行使优先受让权，各国立法均规定了通知制度。一般认为，在发出通知之时，转让股东与第三人之间已达成有效的股权转让合同，通知内容应当是上述合同的主要条款，这也符合传统民法对于优先受让权制度精神的一般理解。换言之，其他股东也只有在转让股东与第三人订立了股权转让合同时，才能行使优先受让权。当然，对此也可有不同的观点。在中国立法模式中，通知义务实质可以分为两个阶段，即其他股东行使同意权之前的通知阶段和其他股东行使同意权之后的通知阶段。就优先受让权行使主体范围而言，无论其他股东是否同意转让，一般认为均可享有优先受让权。因此，在转让股东与第三人达成股权转让协议时，转让股东仍然负有将"同等条件"告知其他股东的义务。从制度效率角度进一步分析，如果强行规定通知义务中应当载明转让条件，事实上增大了交易成本，也阻碍了股权转让的自由。所以，对于转让股东通知义务的内容界定，不仅可以理解为将已经存在的股权转让合同的主要条款进行通知，也可以仅仅是转让股权、包括向第三人转让的基本意向。

3. 公司章程等可否排斥股东优先受让权的行使

中国《公司法》第71条第4款明确规定：公司章程对股权转让另有规定的，从其规定。这是否意味着有限公司章程之中可以排除股东所享有的优先受让权呢？是否意味着在有限公司的章程之中人们可以明确规定其股东不得享有优先受让权呢？从人们对有限公司最为主要的封闭特性来把握，似乎公司章程不应有这样大的法律空间。但是从该条字面意义理解，从优先受让权原本为一种权利，而权利是可以放弃的特性，以及从公司法扩大公司意思自治、充分尊重股东自由的精神而言，只要股东一致同意放弃优先受让权并在公司章程中明确加以规定，这似乎并不为法律所禁止。正是基于这样条款的法律安排，使得有限责任公司的股权转让可依照其章程的规定获得与以往不同的更大法律空间。必须充分注意到，股东优先受让权并不能绝对化，更不能被神圣化。在一定情形下完全可以对股东优先受让权加以必要的限制甚至排除。通常认为，不仅公司可以通过章程规定予以排除，甚至公司以股东会决议等方式也可对该项权利加以限制或排除。现实之中，因为股权继承的需要、因为股权作为夫妻财产分割的需要、因为股权赠与的需要、因为股权在特定关系人（如父子）之间其他过户的需要、因为引进新的战略投资者的需要、因为公司实施股权并购的需要等，公司以正当程序且多数同意而通过决议的方式，皆有可能限制或完全排除股东所享有的优先受让权。

## 三、股东优先受让权的司法救济

把握股东优先受让权的司法救济，必须对该项权利的法律性质及其效力有基本的判断。就优先受让权的法律性质而言，学界主要有物权或准物权说、期待权说、请求权说、附条件的形成权说和形成权说等，而多数观点认同形成权说。就形成权性质的股东优先受让权而言，一般会有以下基本法律效力：一要能成立买卖合同，否则"受让"便是无稽之谈；二要优先实现合同权利，否则"优先"如何体现；三要能确保取得股权，这是行使目的所在。这三项效力被分别称之为形成效力、优先效力与追及效力。据此，作为形成权性质的股东优先受让权一旦由其他股东行使作出意思表示，即发生变更法律关系的效力，无须转让股东作出承诺。这也意味着，当优先权人主张或行使优先受让权时，即在其与转让股东之间形成以"同等条件"为内容的确定的股权转让合同关系，进而在二者间产生股权转让的请求权，主张受让的股东得以此请求股权之名义更名，而转让股东亦不得随意终止其股权转让之行为。

对于违反股东优先受让权的股权转让协议的效力如何判断，当前存有不同的观点。一种观点认为，优先受让权是法律对有限责任公司股东处分股权作出的法律上的限制，因此，违反股东优先受让权的股权转让协议应认定为无效，司法实践中不少人主张这一观点。另一观点认为，违反优先受让权的股权转让协议是否有效应根据外部受让人的主观状态来判定，如果是善意受让，则协议有效，否则协议无效。第三种观点认为，鼓励交易、减少对缔约自由的国家干预为现代合同法之基本精神，在对合同效力的认定上，能使之有效则不可使之无效。

　　其实，必须看到，就优先受让权而言，权利人行使与否实际并不具有必然性，因此，通过赋予权利人事后的撤销权即完全可以实现对当事人该项权利的适当保护，同时又可最大限度地维护本可有效的交易，节约社会资源。对于违反优先受让权的协议当然判定为无效，既无必要，也无合理性。因此，第三种观点应更为可取。从中国公布的相关司法解释也可得到进一步印证。例如，2010 年 8 月颁布施行的《最高人民法院关于审理外商投资企业纠纷案件若干问题的规定（一）》第 12 条规定："外商投资企业一方股东将股权全部或部分转让给股东之外的第三人，其他股东以该股权转让侵害了其优先受让权为由请求撤销股权转让合同的，人民法院应予支持。其他股东在知道或者应当知道股权转让合同签订之日起一年内未主张优先受让权的除外。前款规定的转让方、受让方以侵害其他股东优先受让权为由请求认定股权转让合同无效的，人民法院不予支持。"自此，享有优先受让权的股东可以请求对侵犯优先受让权的股权转让协议进行撤销，这并无疑问。存在疑问的是，对于无股东主张优先受让权的股权转让协议，法院可否主动以违反股东优先受让权为由而宣告无效呢？应当认为，法律之所以将侵犯优先受让权的合同规定为可撤销，其目的即在于保护当事人的意思自治，尽量减少国家的干预。因此，在权利人未曾主张权利情形下，法院不应越俎代庖主动干预。

　　但是，当其他股东主张行使优先受让权后，转让股东仍擅自与第三人订立股权转让协议并转让标的物所有权时，优先受让权人能否追及已经变动的股权，这实质涉及优先受让权的救济强度问题。一般认为，即使转让股东已经将股权让与第三人，优先受让权人仍能追及购买。基于优先受让权的物权效力，股权权属的变动并不能对抗优先受让权人。优先受让权人被赋予撤销权，或得请求撤销所有权的变动登记。优先受让权人的请求范围，甚至还包括了实际履行的请求以及合理预期利润在内的履行利益的损害赔偿，如在受让股权之外能够产生的股权利益等。

### 四、结合本案的进一步分析

本案原告诉请确认其优先受让权并据此办理相关股权过户手续，这是典型的股东优先受让权诉讼。本案处理的关键首先在于"同等条件"的理解与把握。原告坚持以 2006 年 9 月 10 日盈源公司股东会决议的 1:1 的价格为股权转让条件，而被告坚持认为除了 1:1 转让价格外，其与第三人转让合同约定的五日内付款时间、以转让款为基数的 1:3 比例的保证金交纳及其三年保存期限、全部转让款 50% 的违约金等均应为股权转让条件或对价。很显然，原告主张的股权转让同等条件与被告举证对外转让股权的对价条件明显不符，明显低于被告与第三人商定的交易条件。故一审判决据此认定不构成"同等条件"，不符合行使优先受让权的法定条件，并无不当。必须强调的是，主张优先受让权的股东对于转让股东与外部第三人构成对价的交易条件，不应有任何的变更，更不得以公司股东会决议的条件来替代，犹如任何的承诺不得变更要约一样，否则优先受让权作为形成权的法律效力无任何之根基。

本案还涉及"通知方式"的正确理解与把握问题。本案被告对外转让股权签约实际是在公司召开股东会之前，但在股东会议召开时并未进行通知，而是在会议召开之后才通知原告。对此，当前立法仅就受通知股东应在三十日答复作了规定，但对转让股东应在对外转让后多长时间内通知公司其他股东却未作明确规定，这是立法的疏漏。

就本案而言，被告在公司股东会召开二十日后，在与外部签订股权转让协议后二十余日即同年 9 月 30 日才通知原告，这应当认为并不妥当。但这并非本案处理之关键或司法裁判应当考量的问题。司法所要关心的是当被告依法就对外股权转让一事通知原告后，原告是否在法定三十日期限内进行答复，尤其是是否按同等条件进行答复。本案原告虽然在法定期限内答复了，但如前所述，其答复条件并非"同等"，故原告以被告未在股东会议期间进行通知并无法律依据。

尤其需要指出的是，本案公司 9 月 10 日的股东会议，实际是就公司整体对外转让股权作出决议，仅就决议内容看，并未出现具体的外部受让人，更无实际意义上的对外转让股权的具体交易对价或条件，因而原告此时在股东会决议上即批注主张其股东优先受让权，实际仅是空中楼阁，难以成立。主张优先受让权的股东原则上应在转让股东将对外转让股权之事通知后才可主张，或者在得知对外已经转让股权而未被通知情形下才可主张，本案原告仅以其在尚不知道第三人及真实交易条件下的股东会决议上的批注主张其优先受让权，与该项权利保护之精神并不相符。至于本案原告还以其与其他股东签署的股权转让协议，来主张其对本案被告股权的优先受让权，这更是难以支持。正如本案再审裁判所指出的，这完全属于股东之间互相转让股权的行为，并非原告行使优先受让权的结果。任何股东主张优先受让权，均应是就股东对外转让之股权才有可能，这是最为基本的原则。

# 21. 夫妻一方对另一方转让股权之异议

## ——艾梅、张新田与刘小平、王鲜、武丕雄、张宏珍、折奋刚股权转让纠纷案

案件索引：最高人民法院（2014）民二终字第 48 号，2014 年 5 月 28 日判决；陕西省高级人民法院（2013）陕民二初字第 00006 号，2013 年 12 月 21 日判决。

---

## 基本案情

2012 年 5 月，艾梅、张新田提起诉讼，请求判令：确认张新田与刘小平签订的股权转让协议无效；刘小平返还张新田在工贸公司持有的 54.93% 的股权。

经审理查明：张新田与艾梅系夫妻关系。2011 年 10 月 26 日，张新田与刘小平签订一份《协议》，约定：张新田自愿将其在榆林市榆阳区常乐工贸有限责任公司（简称工贸公司）的原始股份额 660 万元以 13,200 万元转让刘小平，刘小平在签订本《协议》时支付定金 1000 万元。工贸公司与刘小平签订正式合同、移交相关手续、变更工商登记后支付 50%，余款在刘小平进入榆林市常乐堡煤矿及移交财物、资产证件等手续时一次性付清。张新田保证其股份有绝对排他权利，否则，按《协议》第六条承担责任。该《协议》第六条约定："本协议签订后应诚实守信，不得违约，不得解除，不得主张

无效。否则，协议价款如数归还，还应向对方赔偿经济损失，损失额为本协议价款的总额；若所转让的股份按市场交易价已超过协议价款总额的两倍以上时，执行市场价格超出总份额部分的标准予以赔偿。"该《协议》还对其他事项作了约定。刘小平按《协议》约定向张新田支付定金 1000 万元人民币，张新田向刘小平出具了 1000 万元的收条。

同年 12 月 16 日，双方又签订一份《股权转让协议》，约定：张新田自愿将其在工贸公司的 500 万元原始股份转让给刘小平，转让价款为 18960 万元。刘小平在协议签订时先付张新田 1000 万元，待刘小平进入榆林市常乐堡煤矿，张新田将财务、财产等相关手续移交完毕后，刘小平再付 9000 万元。余款待刘小平变更为榆林市常乐堡矿业有限公司（简称常乐堡矿业公司）董事后一次性付清。张新田保证转让的股份权属清楚，无任何他项权利设定。若产生纠纷，由张新田负责处理，给刘小平造成的损失，张新田按该协议第六条的约定承担违约责任。该协议第六条的约定与 2011 年 10 月 26 日《协议》第六条的约定相同。协议还约定，在本协议签订后七日内，保证刘小平进入榆林市常乐堡煤矿，工贸公司的一切合法权益由刘小平享有。该协议还对其他事项作了约定。在该协议签订的当天，刘小平按协议约定向张新田支付 1000 万元人民币，张新田向刘小平出具了 1000 万元的收条。

上述两份股权转让协议签订后，刘小平共向张新田付款 7600 万元。张新田按刘小平的要求，将其在工贸公司的股权分别变更为：刘小平占 14.28％，王鲜占 10.99％，武丕雄占 5.49％，张宏珍占 10.99％，折奋刚占 13.18％，总计变更在刘小平及四位第三人名下的股权为 54.93％。同时，刘小平以 20,277 万元收购了工贸公司 85 位隐名股东的全部股权。

还查明：2004 年 12 月 22 日，设立工贸公司的登记申请书载明的股东为：张新田、赵世有、张贵华、许国华、张和平。2011 年 12 月 19 日，张新田按照协议约定，在榆林市工商行政管理局榆阳分局办理了股东变更登记。工贸公司的法定代表人张新田变更为刘小平，股东变更为刘小平、折奋刚、张宏珍、王鲜、武丕雄。

2011 年 12 月 26 日，张新田以其转让股权未征得其妻同意为由要求解除双方所签股权转让协议，并将 7600 万元付款全部退回刘小平，遂引发本案纠纷。

---

## 判决与理由

陕西省高级人民法院审理认为：本案争议焦点是，股东张新田转让股权是否应当经其妻艾梅同意，否则，股权转让行为无效。首先，根据《公司法》第 72 条以及最高人民法院《关于适用〈中华人民共和国婚姻法〉若干问题的解释（二）》（简称《婚姻法解释（二）》）第 16 条的规定，股东转让股权必须征得过半数股东的同意，并非必须征得其配偶的同意。即使在有限责任公司的出资系夫妻共同财产，但非公司股东的配偶，要成为公司的股东，还须征得其他股东的同意，只有在其他股东明确表示放弃优先购买权的情况下，股东的配偶才可以成为该公司的股东。在过半数股东不同意转让，但愿意以同等价格购买该出资额的情况下，只能对转让出资所得财产进行分割。故我国《公司法》第 72 条及《婚姻法解释（二）》第 16 条规定了股东转让股权必须征得过半数股东的同意，并非必须征得其配偶的同意。且我国现行法律和行政法规没有关于配偶一方转让其在公司的股权须经另一方配偶同意的规定。从本案股权转让的事实看，张新田转让其在工贸公司1160万元的出资予刘小平，获得32160万元的对价；同时，刘小平受让了工贸公司其余85位隐名股东的全部股权；工贸公司的法定代表人由张新田变更为刘小平，并在工商部门进行了变更登记，艾梅应当知道其夫张新田转让股权的事实。其次，虽然涉案股权系张新田与其妻艾梅的共有财产，最高人民法院《关于贯彻执行〈中华人民共和国民法通则〉若干问题的意见（试行）》（简称《贯彻民法通则意见》）第89条规定了在共同共有关系存续期间，部分共有人擅自处分共有财产的，一般认定无效。但该条"但书"又规定："第三人善意、有偿取得该财产，应当维护第三人的合法权益，对其他共有人的损失，由擅自处分共有财产的人赔偿。"再者，最高人民法院《关于适用〈中华人民共和国婚姻法〉若干问题的解释（一）》（简称《婚姻法解释（一）》）第17条也规定："夫或妻非因日常生活需要对夫妻共同财产做重要处理决定，夫妻应当平等协商取得一致意见。他人有理由相信其为夫妻双方共同意思表示的，另一方不得以不同意或不知道为由对抗善意第三人。"根据该条立法本意，因夫妻之间存在着特殊身份关系，故夫妻之间相互享有家事代理权。在本案中，两份股权转让协议的原始出资额为1160万元，但转让价款为32160万元，是原始出资额的27.7倍，且刘小平已按约支付了7600万元的价款，并进行了工商变更登记，刘小平有理由相信两份股权转让协议系艾梅、张新田夫妇的共同意思表示，也足以证明刘小平受让该股权符合善意取得的法律规定，且两份股权转让协议并不存在我国《合同法》第52条规定的情形。根据本案查明的事实，刘小平不但受让了张新田在工贸公司的股权，而且以20277万元收购了工贸公司85位隐名股东的全部股权，实际上刘小平及第三人折奋刚、张宏珍、王鲜、武丕雄收购了工贸公司。综上，艾梅、张新田夫妇主张股权转让协议无效的理由依法不能成立。据此判决：

驳回艾梅、张新田的诉讼请求。艾梅、张新田不服，提起上诉。

最高人民法院二审认为：本案二审的争议焦点是，关于张新田与刘小平签订的股权转让协议的效力认定问题。股权作为一项特殊的财产权，除其具有的财产权益内容外，还具有与股东个人的社会属性及其特质、品格密不可分的人格权、身份权等内容。如无特别约定，对于自然人股东而言，股权仍属于商法规范内的私权范畴，其各项具体权能应由股东本人独立行使，不受他人干涉。在股权流转方面，我国《公司法》确认的合法转让主体也是股东本人，而不是其所在的家庭。本案中，张新田因转让其持有的工贸公司的股权事宜，与刘小平签订了股权转让协议，双方从事该项民事交易活动，其民事主体适格，意思表示真实、明确，协议内容不违反我国《合同法》、《公司法》的强制性规定，该股权转让协议应认定有效。艾梅、张新田关于股权转让协议无效的上诉理由没有法律依据。关于艾梅、张新田提出的本案所涉合同"名为股权转让实为矿权转让"，应当认定无效的上诉理由，根据本案查明的事实，双方协议中虽有刘小平进入榆林市常乐堡煤矿、刘小平变更为常乐堡矿业公司董事等相关约定，但该约定属双方为履行股权转让协议而设定的条件，并不改变刘小平受让工贸公司股权的交易性质及事实。工贸公司系常乐堡矿业公司的股东，采矿权也始终登记在常乐堡矿业公司的名下，因此，本案的股权转让协议不存在转让采矿权的内容，实际履行中亦没有实施转让采矿权的行为，艾梅、张新田的该项上诉理由亦没有事实和法律依据。综上，本案原审判决认定事实清楚，关于本案股权转让协议效力的认定正确，应予维持，但其引用《贯彻民法通则意见》、《婚姻法解释（一）》、《婚姻法解释（二）》的相关规定作为判决依据属适用法律不当，应予纠正。据此判决：驳回上诉，维持原判。

# 评　析

夫妻之间不仅有着难以割舍的感情与亲情，更有着难舍难分的财产利益与纷争，而夫妻名下之股权共享与利益处置则更为夫妻关系之纠结所在。就夫妻一方名下股权转让所引发的纠纷而言，既有双方一致同意而对外进行的转让，也有一方隐瞒对方而擅自转让的情形，还有一方对外转让后另一方又以不知情为由主张反悔之情形等，本案即属于后一种情形。对于夫妻一方对外转让名下股权所引发纠纷之处理，尤其是夫妻一方是否事先告知或征得另一方同意难以证明情形下，该如何判断对外股权转让协议之效力，成为司法裁判的难点所在。

## 一、夫妻间各自名下股权的财产性质

根据中国《婚姻法》的规定，在夫妻双方未作出特别约定时，婚姻存续期间的一方以共同财产投资或因继承或受赠所形成的股权归夫妻双方共同所有。① 本案之中，原告艾梅与张新田夫妻之间就所争议之转让股权并不存在特别归属之约定，故而该股权应当认定归原告夫妻共同所有。所谓夫妻共有股权，是指夫妻在婚姻关系存续期间，夫妻一方或双方依法取得的由夫妻共同所有的股权。夫妻共有股权因其登记状况的不同又可以细分为两种情形：一是夫妻双方均登记为某一公司的股东；二是只有夫妻一方登记为公司股东。如果对后一种情形有正确的法律认识，前一种情形所引起的纠纷也就

---

① 根据《婚姻法》第 18 条第 3 款的规定，遗嘱或赠与合同中确定只归夫或妻一方的股权应当不属于夫妻共有。

迎刃而解。

夫妻共有为共同共有的典型情形，此乃夫妻双方特殊的身份关系所决定。学界对于夫妻双方共同共有的标的为"股权"，或"股东资格"抑或"股权价值"存有争议。部分学者认为，夫妻共有的对象应仅限于股权所包含的财产价值。当股权登记于夫妻一方名下时，非股东配偶与股东配偶所共有的并非该股权。也有学者认为，虽然股权登记于一人名下，但并不影响夫妻对股权的共有关系，因股权本身的特殊性质，应当建立起"股权共有"的特殊制度；在该制度下，股权可由两个以上的股东共同享有，并由其中一名股东作为代表行使权利。此项制度下共有股权的股东被称为"复合股东"。凡此种种不同观点，若要对登记于夫妻一方名下股权的共有状态有正确认识，则需对股权性质有正确把握。股权是指股东基于股东资格而享有的在公司中的各项权利，包括在公司中获取一定经济利益和参与公司管理的权利。就股权法律性质而言，存在所有权说、债权说、社员权说、股东地位说和新型民事权利说等多种学说，其中社员权说和新型民事权利说在中国颇具影响力。不管怎样，总体而言，多数学者承认股权既包含财产内容也包含非财产内容，学界也普遍承认股权中"自益权"和"共益权"的划分。自益权多以财产利益为内容，共益权则多涉及公司利益。

股权与其他夫妻间共有财产的相似之处在于它包含了财产利益，与其他财产的重要区分则在于它还涉及公司、其他股东以及第三人的利益。正是因为股权涉及他人利益，如果承认共有的对象为股权将可能面临以下问题：首先，承认股权共有将使公司法中关于股东最高或最低人数的限制形同虚设；其次，就占据绝对多数的有限责任公司而言，兼具资合性和人合性特征，股东之间的相互信赖为股权存在的基础，而承认共有股权，则在离婚时势必产生分割，有影响公司人合性之嫌；最后，允许记载在公司股东名册和工商登记材料之外的人共有该股权还会产生权利的不真实状态，对信赖此项登记的第三人之交易带来风险。但是，如果只承认夫妻共有的对象仅为财产价值，则离婚时分割之物仅为股权中的财产价值，也可能产生问题：在离婚时，如果登记为股权转让的一方无力支付对另一方的价值补偿，其他股东又不愿意受让该股权且又不存在外部受让人时，法院将被迫对股权进行拍卖，亦同样存在打破公司人合性的可能，同样不利于维系公司之紧密发展。

对于未具体约定归哪方所有的夫妻各自名下股权，作为一类财产尽管皆认为即应当归夫妻共有，但如何具体认定夫妻共有之对象，即究竟是股权共享还是股权所对应的财产利益共享，这实际涉及如何平衡共有权利人与利益相关者两方面利益的问题。可以肯定的一点是，夫妻共有的对象应不包含股东资格。即使是在偏向于保护共有人利益的法国，在夫妻财产清算之前，非登记一方也并非共有股权方。[①] 而根据中国《公司法》的一般规定，认定股东资格的依据优先为股东名册，且未经工商登记亦不得对抗第三人。故非登记于股东名册的所谓股东，或公司与其他股东并不知道或认可接纳之人，至少形式上并不能享有股东资格。夫妻之间的共有关系，一般认为并不能产生对抗公司、其他股东以及债权人的效力。所以，在共有关系存续期间，夫妻双方共同共有的对象，实际上仅应限于股权所对应的财产性价值。离婚之时，夫妻双方的共同共有关系消灭，共同共有的财产需要进行分割。此时非登记为股东之一方所享有的权

---

① 《法国商事公司法》第 44 条规定："公司股份通过继承方式或在夫妻之间清算共同财产时自由移转。但是章程可以规定，配偶、继承人等只有在按章程规定的条件获得同意后，才可成为股东。"参见李萍译《法国公司法规范》，法律出版社 1995 年版。

利实际与隐名股东类似，非登记一方并非当然享有股权或可当然替代成为股东。此时的分割亦类似于股权外部转让或者隐名股东的显名化，均需要公司其他股东（目前设定为半数以上）的认可，以求在维系公司人合性与保护共有权利人之间找到一个较好的平衡。这一点在《婚姻法解释（二）》第 16 条中亦得到了体现。根据该条规定，非股东一方因离婚财产分割而试图成为股东，需要满足类似于股权对公司股东以外的第三人转让的条件，并受制于其他股东的优先受让权。① 故而在婚姻存续期间，所谓夫妻双方各自名下股权为彼此的共有，对公司或其他股东而言，即在夫妻以外的外部关系者看来，其实质仅应限于该股权所对应的财产价值；但在内部关系上，即夫妻双方之间，应可为共有股权关系。故而在离婚时夫妻一方可以要求分割股权，此种共有似定义为民法上的准共有更为恰当，其适用规则亦可以参照《民法通则》、《物权法》及相关司法解释有关共有的规定。本案二审认为，一审引用《贯彻民法通则意见》、《婚姻法解释（一）》、《婚姻法解释（二）》的相关规定作为判决依据属适用法律不当，其实并非妥当。

## 二、夫妻一方单独处分其名下股权的效力

夫妻一方对于登记于其名下股权进行处分需要分两种情形加以

---

① 《最高人民法院关于适用〈中华人民共和国婚姻法〉若干问题的解释（二）》第 16 条规定：人民法院审理离婚案件，涉及分割夫妻共同财产中以一方名义在有限责任公司的出资额，另一方不是该公司股东的，按以下情形分别处理：（一）夫妻双方协商一致将出资额部分或者全部转让给该股东的配偶，过半数股东同意、其他股东明确表示放弃优先购买权的，该股东的配偶可以成为该公司股东；（二）夫妻双方就出资额转让份额和转让价格等事项协商一致后，过半数股东不同意转让，但愿意以同等价格购买该出资额的，人民法院可以对转让出资所得财产进行分割。过半数股东不同意转让，也不愿意以同等价格购买该出资额的，视为其同意转让，该股东的配偶可以成为该公司股东。用于证明前款规定的过半数股东同意的证据，可以是股东会决议，也可以是当事人通过其他合法途径取得的股东的书面声明材料。

讨论：一是该股权按夫妻之间约定属于该方个人财产；二是该股权属于双方共有。对于前一种情形而言，股权既属于个人所有，该方应有处分该股权的自由。对后一种情形而言，则涉及作为共有人的配偶利益保护与受让人的利益平衡问题。股权就其财产属性而言，为夫妻双方共有。虽然夫妻双方在婚姻存续期间共有的对象仅包含股权中的财产价值，但一方对股权进行处分必然涉及对股权中"自益权"为核心的财产价值进行处分。夫妻双方既为共同共有关系，自应共担义务、共享权利。根据《婚姻法解释（一）》第17条的规定，夫妻一方处分日常生活需要之外的财产应当取得另一方的同意。如果一方未征得夫妻另一方的同意擅自处分其名下的股权，实际上构成无权处分。根据最高法院关于《贯彻民法通则意见》第89条的规定，在共同共有关系存续期间，部分共有人擅自处分共同财产的，一般认定无效。在合同层面，依据《合同法》第51条的规定，此时股权转让合同应当认定为效力待定的合同。既然股东名册和工商登记材料中均无非股东配偶的记载，善意第三人因对该股权登记状况信赖而进行的交易，法律应当给予保护。尽管在内部关系上，夫妻双方之间共同共有，非股东一方配偶权利应受保护，但在外部关系上，夫妻之间的共有关系以及对处分的同意与否一般并不应构成对善意第三人权利的法律限制。

也许此类案件比照隐名股东的规定进行处理较为妥当。《公司法解释（三）》第26条规定："名义股东将登记于其名下的股权转让、质押或者以其他方式处分，实际出资人以其对于股权享有实际权利为由，请求认定处分股权行为无效的，人民法院可以参照物权法第一百零六条的规定处理。名义股东处分股权造成实际出资人损失，实际出资人请求名义股东承担赔偿责任的，人民法院应予支持。"虽然股权登记于夫妻一方名下，但另一方对此享有类似于隐名股东的权利。原则上应当保护作为真实权利人的非登记配偶的权利，但应受制于善意取得制度。实际上，受让人信赖的只是股权登记情况，如果将调查转让人婚姻状况的义务强加于受让人，不但有失公允，还会现实妨碍股权的自由流通。因而，此等情形下参照《物权法》有关善意取得的规定无疑较为合理。首先，股权受让人需为善意。如果受让人知道或者应当知道股权转让未获得非登记方的同意，即知道转让人处分权上的瑕疵，受让人自不应受到善意第三人制度的保护。其次，受让人需向转让人支付合理价款。一般情形下，法律不干涉当事人交易的对价，当事人双方认可的价格即为公平价格。但法律赋予善意第三人以优先保护自应设定严格标准。合理价格通常依据当时的市场价格确定，在无相应市场价格可资参考时，应当引入理性人的标准。值得注意的一点是，由于有限责任公司股权缺乏外部市场，在价格的确定上应当积极引入评估机制。最后，股权转让的变更登记手续已经完成。公司股东名册的记载并不能取得对抗第三人的效力，受让人如欲取得善意第三人地位，按现行《公司法》的规定还必须完成工商登记材料的变更，否则并不能对抗非登记方配偶。受让人需满足上述三方面的要件，方可成为股权善意受让人进而对抗非登记配偶股东。此时，股权转让款原则上属于夫妻共有，如果对非登记一方配偶造成了损害，出让一方配偶应当以其个人财产对非登记一方进行赔偿。

## 三、结合本案之进一步分析

就本案而言，解决争议的关键在于对被告善意取得身份的判定。因为，仅就表面证据来看，原告夫妻之间互为证明，作为丈夫的张新田向被告刘小平转让股权，未能征得其妻艾梅同意，似乎该项转让侵犯了其妻对于转让股权的共有处分权利。但实质衡量，正如一审判决所阐述，本案中两份股权转让协议的原始出资额为1160万元，但转让价款为 32160 万元，是原始出资额的 27.7 倍，且刘小平已按约支付了 7600 万元的价款，并进行了工商变更登记，刘小平有理由相信两份股权转让协议系艾梅、张新田夫妇的共同意思表示，也足以证明刘小平受让该股权符合善意取得的法律规定。一审此等认定与判断是十分准确的。相比较而言，二审判决以股权属商法规范私权范畴，其各项具体权能应由股东本人独立行使，且我国《公司法》确认的合法转让主体为股东本人而非其所在家庭为由，仅以本案股权转让协议民事主体适格，意思表示真实明确，协议内容不违反我国《合同法》、《公司法》强制性规定，而认定股权转让协议有效，这其实并不如一审判决按善意取得之思路裁处更能为社会广泛认可与接收。

# 22. 国有股权转让的前置审批条件

## ——陈发树与云南红塔集团有限公司股权转让纠纷案

案件索引：最高人民法院（2013）民二终字第 42 号，2014 年 7 月 16 日判决；云南省高级人民法院（2012）云高民二初字第 1 号，2012 年 6 月 23 日判决。

---

## 基本案情

2011 年 12 月，陈发树提起诉讼，请求确认其与云南红塔集团有限公司（简称云南红塔）签订的《股份转让协议》合法有效，判令云南红塔全面继续履行；并确认云南红塔构成违约，判令云南红塔将因拖延本案争议股份过户所获股息 11,846,502.16 元及其利息和转增股份 19,744,173.6 股赔偿给陈发树，并赔偿截止争议股份过户时陈发树继续遭受的其他损失，以每股 58.45 元计，共 1,165,893,450 元。

经审理查明：2009 年 1 月 4 日，中国烟草总公司（简称中烟总公司）作出《关于云南红塔转让持有的云南白药股份有限公司股份事项的批复》，同意云南红塔有偿转让其持有的云南白药股份有限公司（简称云南白药）无限售条件的流通国有法人股份 65,813,912 股，要求云南中烟工业有限公司（简称云南中烟）依该批复指导云南红塔按《国有股东转让所持上市公司股份管理暂行办法》和《上市公

357

司解除限售存量股份转让指导意见》的规定进行股份转让。2009 年 8 月 13 日、14 日，云南白药先后刊登了《关于云南红塔拟整体协议转让所持云南白药股权的提示性公告》、《关于云南红塔拟整体协议转让所持云南白药股权公开征集受让方的公告》。

2009 年 9 月 10 日，云南红塔与陈发树签订了《股份转让协议》，约定云南红塔将其持有的占云南白药总股本 12.32% 的本案争议股份全部转让给陈发树，对价为每股 33.543 元，总价款 2,207,596,050.22 元，在转让协议签订后五个工作日内一次性付清。该协议第十二条约定云南红塔在转让协议生效并收到全部价款后，应当及时办理所有与本次目标股份转让有关的报批、信息披露等法律手续，陈发树应当配合云南红塔的上述工作。该协议第三十条约定，转让协议自签订之日起生效，但须获得有权国资监管机构的批准同意后方能实施。协议还对其他相关股权转让事宜进行了约定。2009 年 9 月 11 日，云南白药刊登了《关于云南红塔集团有限公司拟整体协议转让所持云南白药股权进展情况的公告》，对本次股份转让交易进行了初次信息披露。2009 年 9 月 14 日，云南白药发布公告，公告 2009 年 9 月 11 日陈发树和云南红塔签订的《云南红塔简式权益变动报告书》和《陈发树简式权益变动报告书》，对股份变动再次进行了信息披露。《股份转让协议》签订后，陈发树按约将 2,207,596,050.22 元（含之前交付的竞聘保证金）支付到云南红塔指定账户。云南红塔收款后，向陈发树开具了收款专用发票，并于 2011 年 4 月 19 日再次就其上述收款情况出具书面说明，确认收到了上述款项。

2009 年 9 月 11 日，云南红塔向其上级机构红塔烟草（集团）有限责任公司（简称红塔集团）上报了《云南红塔关于将所持云南白药股份有限公司的股份整体协议转让给自然人陈发树的请示》，并附上了相应的附件。

2010 年 5 月 28 日，云南白药召开 2009 年度股东大会通过决议，以公司现有总股本 534,051,138 股为基数，向全体股东每 10 股派 2 元现金（扣税后实际每 10 股 1.8 元），同时以资本公积金向全体股东每 10 股转增 3 股。

2011 年 4 月 27 日，陈发树向云南红塔发出《办理股份过户登记催促函》，要求云南红塔自接函之日起十个工作日内将转让协议项下股份办理过户登记至陈发树名下。云南红塔于 2011 年 5 月 10 日回函称，本次股份转让事宜必须获得有权国资监管机构的批准后方能实施，其积极向上级主管机构进行了相关报批工作，现并未收到任何书面批复意见，本次股份转让事宜存在批复同意或被否决的可能性，若有任何变化或进展，将及时予以通知。

2012 年 1 月 17 日，中烟总公司作出《关于不同意云南红塔转让所持云南白药股份事项的批复》，该批复载明"不同意本次股份转让"。依据该批复意见，云南中烟和红塔集团于同年 1 月 18 日和 19 日也作出了不同意本次股份转让的相关批复。同年 1 月 19 日，云南红塔即致函陈发树称，因上级主管单位批复不同意本次股份转让，本次股份转让的过户条件不成就；请你于接到通知之日，尽快提供收款账户的信息，我公司将按约定退还你所支付的全部履约保证金人民币 2,207,596,050.22 元（不计利息）；《股份转让协议》按约定解除。

---

## 判决与理由

云南省高级人民法院一审认为：2009 年 1 月 4 日，中烟总公司作出《关于云南红塔转让持有的云南白药股份事项的批复》，根据该批复精神,经过公告的法定程序和充分协商,2009年9月10日,本案双方当事人签订了《股份转让协议》。该协议系双方当事人真实的意思表示,内容也不违反法律法规的禁止性规定,且根据《股份转让协议》第三十条"本协议自签订之日起生效"的约定,陈发树诉请确认《股份转让协议》合法有效的请求成立,应予支持。但根据《股份转让协议》第三十条"本协议自签订之日起生效,但须获得有权国有资产监督管理机构的批准同意后方能实施"的约定,本案的股份转让只有在获得有权国有资产监督管理机构批准同意后方能实施,目前本案的《股份转让协议》并未获得有权国有资产监督管理机构批准,因此,对陈发树诉请判令云南红塔继续全面履行该《股份转让协议》的请求,不予支持。另根据查明的事实,在《股份转让协议》签订的第二天,即2009年9月11日,云南红塔就及时依约履行了相应的信息披露手续,并按规定向其上级机构上报了相关审批手续,因此,云南红塔已及时按约履行了就本案所涉股份转让的有关报批、信息披露等手续,并未违反协议的约定,陈发树认为云南红塔未恰当履行合同义务已构成违约无事实及法律依据。此外,因云南红塔并未构成违约,因此对于陈发树认为因云南红塔违约给其造成的损失应由云南红塔予以赔偿的请求,不予支持。综上所述,经该院审判委员会讨论决定,判决如下:一、陈发树与云南红塔集团有限公司2009年9月10日签订的《股份转让协议》合法有效;二、驳回原告陈发树的其他诉讼请求。陈发树不服,提起上诉。

二审另查明:本案双方2009年9月10日签订的《股份转让协议》第四条约定:"乙方同意受让甲方持有的云南白药65,813,912股的股份,并已充分知悉:本协议约定股份转让事宜在本协议生效后尚需获得有权国有资产监督管理机构的批准同意后方能实施。"第十二条约定："本协议生效，且甲方已收到本协议第六条约定的全部款项后，甲方应当及时办理所有与本次目标股份转让有关的报批、信息披露等法律手续，乙方应当配合甲方的上述工作（包括但不限于提供甲方所要求的材料、出具说明等）。"第二十六条第（三）项约定："如本协议得不到相关有权国有资产监督管理机构的批准，甲方应及时通知乙方，并将乙方交付的全部款项不计利息退还给乙方，甲乙双方互不承担违约责任，且本协议自乙方收到甲方退还的全部款项之日起解除。"第三十条约定："本协议自签订之日起生效，但须获得有权国有资产监督管理机构的批准同意后方能实施。"

最高人民法院二审认为：本案所涉《股份转让协议》依法属于应当办理批准手续的合同，但未能得到有权机关批准，故应依法认定为不生效合同。根据《企业国有资产监督管理暂行条例》，国务院国有资产监督管理委员会与中国证券监督管理委员会经国务院同意，于2007年联合颁布了《国有股东转让所持上市公司股份管理暂行办法》规定，国有股东所持上市公司股份的协议转让至少需要经过两次上报：一是国有股东拟协议转让上市公司股份的，在内部决策后，应当及时按照规定程序逐级书面报告省级或省级以上国有资产监督管理机构；二是国有股东与拟受让方签订股份转让协议后，应及时履行信息披露等相关义务，同时应按规定程序报国务院国有资产监督管理机构审核批准。本案云南红塔是国有企业，拟转让的是所持云南白药的上市股份，转让的形式是与受让人协议转让，故双方当事人签订《股份转让协议》后，应按照《暂行办法》要求的程序办理相关手续。本案双方当事人对本案所涉股权的转让需要经过审批均是明知的，并通过《股份转让协议》第四条予以确认，同时双方还在第十二条、第二十六条对审批手续的办理以及不能得到审批的后果作了明确、清晰的约定。对于烟草行业产权转让的审批程序和权限，《财政部关于烟草行业国有资产管理若干问题的意见》规定：
"中烟总公司所属烟草单位向非烟草单位的产权转让，主业评估价值
在1亿元以上（含1亿元）、多种经营在2亿元以上（含2亿元）的，
由各单位逐级上报中烟总公司（国家烟草专卖局），由中烟总公司（国
家烟草专卖局）报财政部审批。"本案《股份转让协议》签订时，双
方拟转让的股份价值20多亿元，根据《财政部意见》的精神，应由
云南红塔逐级上报至中烟总公司，由中烟总公司报财政部批准。现
中烟总公司收到上报材料后，明确作出不同意本次转让的批复。据此，
《股份转让协议》已无法经由财政部批准。中烟总公司等根据国有
资产监督管理相关规定，行使股东重大决策权和国有资产出资人权
利，其作出的不同意本次股权转让的批复，终结了《股份转让协议》
的报批程序。此外，中烟总公司等是云南红塔的出资人，将中烟总
公司等的行为视为云南红塔违约亦缺乏法律依据。本案所涉《股份
转让协议》依法属于应当办理批准手续的合同，需经财政部批准才
能生效，但因云南红塔上级主管部门中烟总公司不同意本次股权转
让，报批程序已经结束，《股份转让协议》已确定无法得到有权机
关批准，故应依法认定为不生效合同。一审法院根据《股份转让协
议》第三十条关于"本协议自签订之日起生效"之约定认定《股份
转让协议》合法有效，属适用法律错误，应予纠正。因《股份转让
协议》不生效，陈发树要求云南红塔继续履行《股份转让协议》并
承担违约责任的主张缺乏合同依据，应不予支持。《股份转让协议》
不生效后，云南红塔应将已经收取的2,207,596,050.22元款项返还
给陈发树，并给付相应利息。综上，经院审判委员会讨论决定，判
决如下：一、撤销一审判决；云南红塔自本判决生效之日起十日内
向陈发树返回2,207,596,050.22元本金及利息；驳回陈发树的其他
诉讼请求。

# 评　析

　　本案自起诉至作出最终裁判，始终受到社会广泛关注，并引发相关媒体广泛报道。究其原因主要在于身为民营老板的原告与身为大型国企的被告围绕上市公司巨额价值股权转让引发的社会乃至法律的博弈。原告身为中国之巨富，被告身为垄断行业之国企，争议标的又为著名品牌公司的上市股权，尤其是争议股权价值随股市交易而巨额增长，由转让交易时的 20 多亿到争议乃至判决时变为 80 多亿，如此民营与国企之间巨额财富的博弈纠纷，必然成为社会瞩目的焦点，司法审判为此承受着巨大的社会压力。其实，仅就本案涉及的法律适用问题而言，并不十分复杂，类似案件的处理也并不少见，且并不受到社会关注。本案所涉及的主要法律问题，即国有股权转让需要审批制度的理解与把握问题。在中国，由于社会主义的国家性质，国有性质的公司与企业总是有着得天独厚的优势，这种优势不仅在于经济上，也在于所受法律保护上，甚至在方方面面都能加以体现。就国有股权转让而言，它与一般公司的股权转让所不同的是，需要经过特定程序的审批、评估甚至拍卖等，这些制度的意义毫无疑问在于防止国有资产的流失。但类似本案之纠纷，似乎已不是防止国有资产流失即能令人信服的，它更涉及民营与国有的公平对待，涉及合同交易自由的维护，涉及行政审批权力滥用的评判，涉及社会公正的衡量与维护，而这些才是本案之所以为社会广泛关注的实质所在。具体而言，由于国有股权转让具有特殊规则，而这些相关特殊规则在效力上多属于部门规章而非法律或法规，因此，实践中对违反这些规则的股权转让应具有怎样的效力在认识上尚不统一。探讨这些规则背后的立法价值，对于准确认定此类合同的效力具有十分重要的现实意义。目前而言，关于国有股权转让至少涉及审批、评估乃至拍卖三个主要法律问题。

## 一、关于国有股转让需要审批制度的认识

在中国，所谓的国有股权，严格意义上又被划分为"国家股"和"国有法人股"两类形态，这是自 20 世纪 90 年代初相关法规规章所作的划分，但发展至今这两类国有股界限已变得模糊起来。本案之中，云南红塔持有的云南白药股份即属于国有法人股类型，亦可简称为国有股。通常而言，国有股乃是国有产权最为主要的依托载体，是国有产权最为典型的表现形式。

人们都知道，在社会主义国家制度下，国有产权转让有区别于一般私有产权转让的明显特殊性，这些特殊性决定了国有产权转让所遵循的程序明显区别于一般产权的转让程序，而这显然又是为了保证国有资产监督管理部门的有效监控，确保国有资产不致流失。2003 年 12 月实施的《企业国有产权转让管理暂行办法》，是至今调整国有产权转让行为最为主要的规范性文件，其中第四章专门规定了企业国有产权转让的批准程序：原则上应由国有资产监督管理机构决定其所出资企业的国有资产转让，其中，转让企业国有产权导致国家不再拥有控股地位的，还应当报本级人民政府批准；所出资企业可以决定其子公司的国有产权转让，其中，重要子企业的重大国有产权转让事项，应当报同级国有资产管理机构会签财政部门后批准，若涉及政府公共管理审批事项的，还需预先报经政府有关部门审批。

进一步而言，国有股权转让作为国有产权转让的重要表现形式，之所以需要审批的用意大致在于以下方面：一是限定转让目的。国有股权是我国公有制经济的重要组成部分，国有股权的持有数量将

直接关系到国家对国民经济的调控能力，因此，对于国有股权的转让必须坚持谨慎的态度，严格限定其转让目的。依据《国有股权管理暂行办法》相关规定,转让国家股权应以调整投资结构为主要目的。二是规制申报、审批程序。《国有股权管理暂行办法》对申报内容、审批职能机构均作了规定。财政部发布的相关通知则对国有股权管理工作的职能划分作了进一步的细化，并具体规定了转让股权需报送的材料。《企业国有产权转让管理暂行办法》甚至规定了国有资产监督管理机构或国有股权转让批准机构有权通过诉讼方式确认转让行为无效。三是强化事后监督。根据《国有股权管理暂行办法》相关规定，非国有资产管理部门持股的股东单位转让国有股权后，须向国有资产管理部门报告转让收入的金额、转让收入的使用计划及实施结果。

对于未经审批的国有股权转让行为的效力，司法实务界的主流观点是，对于未履行审批程序的国有企业转让国有资产、上市公司国有股转让合同、外商投资企业股权转让等，均普遍认为不经审批则不生效，但是人民法院应秉持鼓励交易的原则，寻求程序瑕疵的补救，努力成就合同生效的法定条件。必须承认，国有股权的转让涉及国家利益与社会公共利益，鉴于很多现实条件，事后补办的相关审批程序等，均无法对当时的交易条件作出令人满意的补正；对审批程度要求的放松,很可能导致的将是国有资产的大量流失。因此，国有股权的转让在尽可能符合当事人的真实意思前提下，还应当尽可能满足立法所设定的程序与条件，以最大限度地满足国有资产管理立法的宗旨，实现判决的最佳法律效果与社会效果。

## 二、关于国有股权转让需要评估制度的认识

国有股权转让时常伴随着股权性质从国有向私有的转化过程。因此，如何防止国有资产在转让过程中流失，并实现国有资产的保

值与增值就成为国有股权转让中的重大课题。为解决这一问题，国务院及其部委出台了一系列具体规定，国有股权转让的评估要求即是其中重要措施之一。最早规定国有资产转让需经评估的法规是1991 年国务院出台的《国有资产评估管理办法》，虽然该办法并未明确规定国有股权转让应经评估，但从其本意来讲，国有股权显然应包含在这里所指的国有资产之中。1992 年国有资产管理局又出台《国有资产评估管理办法施行细则》明确国有资产除经国有资产管理行政主管部门批准可以不予评估外，都必须进行资产评估，否则该经济行为无效。随后出台的一系列规章等也都有类似规定。例如，国务院国有资产监督管理委员会出台的《企业国有产权转让管理暂行办法》，其中特别规定，"在企业国有产权转让过程中，转让方、转让标的企业和受让方有下列行为之一的，国有资产监督管理机构或者企业国有产权转让相关批准机构应当要求转让方终止产权转让活动，必要时应当依法向人民法院提起诉讼，确认转让行为无效。"这些情形之一就包括"转让方、转让标的企业故意隐匿应当纳入评估范围的资产，或者向中介机构提供虚假会计资料，导致审计、评估结果失真，以及未经审计、评估，造成国有资产流失的"。之后出台的《企业国有资产评估管理暂行办法》又进一步重申了这一规定。2008 年出台的《中华人民共和国企业国有资产法》也规定国有独资企业、国有独资公司和国有资本控股公司转让重大财产等，应当按照规定对有关资产进行评估。可见，要求对转让的国有股权进行评估是我国法律、法规与规章一贯的精神。

那么，未经评估的股权转让协议又应当具有怎样的效力状态呢？对此，我国在具体实践中认识并不统一。一种观点认为，对于应当进行资产评估而未评估的股权转让合同因违反《企业国有资产监督管理暂行条例》、《企业国有产权转让管理暂行办法》而应认定无效。

第二种观点认为，只要受让人善意无过错，股权转让合同即应认定有效；特别是对于相对人难以直接判断股权为国有性质的案件，赋予相对人审查股权性质的义务并不公正。第三种观点认为，违反规定没有评估的，除合同相对人属非善意当事人以外，仅应导致合同价格条款无效；如果相对人愿意接受经过评估后的价格，合同效力则应得到维护；如果评估后的价格不能得到相对人的认可，方可考虑整个合同无效。一般认为，以上规定在效力等级上多数属于部门规章，而唯一属于法律性质的《企业国有资产法》对违反评估程序的法律后果又并未给出明确规定，加之我国目前法律明确规定合同效力的认定一般应以法律与行政法规为依据，这正是造成实践之中不同观点从不同角度出发对此类合同效力进行不同认定的原因。肯定之观点会从国有资产保护与该类规定的立法价值角度寻找依据，而否定之观点则会从法律规定等级效力以及交易秩序保护角度寻找理由。各种观点从各自角度出发均有一定的说服力。

从实践中倾向来看，由于这类规定毕竟属于部门规章，许多法官并不直接以违反这类程序为由认定合同为无效，往往会以公共利益保护等为由，否定该类合同的效力。也就是说，法官们常常会通过对其他法律规定做扩大解释的方法对此提供迂回救济。可以认为，国有股权转让与一般股权转让不同，它属于公共产品的经营，在交易中确会伴随有某些具有道德风险的行为，不能简单的以普通交易秩序保护的眼光来分析此类问题。因此，为了防止国有资产流失，作为确保其准确市场价值的评估措施应当得到严格执行。然而，否定合同效力并不是贯彻这一措施的唯一方式，在当前鼓励交易、尽量维持合同效力的主流价值追求下，能不否定合同效力还是尽量不否定之。只要能够达到贯彻评估措施的目的，没有必要否定整个股权转让的效力。有关于此的司法解释草案也基本上坚持了这种观点。

如最高人民法院正在起草的《公司法解释（四）》（草案稿）即拟规定：
"转让国有股权时未对股权价值进行评估的，人民法院应委托中介机构进行评估；合同约定的转让价格显著低于评估价值的，以评估价值确定股权转让的价格。"该类草案条文之精神实质在于并不倡导未经评估而即否定交易行为或相关协议之法律效力。

### 三、关于国有股权转让需要拍卖制度的认识

我国目前规定国有股权转让需采取拍卖形式，这主要基于国有资产监督管理委员会出台的《企业国有产权转让管理暂行办法》等相关规定。其中第 5 条规定："企业国有产权转让可以采取拍卖、招投标、协议转让以及国家法律、行政法规规定的其他方式进行。"第 17 条规定："经公开征集产生两个以上受让方时，转让方应当与产权交易机构协商，根据转让标的具体情况采取拍卖或者招投标方式组织实施产权交易。"此外，《中华人民共和国企业国有资产法》第 54 条也规定，"国有资产转让应当遵循等价有偿和公开、公平、公正的原则。除按照国家规定可以直接协议转让的以外，国有资产转让应当在依法设立的产权交易场所公开进行。转让方应当如实披露有关信息，征集受让方；征集产生的受让方为两个以上的，转让应当采用公开竞价的交易方式。"法律之所以做出这样的规定，目的同样在于确保国有股权通过公开竞价方式形成符合实际的市场价格，避免国有资产在交易中被低估从而可能造成国有资产的流失。

有观点认为，关于国有股权转让需经拍卖程序的规定与股东的优先受让权相冲突。首先，它排除了转让方与受让方协议定价的权利。其次，按照这一程序要求，在拍卖成交以前股权的价值尚未确定，股东也即无法行使优先受让权。再则，由股东在拍卖程序形成高价以后再行使优先受让权也与《拍卖法》的规定相冲突，无法得到实施。因此，拍卖程序的要求事实上剥夺了股东优先受让的权利。但

是，也有观点认为，可以将股东的优先受让权视为该类股权上的一种负担，预先告知竞拍人，由有意愿者参与竞拍，这样在竞拍之前参与人已有了合理预期，在形成高价以后由股东再行主张优先受让权优先取得股权并未超出其合理预期。当前，不少地方实际就是采取这种方法拍卖国有股权。然而，这一做法的最大弊端是，它增加了竞拍人获得股权的不确定性，竞拍人的参与意愿很有可能因此而降低，股权未必能够形成真正的市场价格。因此，实践中又出现了第三类观点。这一观点认为，股东的优先受让权只能在同等条件下行使，既然法律规定了国有股权应当通过拍卖程序确定价格，那么股东的优先受让权也应在拍卖程序中行使，拍卖程序的要求本身就是一种同等条件。股东应当参与拍卖，当拍卖出现最高价后，拍卖人应征询股东的意见，如果其愿意购买股权拍归股东，如其不愿购买，拍归最高应价者。它与前一观点的不同之处在于，它要求竞拍前股东申明优先权保留，并同时参与竞拍程序，当出现高价后即使股东同意受让，如果仍有人愿意出高价，股东应当继续跟进，直至再无其他更高喊价时，股东才能在最高价位决定是否行使优先受让权。虽然这种做法仍与《拍卖法》有冲突，但是与前一观点相比，它引进了拍卖中的股东参与竞价因素，能够尽可能地促使股权形成真正的市场价值。因而这也是目前许多人力主的做法。最高人民法院出台的《最高人民法院关于人民法院民事执行中拍卖、变卖财产的规定》也采取了类似思路。例如，其第16条规定："拍卖过程中，有最高应价时，优先购买权人可以表示以该最高价买受，如无更高应价，则拍归优先购买权人；如有更高应价，而优先购买权人不作表示的，则拍归该应价最高的竞买人。顺序相同的多个优先购买权人同时表示买受的，以抽签方式决定买受人。"可见，实现股东优先受让权与国有股转让特殊程序之间的平衡与协调是我国法律工作者追求的基本价值，为了实现这一目标价值，他们已作出种种努力。第三种观点虽然仍不理想，但它不失为当前一种最佳处理方式，至于如何找到一种更为恰当之协调方式，这仍需要法律工作者进行不懈努力。

## 四、结合本案的进一步分析

对于本案的处理，基于不同的价值选择与取向，始终会有不同的观点与主张，而这在一、二审裁判的不同结果中亦可见一斑。

就本案法律适用而言，主要涉及的是审批程序对于本案股权转让协议效力的判断问题。形式上看，由于中烟总公司最终不予批准本案股权转让，因而本案股权转让所需审批手续最终并未实现，仅就此衡量，正如二审判决所言，既然《股份转让协议》已确定无法得到有权机关批准，故应依法认定为不生效合同。但实质衡量与评价，本案股权转让的起因在于中烟总公司事先已经批复同意云南红塔对外转让本案争议之股权，且原告介入本案股权交易也是基于征集受让方的相关公告，并已经支付完毕全部转让对价款项，并且上市公司云南白药还为此向全社会已经发布了权益变动报告书，这足可视为转让股权已经完成了公司内部的名义更换，本案股权交易应视为已经完成。至于事后中烟总公司批复不同意本案股权之转让，一则与其事先之批复自相矛盾，自食其言；二则考虑其作为主管部门犹如云南红塔之股东身份，与云南红塔大有"一个唱红脸、一个唱白脸"的串通嫌疑；三则尤其是股权价格巨额增长情形下，所谓防止国有资产流失只是借口，其实质应属于反悔交易、有违诚信的行为；四则即便以需要审批为借口，在 2009 年 9 月签订股权转让协议并已经即时结清情形下，中烟总公司在 2012 年 1 月才正式作出不同意转让的批复，更是对于其审批权力的滥用。如前所述，尽管国有股权转让需经相关审批，但应当多长时间内作出批准与否之决定，却规定不明，以至于本案这样的情形难免发生。人们有理由质疑，如果

有权召集的判定，还涉及召集会议的通知方式、通知期限、通知对象、通知内容等多方面的衡量，任何未经正当召集程序而召开的会议，其程序瑕疵将必然对决议效力产生影响。

那么股东会或董事会的召集程序瑕疵是否均必然导致决议可撤销呢？通说认为，股东会或董事会决议撤销诉讼系一种形成之诉。所谓形成之诉，是指原告主张法律上一定事由即形成原因的存在，而当此种存在为法院所认可时，根据法院判决形成新法律关系的诉讼。一方面，形成之诉与给付之诉不同，形成之诉将产生一种对世的权利，对股东会决议撤销而言，其涉及众多股东、董事、监事、公司债权人甚至是公司员工等利益，并影响公司的正常运营，故对撤销诉讼应当予以慎重对待和限制，以维护股东会决议的安定性；而另一方面，从程序正义来讲，只注重实体公平而忽略程序正义，则是无视公司决策的行为，程序公正对于公司法同样具有极其重要的价值。因此，一项法律行为除了要满足内容上合法外，其程序合法也是必需的，违反程序当然会导致该行为效力上的瑕疵。

## 一、公司决议召集程序的一般内容

公司决议召集程序是指公司在召开股东会或者董事会时，应当遵循的召集、通知等程序性规则与标准。召集程序在股东会与董事会之间有所不同，甚至在有限责任公司与股份有限公司之间也有差别。

关于召集权人，股东大会应由具备召集权的人召集。中国旧《公司法》仅在第105条做了笼统规定："股东大会会议由董事会依照本法规定负责召集。"而对于除董事会以外的其他人是否有权召集股东大会，则没有明确规定。2005年修改后的新《公司法》规定较为明确，对有限责任公司而言，设立董事会的，其股东会会议由董事会召集，董事长主持。这实际是就定期股东会议的召集权人所作的规定。另外，代表十分之一以上表决权的股东、三分之一以上的董事、监事会或不设监事会的公司的监事均有权提议召开临时股东会议，均为临时股东会召集权人。而就股份公司而言，也作了大体相同的规定。另外，关于股东会议与董事会议的主持权人更是作了便于操作的具体规定。如：股东会议一般应由董事长主持，但董事长不能履行职务或者不履行职务的，由副董事长主持；副董事长不能履行职务或者不履行职务的，由半数以上董事共同推举一名董事主持。有限责任公司不设董事会的，股东会会议由执行董事召集和主持；董事会或者执行董事不能履行或者不履行召集股东会会议职责的，由监事会或者不设监事会的公司的监事召集和主持；监事会或者监事不召集和主持的，代表十分之一以上表决权的股东可以自行召集和主持。至于董事会会议的召集与主持程序为：董事会会议由董事长召集与主持；董事长不能履行职务或者不履行职务的，由副董事长召集与主持；副董事长不能履行职务或者不履行职务的，由半数以上董事共同推举一名董事召集与主持。在《公司法》已就会议召集权人及主持人等有着明确规定的情形下，任何违反规定的操作，均无疑属于程序瑕疵。

关于召集通知、通知程序等在《公司法》相关条文中亦有规定。例如，有限责任公司召开股东会会议，应当于会议召开十五日以前通知全体股东；除非公司章程另有规定或者全体股东另有约定。对有限责任公司董事会的通知程序，《公司法》没有做出明确规定，但根据公司法原理，召开董事会显然也要提前通知董事，以便董事对议题有所准备，以达到开会目的，有效、正确、及时解决公司面临的种种问题，公司法将有关会议通知事项留由公司章程规定。对于股份有限公司，中国《公司法》则做出了更为明确的规定。如召开股东大会会议，应当将会议召开的时间、地点和审议的事项于会议召开二十日前通知各股东；临时股东大会应当于会议召开十五日前通知各股东；发行无记名股票的，应当于会议召开三十日前公告会议召开的时间、地点和审议事项。对于董事会会议召集通知的规定，则要求董事会每年度至少召开两次会议，每次会议应当于会议召开十日前通知全体董事和监事。关于会议通知，还有一个必须注意的问题是，通知内容必须明确具体，尤其是会议将要讨论的议题必须准确告知，因为任何未在会议通知中列明的议题原则上均不得临时提交会议讨论，否则属于突袭议题，对此未经通知的议题所作的决议均不应获得法律的承认。不然的话，任何通知期限、通知方式、通知对象等要求，皆会因为通知内容的不明确、通知议题与会议议题的不一致而变得毫无意义。

实践之中，通知程序违法一般表现为以下几种形式：公告或通知中对召集权人记载有瑕疵，未进行召集股东会的通知或公告，开会的通知或公告未遵守法定期间，对部分股东遗漏通知，通知形式违法如对记名股东采取公告，召集通知或公告记载违法，甚至不适当的开会时间或开会地点等。

对于股东大会的会议地点、形式以及会议议程安排是否保障了与会人员发言权利等，这也是会议程序正当与否的重要评判内容。中国《公司法》对此基本未作规定。例如对于会议地点，一般认为在公司注册所在地召开，以方便股东出席会议为宜。学理解释认为："如章程未明定股东大会会议召开处所，通常理解为应在公司住所地召集。"[1] 还有的学说认为："股东大会的召开地点应以'方便'为原则，一是要方便股东出席大会，二是要方便股东作出决策。"[2] 比如说，

----

① 王保树、崔勤之：《中国公司法原理》，社会科学文献出版社 1998 年版，第 225 页。

② 王新、秦芳华：《公司法》，人民法院出版社 2000 年版，第 225 页。

公司所在地在北京，而安排在西藏举行股东会，这一地点的选择则很难讲符合法律规定的精神。在有些国家如韩国，如果会议地点远离公司住所地召开则被认为是违法的。[①]中国台湾地区也认为，会议所选地点不适宜的，可以构成撤销股东会决议的事由。因此，在以后进一步修改中国《公司法》时，应该完善相关程序，对股东会召集的时间、地点以及形式等均应予以明确。总之，看似并无大碍的会议地点、形式甚至是会议议程安排等，实则体现着股东平等、程序正义、协商民主等多重法律精神与价值追求，有时即便是会议发言机会或发言时间长短的不平等，也均有可能引发相关利益主体对决议的效力提出质疑。

## 二、公司决议程序瑕疵的忽视

原则上，不论是股东会还是董事会的决议必须是在遵守法律、行政法规及公司章程的前提下做出，任何召集程序上的瑕疵均应当对决议效力产生影响。但是，是否凡存在程序瑕疵的决议均应被撤销呢？在实体处理过程中，对此还是要坚持原则性与灵活性相统一。因为，实践中的情形千差万别，难以一概而论，若仅机械地固守原则，反而会与制度设计的初衷背道而驰。法院在审理此类案件时，必须充分考虑公司属于团体的性质，仔细区分程序瑕疵的不同情形，正确判断程序瑕疵的轻重程度，努力谋求公司治理与经营的稳定，最大程度地平衡少数股东权益与多数股东权益以及公司乃至第三人的权益。

关于公司会议程序瑕疵的治愈与忽视，一些国家与地区的立法及司法实践可资借鉴。其做法可简单归纳为两类：其一，承认一定

---

① 〔韩〕李哲松：《韩国公司法》，吴日焕译，中国政法大学出版社 2000 年版，第 359 页。

情形之下，召集程序的瑕疵可以治愈。如《意大利民法典》规定，在公司未遵守法定通知期限的情况下，若代表公司全部资本的股东、全体董事以及全体监事均出席了会议，则股东大会视为依法召开。《香港公司条例》也规定，因意外遗漏而没有向任何有权接收会议通知之人发出通知，或任何有权接收会议通知之人没有接获该通知，均不使有关会议的议事程序失效。其二，对轻微瑕疵的忽视。如中国台湾地区《公司法》第189条规定，法院对于上述撤销决议之诉，认为其违反之事实非属重大且于决议无影响者，得驳回其请求。日本《商法》亦有相似规定。之所以可以对程序瑕疵予以忽视或视为治愈，是因为在召集程序瑕疵较为轻微且对最终决议并无实质影响的情形下，或者公司决议实质并非不公正、不恰当情形下，或是实质上大多数人的利益更应获得充分关注与照顾情形下，总之，程序瑕疵对决议效力的影响细微而可以被忽视情形下，法院若仅因任何出现的程序瑕疵即机械地撤销股东会或董事会决议，致使公司被迫重新召开类似会议而又难以出现不同决议结果时，这只会是徒增公司治理成本，而且对其他多数股东或董事，甚至第三人只会造成不该造成的不利影响。此等情形下，法院则应权衡利弊，依据公正与良知，对于应该忽视的程序瑕疵坚决予以忽视，绝不以此轻微瑕疵而影响公司决议的效力。当然，究竟怎样的程序瑕疵为轻微或可以被忽视，这必须结合具体案情具体分析，并由法官凭着公正之心自由裁量。

本案最终裁判结果，实际即采用了轻微程序瑕疵可以加以忽视的公司法理论观点。毕竟主张未获得正当通知的股东依然出席了股东会议，且在会议上充分行使了投票表决权利，尤其是绝大多数的出席股东同意决议内容，而所决议事项若再行开会表决，结果显然也难以两样，甚至即便是原告未在合理期限获得通知的主张在证据上也不能绝对成立，凡此等等，综合判断，不予撤销决议比撤销决议显然更为公正、更为妥当、更能为社会所认可。

### 三、本案最高法院审查处理时的另一观点

尽管本案最高法院再审审查最终驳回了原告的再审申请，但在审查处理过程中，还是有一种观点，认为本案山西高院的再审判决错误，应指令山西高院再次再审本案。如此主张的具体理由是：中国《公司法》第 42 条及本案龙鑫公司的章程第 15 条规定的通知股东大会召开时间均为会议召开前十五天，而股东大会通知的期间问题属于会议召集程序问题。立法之所以规定该十五天的时间，其目的是让每一位公司股东都有足够的时间充分考虑、研究即将召开的股东大会商议事项，以便在会议上提出符合自己利益的意见并作出表决。本案股东大会的事项都是公司法规定的全体股东均享有权利的重大事项，股东大会没有依照规定时间通知，不利于充分保护股东对公司权利的行使。本案会议召集程序违反法律明文规定，属依法可撤销事项。山西高院所谓"形式瑕疵"恰恰是指股东会议的召集时间，该瑕疵因法律规定明确，显然不能以瑕疵掩饰事实上的违法。且公司股东会由全体股东组成，是公司权力机构，行使修改公司章程、改选董事长、选举董事、监事等一系列权利。在没有延期的情况下，股东会应当由全体股东参加。立法和公司章程保护的是全体股东的权益，不是大部分股东或者大股东的权益。山西高院再审判决以大部分股东参加了股东会议，即说明大部分股东认可此通知方式且参加了会议正当地行使了股东权利为依据，与立法关于保护全体股东利益这一基本原则不符。山西高院的再审判决明显违反公司法的基本原则。

对于以上这种不同的意见与观点，在此一并阐述，意在供读者更加全面地参考与评判。也许，任何问题均难有完全正确或绝对一

致的观点，司法裁判案件更是常常如此。所谓程序瑕疵对公司决议效力的影响究竟应该如何衡量，的确存在仁者见仁、智者见智的情况。借助于本案所要了解的是，一方面程序瑕疵可以影响决议效力，另一方面司法对于有些程序瑕疵又有权予以忽视，只要对此形成辩证而非片面的认识，即能在遇到相关情形时更加正确地应对与处理。

# 26. 股东代表资格对公司决议方法及其效力的影响

## ——厦门金龙公司联合汽车工业有限公司与金龙联合汽车工业（苏州）有限公司、陈江峰、苏州创元（集团）有限公司股东会决议表决权纠纷案

案件索引：江苏省高级人民法院（2002）苏民终字第239号，2002年10月29日判决；苏州市中级人民法院（2002）苏中民二初字第53号，2002年3月26日。

---

## 基本案情

厦门金龙公司联合汽车工业有限公司（简称厦门金龙公司）提起诉讼，请求撤销其下属公司金龙联合汽车工业（苏州）有限公司（简称苏州金龙公司）于2001年6月8日、6月22日作出的两份有关公司增资的股东会决议。

经审理查明：1998年，厦门金龙公司与苏州创元（集团）有限公司（简称苏州创元公司）共同出资设立苏州金龙公司，注册资本2800万元，厦门金龙公司出资1960万元，占总出资额70%；苏州创元公司出资840万元，占总出资额30%。2000年3月1日，厦门金龙公司董事长叶同授权该公司总经理席新永出任苏州金龙公司的股东代表，同年7月15日，席新永参加了修改苏州金龙公司章程的

股东会，章程上加盖了厦门金龙公司公章。该修改的苏州金龙公司章程第四章规定：股东会议由董事长召集；出资各方股东代表由出资方法定代表人出任或授权他人出任，参加股东会议，代表出资方行使股东权益。

2001 年 1 月，席新永向厦门金龙公司申请辞职，同年 4 月 12 日席新永向第三人陈江峰出具书面函称：鉴于在我的辞职期间，董事会未能委派新任总经理，为了维持公司的正常经营活动，特委托陈江峰全面负责公司的经营活动，直至董事会委派新的人选为止。随后，陈江峰事实上担任着厦门金龙公司总经理职责。

2001 年 5 月 17 日，苏州金龙公司通知厦门金龙公司、苏州创元公司于 6 月 8 日在苏州金龙公司召开股东会议，研究员工对苏州金龙公司参股事宜。厦门金龙公司席新永收到该会议通知后在通知上注明："我已于 4 月 10 日办理了离职手续，正式离开厦门金龙公司，在董事会正式决定以前，董事会赋予我的全部权力、责任、义务已移交给公司财务总监陈江峰负责，请直接与陈江峰接洽。"

2001 年 6 月 8 日，陈江峰代表厦门金龙公司与苏州创元公司代表曹进参加了苏州金龙公司股东会并作出如下决议：一、同意厦门金龙公司和苏州金龙公司的经营骨干以现金出资，对苏州金龙公司增资扩股，增资额不超过 2800 万元；二、苏州金龙公司在增资扩股前的资本增值，除已计入资本公积金部分不变外，由原股东按出资比例分享权益，转增资本金；三、授权苏州金龙公司董事会操作增资扩股的全部事项，办理相关法定手续。陈江峰、曹进二人在该决议上签字并分别加盖了厦门金龙公司、苏州创元公司公章。6 月 22 日，苏州金龙公司再次召开股东会，并作出决议如下：一、经营骨干出资额为 2000 万元。二、苏州金龙公司注册资本从 2800 万元增加到 4800 万元。三、经营骨干按各自出资额的 1：1.2 认缴现金，即认缴现金合计为 2400 万元。其中多认缴 400 万元计入苏州金龙公司盈余公积金，增资后各方股东的投资额及投资比例为：厦门金龙公司出资 1960 万元，占 40.83%；苏州创元公司出资 840 万元，占 17.5%；10 个自然人各出资 200 万元，各占 4.167%。四、厦门金龙公司、苏州创元公司承诺，经资产评估报告确认的苏州金龙公司增资前的资本增值，不再转增发起人股东的资本金，该部分权益由增资后的新老股东共享。五、通过修改后的公司章程。六、同意董事会、监事会成员不变。曹进以苏州创元公司名义签字并加盖该公司公章，陈江峰以厦门金龙公司名义签字并加盖厦门金龙公司公章。另包括陈江峰在内的十位自然人在该股东会决议上也分别签字。在该会议通过的公司章程上，陈江峰等十位自然人签字确认，厦门金龙公司也加盖了公章。

以上会议当日，委托苏州天平会计事务所出具的苏州金龙公司资产评估报告显示，苏州金龙公司评估后资产价值加未评估资产账面净值合计金额为 20773 万元。6 月 26 日，前述会计所对陈江峰等十个自然人的投资资金进行了验资，确认投资注册资本 2000 万元，资本公积 400 万元。6 月 27 日，江苏省工商行政管理局核准苏州金龙公司的变更申请，颁发了新的营业执照。

2001 年 7 月 18 日，苏州金龙公司工会委员会作出《苏州金龙公司一届三次职工代表大会审议通过设立职工持股会方案的决定》：同意成立苏州金龙公司职工持股会，并以苏州金龙公司工会委员会社团法人的名义将持股会股本金投资到苏州金龙公司，该会推荐崔可元为持股会理事会理事长，第三人陈江峰则为副理事长。后经查实，职工持股会所持股本金总额为 2400 万元，占总股本金的 41.67%，该部分增资扩股资金实际包括苏州金龙公司职工近 300 人的出资 621.6 万元以及厦门金龙公司职工 955 人的出资 1778.4 万元，虽以前述十个自然人名义出资，但各职工的出资与各自然人所持股权之间并不存在对应关系。

2001年7月18日，厦门金龙公司召开董事会并作出决议，不承认苏州金龙公司2001年6月22日股东会决议，并认为陈江峰无权代表公司在股东会上签字，主张厦门金龙公司在苏州金龙公司持股应高于51％以上。两天后，厦门金龙公司正式下达任免通知，批准席新永的辞职申请，免去其总经理职务，免去陈江峰财务总监职务，聘任沈伟为公司总经理。同年8月15日，厦门金龙公司即提起本案诉讼，要求确认本案苏州金龙公司的两次股东会决议无效。

另查明：诉讼过程中，厦门金龙公司曾与参加增资扩股行动并经工商登记为苏州金龙公司的六位自然人新股东，分别签署了股权转让协议，约定该六人各自将其在苏州金龙公司中的4.167％股权转让给厦门金龙公司，有关股权转让款由双方协商支付。2002年5月18日，厦门金龙公司亦将其职工的出资本金及相应利息共计1800余万元支付给各出资职工。

## 判决与理由

苏州市中级人民法院一审认为：厦门金龙公司原总经理席新永出于维护公司经营管理的需要，委托陈江峰全面负责公司事务至本案争议的决议通过之日有相当一段时间，在该过程中，陈江峰实际行使了总经理职责，董事会对此没有提出任何异议，因此，陈江峰的行为应当认定是为了厦门金龙公司的利益。而陈江峰以厦门金龙公司名义参加股东会并在决议上加盖公章的行为，因厦门金龙公司对行使总经理职责且保管公章的陈江峰未明确限制公章的使用范围，也应认定为厦门金龙公司的行为，据此，应认定陈江峰有权代表厦门金龙公司参加 6 月 8 日、6 月 22 日的股东会行使表决权。另外，本案两股东会召开前，苏州金龙公司董事会均履行了通知义务，各股东也实际参加了股东会并充分行使了表决权，故应认定苏州金龙公司履行了召集股东召开股东会的义务，厦门金龙公司认为会议通知应送达法定代表人的观点，不符合法律规定，本案两股东会的表决程序也符合法律和苏州金龙公司章程的规定，故股东会决议的程序合法。至于股东会决议的内容，并不违反法律的强制性规定。股东会决议涉及的增资优先认购权以及增值资本分配权，因属私法范畴，权利人有放弃的自由，厦门金龙公司盖章确认后又认为侵犯其权益，依据不足。至于十个新增自然人股东的出资中实际包括其他职工的货币资金，这属于这些自然人和其他职工之间的法律关系问题，该法律关系不同于公司和自然人之间的法律关系，不属于本案审理范围，故厦门金龙公司据此认为决议规避法律不能成立；至于职工持股会问题，因决议内容本身未涉及，故不作评判；而陈江峰是否实施双方代理一事，因陈江峰代表厦门金龙公司行使表决权并在决议上盖章的行为属于厦门金龙公司的行为，而且，厦门金龙公司没有证据证明陈江峰作为自然人所作的表决损害了厦门金龙公司的利益，故亦应认定陈江峰参加股东会所行使的表决权正当，并非滥用表决权损害厦门金龙公司的利益。综上所述，苏州金龙公司于 2001 年 6 月 8 日、6 月 22 日作出的两份股东会决议有效，苏州金龙公司据此向工商登记机关申请变更注册资本登记事项并无不当，厦门金龙公司的诉讼请求不能成立。据此判决：驳回原告厦门金龙公司的诉讼请求。厦门金龙公司不服，提出上诉。江苏省高级人民法院二审以几乎相同的理由，认为原审认定事实清楚，适用法律正确，处理并无不当，判决驳回上诉，维持原判。

# 评　析

公司决议的效力不仅受到决议程序的影响，更会受到决议方法的影响。就公司决议方法而言，主要涉及投票方法以及表决票数的计算等核心问题。而投票方法与表决票数，既有法定的，更有公司章程约定的，甚至有为特定事项专门设定的表决方法要求，所以表决方法对公司决议效力的影响可能是多方面的。如本案涉及的公司决议方法问题，实际就涉及法人股东投票代理人是否具有代理资格的问题，更深层次则还涉及法人股东投票代理人是否按该法人股东真实意愿进行表决的审查问题，而这在诸多法人为股东的公司决议过程中均可能涉及。

本案之中，被告苏州金龙公司的两个股东均为法人股东，且在其公司章程第四章明确规定：股东会议由董事长召集；出资各方股东代表由出资方法定代表人出任或其授权他人出任，参加股东会议，代表出资方行使股东权益。那么本案之中，陈江峰在并未获得其公司法定代表人授权情况下，是否有权代表厦门金龙公司参加股东会？席新永作为原股东代表是否有权将其股东代表权利与资格转委托？苏州金龙公司在得知席新永辞职情况下又应当向谁通知召开股东会？原一、二审法院均认为陈江峰实际行使了总经理职责，且厦门金龙公司董事会对此也没有提出异议，认为陈江峰的行为应认定为代表了厦门金龙公司利益，故驳回了厦门金龙公司诉讼请求。但关键问题在于，苏州金龙公司在明知陈江峰没有取得合法授权情况下，仍通知其参加股东会并形成股东会决议，那么苏州金龙公司是否具有过错？就法人股东而言，其表决权究竟应该如何具体行使？在其委托行使表决权情形中，怎样的委托投票方为有效？表决权究竟应当遵循怎样的法律规则？

## 一、法人股东表决权通常由股东代表行使

法人作为以人之集合为基础而成立的组织，如同自然人通过其器官实施行为一样，也要通过为其作决定之人来行为。一般来说，一个法人应当具有以下三个机关：决策机关、执行机关和代表机关，当然这三个机关在很小的法人或公司之中完全可能合而为一。所谓法人代表机关，是指法人的意思表示机关，即代表法人对外进行民事活动的机关。按照我国《公司法》第13条的规定："公司法定代表人依照公司章程的规定，由董事长、执行董事或者经理担任，并依法登记。"因此，我国法人意思的形成必须由单一代表制度下的董事长、执行董事或者经理担任。很显然，当法人身为股东之时，其表决权由其法定代表人行使乃当然合法之举；但通常情形下，法人股东亦常常会委托法定代表人以外之人代为投票表决。不管怎样，法人股东的投票表决权，无疑应由自然人代为进行，这在各国公司法律制度下莫不如此。这种代表法人股东行使表决权之人，通常被称为"股东代表"。

当前，股东代表身份的获得，除了法定代表人可为当然股东代表外，其他自然人如何获得股东代表资格，则完全可能因公司大小而异、因公司治理差异而异、因公司股东或管理者之间的约定而异，而这一切的差异均可通过公司章程的不同规定来体现。目前，公司法律对于股东代表问题并未作出明确制度规定，即究竟怎样的人应当通过怎样的程序获得股东代表资格，以及股东代表究竟有着怎样的权利等，法律均无明确规定，由此现实之中各公司章程对此予以明确十分必要。很幸运的是，本案对于股东代表资格的获得就有着较为明确的规定，而这应当为本案的处理提供有效的依据。

本案之中，苏州金龙公司章程第四章明确规定：股东会议由董事长召集；出资各方股东代表由出资方法定代表人出任或其授权他人出任，参加股东会议，代表出资方行使股东权益。由该章程判断，担任出资方厦门金龙公司的股东代表，只能是其法定代表人或法定代表人所特定委托之人。

## 二、本案陈江峰是否具有股东代表资格

按本案两级法院的观点，陈江峰均被认为有权代表厦门金龙公司参加苏州金龙公司股东会并行使表决权。这是因为陈江峰参加苏州金龙公司股东会所依据的是席新永的授权，而席新永将权力转委托陈江峰按民法规则并非不合理。并且，在本案股东会召开期间，陈江峰事实上在厦门金龙公司代行总经理之职处理公司事务。尤其是，陈江峰在参加本案两次增资扩股的股东会时，还携带有厦门金龙公司的印章，苏州金龙公司完全有理由相信陈江峰有权作为厦门金龙公司的代表出席会议，因为目前通常情形下我国将单位的公章均作为单位意志的体现。

事实上，处理本案过程中，也始终有另一种意见认为，陈江峰无权代表厦门金龙公司参加苏州金龙公司股东会并行使表决权。因为，本案席新永虽然得到厦门金龙公司授权，但席新永的授权委托书中没有设定转委托的权利，故席新永授权陈江峰处理公司事务及参加股东会议，存在瑕疵，属无效行为；而苏州金龙公司应当知道这一授权无效。对于参加增资扩股的股东会议等重大事项，陈江峰应当得到厦门金龙公司董事长或董事会的授权。对陈江峰是否得到厦门金龙公司的授权以及增资扩股的股东会决议的效力，不应建立在推理之上。

应当说，以上关于陈江峰是否具有股东代表资格问题上的不同观点，并无绝对的对与错。本案两级法院的裁判按照通常的民事案

件处理理念，按照特定情形下转委托并非不可，以及"认章不认人"、盖有公章即等同于法人意思表示的观念，不能视其为错案，甚至通常情形下多数法院也会作出本案相同裁判。但是，按照商法理念，按照更应尊重公司组织及其章程的理念，按照公司自治以及股东自治的理念，本案两审法院的裁判显然又极为不当。

因为，既然苏州金龙公司章程已明确规定股东代表只能是出资方法定代表人或法定代表人授权之人，而厦门金龙公司董事长叶同虽然授权该公司总经理席新永出任苏州金龙公司股东代表，但确未授权席新永还可将其权利与资格转委托给他人，由此所谓获得席新永转委托授权的陈江峰则显然不符合苏州金龙公司章程规定的股东代表情形。故应当认定陈江峰不具备股东代表资格，而不具有合法股东代表资格的人所持盖的公章显然也不能获得效力上的承认。很显然，由于本案苏州金龙公司章程对于股东代表的身份有着明确所指，苏州金龙公司在得知席新永辞职、得知陈江峰系由席新永转委托情形下，完全没有必要继续召开股东会议，完全可以暂停股东会议的召开，完全可以等待厦门金龙公司的法定代表人对股东代表一事明确表态之后，再行决定公司股东会议的召开问题。但苏州金龙公司并未将股东会议停下来，而是明知或应知陈江峰无权代表情形下，还接受了其本人签字及盖章所代理的投票表决权，这按商法理念尤其是本案苏州金龙公司章程来衡量，极其不妥。从中人们也不难体味商法理念与一般民法理念所存在的差异，或许商法更加强调并尊重商事主体的组织规则，公司的现实章程更多时候具有优先于法律的效力。本案两级法院在陈江峰是否具有股东代表身份问题上，对于苏州金龙公司章程明确规定的条款完全视而不见，而只是援引一般民法规则处理本案，这可能是本案处理所犯的方向性错误。当然，需要指出的是，本案纠纷发生时，中国《公司法》实际尚未建立有关公司决议效力可诉的制度，故本案更多依据了一般民法理念与规则进行处理，而这也是本案裁判受制度构建局限的原因所在。

### 三、主张增资决议无效与主张增资扩股行为无效的区别

本案之中，原告厦门金龙公司以陈江峰未取得其合法授权，无代表厦门金龙公司参加苏州金龙公司股东会并行使表决权的资格为由，认为陈江峰在未取得其授权便在两份具有争议的股东会决议书上加盖厦门金龙公司公章的行为，属于其个人行为而非职业行为，因此主张增资决议无效。仅此而言，无合法股东代表参与作出的公司股东会决议，显然应属无效。然而，在诉讼过程中，厦门金龙公司却又与参加增资扩股行动并经工商登记的苏州金龙公司六位自然人新股东分别签署了股权转让协议。厦门金龙公司与六位自然人股东的股权转让行为表明，其已经确认该六人的持股为合法，而这是否也就等于厦门金龙公司实际认可了苏州金龙公司的增资扩股呢？厦门金龙公司一方面在本案请求确认苏州金龙公司增资扩股决议无效，否定增资后股东资格的合法性，另一方面又另行诉请确认增资后的新增股东向其转让的股权为合法。这种截然相反、互相矛盾的法律行为所可能造成的法律上的不利后果，应由其自行承担。

那么主张增资决议无效与主张增资扩股行为无效到底有何区别呢？主要有以下几点：①两者诉讼针对的情形不同。增资决议无效仅适用于尚未发行的公司拟增资扩股行为，因为此时该决议仍只是股东会决议，增资并未实际发行；而增资若已经发行，扩股已经到位，则不仅要对增资决议提出质疑，也要诉请确认增资扩股行为整体无效。②两类判决效力范围不同。前者增资决议无效或撤销，效力仅及于公司，因为此时决议仅及于公司内部，尚未对外产生影响；而增资行为无效，其效力则及于全体获得增资认股之人，即所谓对世效力。③两者诉讼主体不同。前者以公司为被告，后者要起诉特

定的增资认股之人。

本案实际仅为主张增资决议无效之诉，在本案已经增资发行完毕的实际情形下，仅仅主张增资决议无效实际并不能改变已经增资发行的事实。即便法院裁决增资决议无效，通常也不可能事实上将已经增发的资本进行清退，除非主张对外增资发行亦无效，而法院亦同时裁决对外发行无效。或许，这才是厦门金龙公司不得不采取自救手段而与已经形式上被登记为股东的六位自然人签署股权转让协议的原因所在吧。

### 四、关于完善股东代表制度的一些建议

本案股东代表引发的问题实际暴露出该项制度的一些现实问题。应当说，股东代表制度，是法人股东行使投票权的必然要求，完善股东代表制度，对于优化大量股东为法人的公司治理结构而言具有重要现实意义。就完善股东代表制度而言，可以采用股东代表非定期制、股东代表单次制、股东代表人非特定制等。即法人股东在授权股东代表时，不应将代表资格长时间地授予某个特定个人，可以规定在某次股东会时由某个股东行使表决权，不定期地进行更换，这样有利于保障股东代表尽忠职守，避免权力滥用。另外还有股东代表投票非个人意愿制，即应按其所代表公司的决策意愿进行投票表决等。如日本公司法即规定：股东可由代理人行使其表决权，但须向公司提交代理人代理权的书面证明，且该类代理权的授予，须于每届股东大会进行。这实质即为单次股东代表制度的法律强制性规定。

对于股东代表制度，关键是要防止股东代表特定化、长期化、重复化现象，一定要防止股东代表不代表股东现象的发生。尤其在中国，在国有股权的管理与运作过程中，更要竭力避免假公济私、流失国有利益情形的发生，而这就更加需要对股东代表制度加以完

善。国有股的股东权与其他公司的股东权本质上并无区别，国有股股东同样也应当具有股东表决权。但由于国有股的特殊性，即国有股股东本质上应为"全体人民"，因此在国有股行使表决权时就牵涉到多层代理的关系。按中国现行《公司法》的规定，国有资产监督管理机构履行出资人职责，实际享有公司法所规定的股东角色与地位，不少地方也进一步建立国有资产管理与控股运营公司代行国有股股东的权利与义务。该国有资产管理机构或国有控股公司必须再授权给某一个具体的自然人，该自然人依法代表国有控股公司在委托权限范围内具体行使国家股东的权利，从而达到国有股东表决权的正确行使。可见，一个自然人股东所代表的国有股的分量何其重大，只有从制度上保证股东权的正确行使，才能使国家利益得到保护，国有资产才有可能真正实现保值增值。因此，采取切实有效措施，防止国有股东代表特定化、长期化、重复化现象的发生与蔓延，是国有股乃至国有资产运营与管理必须认真予以面对与研究的重大课题。

# 27. 公司决议内容的审查及其高管责任之判定

## ——谭利兴与黎经炜、黎桂芬、香河彩星经纬家居城有限公司、刘澜高管人员损害股东利益赔偿纠纷案

案件索引：最高人民法院（2014）民申字第693号，2013年12月12日判决；河北省高级人民法院（2009）冀民二初字第12号，2012年12月10日判决。

---

## 基本案情

2009年10月，谭利兴以香河经纬家具装饰材料城有限公司（简称经纬公司）股东身份提起本案诉讼，请求法院确认黎经炜、黎桂芬、香河彩星经纬家居城有限公司（简称彩星公司）损害谭利兴股东利益，并判令被告共同赔偿其损失3.08亿元。

经审理查明：2003年9月，谭利兴与黎经炜、胡钊伟、黎经林、张志成、叶子宇共同签订《合股经营"香河经纬家具装饰材料城"项目合同书》，约定共同出资成立经纬公司，合股经营开发建设"经纬家具装饰材料城"项目，公司注册资本为80万元，其中谭利兴出资32万元，占出资额40%；黎经炜出资32万元，占出资额40%；胡钊伟出资4.8万元，占出资额6%；黎经林出资4万元，占出资额5%；张志成、叶子宇分别出资3.6万元，各占出资额4.5%。同日，上述股东共同制订了经纬公司章程并取得企业法人营业执照。公司

章程第十六条规定："股东会的议事方式和表决程序按照本章程规定执行，各股东按照股份比例行使表决权。股东会对公司增加减少注册资本、分立、合并、解散或者变更公司形式以及公司章程的修改、生产经营事宜等各种事项作出决议，必须经代表百分之五十以上表决权的股东通过。"后该公司增加注册资本为1500万元，但股东持股比例未发生变化。

2003年12月，经纬公司以出让方式取得香河县秀水街386.046亩土地的国有土地使用权，共支付土地出让金28,308,753.18元，平均每亩出让金为7.333万元。

2006年2月28日，经纬公司召开第十一次临时股东会议，谭利兴委托其弟谭妹良代表出席，经纬公司另五位股东除胡钊伟授权委托黎经炜代其出席并表决外，均参加了会议。会议主要审议《关于将公司资产作价整体出让的议案》，主要内容为：经中介机构评估该公司资产合计113,550,000元，上述资产以整体出让的形式出让给第三方公司或个人，该公司股东在同等条件下可单独或组合对公司的资产作整体购买，整体资产作价不低于113,550,000元。有意受让的公司或个人须在十日内提出申请并交付4000万元保证金，符合条件的受让方在交付保证金的次日，在无竞争对手的情况下与该公司签订出让合同；若有两个以上受让方同时进行竞价，由出价高者得之。经纬公司另五位股东表示同意并在决议上签字，谭利兴委托的代表谭妹良既未对股东会议案表态，也未在决议上签字。

同年3月15日，经纬公司召开第十二次临时股东会，审议并表决受让该公司整体资产的第三方公司或个人以及《资产出让合同》的具体条款。谭利兴委托韩志强、邝伟建代表其出席并委托韩志强为表决代表，经纬公司另五位股东中的黎经炜、叶子宇出席了会议，胡钊伟、张志成、黎经林均授权黎经炜代表其出席并行使表决权。

与会股东除谭利兴（委托代表韩志强、邝伟建）对本次会议议案未表态之外，其他五位股东（享有60%的表决权）同意并通过决议如下："1.同意'黎桂芬、胡雪梅、胡彪伟、温伟星、左仙英'共五人组合受让该公司整体资产。2.同意本次会议议案的公司整体资产出让的《资产出让合同》具体条款。3.授权执行董事黎经炜具体办理本次整体资产出让的谈判，签约及所有相关的手续。"

2006年3月20日，经纬公司与彩星公司签订《资产转让合同》，主要内容为：经纬公司将386.046亩的土地使用权及土地上的已建工程以113,800,000元转让给彩星公司，彩星公司已交付的受让保证金4000万元转变为合同的首期付款。彩星公司的股东为黎桂芬、胡雪梅、胡彪伟、温伟星（均为经纬公司股东黎经炜、胡钊伟、黎经林的亲属）及左仙英（是经纬公司另一股东张志成所经营的其他公司的财务管理人员），法定代表人为黎桂芬，系经纬公司股东黎经炜的亲妹。同年4月24日，彩星公司取得了上述三宗土地的国有土地使用证。

另查明：2006年2月20日，经纬公司委托廊坊天元会计师事务所有限公司（简称天元会计所，时任法定代表人为刘澜，2009年4月28日变更为田明）对经纬公司资产进行评估。评估结论为：委评土地使用权以2006年2月22日为基准日总评估净值为2832.83万元。对此，在诉讼中，谭利兴主张上述评估净值是按平均每亩7.333万元计算的，而当时香河县城的土地价已大幅上涨，并提交香河县国土资源局出具的《香河县绣水街拍卖地块价格说明》证明"2006年绣水街拍卖地块平均价格为每亩103.72万元"。

还查明：因经纬公司的执行董事黎经炜未组织人员去办理公司2006年工商年检登记，经纬公司于2007年11月被香河县工商局吊销营业执照。另至2009年3月18日，彩星公司按照转让价格

11380 万元已支付价款 7756 万元，尚欠 3624 万元。

需要说明的是，谭利兴在提起本案诉讼之前，还曾发起与本案有关联的另外四起诉讼。

第一起诉讼：2006 年 6 月，原告谭利兴作为经纬公司股东，以该公司及该公司其他股东黎经炜、胡钊伟、黎经林、张志成、叶子宇为被告，并以彩星公司为共同被告起诉至河北省高级人民法院，请求：一、确认 2006 年 3 月 15 日召开的第十二次股东会决议无效或应予撤销；二、判决被告彩星公司返还土地使用权及相关资产（给经纬公司）。河北省高级人民法院于 2008 年 4 月 9 日作出（2006）冀民二初字第 00029 号民事判决，认定原告第二项诉讼请求不应与本案合并审理，判决驳回原告（第一项）诉讼请求。原告上诉至最高人民法院，最高人民法院于 2008 年 9 月 29 日作出（2008）民一终字第 66 号民事判决，维持一审判决。谭利兴向最高人民法院申请再审，最高人民法院于 2010 年 11 月 15 日以（2009）民申字第 1781 号民事裁定驳回谭利兴的再审申请。

第二起诉讼：2008 年 5 月底，谭利兴致函经纬公司执行董事黎经炜，要求经纬公司黎经炜为保护本公司及股东利益起诉请求法院确认经纬公司整体资产转让给彩星公司的《资产转让合同》无效，于是 2008 年 6 月原告经纬公司向河北省高级人民法院起诉被告彩星公司，要求返还《资产转让合同》项下约定的资产。河北省高级人民法院于 2009 年 3 月 18 日作出（2008）冀民二初字第 21 号民事判决，认定《资产转让合同》有效，判决驳回原告经纬公司的诉讼请求。该判决无人上诉，已生效。

第三起诉讼：2008 年 10 月，原告谭利兴以经纬公司其他股东黎经炜、胡钊伟、黎经林、张志成、叶子宇为被告，并以彩星公司为共同被告起诉至河北省高级人民法院，要求确认（经纬公司的其他股东）黎经炜、胡钊伟、黎经林、张志成、叶子宇滥用股东权利，利用关联关系与被告彩星公司恶意串通，共同实施侵权行为，损害原告利益；请求判决被告向经纬公司返还低价转让的土地，否则，各被告应连带赔偿原告损失 1 亿元。河北省高级人民法院于 2009 年 3 月 6 日作出（2008）冀民二初字第 22 号民事裁定，认为原告是为保护经纬公司的利益按照《公司法》第 152 条的规定提起的股东代表诉讼，但未履行股东代表诉讼的前置程序要求，其作为原告不符合《中华人民共和国民事诉讼法》第 108 条的规定，裁定驳回谭利兴的起诉。谭利兴上诉至最高人民法院，最高人民法院于 2009 年 10 月 22 日作出（2009）民一终字第 72 号民事裁定：驳回上诉，维持原裁定。

第四起诉讼：2009 年 5 月，原告谭利兴（以公司监事身份）提起股东代表诉讼，请求确认经纬公司与被告彩星公司 2006 年 3 月 20 日订立的《资产转让合同》无效，请求判决彩星公司向经纬公司返还受让的全部资产。2009 年 6 月 19 日河北省高级人民法院作出（2009）冀民二初字第 6 号民事裁定，认为此案与（2008）冀民二初字第 21 号民事判决（即上述第二起诉讼、认定《资产转让合同》有效）、最高人民法院（2008）民一终字第 66 号民事判决（即上述第一起诉讼、认定《股东会决议》有效）构成重复诉讼，裁定驳回谭利兴的起诉。原告不服，上诉至最高人民法院，后又于 2010 年 11 月 7 日申请撤回上诉，最高人民法院裁定准许撤诉。

---

## 判决与理由

河北省高级人民法院一审认为：本案与前四个案件相比，案件性质不同，诉讼标的不同，本案并非重复诉讼。本案事实表明，黎经炜在执行股东会决议、受托操作经纬公司资产整体转让过程中，将原定的严苛的受让条件一再放宽，并且受让人彩星公司与转让人经纬公司执行人黎经炜（和其他股东）有关联关系，黎经炜在执行股东会决议、面对异议股东谭利兴的反对时，其继续推动关联关系交易侵害了本公司利益进而对谭利兴的股东财产权益构成侵权。黎经炜及经纬公司其他股东，均应当明知早在 2003 年 12 月 9 日购买土地使用权时土地出让金为每亩 7.333 万元，两年后天元会计所出具的资产评估报告照抄了这个数字，但此时土地价格已大幅上涨。现土地等资产已出卖而不能返还，执行董事黎经炜滥用权利对谭利兴的股东权益造成了损害，应当承担赔偿责任。另，基于黎经炜与黎桂芬的亲属关系尤其是经纬公司与彩星公司的关联关系及关联交易，黎桂芬、黎经炜、彩星公司对造成经纬公司 386.046 亩国有土地使用权被低价转让从而致使谭利兴股东财产权益遭受损失具有过错，黎桂芬、黎经炜及其所实际控制的彩星公司三者的关联交易侵权行为与谭利兴所受损失有因果关系，故彩星公司亦应对谭利兴的损失予以赔偿。香河县国土资源局就经纬公司整体资产（包括土地）出卖时当地的市场价出具了相关说明，双方当事人都无其他证据反驳此价格，该价格在以后又上涨，故可以此平均价格为标准计算 2006 年 3 月出卖 386.046 亩土地时的收益应为 400,406,911.2 元，而谭利兴应得到赔偿损失数额为 148,839,264.5 元，即（40040.69112 万元 − 2830.875 万元）×40%，同时，应赔偿谭利兴相应利息损失。综上，谭利兴作为拥有经纬公司 40% 股权的股东，有权在公司股东会表决时反对公司整体资产出售的议案，但是公司第十一次、十二次股东会议决议按照超过 50% 的多数表决通过了议案。根据股东会决议及授权，执行董事黎经炜有权执行股东会决议，但是其在执行股东会决议过程中并非因执行股东会决议就不会构成对其他股东的侵权。虽然股东会决议的效力已不容置疑，但是谭利兴作为异议股东仍有权对低价转让本公司资产的转让价不予认可并拒绝分割此款，并且在公司资产被出卖已不能返还公司的情况下，谭利兴仍有权就自己的股东利益受损请求侵权人予以赔偿。据此判决：一、黎经炜、黎桂芬、彩星公司共同赔偿谭利兴148839264.5元及利息损失；二、驳回谭利兴的其他诉讼请求。谭利兴、黎经炜、黎桂芬、彩星公司均不服该一审判决，提起上诉。

最高人民法院二审认为：经纬公司是案涉资产的所有权人，谭利兴仅对其投资享有股东权益，对公司的财产并不享有直接请求权。正是基于此，《公司法》第152条和第153条区分侵害公司权益与侵害股东权益两种情形分别作出不同的规定。《公司法》第152条规定，在董事、监事、高级管理人员执行公司职务时违反法律、行政法规或者公司章程的规定，给公司造成损失的，符合一定条件的股东有权要求公司监事、执行董事提起诉讼；在公司怠于提起诉讼时，符合一定条件的股东才能提起公司代表诉讼。而本案中的经纬公司已经根据谭利兴的通知向彩星公司提起诉讼并形成河北省高级人民法院（2008）民二初字第21号案件，经纬公司在该诉讼中败诉。谭利兴依据《公司法》第152条所享有的权利已经行使，谭利兴再提起本案诉讼，其事实依据及法律理由仍然是案涉交易造成经纬公司损失并进而侵害其股东利益，显然不能成立。本案中，谭利兴主张以《公司法》第153条为请求权基础，其实质是主张其作为股东享有的剩余财产分配请求权遭受损害因而请求损害赔偿。但在公司未进入清算解散程序情况下，执行董事根据有效的股东会决议转让公司资产的行为，不能认定为侵害股东剩余财产权的行为。因此，一审判决以《公司法》第153条的规定为依据，认为经纬公司执行董事代表经纬公司与彩星公司签订的《资产转让合同》侵害了谭利兴的股东权益，显然与该规定的规范目的不相符合，也间接排除了公司解散、清算等程序、制度的适用。综上，由于谭利兴对黎经炜、彩星公司及黎桂芬无实体法上的请求权，无权请求黎经炜、彩星公司及黎桂芬承担损害赔偿责任，故一审法院适用法律错误。据此判决：撤销一审判决，驳回谭利兴的诉讼请求。

---

## 评　析

本案形式上仅为股东追究公司高管责任的诉讼，但由于系列关联案件的存在，本案实际还涉及公司决议效力的审查、关联交易的衡量、股东代表诉讼等诸多公司法律问题。可以说，本案集中反映了当前中国公司治理的相关法律问题及其制度缺陷，同时也典型地体现了当前中国公司诉讼司法处理的缺憾，当然也相当程度地反映了相关公司诉权被现实滥用的可能。

本案纠纷因公司唯一土地也即公司全部财产的处置而引发。原告先是诉请确认相关处置决议无效被驳回，再是提请公司诉请主张依据决议所实施的对外交易行为无效而同样被驳回，接着又以股东身份代表公司对其他参与决策的股东以及与公司交易的外部第三人提起所谓的股东代表诉讼又被驳回，之后又以监事身份代表公司诉请确认公司对外交易无效还是被驳回。连诉以上四案之后，又以股东身份提起直接权益受到损害的本案诉讼，最终还是被驳回诉求。以上连环案件的诉讼目的其实大同小异，根本上都是为了获得相关利益的补偿，只是依据的理由及针对的主体不同而已。本案原告诉讼的毅力可谓令人钦佩，但其诉讼技巧的确难以令人恭维，至于法院对本案以及相关案件的处理亦并非没有值得商榷之处。

## 一、本案公司决议事项的性质

本案经纬公司于 2006 年 3 月 15 日召开第十二次临时股东会，审议并表决受让该公司整体资产的第三方公司或个人以及《资产出让合同》具体条款，并最终以 60% 的表决权同意通过了相关决议。就该股东会决议事项而言，实质就是将经纬公司仅有的一块原本用于建设开办"家具装饰材料城"项目的土地及其地上已建工程整体对外转让，由此公司原定营业亦被整体转让。这无疑属于公司法之中的公司重大资产处置行为。由于公司重大资产处置行为事关公司事业发展大局，事关公司乃至股东整体与根本之利益，因而对该类处置行为加以规范与约束十分必要。比较相关国家与地区公司法律制度，尽管对于公司重大资产处置或公司营业转让并不禁止，但由于其与公司合并与分立等所引发的效果并无实质不同，所以多将此作为公司股东会决议事项并须按特别决议要求、按更高比例要求进行表决方得实施。就中国公司法律制度而言，2005 年修改后的《公司法》对此已有相关规定。根据中国现《公司法》第 74 条及第 104 条的规定，尽管对公司转让主要财产行为并未明确规定须由公司股东会特别多数表决通过，但探究其表述真意，如此关乎公司重大利益、关乎股东根本利益的行为，经公司股东会决议应为必要程序，或参照有关公司合并与分立的表决机构及表决票要求执行，应更符合立法之本意。

## 二、本案是否存在关联交易

本案交易发生于经纬公司与彩星公司之间，两者之间并不存在以控股或相互持股等为表现形式的直接关联关系，仅从形式上判断并不属于关联企业。但是，经纬公司最大股东、实际也属于控股股东的黎经炜与彩星公司最大股东、实际也属于控股股东的黎桂芬之间为同胞兄妹关系，由此使得黎经炜与黎桂芬形成关联关系，而经纬公司除原告以外的其他股东与彩星公司的股东也有着千丝万缕的关系。依照中国《公司法》第 216 条第（四）项规定：关联关系，是指公司控股股东、实际控制人、董事、监事、高级管理人员与其直接或间接控制的企业之间的关系，以及可能导致公司利益转移的其他关系。而所谓控股股东，依该条第（二）项规定，不仅指所持股份占公司 50％以上的股东，而且还包括依其出资额或所持股份享有的表决权足以对股东会决议产生重大影响的股东。本案经纬公司作出涉案股东会决议时，黎经炜不仅代表自己所持 40％表决权出席会议，而且还代理另外三位股东胡钊伟、张志成、黎经林所持15.5％的表决权参会并投票表决，毫无疑问，在本案股东会议上，黎经炜无疑可被认定为控股股东。同时，因黎桂芬与黎经炜属于同胞兄妹关系，且黎桂芬在彩星公司也持有高达 44.5％的出资份额，如此紧密亲近的亲属关系，显然属于上述"可能导致公司利益转移的其他关系"范畴，由此黎经炜在经纬公司作出将整体资产及营业转让给彩星公司的交易中，显然与该项交易、与该项交易对象的彩星公司、与该项交易对象彩星公司的控股股东，存在法律上所谓的关联关系，应认定构成关联交易。这在中国传统亲属文化理念之下，实际并不难以理解。

对于关联交易，尽管法律并不当然禁止，但是对于存在关联关系的股东所持表决权，各国公司法律多有回避表决的要求。不仅如此，当股东同时身为公司董事等高管人员之时（如本案黎经炜既身为大股东又同为公司执行董事），各国法律关于禁止或限制董事自我交易的规定更将同时发挥作用，更要进行表决回避，而且是在股东会与董事会上均得回避。之所以在股东或董事等可能与公司利益存在冲突之时，限制或禁止其表决权的行使，其法律理念无非是：任何人不得成为评判自己行为的法官。[1]

在中国当前公司法律制度下，虽然对关联关系及关联交易有所规定，但对于关联关系与关联交易下的表决回避问题却未作出明确规定。由此不难看出，中国公司法在处理类似问题上的制度并不周全。正是因为类似问题缺乏相互照应的衔接规定，致使司法实践处理类似案件上出现不同的评判标准，很多案件问题实质相同，但处理结果却大相径庭。如本案的处理，实际已经注意到关联关系及关联交易的存在，但正因为中国公司法并未明确规定关联关系股东及董事表决回避制度，故司法敢于判定像黎经炜这样具有如此重大关联关系的股东与董事所参与的关联决议仍为有效。试想，如果应当表决回避，那么本案股东会议的表决实际根本未能形成有效的多数，因而也就根本不能认定为有效决议。

其实，对于本案关联关系下的关联交易处理，也可以援引中国《公司法》第 21 条的规定进行裁处。依照该条规定：公司的控股股东、实际控制人、董事、监事、高级管理人员不得利用关联关系损害公司利益；违反前款规定，给公司造成损失的，应当承担赔偿责任。由此，只要查明涉案股东会决议实质损害公司利益，即可认定黎经炜等利用关联关系损害公司利益，因而违反了该条法律规定。再援引中国《公司法》第 22 条的规定，凡违反法律、行政法规的股东会决议应为无效。据此，也完全可以判定涉案决议为无效。

### 三、本案决议是否存在多数决滥用？

对于资本多数决滥用的理解，简言之，是指形式上虽经多数表决通过的决议，但实质上却损害了公司或股东，尤其是少数股东的

---

① 〔德〕托马斯·莱塞尔、吕迪格·法伊尔：《德国资合公司法》，高旭军等译，法律出版社 2005 年版，第 249 页。

利益，由此多数表决权构成滥用。尽管从一般意义上，公司相关决议经多数表决同意，无论是相对多数或是绝对多数，即可获得通过，即可上升为公司意志，但并非所有经多数表决通过的公司决议均为有效。为防止控股股东利用多数表决机制不当追求自身利益，尤其是利用多数决机制损害公司与其他少数股东利益，公司法理论及制度已经建立起对多数决滥用所形成决议效力的否定机制，以此确保多数决正当价值的实现。

就多数决滥用构成要件而言，客观上应是形成了极不公正的决议，即损害公司或其他股东利益；主体上则应存在多数股股东，所谓多数股股东并不一定局限于单个股东，即使是小股东为实现自己或第三人利益而结合起来，达到了多数表决权规模，也可以将其视为多数股股东；主观上必须是故意而非过失，并一定是为追求多数股股东自身利益而为。现实之中，多数决滥用的表现主要有：①从公司规模、营业成绩方面看，赋予公司职员巨额不正当报酬的决议；②从一般交易规则上看，极不公正条件下的合并、营业转让之类的决议，本案即存在这一问题；③以不正当的高额经费给予个别股东高额利益，而对其他股东却给予不正当的少额利益分配的决议；④对一部分股东特别有利价格条件下的新股发行决议；⑤以母公司强迫子公司在极其不利条件下进行合并的决议；等等。资本多数决一旦构成滥用之时，所作决议应为无效，不论是公司还是任何一位股东，均得有权提起股东大会决议无效之诉，多数股东据此决议所获不当利益应返还公司。

中国《公司法》目前尚无明确规定多数决滥用制度，但已经建立了公司决议无效之诉。实践之中，完全可以结合公司法相关规定，将滥用多数决损害公司与股东利益的决议，宣告无效。如《公司法》第5条第2款规定：公司的合法权益受法律保护，不受侵犯。由此，任何侵犯公司利益的行为，均可认为违反法律。再如《公司法》第

20条规定：公司股东应当遵守法律、行政法规和公司章程，依法行使股东权利，不得滥用股东权利损害公司或其他股东利益。由此规定，凡滥用多数决而进行的表决，均可认为滥用了其股东权利，违反了法律规定，公司相关决议亦可因此宣告为无效。

本案公司股东会决议，形式上获得了60％的表决权同意，已经形成多数。但是，其实质是将公司高价资产低价处置的行为，实质损害了公司利益，因而可以认定构成多数决滥用。之所以认定本案决议实质为低价处置公司资产因而损害公司利益并最终有损其他股东利益的行为，是因为香河县国土资源局关于绣水街拍卖地块的价格说明证实，2006年绣水街拍卖地块平均价格为每亩103万余元，本案交易土地面积为386余亩，按此价格计算，交易土地价格应近4亿元，但实际经决议的出售价格依然为每亩7.333万元，总价不到3000万元，其差价相当悬殊。既然土地交易价格明显偏低，且又存在关联关系，那么既可以根据上述关联交易要求表决权回避的理念认定利用关联关系损害公司利益从而宣布决议无效，同时也可以多数决滥用损害公司财产权为由，认定形式上获得多数通过的本案决议为无效。

### 四、与本案关联的股东代表诉讼的理解

所谓股东代表诉讼，是指当公司的董事、监事、高级管理人员等主体侵害了公司权益，而公司怠于追究其责任时，符合法定条件的股东可以自己的名义代表公司提起诉讼。中国现行《公司法》第151条（2013年修改前为第152条）首次以法律的形式正式确立了股东代表诉讼制度，并对股东代表诉讼的主体、股东提起代表诉讼的原因、股东代表诉讼的前置程序，以及前置程序的例外均做了规定。就股东代表诉讼的法律特征而言：其一，股东代表诉讼具有"代位性"和"代表性"，其实质是公司权利的替代行使。其二，提起代表诉讼的原告要适格，根据法律规定，有限责任公司的任一股东均可提起，股份有

限公司中持股时间连续 180 日以上并且单独或者合计持有公司 1% 以上股份的股东可提起代表诉讼。其三，股东代表诉讼的适用需具备一定的前置条件，必须用尽公司内部救济。具体到中国法律规定，必要的前置程序是指——董事侵害公司权益时，原告股东要先书面请求监事会或者监事向人民法院提起诉讼，而如果是监事侵害公司权益，则向董事会或执行董事提出书面请求；监事会、监事、董事会、执行董事收到前述书面请求后拒绝提起诉讼，或者自收到请求之日起三十日内未提起诉讼。只有满足了这两个前提条件，股东才可以提起代表诉讼。同时法律又规定了前置程序的例外，以保障股东代表诉讼权的行使。其四，诉讼利益的归属，这一点在法条中并没有明确体现，但根据各国立法经验以及相关理论研究，普遍认为，胜诉利益原则上应归于公司，原告股东可以要求获得一定的补偿；但如果股东败诉，被告董事等要求原告进行损害赔偿时如何平衡，各国和地区的法律规定并不明确，理论上也存在诸多分歧，但原告股东承担诉讼费用应无争议。

就股东代表诉讼所针对的主要主体而言，各国立法关于股东代表诉讼被告的范围规定并不统一。中国现行《公司法》对股东代表诉讼的适格被告采广义主义，不仅包括董事、监事、高级管理人员，还包括"他人"。尽管立法并没有对"他人"的范围明确界定，但对"他人"的理解应从中国立法的原则和目的加以考虑，做扩大解释。公司的控股股东、大股东、其他股东、公司的实际控制人等都应包含在"他人"范围之内。为充分发挥股东代表诉讼制度的价值作用，"他人"还应当包括与公司从事关联交易的第三人（包括公司债权人与债务人），其他损害公司利益而公司又不予提起诉讼或难以提起诉讼的主体，主要是与公司从事关联交易之人，如本案的彩星公司。也就是说，在广义理解的前提下，凡是对公司实施了不正当行为而损害了公司利益、对公司负有民事责任之人，在公司怠于行使其诉讼权利或公司难以行使其诉讼权利的情形下，不正当行为的实施者都可以成为股东代表诉讼所针对的被告。

本案原告谭利兴一开始曾在诉请公司决议无效的同时，一并诉请彩星公司归还所买卖的土地。如上所述，作为股东代表诉讼这并非不可。即股东完全可以代表公司向损害公司利益的各相关主体包括外部第三人一并发起诉讼。但法院却不让其如此合并诉讼，而是责令其分开诉讼。一旦其试图单独对彩星公司发起诉讼时，又面临股东代表诉讼前置程序的限制，即必须先提请公司发起相关诉讼。于是，就出现了与本案相关联的所谓经纬公司向彩星公司发起的诉讼，两个原本关联交易的主体"认真地"打起了官司。结果可想而知，双方土地交易仍然被裁定为有效。其实，在原本就因关联交易而损害公司利益的情形下，股东代表诉讼是否必须还要所谓的前置程序，值得探讨。像本案各关联案件，一旦经纬公司诉彩星公司土地买卖被裁定有效的话，之后再由股东谭利兴发起的所谓股东代表诉讼则必然受到之前生效裁判的既判效力约束，裁判结果可想而知。本案由谭利兴分别以股东及监事身份发起的两起所谓代表诉讼，结果均为败诉。由此可见，在公司管理层或大股东原本与外部第三人存在关联交易情形下，要求公司对关联交易提起前置诉讼，显然属于多此一举。按之前的分析，只要本案交易属于关联交易，只要本案大股东存在滥用多数表决权的行为，只要决议及交易实际损害到公司利益，则不仅内部决议为无效，外部关联交易或明知损害公司利益的第三人所获得的交易合同，即可以连带甚至必须确认为无效，由此撤销与彩星公司的土地交易，责令彩星公司返还土地并无不当。但法院并未如此裁判，令人遗憾。

## 五、本案高管责任的把握

本案处理直接涉及高管职责的理解与把握问题，本案黎经纬等是否有违高管人员职责，因而应当对相关损失承担责任呢？一般而言，对于董事等高管人员的主要职责，尽管各国公司立法内容及表述方式有所不同，但基本上皆要求董事等高管必须尽到忠实义务与注意义务。所谓忠实义务，即要求董事在经营公司业务时忠实于公司利益，尤其当自身利益与公司利益一旦存在冲突，董事则必须以公司最佳利益为重，不得将自身利益置于公司利益之上。所谓注意义务，又称善管义务、勤勉义务，即通常所谓的尽心尽责。中国《公司法》对以上两项义务均作了规定。

公司作为市场竞争主体，在追求利润最大化的过程中，必须要承受经营失败的风险，并且利益与风险成正比，在某些情形下，即便董事充分履行了自己之注意义务与忠实义务，依然可能作出错误的商业判断。当然，也更有可能，董事采取各种表面合法的方式，如召开董事会议或股东会议，以所谓集体决策的方式掩盖其实质渎职的行为，掩盖其个人不正当的利益追求。因此，必须对董事的经营决策行为进行考察、评判。如果董事的经营决策行为违背了董事的注意与忠实等义务，则其必须承担公司经营的损失；反之，如果董事在从事经营管理活动中尽到了注意义务与忠实义务等，则其无须承担公司经营损失。由此才能既打击董事的不当行为又保护董事的正当经营行为，从而实现董事利益与公司利益的平衡，保障公司的经营活力。如何判断董事经营行为是否正当，成为大陆法系与英美法系司法实践中皆面临的难点。其中，美国司法实践积累的"商业判断准则"，很有借鉴意义。

所谓商业判断准则，在英文中表述为"business-judgement rule"，是由美国法院在长期司法实践中逐步发展起来的一项关于经营者免于就合理的经营失误承担责任的法律规则。《布莱克法律词典》将其解释为，"免除管理者在公司业务方面的责任的一个规则，其前提是该业务属于公司权力和管理者的权限范围之内，并且有合理根据表明该业务是以合理注意和善意方式为之。"①商业判断准则的判断路径主要包括：一是高管在作出一项商业判断时，他与该事项并无利益的冲突，这也是正当地履行忠实义务的前提；二是高管作出该项商业判断时，依据了他所能合理信赖的判断信息与资料，如律师法律意见书、会计事务所报告、市场调研报告等；三是作出该项商业判断时，遵循了正当决议程序与权限；四是作出该项商业判断时，尽到了普通正常人所应尽到的注意，即一个普通的、审慎的人处于相同地位或相似背景下都会给予的注意；五是有理由相信或者理性地相信自己所作出的商业判断是善意地为了公司的最佳利益。董事等高管人员的行为若符合这五个标准，则其行为即可认为属正当经营行为，否则，即可能被视为违背其职责并引发相关责任，甚至需要直接为公司经营的损失负责。

本案黎经炜等身为高管，在参与公司内部决议和代表公司对外交易过程中，显然与所决议事项以及交易事项存在利益冲突，且在作出决议与对外交易时明显未能尽到注意义务，因为任何一个正常的、普通的人均不会在明知土地价格大涨情形下，依然按之前购买的价格对外交易，可以说这是只有傻子才可能做的事，不应当是任何忠实公司利益之人所为之事，也没有任何有利于公司的可能。法院仅仅依据多数通过了决议以及存在所谓的评估报告等表面现象，即不顾董事高管等违背职责的行为作出裁判，同样只能令人遗憾。

---

① Bryan A. Garner, *Black's Law Dictionary*, ninth edition, Thomson West, 2009, p.227.

# 公司解散与清算纠纷

# 28. 公司解散事由及其妥善司法处理方式

—— 仕丰科技有限公司与富钧新型复合材料（太仓）有限公司、第三人永利集团有限公司解散纠纷案

案件索引：最高人民法院（2011）民四终字第 29 号，2012 年 6 月 7 日判决；江苏省高级人民法院（2007）苏民三初字第 3 号，2011 年 5 月 26 日判决。

---

## 基本案情

仕丰科技有限公司（SHIN FENG TECHNOLOGY CO.，LTD）（简称仕丰公司）与永利集团有限公司（WINNING GROUP LIMITED）（简称永利公司）均系注册于萨摩亚国（SAMOA）的境外公司，两公司共同在中国境内设立本案富钧新型复合材料（太仓）有限公司（简称富钧公司）。

仕丰公司提起诉讼称：富钧公司股东间的利益冲突和矛盾，使得富钧公司的运行机制完全失灵，作为权力机构的董事会亦无法对富钧公司的任何事项作出决议，公司运行陷于僵局，经营管理发生严重困难，导致富钧公司及大股东合法利益受到严重侵害，符合《中华人民共和国公司法》第 183 条规定的情形，请求判令解散富钧公司。

富钧公司答辩认为：其公司并未出现公司僵局，更没有出现经营管理严重困难，公司一直在正常发展，且发展势头很好。仕丰公

441

司委派的董事张博钦在山东成立了与富钧公司经营同种产品的济南同镒节能材料有限公司（简称同镒公司），仕丰公司提出本案诉讼就是为了解散富钧公司，以达到其所成立的同镒公司独占市场的目的。故请求驳回仕丰公司诉讼请求。

经审理查明：富钧公司系由原外商独资企业贝克莱新型复合材料（太仓）有限公司（贝克莱公司）于 2004 年 11 月变更而来。贝克莱公司工商登记中 2004 年 4 月的公司章程载明：永利公司与仕丰公司共同投资贝克莱公司并追加投资；追加投资后公司注册资本1000 万美元，其中永利公司出资额 400 万美元，占 40％的出资比例，仕丰公司出资额 600 万美元，占 60％的出资比例。该章程相关条款还规定："公司设立董事会，董事会是公司最高权力机构；董事会决定公司一切重大事宜，但各项决议均须经全体董事同意才能生效；董事会由三名董事组成，仕丰公司委派两名，永利公司委派一名，董事长由永利公司委派；公司设总经理一名，由仕丰公司推荐，总经理负责执行董事会的各项决议，行使公司日常经营管理业务。……"时任仕丰公司法定代表人郑素兰在章程上签字并加盖印章，永利公司法定代表人黄崇胜在章程上签字。

2005 年 4 月，仕丰公司和永利公司因对富钧公司治理结构、专利技术归属、关联交易等方面发生争议，总经理张博钦离开富钧公司，此后富钧公司由董事长黄崇胜经营管理至今。富钧公司总经理张博钦离职后，为了解决富钧公司经营管理问题，仕丰公司和永利公司及富钧公司通过各自律师进行大量函件往来，沟通召开董事会事宜，最终于 2006 年 3 月 31 日召开了富钧公司第一次临时董事会，黄崇胜、张博钦（同时代理郑素兰）参加会议，但董事会未形成决议。此后仕丰公司和永利公司对富钧公司的治理等问题进行书面函件交流，但未能达成一致意见，董事会也未能再次召开。

2006 年 12 月，经昆山公信会计师事务所有限公司验资，截至 2005 年 3 月 14 日，富钧公司共实收资本 8,899,945 美元，其中永利公司以机器设备出资 360 万美元，仕丰公司以机器设备出资 500 万美元，现汇出资 299,945 美元。富钧公司历年来的经营状况均为亏损。

2004 年 7 月 28 日，COMPOS 国际股份有限公司成立外商独资企业同镒公司，张博钦任公司董事长兼总经理。该公司生产产品与富钧公司相同。2008 年 3 月，富钧公司以张博钦、同镒公司为被告向山东省济南市中级人民法院提起损害公司利益赔偿纠纷案。该案经一、二审审理，均认定张博钦构成对富钧公司竞业禁止义务的违反，富钧公司有权行使公司归入权，并最终判决：张博钦、同镒公司于判决生效之日起两个月内到工商管理机关办理张博钦不再担任同镒公司执行董事、法定代表人、总经理职务的工商登记变更手续；张博钦于判决生效之日起十日内赔偿富钧公司经济损失人民币 10 万元。

在审理本案过程中，两级法院均以维持富钧公司存续为目标进行了多轮调解工作，首先要求三方当事人围绕改进和重构富钧公司治理结构进行磋商；其次要求三方当事人围绕单方股东退出公司进行磋商，最终均未能协商一致。

---

## 判决与理由

江苏省高级人民法院一审认为：本案之中，富钧公司经营管理已经发生严重困难。一是富钧公司的最高权力机构董事会长期无法履行职能。自 2005 年 4 月富钧公司总经理张博钦离开公司之后，富钧公司仅于 2006 年 3 月 31 日召开过一次未能做出决议的临时董事会，董事会在长达六年多的时间内未能履行章程规定的职能。二是公司董事冲突长期无法解决。富钧公司董事、总经理张博钦因在公司治理结构、关联交易等方面与董事长黄崇胜发生争议，自行离开公司后，数年来富钧公司三个董事均通过律师进行函件往来，但并未能就解除公司经营管理的分歧达成一致，冲突始终存在。同时张博钦就任同镒公司法定代表人后，又引发富钧公司诉张博钦损害公司利益诉讼，使得各方冲突加剧。三是公司章程规定的公司经营管理模式成为空设。富钧公司章程中规定总经理执行董事会的各项决议，行使公司的日常经营管理业务。张博钦作为富钧公司聘用的总经理长期不进行公司经营管理，公司由一方股东委派的董事长一人进行管理，使公司章程规定的公司治理结构成为空设。另，富钧公司自成立至今一直处于亏损状态，且富钧公司一直由永利公司委派的董事长单方进行管理，作为公司大股东的仕丰公司却游离于公司之外，不能基于其投资享有适当的公司经营决策、管理和监督的股东权利，其股东权益受到重大损失。还有，经过多方努力均无法解决公司僵局。一方面股东双方自行进行沟通协调，股东双方均委托律师参与双方纠纷的处理，在长达两年多的时间里，进行了十多次往来函件的沟通，并且召开了一次临时董事会，但对分歧事项未能达成共识；另一方面在提起诉讼之后，在人民法院的主持下，三方进行了多轮调解，从重新建立富钧公司新的公司治理结构到股东转让股权单方退出，股东各方提出解决方案，但均未能达成意见一致的调解协议。综上，富钧公司经营管理发生严重困难，继续存续会使股东利益受到重大损失，且通过其他途径也无法解决，故对持有公司全部股东表决权60％的仕丰公司提出解散富钧公司的请求，依法予以准许。特此判决：解散富钧公司。富钧公司不服，提起上诉。

最高人民法院二审认为：在中国境内设立的公司解散纠纷应当

适用中国法律，各方当事人对此均无异议。本案中，根据富钧公司章程规定，公司经营管理事项均需要全体董事同意才能生效。富钧公司治理结构由股东特别约定而实行的严格一致表决机制，使得人合性成为富钧公司最为重要的特征。自 2005 年 4 月起，永利公司和仕丰公司发生实质分歧，股东之间逐渐丧失了信任和合作基础。富钧公司董事会不仅长期处于无法召开的状态，而且在永利公司和仕丰公司各自律师的协调下召开的唯一一次临时董事会中，也因为双方股东存在重大分歧而无法按照章程规定的表决权比例要求形成董事会决议。富钧公司权力决策机制长期失灵，无法运行长达七年时间，属于经营管理严重困难的公司僵局情形。至于仕丰公司委派的董事张博钦，是否存在违反董事竞业禁止义务的过错行为、应否承担赔偿富钧公司损失的民事责任，由富钧公司通过另案解决，与本案无涉。从富钧公司经营情况看，富钧公司僵局形成后，公司经营即陷入非常态模式，在永利公司单方经营管理期间，富钧公司业务虽然没有停顿，但持续亏损，没有盈利年度，公司经营能力和偿债责任能力显著减弱，股东权益已大幅减损至不足实收资本的二分之一。富钧公司不仅丧失了人合基础，权力运行严重困难，同时业务经营也处于严重困难状态，继续存续将使股东利益受到重大损失。尽管公司僵局并不必然导致公司解散，司法应审慎介入公司事务，凡有其他途径能够维持公司存续的，不应轻易解散公司；但是，本案经过一、二审法院多轮的调解，永利公司和仕丰公司始终不能就转让股权、公司回购或减资等维系富钧公司存续的解决方案达成合意。现富钧公司的持续性僵局已经穷尽其他途径仍未能化解，如维系富钧公司，股东权益只会在僵持中逐渐耗竭。相较而言，解散富钧公司能为双方股东提供退出机制，避免股东利益受到不可挽回的重大损失。综上判决：驳回上诉，维持原判。

## 评　析

　　本案是典型的因公司僵局引起的司法解散公司之诉。自《公司法》2005 年修订以来，公司僵局以及司法解散公司问题引起了各界广泛关注。如何认定公司僵局成为公司诉讼实践中需要解决的重要问题。《公司法》第 183 条（2013 年《公司法》修改后条文序号改为 182 条）既是公司解散诉讼的立案受理条件，同时也是判决公司解散的实质审查条件，公司能否解散取决于公司是否存在僵局且符合该条规定的实质条件，而不取决于公司僵局产生的原因和责任。即使一方股东对公司僵局的产生具有过错，其仍然有权提起公司解散之诉，过错方起诉不应混同于恶意诉讼。当然，公司僵局亦并不必然导致公司解散，司法应审慎介入公司事务，凡有其他途径能够维持公司存续的，即不应轻易解散公司。但当公司陷入持续性僵局，穷尽其他途径仍无法化解，且公司不具备继续经营条件，继续存续又将使股东利益受到重大损失的，法院应当及时判决解散公司。

### 一、解散公司诉讼的原告资格

　　根据中国《公司法》第 182 条之规定，持有公司全部股东表决权 10％以上的股东，可以请求人民法院解散公司。《公司法解释（二）》第 1 条进一步规定，单独或者合计持有公司全部股东表决权 10％以上的股东，可以提起解散公司诉讼。可见，中国可以提起司法解散公司诉讼的主体范围较为狭窄。比较国外相关制度，可以发起公司解散诉讼的主体一般有：

### 1. 公司股东

　　股东是发起公司解散之诉的最重要的主体，各国立法均肯定股东享有这一诉权。但在持股比例上，各国规定有所不同。有的国家未规定持股数量的限制，如法国、意大利及美国等。根据法国《民法典》第 1884 条的规定，法庭可以根据一个股东基于正当理由，尤其在一个股东不履行其义务或股东之间不和致使公司管理活动陷于瘫痪情况下提出的请求而判决提前解散公司。[①] 有的国家为防止股东滥用诉权，则对持股比例进行了限制。如德国《有限责任公司法》第 61 条规定，司法解散之诉只能由出资额合计至少相当于股本 1/10 的股东提起。而韩国《商法典》第 612 条则规定，有限责任公司股东需要持有公司资本 10% 以上份额，才可请求法院解散公司。还有的国家和地区针对股份有限公司和有限责任公司作了不同规定。如中国台湾地区公司法规定："……在股份有限公司，应有继续 6 个月以上持有已发行股份总数百分之十以上股份之股东提出之"，而有限责任公司股东提出司法解散公司的则无持股要求。很显然，中国《公司法》关于提起解散公司诉讼的股东应当持股 10% 的规定，实际是借鉴了其他国家的相关比例要求。

对于股东的原告资格，还需探讨的一个问题是，对公司僵局的形成存在过错的股东能否提请法院解散公司？从中国《公司法》的规定来看，只对股东的持股比例作了限制，并未区分股东对公司僵局的形成是否存有过错。根据私法"法无明文规定即许可"的原理，应当理解为过错方也有权提起司法解散之诉。如果在诉讼过程中发现原告方确有过错，法院完全可以依法判决其承担因过错而产生的责任，但不能剥夺其起诉的权利。另外，过错方起诉亦不应等同于恶意诉讼，尽管公司僵局是由过错方造成的，但是现实存在的问题是，公司确实无法打破僵局，此时，公司任何一方股东都有权利为打破

---

① 罗结珍译：《法国公司法典》，中国法制出版社 2007 年版，第 20 页。

僵局而诉请法院解散公司。本案之中，原告仕丰公司委派的董事张博钦，存在违反董事竞业禁止义务，且显然对本案的公司僵局形成存在过错，但正如二审法院所指出的，这仅是涉及张博钦应否向富钧公司承担赔偿损失的民事责任问题，可由富钧公司通过另案解决，与本案无涉。事实上，富钧公司亦另案提起诉讼并获得法院支持。所以，法院不得以原告方存在过错为由而剥夺仕丰公司所享有的起诉公司解散的权利与资格。

### 2. 公司债权人

从国外立法例来看，不少国家公司法对公司债权人可以诉请法院解散公司作了明文规定。如《美国示范商业公司法》规定：若债权人提出诉讼能够证实，债权人的债权请求已为判决所确认，而该判决的执行却未能如愿，且该公司已无偿还之能力；或者该公司已以书面形式承认债权人之债权已到期并未能支付，且该公司无偿付之能力，则法院可以据此做出解散公司之判决。[①]另外，中国香港地区《公司条例》也有类似规定。

### 3. 检察机关

检察机关代表国家和社会公共利益，当公司出现违法行为而有必要时可以向法院申请解散公司。如《美国示范商业公司法》规定：在检察长提起的诉讼程序中如果能够证实，公司通过欺诈手段获准其章程，或者公司已持续逾越或滥用法律所赋予的权利，则法院可以判令解散该公司。[②]

### 4. 公司自身

即公司自己提起解散自身的诉讼。按照《美国示范商业公司法》

---

① 虞政平编译：《美国公司法规精选》，商务印书馆 2004 年版，第 133 页。
② 同上书，第 132 页。

的相关规定，公司可以提起一项诉讼，以使其自愿解散于法院监督下继续进行。①在英国公司法中亦有类似规定。

## 二、因僵局而解散公司的条件分析

公司僵局理论起源于英美法系，它是指公司在存续运行中由于股东或董事之间发生分歧或纠纷，且彼此不愿妥协而处于僵持状态，导致公司机构不能按照法定程序作出决策，从而使公司陷入无法正常运转甚至瘫痪的一种事实状态。

中国《公司法》第182条采用"公司经营管理发生严重困难"来表达公司僵局的概念。为统一执法尺度，更好地适用公司法，最高人民法院出台的《公司法解释（二）》第1条进一步采用列举的形式对此作了细化，共包括四种情形：（1）公司持续两年以上无法召开股东会或者股东大会，公司经营管理发生严重困难的；（2）股东表决时无法达到法定或者公司章程规定的比例，持续两年以上不能做出有效的股东会或者股东大会决议，公司经营管理发生严重困难的；（3）公司董事长期冲突，且无法通过股东会或者股东大会解决，公司经营管理发生严重困难的；（4）经营管理发生其他严重困难，公司继续存续会使股东利益受到重大损失的情形。其中前两种情形是股东会僵局，指股东会无法召开或者虽然能够召开，但无法作出有效股东会决议，导致公司经营管理发生严重困难。第三种情形是董事会僵局，不仅董事长期冲突、达不成决议，而且无法通过股东会化解矛盾。第四种情形则采用兜底条款涵盖公司经营管理中发生的其他困难情形，如股东家庭关系恶化等个人因素导致的公司僵局等。本案即属于外资企业董事会僵局所引发的纠纷。

公司僵局与公司经营亏损甚至破产并不相同。公司经营亏损是

① 虞政平编译：《美国公司法规精选》，商务印书馆2004年版，第133页。

指公司财务出现困难，长期则会导致公司不能清偿到期债务，并且资产不足以清偿全部债务或明显缺乏清偿能力的财务困难的状态甚至达到破产的境地。而公司僵局则是指公司治理中出现的严重困难，其侧重点不在于公司财务，而是经营管理方面的困难。如果公司机构运作正常，即使财务出现困难，也可能通过公司自身的行动摆脱困境，转危为安。《公司法解释（二）》第1条第2款明确规定："股东以知情权、利润分配请求权等权益受到损害，或者公司亏损、财产不足以偿还全部债务，以及公司被吊销企业法人营业执照未进行清算等为由，提起解散公司诉讼的，人民法院不予受理。"

### 三、司法调解在公司解散诉讼中的价值

对于公司解散诉讼的处理，中国《公司法》并未提供太多替代解散的方法，仅在《公司法解释（二）》第5条中规定："人民法院审理解散公司诉讼案件，应当注重调解。当事人协商同意由公司或者股东收购股份，或者以减资等方式使公司存续，且不违反法律、行政法规强制性规定的，人民法院应予支持。当事人不能协商一致使公司存续的，人民法院应当及时判决。"本案一、二审法院均照此规定尽了最大的调解努力，事实上已将调解方式作为避免公司解散的最佳方式，甚至是必经的司法程序。实践之中，对公司解散之诉进行司法调解通常可采取的方式有：

#### 1. 当事人协商同意由股东收购股份

本案两级法院均曾试图由仕丰公司受让永利公司持有的40%股权，即由一方退出而另方购买股权的方式打破僵局，但均未能如愿。对此必须指出的是，中国司法解散公司制度一个重要立法背景是，在"禁止抽回出资"和股权外部转让以及减资受到严格限制情况下，少数股东实际上欠缺退出渠道，极易被"锁定"而受困于公司之中，难以脱身。因此，授予少数股东强制解散公司的诉权，很大程度上

是意在构建一种帮助其退出公司的司法机制，而非真正意在解散公司。如果当事人在法院主持下，协商同意由部分股东收购争议方股份，争议股东一方退出，则纠纷可以顺利解决，公司亦不必解散。

### 2.由公司收购股份

如果其他股东不愿意购买，那么可以由公司收购一方股东的股份，使其退出公司。此时需要考虑购买资金的来源，要符合公司法关于提取公积金的规定。另外，为避免公司资本与股东实际出资额不一致，公司回购的股份应尽快转让或注销。《公司法解释（二）》第5条第2款规定，经人民法院调解公司收购原告股份的，公司应当自调解书生效之日起六个月内将股份转让或者注销。股份转让或者注销之前，原告不得以公司收购其股份为由对抗公司债权人。

### 3.案外人接纳或收购公司股份

由股东或者公司收购股份是解散公司诉讼中比较常见的做法，但是也可能出现案外人接纳或收购公司股份的情形。此时，需要考虑公司原股东的优先受让权问题。在同等条件下，公司原有股东拥有优先受让权，目的在于维护公司的人合性、封闭性。

### 4.原告经说服而撤诉

原告在起诉时，各方可能情绪比较激动，互不相让。但是，有限责任公司的人合性较强，股东之间原本关系较为密切，法院再通过调解工作，为各方分析公司陷入僵局的原因以及解散公司对各方的利弊，各方矛盾很有可能就此化解。原告经说服而撤诉，各方和好如初，继续合作经营公司，无疑是皆大欢喜的结局。

### 5.股东通过决议而解决相关争议

法院在处理裁判解散公司的纠纷中，可以责令公司召开股东会或董事会。针对公司僵局出现的原因，各方提出议案，通过相关决议而解决相关争议。例如就股东会或董事会的议事规则、表决方式进行调整，以决议方式修改公司章程中的某一障碍条款等，从而从源头上打破僵局，化解争议。

还必须指出的是，调解在解散公司诉讼中虽具有重要作用，现行司法解释也规定对于解散公司的诉讼案件应当注重调解，但调解必须在自愿、合法的基础上进行，毕竟法律仅是规定应当注重调解而并没有规定必须进行调解，调解并非裁处公司解散案件的必经程序。今后，若进一步完善公司解散制度，如赋予公司债权人等可以起诉解散公司的情形下，也必须凡解散公司之诉均应先行调解吗？对于公司债权人而言，是否维持公司或让公司继续存续并非其所关心之目的，在其债权无法获得清偿情形下，其之所以提起解散公司之诉，根本目的在于以解散并清算公司为追求，从中寻求其债权获得偿还的可能。再如建立检察机关代表国家起诉解散公司制度，在这样的解散公司诉讼中强调任何所谓的调解，显然也毫无意义。所以说，调解在解散公司诉讼中的价值值得进一步探讨，并不可以无限地扩大与运用。因此，尽管调解的主要目的在于寻求替代救济方案以避免公司解散，但也并不意味着不解散公司是唯一的调解途径。如果双方同意解散公司，也可以这种方式调解结案。当然，任何的调解均必须在双方自愿基础上进行，当事人不能协商一致使公司存续的，人民法院即应当及时判决，避免久调不决、损害各方利益。本案两级法院也正是根据这一精神，在调解不能情形下及时判决公司予以解散。

# 29. 企业法人在吊销执照至注销登记前具有诉讼资格

——重庆台华房地产开发有限公司与重庆晨光实业发展（集团）有限责任公司、重庆晨光百货有限责任公司、重庆晨光大酒店有限责任公司股权转让纠纷案

案件索引：最高人民法院（2005)民一终字第57号，2005年11月26日裁定；重庆市高级人民法院（2003)渝高法民初字第12号，2005年3月24日裁定。

## 基本案情

重庆台华房地产开发有限公司（简称台华公司）提起诉讼，请求判令重庆晨光实业发展（集团）有限责任公司（简称晨光集团）、重庆晨光百货有限责任公司（简称晨光百货）、重庆晨光大酒店有限责任公司（简称晨光酒店）立即从其所有的晨光大厦房屋搬迁，腾空返还台华公司。晨光集团等以原告起诉主体不适格，应依法驳回其诉讼请求为由提出抗辩。

经审理查明：1992年，上桥公司（重庆上桥实业总公司）、物资公司（重庆市沙坪坝物资公司）与台商鲍扬波签订《合资经营重庆台华房地产开发有限公司合同书》（简称《合营合同》），约定上桥公司

出资 40％股份，物资公司出资 10％股份，鲍扬波出资 50％股份，共同兴办台华公司。鲍扬波任台华公司董事长，合营期限 10 年。公司成立后一段时间，物资公司将其拥有的台华公司 10％的股份转让给上桥公司。1994 年 4 月，鲍扬波将其持有的台华公司 50％的股份转让给吴胜刚，吴胜刚全权委托鲍扬波代为处理台华公司的一切事宜。台华公司法定代表人更换为吴胜刚。1996 年 7 月，鲍扬波又与晨光实业（重庆晨光实业发展有限公司）签订股份转让合同，约定吴胜刚将持有的台华公司 50％的股份以 1310 万元的价款转让给晨光实业。与此同时，上桥公司将其持有的台华公司 50％的股份亦转让给晨光实业。晨光实业此后变更为晨光集团，并将台华公司开发的富豪商业广场更名为晨光大厦，然后开始对其投资，增加设施、设备和装饰、装修。

1997 年，吴胜刚以原晨光集团未付股份转让尾款 100 万元为由，提起诉讼，请求判决股份转让无效，由吴胜刚回到台华公司继续担任董事长。1999 年，法院认定吴胜刚不是台华公司 50％股份的合法所有人，不具备向晨光实业（现晨光集团）转让股份的主体资格，也未履行法律规定的股份转让生效的要式法律行为，故双方股份转让无效，判决吴胜刚与晨光集团签订的股份转让合同无效，驳回吴胜刚的其他诉讼请求。2001 年 12 月，台华公司未依法年检，被工商部门吊销其法人营业执照。

---

## 判决与理由

重庆市高级人民法院一审认为：台华公司被吊销营业执照，已无法继续经营，且吴胜刚以台华公司法定代表人身份、以台华公司名义提起本案诉讼时，台华公司的合营期限已满。对于台华公司来说法定的和约定的解散原因已经出现，应按《中华人民共和国中外合资经营企业法实施条例》第91条、第93条的规定和《合营合同》的约定，成立清算委员会，清偿债权、债务。据此裁定：驳回台华公司的起诉。台华公司不服，以其营业执照被吊销后，其并未办理注销登记，仍具有诉讼主体资格为由，提起上诉。

最高人民法院二审认为：结合本案，台华公司系依法注册成立的企业法人，当时台华公司的董事长即法定代表人为鲍扬波。后台华公司将董事长变更为吴胜刚至今。之后，市工商局以台华公司未依法进行年检为由，吊销台华公司的企业法人营业执照，但并未注销台华公司。台华公司作为一个独立的企业法人，其法人资格存续与否应以工商行政管理机关是否已经注销其法人资格为标准。尽管按照《合营合同》的约定，台华公司的合营期限已满，但只要其未被注销就不能否定其法人资格。吊销企业法人营业执照是工商行政管理机关依据国家工商行政法规对违法的企业法人作出的一种行政处罚。企业法人被吊销营业执照后，应当依法进行清算，清算程序结束并办理工商注销登记后，该企业法人才归于消灭。企业法人被吊销营业执照至其被注销登记前，该企业法人仍应视为存续，可以自己的名义进行诉讼活动。故台华公司在被吊销营业执照后，仍然具有诉讼的权利能力和行为能力，有权以自己的名义提起民事诉讼；另由于吴胜刚作为法定代表人以台华公司名义行使诉权的意思真实，且未与相关法律规定相违背，吴胜刚即可以台华公司的名义行使诉权。据此裁定：撤销一审民事裁定；本案由重庆市高级人民法院进行审理。

---

## 评　析

企业法人被吊销营业执照后，应当依法进行清算，清算程序结束并办理工商注销登记后，该企业法人才归于消灭；企业法人被吊销营业执照至其被注销登记前，仍应视为存续，可以自己的名义进行诉讼活动。曾经相当长时期内，人们对吊销营业执照的法律效力认识不清，认识不一，尤其是司法部门与工商部门之间更是存在相当的冲突，以至于不少涉及此类问题的案件处理成为十分棘手的法律难题。事实上，在人们的现实生活中，在公司企业进退市场的浪潮中，在诸多相关报刊中，人们经常可以看到成批的企业与公司被吊销营业执照的公告。在中国，吊销营业执照被如此普遍地加以运用，以至于原本不很规范的市场秩序由此平添了诸多混乱，同时也给诉讼秩序带来了不应有的干扰。究其缘由，不仅在于吊销营业执照制度内容本身的不合理，更主要在于相当长时期内吊销营业执照所引发的法律效力未加明确，直至新公司法修订后才得以基本明确。

## 一、营业执照的法律意义

为了正确把握吊销营业执照的法律效力，不妨先行就营业执照的法律意义进行简要的探讨。众所周知，营业执照的产生与公司设立制度的发展密不可分。在公司设立采取放任主义的中世纪自由贸易时代，公司凭当事人自由决定而设立，法律不加干涉，此时显然没有营业执照的立足空间。当公司设立进入特许主义乃至核准主义年代时，公司若未能获得特许令状或者是核准文件，则难以有效成立，故特许令状或者核准文件成为公司有效成立的唯一合法凭证。而当公司设立进入准则主义乃至严格准则主义时代时，符合法律条件的公司、合伙以及其他各类企业，凡经登记注册，即可有效设立，并可以获得营业执照或者其他类似的注册证书。所以说，营业执照乃现代企业自由注册制度的附随产物，这一点不容置疑。就世界范围而言，营业执照（或类似证书）的法律意义主要有两种模式：

### 1. 公司成立的要件

即营业执照的签发乃公司企业得以成立的必不可缺的条件。赋予营业执照这一意义的法律并不普遍，事实上也只是在中国相关的企业法规以及台湾地区公司法律中才得以体现。如中国公司法相关条文规定：公司营业执照签发日期，为有限责任公司以及股份有限公司的成立日期。中国台湾地区《公司法》第6条规定：公司非在中央主管机关登记并发给执照后，不得成立。[①]诸如此类的规定表明，公司或者企业的成立，不仅要经过设立登记，更要获得相应的营业执照，否则，公司或企业难以成立。

### 2. 企业获准注册的凭证

即营业执照仅具有证明企业获准注册的证据效力，凡拥有营业执照的企业即可以证明该企业经过注册，但企业的成立并不以颁发或者拥有营业执照为条件。如美国，一家公司是否设立，仅是以该公司的组织章程是否获得州务秘书归档认可为标志，至于营业执照或者注册证书之类，则可由人们于公司成立之时或成立之后自由决定是否申请。再如法国《商事公司法》第5条规定：商事公司自在商业和公司注册簿登记之日起享有法人资格。[②]大陆法系多数国家的公司法律相关规定皆与此实质相同，皆不以营业执照或注册证书作为公司成立的要件。事实上，现代绝大多数国家的公司企业法律，虽然普遍要求公司企业应经注册登记方可设立，但同时又以营业执照的颁发作为企业成立共同要件的，极其少见。

## 二、中国吊销营业执照制度的基本内容

由于中国以营业执照为企业成立要件之一，故营业执照与企业

---

① 张知本编、林纪东续编：《最新六法全书》，（台湾地区）大中国图书公司1998年修订版，第124页。

② 卞耀武主编：《法国公司法规范》，李萍译，法律出版社1999年版，第24页。

的存续密切相关。几乎所有对企业的监督管理，无不与营业执照有关，营业执照实际成为对企业进行工商管理的核心与基点所在。吊销营业执照制度，便能最为集中地代表中国对企业的工商管理理念。具体而言，中国吊销营业执照制度主要有以下几方面内容：

1. 吊销营业执照的类型

由于中国营业执照总体上分为《企业法人营业执照》与非法人性质的《营业执照》两种，故吊销营业执照亦可相应分为"吊销企业法人营业执照"与"吊销营业执照"两大类。前者主要是针对获得法人资格的公司及各类企业，后者适用于个人独资、合伙、分支机构等。

2. 吊销营业执照的理由

主要有以下方面：①虚假注册。即以各类虚假文件（含虚假注册资本证明等）骗取注册的情形。②一定期限内（如六个月）无故不开业或者停业。③不申请注销。即已经破产或者解散清算结束后却不办理注销登记的，对此名存实亡的企业，可以吊销。④逃避年检。企业年检制度，意在年度审视企业经营状况并就此备案公示，企业若是以虚假手段通过年检或者干脆不参加年检，将有可能受到吊销营业执照的处罚。以往掌握的标准是，当一企业连续两年未参加年检时，即可以被吊销其营业执照。就此需要指出的是，按照中国2013年最新修订的《公司法》精神，公司年检制度已经为公司年度备案制度所替代。即便如此，若不按时进行年度备案达一定年限可被吊销执照的做法，将显然也会被建立起来。⑤滥用执照。执照颁发的对象是特定的，执照上面的内容亦是经过特定审视而特别加以记载的，且执照本身原则上不得作为牟利的手段，任何伪造、涂改、出租、出借、转让营业执照的行为，皆实质破坏执照颁发的秩序，皆有可能引发营业执照的吊销。⑥非法经营。具体又可分为两类情形：

一为超越经营范围的越权经营；二为违反各类法律法规的非法经营，如产品质量违法、环境污染等。从以上简要列举可以看出，中国吊销营业执照的理由确实相当宽泛，而且性质各不相同，这不仅造成中国现实之中吊销营业执照的滥用，而且使得关于吊销营业执照法律效力的争论更加激烈。

3. 吊销营业执照的实施机关

正如营业执照的颁发专属于企业登记部门一样，吊销营业执照的实施也只能由企业登记部门进行，在中国即为工商行政管理部门。依照国家工商行政管理总局的相关规定，对公司违反登记管理规定实施吊销营业执照行政处罚的，应由原公司登记机关作出。这即表明，只有原登记企业的工商行政管理部门才有权对该企业行使吊销营业执照的权力，除此，任何其他部门皆无权吊销企业营业执照。

4. 吊销营业执照的实施程序

吊销营业执照，就其法律性质而言，当属行政处罚范畴。依照中国《行政处罚法》所列举的行政处罚种类，明确将吊销执照纳入行政处罚范畴。依照该法有关规定，作出吊销营业执照决定的机关，除依法可以对相关企业进行必要的调查或者检查外，最为主要的是，应于下发吊销营业执照的《行政处罚决定》之前，告知当事人有要求举行听证的权利，当事人要求听证的，行政机关应当组织听证，只有在听证结束后，方可最终作出处罚决定。依照中国《行政复议法》的规定，当事人对此吊销营业执照处罚决定不服的，还可以提起行政复议甚至行政诉讼。显然，吊销营业执照的实施并非一蹴而就，它与其他行政处罚一样，皆应受到法律程序的严格约束。

### 三、吊销营业执照的法律效力之争

吊销营业执照的法律效力或者说所可能带来的法律后果究竟怎样？由于早先公司法对此未作明确规定，致使从理论到实务曾长期争论不休：

### 1. 关于学说之争

关于吊销营业执照法律效力的学说之争，主要有两种观点：一为企业终止说，即凡被吊销营业执照的企业，随着营业执照的吊销，其企业主体资格随即消灭。当企业为法人时，其法人人格随即终止，当企业为非法人时，其企业主体则不再为法律所承认。本案被告主张的实质，就是企图以终止说支持其抗辩，企图以终止说阻止诉讼程序的进行，从而最终达到阻碍原告诉求实现的目的，而一审法院判决理由实质也支持了被告这一抗辩。二为企业解散说，即吊销营业执照仅引发企业的解散，属于行政解散公司的方式之一，任何一个由此被宣告解散的企业，无论是法人还是非法人企业，其企业主体资格并不随即终止或者消灭，因为解散后的企业直至终止注销前，仍有一个待于清算的过程。本案二审法院的判决理由即采取了这一观点。

### 2. 关于部门之争

关于吊销营业执照法律效力的部门之争，主要表现为国家工商行政管理总局与最高人民法院两部门之间。前者代表吊销营业执照行政处罚的实施者，后者代表因吊销营业执照引发纠纷的裁判者；前者拥有行政规章的制定权，后者拥有司法解释的发布权；从各自制定的相关规定与公布的文件中可以看出，前者倾向于企业终止说，后者倾向于企业解散说。如国家工商行政管理总局即曾下发文件明确："企业法人营业执照是企业法人凭证，申请人经登记主管机关依法核准登记，领取企业法人营业执照，取得法人资格。因此，企业法人营业执照被登记主管机关吊销，企业法人资格随之消亡。"① 而

---

① 见国家工商总局 2002 年 5 月 8 日下发的工商立字〔2002〕第 106 号《关于企业法人被吊销营业执照后法人资格问题的答复》。

最高人民法院虽未发布相关司法解释，但所公布的有关司法文件与国家工商行政管理总局的以上精神并不相同："……企业法人被吊销营业执照后，应当依法进行清算，清算程序结束并办理工商注销登记后，该企业法人才归于消灭，因此，企业法人被吊销营业执照后至被注销登记前，该企业法人仍应视为存续，可以自己的名义进行诉讼活动。"① 本案二审即很好地体现了最高法院对该问题的一贯态度与主张。

3. 关于实务之争

这主要表现为两方面：其一，被吊销营业执照的企业与工商部门的主张之间时有冲突。依照《企业法人登记管理条例》相关规定："企业法人被吊销《企业法人营业执照》，登记主管机关应收缴其公章，并将注销登记情况告知其开户银行，其债权债务由主管部门或者清算组织负责清理。"但实践中，由于被吊销营业执照的企业数量过于庞大，要做到一一收缴执照与公章十分困难，故虽被吊销营业执照，但仍然凭着未被收缴的执照与公章从事经营或进行债权债务清理的企业比比皆是，大量在工商部门看来原本应随营业执照吊销而即消亡的企业，实际却并未当然地终止或者说消灭。而依照《公司登记管理条例》的规定，吊销《企业法人营业执照》或者《营业执照》的，应由登记机关负责公告，其中并未要求收缴执照或者公章之类，而这就更加造成一大批被吊销营业执照的公司，仍然可以名亡实存地存续下去。其二，各地法院之间关于被吊销营业执照企业的诉讼主体资格的看法不统一。在很长一段时期，凡针对被吊销营业执照企业所发起的诉讼，曾普遍以诉讼主体资格不符为由而不予受理或者

---

① 见最高人民法院法经〔2000〕24 号《关于企业法人营业执照被吊销后，其民事诉讼地位如何确定的函》。

驳回起诉，这实际为那些欠债公司或企业逃避债务诉讼的责任追究提供了极佳的法律保护渠道；即便在最高法院对此类问题有明确答复之后，有的地方法院仍然遵照先前做法不改，如本案一审法院实则如此，造成司法实践对同类问题处理上的冲突。

在注意到以上有关吊销营业执照法律效力争论的同时，也不得不回头关注吊销营业执照的以下情形带给其法律效力的不同影响。其一，吊销营业执照与撤销公司登记的并用，可以引发公司自始无法人人格的法律效力。依照1998年2月国家工商行政管理总局发布的《公司登记管理若干问题的规定》相关规定："依据《公司登记管理条例》第五十八条（虚报注册资本）、五十九条（虚假注册证明文件）的规定被撤销登记、吊销营业执照的，该公司自始即无法人资格。"此类自始无人格的情形，与企业终止说及企业解散说皆不相符。其二，吊销营业执照可以替代注销登记的法律效力。如前所述，在企业破产、解散并清算结束后，不按规定办理注销登记的，由企业登记机关吊销营业执照。此类情形下的吊销营业执照，其效力的确仅是宣告已经死亡企业的注销，这又使得主张解散说者处于难堪的境地。总之，以上两类吊销营业执照情形的存在，更加使得中国关于吊销营业执照法律效力的把握处于难以捉摸之中。

## 四、新《公司法》对吊销营业执照法律效力的明确以及依然存在的司法困惑

本案一、二审裁判均发生于2005年《公司法》修订颁布实施之前。2005年之后修订实施的中国《公司法》第181条第4项规定：公司因依法被吊销营业执照、责令关闭或者被撤销而解散。第184条进一步规定：公司因181条第4项等而解散的，应当成立清算组，开始清算。第187条第3款又明确：清算期间，公司存续。基于以上这些规定，长期以来关于吊销营业执照法律效力的学说之争、部门

之争、实务之争，应当画上句号，相关规章、制度规范与新公司法存在的冲突也应当及时予以清理。类似本案一、二审法院裁判冲突的现象不应当再行发生。很显然，新《公司法》十分明确地赋予吊销营业执照以解散公司的法律效力，关于吊销执照的解散学说最终获得法律上的认可，因此近些年来最高人民法院曾一贯坚持与主张的吊销营业执照仅具有解散效力的原则应当得到更为严格的贯彻与执行。在新公司法下，任何将吊销公司营业执照视为终止或死亡的观点及其程序安排与处理，均与新法精神不相符！

但是，有一个问题不得不引起高度关注。在新《公司法》赋予吊销营业执照以解散效力的情形下，尽管可以避免公司利用吊销执照逃避诉讼责任的追究，但也进一步引发了诉讼程序适用上的新困惑。事实上，不得不承认，大量被吊销执照的公司确实已经是名存实亡，而且大多被吊销执照的公司企业基本不进行任何的事实清算。在这样的现实情形下，结合新《公司法》的相关规定，那些虽已被吊销执照但并未经过事实清算的公司，其法律地位将永远是"僵而不死"。这样一来，带给诉讼秩序上的适用困惑便是，明知被吊销执照的公司不可能到庭应诉，明知这些公司也实际无任何可供执行的财产，而且明知公司被吊销执照已经多年甚至十几年或者更长，但考虑法律上关于被吊销执照公司未经事实清算因而应当视为依然存续的制度安排，于是不得不仍向那些所谓"僵而不死"的公司送达立案文书、开庭传票、裁判文书等，甚至因为的确无法采取一般方式送达，又不得不一次又一次地对其进行公告送达。令人遗憾的是，这样的送达几乎是没有意义的，这样的送达显然是一种诉讼浪费，更是毫无意义的诉讼拖延。难道公司法律制度真的对此无能为力吗？对那些已经不可能唤醒的被吊销执照的公司真的还要视为永远活着存续吗？难道公司走向死亡只有事实清算这一种方式吗？难道不可以再设定一项更加细化的制度，安排那些无任何财产且被吊销达一定年限（如三年或五年等）的公司，即便其不进行任何的事实清算，也可视其为死亡，由此针对此类被吊销执照公司的诉讼可不再进行，相关诉讼程序可予免除，如此不是能够更好地避免不必要的诉讼困扰与拖延吗？

借鉴国外相关制度，如在韩国公司法制度中，就有一种所谓的拟制清算制度。它主要是指已经进入解散状态的公司，经过一定期限后即视为清算完毕的制度，它并不要求一定发生实际的清算，时间的流逝就是最好的结局。凡经过拟制清算的公司，原则上即视为其公司人格消灭。如韩国商法即规定：被拟制解散的公司，在三年之内若未继续该公司时，三年之后视为已终结清算。[①] 为了解决拟制清算制度下，可能发生的债权债务处理问题，韩国司法还建立了以下的配套处理机制：若拟制清算的公司仍存在某些权利关系，事实上有必要进行整理时，在该范围内则不消灭其法人人格，仍有可能引发实际的清算。[②] 韩国这一拟制清算制度，的确十分独特，它既考虑到公司解散与终止的实际状况，又兼顾了清理公司债权债务的诉讼需求，可为中国进一步完善吊销公司营业执照制度提供有价值的借鉴。

必须指出的是，现实之中，大多被吊销执照的公司，实际都是属于无须清算的公司。所谓无须清算，既可能是企业投资者之间对企业财产不存在争执，也可能是企业没有任何负债，还可能是企业放弃其债权的追讨，当然也可能是企业如愿盈利而不再经营，更可能是企业家徒四壁而毫无偿债的能力。总之，这些形式上被吊销执

---

① 吴日焕译：《韩国商法》，中国政法大学出版社 1999 年版，第 130 页。
② 〔韩〕李哲松：《韩国公司法》，吴日焕译，中国政法大学出版社 2000 年版，第 690 页。

照的公司，实质上可能毫无清算的必要或价值，故采用拟制清算制度视这些企业终止或死亡，比非得通过事实清算才能终止企业的一种制度安排，显然要大大节省人力、物力的投入，从而为企业快速地退出市场提供便利通道，并可最大限度地避免毫无意义的诉讼争端与处理。

# 30. 股东未尽清算义务的责任性质与范围

—— 成建兴与奚凯、奚巍、魏晓兰、林玲股东出资瑕疵损害赔偿和清算赔偿责任纠纷案

案件索引：最高人民法院（2011）民申字第 1100 号，2011 年 9 月 28 日裁定；江西省高级人民法院（2009）赣民二终字第 19 号，2010 年 6 月 5 日判决；江西南昌市中级人民法院（2008）洪民二初字第 66 号，2009 年 5 月 13 日判决。

## 基本案情

南昌市中级人民法院曾作出（2002）洪民一初字第 23 号生效民事判决，判令江西省中康医疗科技有限公司（简称中康公司）偿还所欠成建兴债务本金 4,492,000 元及利息 1,397,136.5 元。但中康公司未能执行该判决。为主张该判决所确定的债权，成建兴提起本案诉讼，请求中康公司的股东奚凯、奚巍及各自妻子，要求各被告为上述判决债务共同承担连带责任。

经审理查明：中康公司原成立于 1992 年，公司注册资本 160 万元，系由其他股东出资组建。1996 年 2 月 29 日，中康公司股东再次发生变更。据江西江龙会计师事务所出具的验资报告证实：中康公司由奚凯、奚巍两人共同出资兴办，已于 1994 年 3 月 3 日取得企业法人营业执照，注册资本 160 万元。截至 1995 年 12 月 31 日，公

司实际到位实收资本共计 8,065,781.5 元，其中 160 万元已由南昌锦荣会计师事务所于 1994 年 3 月验证，另外的 6,465,781.52 元，由股东现金投资 1,454,581.52 元，机械设备投资 5,011,200 元。实收资本总额中，奚凯实际出资 7,329,931.70 元，奚巍实际出资 735,849.82 元。1996 年 4 月 18 日，公司注册资本由 160 万元变更为 800 万元。

另查明，中康公司已于 2005 年 1 月被工商部门吊销营业执照，公司股东多年来对公司未清算，其对公司出资的 500 余万元机械设备及公司财务账本、其他文件因保管不善，已全部丢失，现公司无法进行清算。另，奚凯与魏晓兰、奚巍与林玲原系夫妻关系，双方分别于 2003 年和 2002 年协议离婚，而奚凯与奚巍为兄弟关系。

还查明：一审法院另案（2002）洪民一初字第 23 号判决书生效后，成建兴曾申请强制执行中康公司财产。2003 年 7 月、2007 年 4 月，一审法院以奚巍、奚凯投入注册资金不实为由，分别作出（2003）洪中执字第 48、48-1 号裁定，裁令奚巍、奚凯向成建兴履行 449.2 万元债务本息。奚凯、奚巍提出执行异议。原审法院以工商部门登记档案中的验资报告证实奚凯、奚巍对中康公司出资到位为由，认为奚凯、奚巍提出不应承担出资不实责任的异议成立，最终以（2007）洪中执异字第 141 号民事裁定，撤销了（2003）洪中执字第 48、48-1 号民事裁定。

---

## 判决与理由

南昌市中级人民法院一审认为：被告奚凯、奚巍作为中康公司的股东、实际控制人，对公司出资，除一份验资报告外，无法提供证明其已出资到位的原始出资凭证，以及作为出资组成部分的价值

500 余万元机械设备的购买发票、设备评估报告及资产交付与入账的财务记录。因此，应推定其出资不到位，其应对本案的债务承担连带清偿责任。即便是被告奚凯、奚巍对中康公司出资足额到位，但由于中康公司在 2005 年已吊销营业执照，根据公司法的相关规定，作为有限公司的股东，其对公司负有法定的清算义务和清算责任；而二被告明知其公司营业执照被吊销却长期不清算，导致公司的机械设备流失，同时公司的主要财务账册及其他重要文件也全部丢掉，使公司无法进行清算。因此，对本案债务，作为股东的奚凯、奚巍也应承担连带清偿责任。因被告奚凯、奚巍对中康公司的债务负有连带清偿责任，同时这些债务均发生在 1999—2001 年期间，而奚凯与魏晓兰是于 2003 年 10 月 6 日协议离婚，奚巍与林玲是于 2002 年 11 月协议离婚，上述债务都发生在夫妻关系存续期间，应属夫妻共同债务。因此，被告魏晓兰、林玲亦应对各自夫妻存续期间的债务承担连带清偿责任。据此判决：一、被告奚凯、奚巍在判决生效后十天内向原告成建兴连带清偿南昌市中级人民法院（2002）洪民一初字第 23 号生效民事判决书所确定的债务本金 4,492,000 元及利息 1,397,136.5 元。二、被告魏晓兰、林玲对上述债务承担连带清偿责任。

　　江西省高级人民法院二审认为：奚凯、奚巍对中康公司足额出资的事实已为南昌市中级人民法院（2007）洪中执异字第 141 号民事裁定书认定。因此，应认定奚凯、奚巍作为中康公司股东已经足额出资，成建兴要求其承担出资差额填补责任缺乏事实根据。至于奚凯、奚巍的清算赔偿责任问题，根据中国《民法通则》第 106 条的规定，公司股东不履行清算义务的不作为行为造成公司财产损失以及债权人债权得不到清偿的结果，且公司股东未履行清算义务的行为与公司及公司债权人的利益受到侵害的结果之间存在因果关系，应是公司股东承担清算赔偿责任的必要条件。本案中成建兴在（2002）

洪民一初字第 23 号民事判决书生效后、中康公司被吊销营业执照前已经申请人民法院强制执行中康公司的财产，至 2008 年 6 月提起本案诉讼时，一直没有执行结果。根据人民法院对中康公司财产的强制执行效果，说明奚凯、奚巍不履行清算义务的行为并没有侵害到成建兴债权的实现，亦未造成导致中康公司财产贬值、流失、毁损或者灭失的情况发生。因此本案中奚凯、奚巍的行为在侵权责任构成要件上缺失侵权结果和因果关系环节，奚凯、奚巍不应对成建兴承担清算赔偿责任。鉴于前述对奚凯、奚巍出资差额填补责任和清算赔偿责任的否定，相应地，魏晓兰、林玲也无须对成建兴的债权承担连带清偿责任。故奚凯、奚巍、魏晓兰、林玲的上诉理由成立，应予支持。据此判决：撤销原判；驳回成建兴的诉讼请求。成建兴不服，向最高人民法院申请再审。

最高人民法院审查认为：依据原审判决对本案事实的认定及申请再审人成建兴提供的证据材料，本案债务人中康公司的成立是经过南昌市工商行政管理局对中康公司一系列变更登记后确认的，工商登记档案中对股东奚凯、奚巍的出资情况有明确记载，并有相关验资报告等资料作为凭证，故申请再审人成建兴提出的否定奚凯、奚巍已足额出资的理由因证据不足，本院不予支持。关于奚凯、奚巍的清算赔偿责任问题，本案中，申请再审人成建兴 2002 年年底开始就其拥有的中康公司债权向人民法院申请强制执行，至 2005 年中康公司被吊销营业执照历时两年半之久，并未发现中康公司有可供执行的财产，到本案 2008 年一审诉讼时，仍然没有执行结果。本案申请强制执行在前、请求清算赔偿在后的客观情况表明，奚凯、奚巍因不履行清算义务的行为导致中康公司财产贬值、流失、毁损或者灭失的情况发生没有切实证据予以证实，故二审判决认定奚凯、奚巍不履行清算义务的行为并未侵害到成建兴债权的实现，驳回成建兴的诉讼请求并无不当。综上，驳回成建兴的再审申请。

---

# 评　析

本案是一起债权人个人向债务公司讨债，判决胜诉后因债权未能实现，引发债权人二次诉讼，状告公司股东出资不到位以及未及时对公司进行清算，导致公司资产损失的纠纷案件。关于本案涉及的股东出资到位与否问题以及夫妻离婚责任问题等并非本案分析所要关注的内容，本案所要重点关注的是股东清算责任问题。应当说，清算制度对于清算秩序的建立以及债权人和其他利益相关者的保护，具有十分重要的意义和价值。为实现清算制度的价值，就需要相关主体履行清算义务。股东作为法定的清算义务主体，应当如何履行义务以及在未尽清算义务时该承担怎样的法律责任，这是本案焦点所在。

## 一、清算法律义务概述

清算是公司消灭的必经程序，其意义和价值在于：第一，确立清算秩序。公司作为市场主体，牵涉到多种多样的法律关系，当公司解散后，如果没有清算程序的约束，各方主体往往处于混乱无序的状态，不利于权利义务关系的消灭。有了清算程序，则可以确立良好的清算秩序，从而顺利结束公司的法律关系，确保公司正常退出，维护经济秩序。第二，保护债权人和其他利益相关者的利益。确立清算秩序的目的就在于对公司财产进行恰当的评估和处分，平衡各方利益，避免不公平清偿，保护债权人和其他利害关系人的利益。第三，贯彻公司法人责任财产制度。公司是独立的企业法人，以其自身财产对债权人负责。只要公司进行了清算，即使公司不能清偿全部债务，公司的出资者也不再承担责任，即公司的出资人因清算程序的完成而享受有限责任的庇护。

为确保清算制度价值的实现，在公司被解散后，相关主体必须依法履行清算义务，即依法组织选任清算人启动清算程序。当负有清算责任的人不履行或不完全履行清算义务时，法律必须强制清算义务主体承担违反法定义务所引发的不利法律后果，并赋予公司债权人或利害关系人行使法律救济的权利。只有这样才能避免公司解散后无人清算的状态，发挥清算制度应有的价值功能。本案原告实际就是以公司债权人身份对清算义务主体发起的所谓未尽清算义务而引发的责任之诉。

## 二、谁是清算义务主体

清算义务人，是指依照法律规定对公司清算负有特定义务并在未尽清算义务之时承担相应责任的民事主体。《公司法解释（二）》第18条第1款规定："有限责任公司的股东、股份有限公司的董事和控股股东未在法定期限内成立清算组开始清算，导致公司财产贬值、流失、毁损或者灭失，债权人主张其在造成损失范围内对公司债务承担赔偿责任的，人民法院应依法予以支持。"结合《公司法》第183条和《公司法解释（二）》第18条的规定可以看出，中国立法实际上已经通过设定法律责任的间接方式确立了清算义务的主体范围，即有限责任公司的股东、股份有限公司的董事和控股股东为清算义务主体。

需要明确的是，清算义务主体与清算人并非同一概念。随着清算人职业化程度的提高，不少会计师事务所、律师事务所可以担任清算人的角色，但他们并不是清算义务主体。清算义务主体与清算人的区别在于：一是产生途径不同。清算人可由公司章程或者股东会决议确定，未约定时由法定清算人担任，法定清算人不能担任或有其他障碍时可由法院指定。清算义务人则是法律直接规定的。二是所负义务内容和形式不同。清算人的义务是完成具体的清算事务，既包括积极的作为义务，如通知、公告债权人、清理公司资产等，也包括消极的不作为义务，如禁止自我交易、不得擅自披露公司商业秘密等。清算义务人的义务是负责启动清算程序、组织清算和产生清算人，主要是积极的作为义务。三是所负义务性质不同。清算人的义务是约定或指定的，是基于公司或者法院等委任或指派产生的，因公司或法院的解任或清算人的辞任而解除。清算义务人的义务则是法定的，不能任意解除。四是承担责任不同。从责任性质看，清算义务人的责任系由于违反法定义务而导致的侵权责任，而清算人的民事责任既可能是侵权责任，也可能是违反清算人与公司之间委任合同的违约责任。从责任对象看，清算义务人怠于履行义务的，赔偿对象为公司债权人或股东，但不包括公司；清算人的赔偿对象首先应当是公司。①

## 三、不尽清算义务的责任性质与范围

公司具有独立的法人人格，依法独立承担责任，股东仅承担有限责任，这是公司区别于其他企业形态的最主要特征。因此，当公司解散时，也应当由公司独立承担民事责任。公司的清算义务人在公司解散时承担的只是清算责任，即组织清算人进行清算的责任。但是，如果清算义务人怠于履行义务，导致公司主要财产、账册、重要文件等灭失，无法进行清算的；或者公司未经清算就办理注销登记，导致公司无法进行清算的，按照《公司法解释（二）》的理解与把握，似将此归属于股东滥用公司法人地位和股东有限责任而逃废债务的范畴，明确规定清算义务人要对公司债务承担连带清偿的

---

① 参见刘敏：《公司解散清算制度》，北京大学出版社 2010 年版，第 66 页。

责任。如《公司法解释（二）》第18条第2款即明确规定："有限责任公司的股东、股份有限公司的董事和控股股东因怠于履行义务，导致公司主要财产、账册、重要文件等灭失，无法进行清算，债权人主张其对公司债务承担连带清偿责任的，人民法院应依法予以支持。"如此规定，要求清算义务人对公司债务承担连带责任，这无疑加大、加重甚至改变了清算义务人的清算民事责任，但如此设定的理由又如制订者所想，意在督促相关责任人尽快成立清算组进行清算，以避免借公司解散之机逃废债务，从而达到保护债权人利益、维护市场经济秩序之目的。

应当指出的是，不履行清算义务其实并不必然意味着要对公司债务承担连带责任，司法不应将股东可能应尽的所有清算责任均直接转化为对公司债务的赔偿责任，除非符合特别规定的情形，如《公司法解释（二）》第18条特别规定的情形等，且要经过该特别情形的事实查明。但是，在中国以往司法实践中，凡负有清算责任即直接判令清算义务人对公司债务连带负责的现象确实并不少见，甚至已经成为处理类似案件的一种习惯性思维模式，即便只判清算义务主体履行清算责任，但在实际执行过程中又常常演变为让股东为公司的债务承担连带责任，如此扩大化的司法处理显然与公司法基本精神相违背。

那么，股东未尽清算义务的法律责任性质是什么呢？其法律后果又将怎样？按照《公司法解释（二）》的理解，实质是将其视为清算义务人对公司债权人的一种侵权责任，即清算义务人故意实施妨害债权实现的行为，使债权人因此遭受财产利益损害，所以应当承担损害赔偿责任。如前述《公司法解释（二）》第18条第1款之规定，即是清算义务人"不作为"的侵权责任。而其第19条规定："有限责任公司的股东、股份有限公司的董事和控股股东，以及公司的实际控制人在公司解散后，恶意处置公司财产给债权人造成损失，或者未经依法清算，以虚假的清算报告骗取公司登记机关办理法人注销登记，债权人主张其对公司债务承担相应赔偿责任的，人民法院应依法予以支持。"这实际被视为"作为"的侵权责任。

需要明确的是，即便是按照侵权责任来定位未尽清算义务的责任性质及后果，清算义务人承担侵权责任的损害赔偿范围亦应以债权人受到的实际损失为限，而不是公司所有债务一律无条件地要求未尽清算义务的主体连带承担清偿责任。并且必须强调的是，所谓清算义务人的侵权行为与公司债权人的实际损失之间，必须要有直接的因果关系。如果显然有证据表明（本案即是如此），公司债权人的债权在公司未解散或未进入清算状态之前即已经不能获得偿还，那么显然至少从形式上即可判断，清算义务的未履行与债权不能获得偿还之间并不存在必然的因果关系，则未尽清算义务人即便未尽清算义务，亦不构成所谓的侵权责任，更不应判令他们承担任何所谓的债权连带偿还的责任。

## 四、结合本案的进一步分析

本案申请再审人成建兴与中康公司之间存在民间借贷关系，中康公司未能偿还成建兴借款本息而引发纠纷。成建兴与中康公司之间的民间借贷纠纷，已经法院另案作出判决，认定成建兴享有对中康公司449.2万元借款及相应利息的债权。该另案判决生效后，成建兴经向原审法院申请强制执行但所判债权依然未能获得清偿，遂提起本案诉讼，请求判令奚凯、奚巍、魏晓兰、林玲连带清偿上述449.2万元借款本息。本案一、二审判决结果大相径庭，两审朝着两个完全不同的方向作出判决：一审判决认定成建兴诉由成立，支持了成建兴的诉讼请求；二审判决则完全否定一审，驳回了成建兴的诉讼请求。

　　针对申请再审人成建兴的再审申请，尽管最终予以了驳回，但在研究过程中也曾有观点认为，其再审申请成立，本案应予再审。之所以主张应予再审的主要理由是：依照《公司法》及其司法解释的相关规定，当公司被工商登记机关吊销营业执照以后，应当成立清算组对公司资产进行清算，即进行公司清算是公司股东的法定义务。本案被申请人奚凯、奚巍作为中康公司股东，在2005年中康公司被工商登记机关吊销营业执照以后，没有依法履行对公司的清算义务是不争的事实。二审判决在认定上述事实的情况下，仅以人民法院没有执行到中康公司财产为由排除被申请人奚凯、奚巍没有组织清算的责任属适用法律不当。况且，因何种原因导致人民法院没有执行到中康公司的财产以及于工商登记的中康公司实物资产去向问题亦未能予以查明，故二审判决免除奚凯、奚巍的清算赔偿责任缺乏事实与法律依据，将奚凯、奚巍的责任免除得干干净净，难以服人。另根据本案事实，借款发生在1997年，申请人成建兴起诉中康公司还款是2002年上半年，另案一审判决是2002年11月作出，且一审即告生效，随即进入执行程序。而奚凯与魏晓兰是2002年10月离婚，奚巍与林玲是2003年11月离婚，兄弟俩一年之内分别与自己的妻子离异也是不多见的事，而且与债务纠纷案件如此之近，离婚协议内容更是慷慨大方，全部家产都归女方，在这种情形下，判决不承担连带责任情理上难以服人。

　　但是，正如之前分析所指出的，所谓清算义务人未尽清算义务而构成的侵权行为与公司债权人的实际损失之间，必须要有直接的因果关系。本案事实的特殊性在于，债权人已经先行对公司单独提起过诉讼，虽获胜诉判决但未能获得有效执行，之后再另行诉请股东承担补足出资尤其是未尽清算义务的法律责任。正是基于这种获胜诉判决而未获有效执行在先、公司被吊销执照且未能组织清算在后的事实，二审判决认为，这说明奚凯、奚巍不履行清算义务的行为并没有侵害到成建兴债权的实现，亦未造成导致中康公司财产贬值、流失、毁损或者灭失的情况发生，因此本案奚凯、奚巍的行为在侵权责任构成要件上缺失侵权结果和因果关系环节，故奚凯、奚巍不应对成建兴承担清算赔偿责任。通俗理解该判决，即执行在前、申请清算在后，因为没有财产所以清算也无意义，或者说因为没有财产，所以不清算也就不会造成具体损失，故可以免除赔偿责任。这样的判决理由与解读，尽管依然有人会持不同意见，但这种关于未尽清算义务而引发的赔偿责任与债权损失之间应当具有必然因果关系的理解也并非不正确，甚至原本即应当这样加以理解与把握。正是基于这样的理解，再审裁定中同样认为，本案申请强制执行在前、请求清算赔偿在后的客观情况表明，奚凯、奚巍因不履行清算义务的行为导致中康公司财产贬值、流失、毁损或者灭失的情况发生没有切实证据予以证实，故二审判决认定奚凯、奚巍不履行清算义务的行为并未侵害到成建兴债权的实现，驳回成建兴诉讼请求，并无不当。